Kevin B. MacDonald

LA CULTURA DE LA CRÍTICA

Los judíos y la crítica radical
de la cultura gentil

*Un análisis evolutivo de la participación judía en
los movimientos políticos e intelectuales del siglo
XX*

Kevin B. MacDonald

Kevin MacDonald es un profesor estadounidense de psicología de *la Universidad Estatal de California* y líder del llamado movimiento de psicología evolutiva.

LA CULTURA DE LA CRÍTICA
Los judíos y la crítica radical de la cultura gentil

The Culture of Critique: An Evolutionary Analysis of Jewish Involvement in Twentieth-Century Intellectual and Political Movements (1998), traducido y publicado por **Omnia Veritas Limited**

www.omnia-veritas.com

© Omnia Veritas Limited - Kevin B. MacDonald - 2020

Todos los derechos reservados. Ninguna parte de esta publicación puede ser reproducida por ningún medio sin la autorización previa del editor. El Código de la Propiedad Intelectual prohíbe las copias o reproducciones para uso colectivo. Toda representación o reproducción total o parcial por cualquier medio sin el consentimiento del editor es ilegal y constituye una infracción sancionada por los artículos del Código de la Propiedad Intelectual.

CAPÍTULO I ... 11
Introducción y teoría ... 11
Conceptualización de la crítica radical judía a la sociedad gentil ... 26

CAPÍTULO II ... 39
La escuela boasiana de antropología y el declive del darwinismo en las ciencias sociales ... 39
Después de Boas: ejemplos recientes de la influencia judía en la investigación de las ciencias sociales con fines políticos ... 55
Conclusión: ... 82

CAPÍTULO III ... 88
Los judíos y la izquierda ... 88
Parte 1 ... 88
Radicalismo político e identificación judía ... 89
Parte 2 ... 99
El comunismo y la identificación judía en Polonia ... 99
Parte 3 ... 110
La izquierda radical y la identificación judía en Inglaterra y Estados Unidos ... 110
Parte 4 ... 126
Procesos de identidad social, intereses colectivos judíos percibidos y la izquierda radical judía ... 126
Parte 5 ... 140
Procesos de identidad social, intereses colectivos judíos percibidos y la izquierda radical judía (continuación) ... 140
Parte 6 ... 147
Conclusión: ... 147

CAPÍTULO IV ... 158
La participación judía en el movimiento psicoanalítico ... 158
Parte 1 ... 158
Parte 2 ... 166
Parte 3 ... 175
El estatus científico del psicoanálisis ... 175
Parte 4 ... 183
El psicoanálisis como movimiento político ... 183
Parte 5 ... 192
El psicoanálisis como movimiento político (continuación) ... 192
El psicoanálisis como instrumento de crítica radical de la cultura occidental: la influencia cultural del freudismo ... 195
Parte 6 ... 201
El psicoanálisis y la crítica de la cultura occidental ... 201
Parte 7 ... 209
Conclusión: ... 209

CAPÍTULO V **226**

LA ESCUELA DE FRANKFURT Y LA PATOLOGIZACIÓN DE LAS LEALTADES NO JUDÍAS 226
Parte 1 .... *226*
   La visión política del Instituto de Investigación Social de Frankfurt 226
Parte 2 .... *235*
Parte 3 .... *244*
   Revisión de la *personalidad autoritaria* 244
Parte 4 .... *253*
   Informe sobre la *personalidad autoritaria* (continuación) 254
Parte 5 .... *263*
   Revisión de la *personalidad autoritaria* (continuación) 263
Parte 6 .... *270*
   Debate 271
Parte 7 .... *281*
   La influencia de la Escuela de Frankfurt 282
Parte 8 .... *289*

CAPÍTULO VI **297**

LA CRÍTICA JUDÍA A LA CULTURA GENTIL, UN RENACIMIENTO 297
Parte 1 .... *297*
Parte 2 .... *305*
Parte 3 .... *313*
Parte 4 .... *323*
Parte 5 .... *331*

CAPÍTULO VII **341**

LA PARTICIPACIÓN DE LOS JUDÍOS EN EL DESARROLLO DE LA POLÍTICA MIGRATORIA
ESTADOUNIDENSE 341
Parte 1 .... *342*
Parte 2 .... *349*
   1. Esfuerzos intelectuales y académicos. 349
Parte 3 .... *359*
   2. Relación entre las iglesias y el Estado. 359
   3. La organización de los afroamericanos y el movimiento de relaciones raciales
   posterior a la Segunda Guerra Mundial. 360
Parte 4 .... *366*
   Actividad política judía antirrestrictiva Actividad judía antirrestrictiva en Estados
   Unidos hasta 1924 366
Parte 5 .... *375*
   Actividad judía antirrestrictiva en Estados Unidos hasta 1924 (continuación) .. 375
Parte 6 .... *385*
   Actividad judía antirrestrictiva, 1924-1945 385
   Actividad judía antirrestrictiva, 1946-1952 388
Parte 7 .... *394*
   Actividad judía antirrestrictiva, 1946-1952 (continuación) 394

Parte 8 .... *404*
    Actividad judía antirrestrictiva, 1953-1965 404
Parte 9 .... *415*
    Apéndice: El esfuerzo inmigratorio judío en otros países occidentales 415

CAPÍTULO VIII 423

Conclusión: ¿Hacia dónde se dirigen el judaísmo y Occidente? 423
    Parte 1 .... *423*
    Segunda parte *433*

OTROS TÍTULOS 445

Capítulo I

Introducción y teoría

> Durante 1500 años, la sociedad judía se dedicó principalmente a producir intelectuales. Podía mantenerlos; los comerciantes ricos podían casarse con las hijas de los eruditos. Luego, de repente, a finales del siglo XIX, esta formidable y antigua fábrica de intelectuales comenzó a diversificar sus salidas. En lugar de inyectar toda su producción en el cerrado mundo de los estudios rabínicos, una parte de ella, que no ha dejado de crecer desde entonces, se redirigió al mundo secularizado. Este acontecimiento es de gran importancia en la historia del mundo.
>
> (*A History of the Jews*, Paul Johnson 1988, 340-341)

Uno de los temas importantes de *La separación y sus males* (en adelante *SAID*) era la manipulación de la ideología para racionalizar ciertas formas de judaísmo, interpretar la historia y combatir el antisemitismo. El presente libro es, en muchos sentidos, un desarrollo más de estos temas.

Sin embargo, los movimientos intelectuales y la actividad política de los que se habla en este libro se produjeron en general en el mundo intelectual y político más amplio y no pretendían ser la racionalización de ciertas formas de judaísmo mencionadas anteriormente. Más bien, deben considerarse más ampliamente como intentos de crítica cultural y, en algunas ocasiones, como un medio de influir en la cultura de la sociedad en general de manera que se ajuste más a los intereses judíos.

No se trata de especular sobre una "conspiración" judía general para destruir la cultura gentil, como se evoca en los famosos *Protocolos de los Sabios de Sión*. Desde la Ilustración, el judaísmo no ha sido ni unificado ni homogéneo; ha habido muchos puntos de discordia dentro de la comunidad judía en cuanto a cómo protegerse como pueblo y cómo promover sus intereses.

Los movimientos que se analizan en este libro (la antropología boasiana, el radicalismo político, el psicoanálisis, la Escuela de Fráncfort y los intelectuales neoyorquinos) fueron abrazados sólo por unas pocas personas cuyos puntos de vista no eran conocidos ni comprendidos por la comunidad judía. La tesis aquí es que estos movimientos intelectuales estaban dominados por judíos, que el pensamiento de la mayoría de los que participaron en estos movimientos se caracterizaba por un fuerte sentido de identidad judía, y que estas mismas personas actuaban en interés de la comunidad judía a través de su participación.

Por lo tanto, no hay nada en lo anterior que indique que el judaísmo sea un movimiento unificado o que todos los estratos sociales de la comunidad judía hayan participado en estos movimientos. Los judíos pueden ser un elemento importante, incluso necesario, en los movimientos políticos o de ciencias sociales radicales, y su judaísmo puede ser fuertemente compatible con ellos o incluso facilitar su desarrollo sin que la mayoría de los judíos participen.

Por consiguiente, la cuestión de los efectos de la influencia judía en la cultura gentil es independiente de la cuestión de qué parte de la comunidad judía ha participado en los movimientos destinados a la destrucción de la cultura gentil. Es importante hacer esta distinción porque, por un lado, los antisemitas han visto a menudo, implícita o explícitamente, la participación de los judíos en los movimientos políticos radicales como parte de una conspiración judía mucho más amplia en la que también estaban implicados los ricos capitalistas judíos, así como los judíos al frente de los distintos medios de comunicación, el mundo académico y tantos otros ámbitos de la vida pública.

Por otra parte, los judíos que trataron de desactivar el antisemitismo resultante de su protagonismo en varios movimientos políticos radicales solían argumentar que una pequeña parte de la comunidad judía estaba implicada y que los gentiles también participaban. Así, por ejemplo, la respuesta típica del *Comité Judío Americano* (en adelante *AJCommittee*) durante las décadas de 1930 y 1940 a la cuestión de la preeminencia judía en los movimientos políticos radicales era subrayar que la gran mayoría de los judíos no eran radicales. Sin embargo, durante este mismo periodo, el *AJCommittee* se comprometió a combatir el radicalismo dentro de la propia comunidad judía (por ejemplo, Cohen 1972).

El *AJCommittee* reconoció implícitamente que las afirmaciones de que sólo una minoría de la comunidad judía es radical eran, aunque ciertas, irrelevantes para la cuestión de (1) si la identidad judía puede ser fuertemente compatible con el desarrollo de movimientos políticos radicales o incluso facilitarlo, (2) si los judíos son un componente importante o incluso esencial de los movimientos políticos radicales, y (3) qué efectos en la sociedad gentil resultantes de la prominencia judía dentro de los movimientos radicales (u otros movimientos intelectuales judíos analizados en este libro) pueden esperarse, (2) el hecho de que los judíos sean un elemento importante, o incluso esencial, de los movimientos políticos radicales, y (3) los efectos en la sociedad gentil resultantes de la prominencia judía dentro de los movimientos radicales (o de los otros movimientos intelectuales judíos que se analizan en este libro) que pueden verse como una consecuencia del judaísmo como estrategia evolutiva colectiva.

Del mismo modo, el hecho de que la mayoría de los judíos anteriores a 1930 no fueran sionistas, al menos no abiertamente, no implica probablemente que la identidad judía fuera irrelevante para el sionismo, o que los judíos no ejercieran una influencia considerable en el sionismo, o que el sionismo no tuviera un efecto en las sociedades gentiles, o que algunos gentiles no se convirtieran en ardientes partidarios de la causa sionista.

El radicalismo político ha sido una opción entre muchas para los judíos en el mundo posterior a la Ilustración, y esto no implica que el judaísmo constituya un grupo homogéneo y unificado en el mundo posterior a la Ilustración. El hecho de que los judíos fueran más propensos que los gentiles a abrazar el radicalismo político y que ejercieran una gran influencia en ciertos movimientos políticos radicales son, por tanto, hechos de gran relevancia para este libro.

Tampoco es sorprendente que algunos gentiles participaran en estos movimientos. A nivel teórico, mi pensamiento se basa de nuevo en una interpretación evolutiva de la teoría de la identidad social (véase *SAID*, capítulo 1). Los gentiles pueden verse tentados por los movimientos políticos e intelectuales que propugnan los judíos por razones esencialmente idénticas, es decir, por razones de identificación social y competencia intergrupal.

Por ejemplo, los intelectuales afroamericanos se han sentido a menudo atraídos por los movimientos intelectuales de izquierda y por el énfasis en los factores ambientales para explicar las diferencias observadas en el coeficiente intelectual entre los distintos grupos raciales, al menos en parte debido a su percepción de la animosidad de los blancos hacia ellos y a la implicación subyacente de inferioridad genética.

Del mismo modo, sostengo que el antisemitismo ha sido una fuerza motriz para muchos intelectuales judíos. También hay que recordar que la autoestima como fuerza motriz es uno de los fundamentos de la teoría de la identidad social.

Las personas que, por una u otra razón, se sienten oprimidas por un determinado sistema sociopolítico tienden a gravitar hacia movimientos que critican ese sistema, culpan a los demás de sus propios problemas y, en general, justifican la percepción positiva que tienen de sí mismos y de su grupo, así como la percepción negativa que tienen de los que no pertenecen a su grupo.

La identidad judía y la lucha contra el antisemitismo forman parte de cada uno de los movimientos intelectuales y políticos que analizo en este libro.

Además, una vez que los judíos han logrado la hegemonía intelectual, no debe sorprender que los intelectuales judíos sientan cierta atracción por los gentiles como grupo socialmente dominante y prestigioso y como entidad con recursos valiosos.

Esta perspectiva encaja bien con una perspectiva evolutiva de la dinámica de grupo: Los gentiles que aspiran a los niveles jerárquicos intelectuales más altos se verían así atraídos por las características de las personas que ocupan los niveles jerárquicos más altos, especialmente si consideran que esta jerarquía es permeable.

El gentilhombre William Barrett, editor de *Partisan Review, expresó* su "admiración" por los *New York Intellectuals* (un grupo de intelectuales mayoritariamente judíos presentado y discutido en el capítulo 6) muy al principio de su carrera. "Percibí en ellos un prestigio que era a la vez extraño y misterioso" (Cooney 1986, 227). *Partisan Review* fue una revista emblemática de este movimiento intelectual tan influyente y tuvo un impacto decisivo en el éxito o el fracaso en el mundo literario. Leslie Fiedler (1948, 872, 873), también miembro de *los New York Intellectuals*, presentó a toda una generación de escritores judíos estadounidenses (entre ellos Delmore Schwartz, Alfred Kazin, Karl Shapiro, Isaac Rosenfeld, Paul Goodman, Saul Bellow y H. J. Kaplan) como "representante de la segunda generación de judíos, generalmente urbanos". Las obras de estos escritores se publicaban con regularidad en *Partisan Review*, y Fiedler mencionaba que "el escritor que es arrastrado desde su provincia a Nueva York se siente como un patán y se esfuerza por ajustarse a las normas de su nuevo entorno; y la cuasi parodia de la judeidad que realiza el escritor gentil en Nueva York es un testimonio de nuestros tiempos tan extraño como crucial".

Casi la mitad de la muestra de Kadushin (1974, 23) de prestigiosos intelectuales de la posguerra eran judíos. La muestra estaba formada por aquellos que habían colaborado con mayor frecuencia en los principales periódicos y que, por lo demás, eran considerados entre los más influyentes por otros intelectuales. Más del 40% de los judíos de esta muestra fueron nombrados como los más influyentes en al menos seis ocasiones, en comparación con sólo el 15% de los no judíos de la misma muestra (p. 32). Por ello, no es de extrañar que Joseph Epstein (1997) considere que ser judío en los años 50 y principios de los 60 era un "honor" en la comunidad intelectual en general. Los intelectuales gentiles "escudriñaban sus árboles genealógicos con la esperanza de encontrar antepasados judíos" (Epstein 1997, 7).

Ya en 1968, Walter Kerr escribió que "lo que ha sucedido desde la Segunda Guerra Mundial es que la sensibilidad estadounidense se ha convertido en parte en judía, quizá en igual proporción que todo lo que es... La mente intelectual estadounidense ha llegado, hasta cierto punto, a pensar de forma judía. Se le enseñó a hacerlo, y estaba preparado para ello. Después de los artistas y novelistas vinieron los críticos, políticos y teólogos judíos. Los críticos, los políticos y los teólogos son, por profesión, líderes; construyen formas de percibir [las cosas]".

En mi experiencia personal, este estatus honorífico de los intelectuales judíos es consensuado entre mis colegas y se menciona, por ejemplo, en el reciente trabajo de Hollinger (1996, 4) sobre la "transformación de la demografía etnorreligiosa de la academia estadounidense por parte de los judíos" en el periodo comprendido entre los años 30 y los 60.

Por último, es importante señalar que los gentiles a menudo fueron reclutados activamente por los movimientos analizados en este libro y se les otorgaron puestos de alto perfil para mitigar la apariencia de control judío sobre estos movimientos o para evitar la percepción de que estos movimientos son principalmente instrumentos de los intereses judíos.

Desde el punto de vista de la teoría de la identidad social, dicha estrategia pretende que los gentiles vean los movimientos intelectuales y políticos como accesibles a los no judíos y, lo que es más importante, acordes con sus intereses. Como se señala en *SAID* (capítulos 5 y 6), la retórica del universalismo y el reclutamiento de gentiles como defensores de los intereses judíos se ha utilizado repetidamente en la lucha contra el antisemitismo, tanto en el mundo moderno como en épocas anteriores.

También hay que tener en cuenta que la eficacia y la importancia histórica de la participación de los judíos en los movimientos estudiados en este libro son, sin duda, muy desproporcionadas con respecto al número de judíos realmente implicados. Por ejemplo, aunque en determinados períodos de la historia los judíos hayan sido una pequeña minoría en los movimientos políticos o intelectuales radicales, también pueden haber sido una condición necesaria para la eficacia y la importancia histórica de estos movimientos. Los judíos que se convirtieron en radicales lo debieron a su alto coeficiente intelectual, su ambición, su resistencia, su ética del trabajo y su capacidad para organizarse y participar en grupos cohesionados y muy implicados [en su campo de actividad] (véase *PTSDA*, capítulo 7). Como señala Lindemann (1997, 429) sobre los judíos bolcheviques "referirse a los judíos en términos de su número o proporción en un grupo tiene el efecto de borrar ciertos factores que, aunque intangibles, no son menos importantes: la gran capacidad oratoria de los judíos bolcheviques, su energía y su capacidad de persuasión". Los judíos suelen estar muy por encima de la media en estas características, y estas características han sido de gran importancia para el judaísmo a lo largo de la historia como parte de una estrategia de grupo evolutiva.

Al escribir sobre los radicales judíos estadounidenses, Sorin (1985, 121-122) señaló su duro trabajo e implicación, su deseo de hacer historia y su aspiración a ser más poderosos a escala mundial, a promocionarse y a obtener la aprobación del público, todas ellas características que promueven el ascenso social. Estos activistas se convirtieron así en más poderosos y eficaces que los diversos grupos gentiles que se habían "proletarizado" de forma similar. "Un proletariado judío, consciente de los intereses de su clase social y de su identidad cultural, se desarrolló gradualmente, y con él también se desarrolló el activismo y la organización" (Sorin 1985, 35).

Sorin (1985, 28) reconoce la afirmación de que la mitad de los revolucionarios en Rusia en 1903 eran judíos y señala que la militancia de la clase obrera judía, expresada en términos de número de huelgas y tiempo de trabajo perdido, fue tres veces mayor que la de cualquier otro grupo de la clase obrera europea entre 1895 y 1904 (p. 35). Dentro de los círculos de izquierda, se consideraba que los judíos estaban a la cabeza de este movimiento. La radicalización de este grupo de judíos, por lo demás muy influyente, tuvo, como era de esperar, una importante repercusión en Europa y Norteamérica. Además de ser radicales, estos judíos eran un grupo de personas con talento, inteligentes y dedicadas. Del mismo modo, Hollinger (1996, 19) señala que los judíos pudieron ejercer más influencia que los católicos durante el periodo de declive de la cultura protestante, antaño dominante, en Estados Unidos, debido a su riqueza, estatus social y competencia en el ámbito intelectual.

Es importante destacar, por tanto, que los judíos que fundaron y dominaron estos movimientos, y que también se mencionan en este libro, se caracterizaron por su inteligencia, resistencia y capacidad de integración en grupos cohesionados, cooperativos y muy dedicados a la causa que defendían.

Así pues, estos grupos pueden considerarse versiones secularizadas de los diversos movimientos judíos que han existido anteriormente, no sólo por la gran proporción de sus miembros que reivindican una identidad judía, sino también porque la estrategia evolutiva de estos grupos ha conservado las principales características del judaísmo. Son estas características las que han permitido a estos grupos ser muy eficaces en la consecución de sus objetivos.

Los estudios de casos presentados aquí indican, en general, que los grupos altamente disciplinados y cooperativos pueden superar las estrategias más individualistas. De hecho, un tema importante de los capítulos que siguen es que los intelectuales judíos desarrollaron grupos cuya influencia es en gran medida atribuible a la solidaridad y cohesión que prevalecieron en su seno. La actividad intelectual no es diferente de cualquier otro tipo de esfuerzo humano; los grupos cohesionados dominan las estrategias individualistas. Esta realidad fundamental ha desempeñado un papel importante en el éxito del judaísmo a lo largo de la historia, tanto en los negocios y el establecimiento de monopolios comerciales, como en los movimientos intelectuales y políticos que son objeto de este libro[1].

Otro tema importante de este libro es que los intelectuales judíos han desarrollado movimientos intelectuales radicalmente críticos con las instituciones de las sociedades gentiles. Por el contrario, las sociedades dirigidas por gentiles han sido a menudo la fuente de ideologías que pretenden justificar racionalmente las instituciones de una sociedad determinada en un momento dado. Este parece haber sido el caso de las principales religiones del mundo y, más recientemente, de ideologías como el comunismo, el fascismo y la democracia liberal. Dado que el judaísmo es una estrategia de grupo minoritario con su propia visión del mundo, ha tendido a adoptar ideologías que tienen una percepción negativa de las ideologías e instituciones de la sociedad de acogida.

Esta situación se deriva directamente de la teoría de la identidad social. La percepción negativa de los gentiles, visible en los escritos religiosos judíos, es notable. La Ley de la Pureza considera que los gentiles y sus tierras son intrínsecamente impuros. Los gentiles son

---

[1] Véase, en particular, *PTSDA*, capítulo 5.

típicamente comparados con animales propensos al peor libertinaje, como se indica en los escritos de Maimónides, donde se sospecha que las mujeres gentiles se dedican a la prostitución, y se menciona que los hombres gentiles tienen tendencia a la bestialidad[2].

Los judíos se ven a sí mismos como los descendientes de Jacob, a quien el Génesis describe como de piel suave, delicada y contemplativa. Los gentiles están representados por Esaú, que es a la vez el hermano gemelo y la antítesis de Jacob: desgreñado, vulgar y brutal. Mientras que Esaú lleva una vida de cazador y guerrero, Jacob se deja llevar por su inteligencia y astucia y es el amo de Esaú, a quien Dios ha ordenado servir a Jacob. Lindemann [3] muestra que estos estereotipos siguen siendo mantenidos por los judíos en el mundo moderno.

El judaísmo puede llegar a considerarse subversivo cuando los judíos intentan inculcar a los gentiles una percepción negativa de su propia cultura. La asociación del judaísmo con ideologías subversivas es relativamente antigua. Tras señalar el vínculo entre los judíos y las ideas subversivas en los países musulmanes, Lewis (1984, 104) señala que el tema de la subversión judía es también el tema de "otros tiempos y lugares". Johnson [4] señala que, a partir de la Edad Media, los judíos conversos, y especialmente los convertidos a la fuerza, representaban "una facción crítica, desafiante y disruptiva dentro de la intelectualidad... [lo que] apoya la afirmación de que los judíos eran intelectualmente subversivos".

El título de un libro reciente sobre el arte judío en la Edad Media expresa bien esta afirmación: *Dreams of Subversion in Medival Jewish Art and Literature*[5]: Sueños de subversión en el arte y la literatura judía medieval]. Una de las observaciones de Epstein al respecto es que "se puede sentir la rabia que habitaba en los judíos de la Baja Edad Media

---

[2] El Código de Maimónides, Libro V: El Libro de la Santidad, XXII, 142.
[3] Lindemann 1997, 5.
[4] Johnson 1988, 214-215.
[5] M.M. Epstein 1997.

cuando pedían la erradicación del cristianismo"[6].

Desde la antigüedad hasta la Edad Media, la percepción negativa de las instituciones gentiles no se extendía, en su mayor parte, más allá de la comunidad judía. Sin embargo, a partir de la agitación provocada por las conversiones forzadas en España en el siglo XV, estas percepciones negativas aparecieron en los círculos intelectuales más prestigiosos, así como en los medios de comunicación.

Estas percepciones fueron radicalmente críticas con las instituciones de las sociedades gentiles o condujeron al desarrollo de estructuras intelectuales que justificaban el carácter judío de diversos movimientos políticos e intelectuales en un contexto de secularización del entorno intelectual.

Faur[7] muestra que los conversos estaban ampliamente representados en los grupos de pensadores humanistas que se oponían al carácter corporativista de la sociedad española, en la que el cristianismo tenía un papel destacado. Analizando el hilo conductor de la obra de estos pensadores, Faur[8] señala que "aunque las estrategias pueden haber variado -desde la producción de obras literarias muy sofisticadas hasta la redacción de artículos académicos o filosóficos-, el objetivo seguía siendo el mismo: presentar ideas y métodos que tuvieran el efecto de descartar los valores e instituciones que portaban los "cristianos viejos" [...].La urgencia de sustituir los valores e instituciones de la España cristiana se hizo aún más evidente con la primera matanza de los conversos por parte de los cristianos viejos en Toldeo en 1449.»

Asimismo, Castro[9] señala que los escritos de "crítica social violenta" y "rencor antisocial", especialmente la sátira social, fueron escritos por autores conversos durante el siglo XV.

Un buen ejemplo de esta tendencia es la obra *La Celestina* (publicada por primera vez en 1499) de Fernando de Rojas, que la

---

[6] M.M. Epstein 1997, 115.
[7] Faur 1992, 31ss.
[8] Faur 1992, 31.
[9] Castro 1954, 557-558.

escribió "con toda la angustia, todo el pesimismo y todo el nihilismo de un converso que había perdido la religión de sus antepasados al tiempo que era incapaz de apropiarse e integrar el cristianismo". Rojas sometió a la sociedad castellana de su tiempo a "un agudo análisis, destruyendo, con un espíritu calificado de 'destructivo', todos los valores tradicionales y las representaciones mentales del nuevo e intolerante sistema". Empezando por la literatura, siguiendo por la religión y pasando por todos los "valores" del sistema de castas -el honor, el valor, el amor- todo se pulveriza de forma perversa"[10].

Esta asociación de los judíos con las ideologías subversivas continuó durante y después de la Ilustración, ya que los judíos pudieron participar en el debate intelectual público en Europa Occidental. Escribiendo sobre Baruch Spinoza, Paul Johnson [11] lo calificó como "el primer ejemplo importante del enorme poder destructivo del racionalismo judío cuando ya no se limita a la comunidad judía tradicional". Del mismo modo, Heinrich Heine es "tanto el prototipo como el arquetipo de un nuevo actor en el mundo literario europeo: el judío radical de las letras que utiliza sus habilidades, su reputación y su popularidad para socavar la confianza intelectual del orden establecido[12]".

Este "puro poder destructivo" de la inteligencia judía fue un aspecto importante de la época anterior al nacionalsocialismo en Alemania. Como se indica en *SAID*[13], una de las principales características del antisemitismo entre los conservadores sociales y los antisemitas raciales en Alemania entre 1870 y 1933 era su creencia en un papel protagonista de los judíos en el desarrollo de ideas subversivas para las ideologías y creencias tradicionales alemanas.

Durante la década de 1920, los judíos estaban ampliamente sobrerrepresentados entre los editores y escritores de Alemania, y "una de las causas generales del aumento del antisemitismo fue la fuerte propensión de los judíos disidentes a atacar las instituciones y costumbres

---

[10] Rodríguez-Puértolas 1976, 127.
[11] Johnson 1988, 291-292.
[12] Johnson 1988, 345.
[13] *SAID*, cap. 2,5.

nacionales tanto en los escritos socialistas como en los no socialistas"[14]. Esta "violencia mediática" contra la cultura alemana por parte de escritores judíos como Kurt Tucholsky -que "llevaba su corazón subversivo en la manga"[15]- fue ampliamente difundida por la prensa antisemita[16].

Los judíos no sólo estaban sobrerrepresentados entre los periodistas, intelectuales y otros "productores de cultura" en la República de Weimar, sino que esencialmente crearon estos movimientos. "Atacaron violentamente todo lo que estaba relacionado con la sociedad alemana. Despreciaban al ejército, al poder judicial y a la clase media en general[17]. Massing[18] subraya la percepción que el antisemita Adolf Stoecker tenía de la "falta de estima por el mundo cristiano y conservador" mostrada por los judíos.

El antisemitismo entre los profesores universitarios durante la República de Weimar estaba especialmente alimentado por la idea de que "el judío representaba el lado crítico o "negativo" del pensamiento moderno, el análisis y el escepticismo que contribuía a destruir las certezas morales, el fervor patriótico y la cohesión social de los estados modernos"[19].

Como reflejo de esta percepción, la propaganda nacionalsocialista de la época afirmaba que los judíos intentaban socavar la cohesión social de las sociedades gentiles mientras ellos mismos seguían formando parte de un grupo altamente cohesionado: un doble rasero en el que se criticaba duramente la base de la cohesión social de los gentiles, mientras que al mismo tiempo "los judíos mantenían su propia cohesión internacional, sus lazos de sangre y su unidad espiritual"[20].

Este ángulo de análisis capta uno de los principales objetivos del

---

[14] Gordon 1984, 51.
[15] Pulzer 1979, 97.
[16] Johnson 1988, 476-477.
[17] Rothman y Lichter 1982, 85.
[18] Massing 1949, 84.
[19] Ringer 1983, 7.
[20] Aschheim 1985, 239.

esfuerzo intelectual judío, a saber, la deconstrucción de las estrategias gentiles de cohesión mientras siguen desarrollando y utilizando las suyas propias. Esta cuestión también se plantea en el debate sobre la participación de los judíos en los movimientos políticos radicales y en la Escuela de Frankfurt, en los capítulos 3 y 5.

Este fenómeno no fue específico de Alemania. Gilson[21], hablando de sus maestros judíos en la Francia de principios del siglo XX, dijo:

> En realidad, las doctrinas de estos profesores universitarios eran muy diferentes entre sí. Incluso la filosofía personal de Levy-Bruhl difería un poco de la de Durkheim, mientras que Frederic Rauh tenía ideas propias. [...] El único elemento común en todas estas doctrinas es negativo, pero sin embargo real e importante. Este elemento común podría presentarse como una oposición radical a todo lo que se percibe socialmente como una restricción de la que hay que liberarse. Spinoza y Brunschvieg lograron esta liberación a través de la metafísica, mientras que Bergson lo hizo a través de la intuición.

Los judíos también han estado a la vanguardia de la cultura de oposición en Estados Unidos, Inglaterra y Francia desde mediados de los años 60, especialmente como defensores de la cultura de oposición en los medios de comunicación y en el mundo académico[22].

Stein[23] muestra que su muestra, compuesta principalmente por escritores y productores de televisión en la década de 1970, era muy hostil a lo que percibían como una casta cultural dominada por los gentiles, aunque sus críticas más duras no se hicieron en entrevistas formales sino en conversaciones informales.

Las representaciones televisivas de las figuras de la élite gentil de los negocios y el ejército eran a menudo muy negativas. Por ejemplo, "la idea que los escritores tenían de los militares era que eran hombres rubios y sin pelo, de ascendencia exclusivamente WASP [nota del editor: WASP son las siglas de White Anglo-Saxon Protestant (Protestante Anglo-Sajón

---

[21] Gilson 1962, 31-32.
[22] Ginsberg 1993, 125ss y Rothman e Isenberg 1974a, 66-67.
[23] Stein 1979, 28; véase también Lichter et al. 1994 y Powers et al. 1996.

Blanco) - este grupo ha representado tradicionalmente una gran proporción de americanos blancos]. En la mente de algunas de las personas que entrevisté, estos oficiales rubios estaban siempre a un paso de convertirse en nacionalsocialistas. Se consideraba que pertenecían a una clase dirigente aria que podía tomar medidas represivas contra personas de otros orígenes étnicos, o que de hecho las tomaba[24].

De hecho, Glazer y Moynihan[25] ven la aparición de la cultura de oposición en Estados Unidos como el triunfo de la perspectiva político-cultural judía de Nueva York. Algunos escritores y artistas visuales judíos (entre ellos E. L. Doctorow, Norman Mailer, Joseph Heller, Frederick Wiseman y Norman Lear) han participado de forma desproporcionada en diversos intentos de representar a la sociedad estadounidense como una sociedad[26]"enferma".

Uno de los métodos clásicos de subversión cultural "consiste en atacar las desigualdades e irracionalidades reales. Dado que todas las sociedades están compuestas por ellos, siempre habrá una abundancia de objetivos potenciales. Sin embargo, el ataque no suele dirigirse específicamente a las desigualdades e irracionalidades en sí. Estas desigualdades e irracionalidades se instrumentalizan para conseguir un objetivo más importante: el debilitamiento del propio orden social[27].

En este libro me he centrado en la participación judía en los movimientos opuestos a los descubrimientos evolutivos, biológicos y genéticos en las ciencias sociales, las ideologías políticas radicales, el psicoanálisis, la Escuela de Frankfurt y *los intelectuales de Nueva York*.

Estos movimientos no son específicamente judíos, ya que no pretenden justificar elementos específicos del judaísmo, como el separatismo cultural y genético. Sin embargo, una de sus principales características es que los judíos estaban ampliamente representados en estos movimientos, que la mayoría de estos individuos se caracterizaban

---

[24] Stein 1979, 55-56.
[25] Glazer 1963 y Moynihan 1970.
[26] Rothman y Lichter 1982, 120.
[27] Rothman y Lichter 1982, 120.

por un fuerte sentimiento de identidad judía y que todos tenían una actitud negativa hacia la cultura gentil.

El presente debate refleja, por tanto, la descripción que hace Sorkin[28] de los intelectuales judíos alemanes del siglo XIX como parte de "una comunidad invisible de judíos alemanes aculturados que han perpetuado ciertas culturas distintas dentro de la cultura de la mayoría".

La contribución cultural judía a la cultura gentil más amplia se hizo, por tanto, de una manera muy particularista, en la que el judaísmo de esta comunidad era un elemento importante a la vez que "invisible". Incluso Berthold Auerbach (nacido en 1812), ilustre representante de los intelectuales judíos asimilados, "manipuló ciertos elementos de la cultura mayoritaria de forma específicamente judía". [29]. Auerbach llegó a ser un modelo para los intelectuales judíos secularizados que eran judíos asimilados que no renegaban del judaísmo. La mayoría de ellos sólo estaban en contacto con personas de esta comunidad y veían su contribución a la cultura alemana como una forma específica y secular de judaísmo: la "comunidad invisible" de intelectuales fuertemente apegados a su identidad judía.

Esta manipulación de la cultura en beneficio de determinados grupos fue un tema importante en la literatura antisemita. Por ejemplo, la crítica de Heinrich Heine a la cultura alemana fue vista como una herramienta utilizada por su grupo en su búsqueda de poder a expensas de la cohesión social gentil[30].

Es importante señalar que en muchos de los movimientos que se analizan en los siguientes capítulos, sus instigadores intentaron cubrir su discurso con un barniz científico, ya que la ciencia era, en la era moderna, una garantía de verdad y respetabilidad intelectual. White [31]señala, con respecto a la escuela boasiana de antropología, que el aura de la ciencia es engañosa: "Hacen que sus premisas y objetivos parezcan haber sido

---

[28] Sorkin 1985, 102.
[29] Sorkin 1985, 107.
[30] Mosse 1970, 52.
[31] Blanco 1966, 2.

determinados por la ciencia, y todos creen en este origen científico. En realidad, no es así en absoluto... Es evidente que son sinceros. Su sinceridad y lealtad a su grupo es, sin embargo, de naturaleza persuasiva y, por tanto, engañosa.

Esta observación ilustra bien la teoría evolutiva del autoengaño desarrollada por Robert Thriver (1985): Los mejores engañadores son los que se han engañado a sí mismos. A veces el engaño se hace consciente. Charles Liebman[32] habla de su aceptación inconsciente de las ideologías universalistas (el conductismo y el liberalismo) como científico social y sugiere que él mismo está cegado al efecto de la identidad judía en sus creencias: "Como conductista (y liberal), puedo decir que he sido relativamente inconsciente en el uso de mi metodología académica, pero creo que así debía ser. De lo contrario, trabajaría para deconstruir este universalismo que he abrazado".

Conceptualización de la crítica radical judía a la sociedad gentil

En las secciones anteriores se ha mostrado la tendencia general de los intelectuales judíos a participar en la crítica social en diversos períodos de la historia, y he proporcionado un análisis de ello desde la perspectiva de la teoría de la identidad social. Más formalmente, hay dos tipos diferentes de explicaciones para la tendencia de los judíos a promover ideologías y movimientos políticos que pretenden socavar el orden social gentil.

En primer lugar, estas ideologías y movimientos pueden estar diseñados para beneficiar a los judíos económica o socialmente. Evidentemente, uno de los temas principales del judaísmo posterior a la Ilustración ha sido el rápido ascenso de los judíos y los intentos de los dirigentes gentiles de limitar su acceso al poder y a un mayor estatus social. Ante la evidencia de esta realidad, los judíos, por razones prácticas relacionadas con sus propios intereses económicos y políticos, se sienten

---

[32] Liebman 1973, 213.

naturalmente atraídos por los movimientos que son críticos con las estructuras de poder gentil, e incluso pueden llegar a abogar por el derrocamiento completo de estas estructuras.

Así, el poder zarista ruso propugnaba una política de firmeza hacia los judíos por temor a verse superado por ellos en una economía liberal[33]. Esta firmeza del régimen zarista hacia los judíos resultó ser un poderoso factor de unión para los judíos de todo el mundo, y no es descabellada la hipótesis de que la participación judía en los movimientos radicales de Rusia estuvo motivada por el interés judío en derrocar el régimen zarista. De hecho, Arthur Liebman[34] señala que el radicalismo político judío en el Imperio ruso debe considerarse el resultado de las restricciones económicas impuestas a los judíos, en un contexto de pobreza y explosión demográfica dentro de la propia comunidad judía. Del mismo modo, el movimiento socialista de los trabajadores judíos de los años 30 en Estados Unidos tenía como objetivo mejorar las condiciones de trabajo de sus miembros, que eran predominantemente judíos[35].

Otro objetivo importante de los movimientos políticos e intelectuales judíos era combatir el antisemitismo. Por ejemplo, el interés de los judíos por el socialismo en muchos países durante la década de 1930 se debió en parte a la oposición comunista al fascismo y al antisemitismo [36]. La asociación general entre antisemitismo y conservadurismo político se ha explicado a menudo por el fuerte compromiso de los judíos con la izquierda, que incluye las tendencias izquierdistas de muchos judíos ricos[37]. La lucha contra el antisemitismo también se convirtió en uno de los principales objetivos de los radicales judíos en EE.UU. después de que gran parte de la comunidad judía avanzara socialmente hasta formar parte de la clase media[38]. A medida que el aumento del antisemitismo obstaculizaba el avance social de los

---

[33] Lindemann 1991; *SAID*, capítulo 2.
[34] Liebman 1979, 29ss.
[35] Liebman 1979, 267.
[36] Lipset 1988, 383; Marcus 1983.
[37] Lipset 1988, 375ss.
[38] Levin 1977, 211.

judíos durante la década de 1930, se reforzaba el interés de los judíos por la izquierda[39].

El capítulo 2 de este libro deja claro que el determinismo cultural de la escuela boasiana de antropología fue decisivo para combatir el antisemitismo al contrarrestar el pensamiento racialista y los programas de eugenesia, promovidos predominantemente por los gentiles. El psicoanálisis (capítulo 4) y la Escuela de Fráncfort (capítulo 5) también contribuyeron significativamente al desarrollo y la propagación de las teorías del antisemitismo que lo atribuían a proyecciones gentiles irracionales. La teoría llevada a cabo por la Escuela de Fráncfort también era susceptible de señalar las lealtades grupales gentiles como patologías, o más exactamente como síntomas de trastornos psiquiátricos, mientras que guardaba silencio sobre estas mismas lealtades que existían dentro de la comunidad judía.

Además, la participación de los judíos en la crítica social puede haber estado influida por procesos de identidad social, independientemente de objetivos más prácticos como la lucha contra el antisemitismo. La investigación sobre los procesos de identidad social ha mostrado una tendencia a diferenciar entre las normas externas a un grupo social y las opiniones específicas de ese mismo grupo[40]. En el caso del contacto entre judíos y gentiles, las normas externas estarían representadas por el consenso dentro de la sociedad gentil. En tal escenario, cabría esperar que los individuos que se identifican como judíos desarrollaran una percepción negativa del entorno externo a la comunidad judía, representado principalmente por la estructura social y de poder gentil.

Cabría esperar que la representación de la comunidad judía de la sociedad gentil fuera negativa y estuviera marcada por una tendencia a exagerar los aspectos negativos de esa sociedad y su estructura social. Por lo tanto, desde el punto de vista de la identidad social, la tendencia judía a subvertir el orden social no debe limitarse a las ideologías y los

---

[39] Liebman 1979, 420ss, 507.
[40] Hogg y Abrams 1988.

programas sociales que se ajustan a los intereses sociales y económicos de la comunidad judía, sino que también conlleva una crítica negativa general y una depreciación de la cultura gentil: "el puro poder destructivo del racionalismo judío cuando ya no se limita a la comunidad judía tradicional"[41].

Un análisis de la identidad social también predice que estas percepciones negativas son más probables cuanto más antisemitismo muestre la estructura de poder gentil, ya sea real o percibido. Una de las conclusiones básicas de la teoría de la identidad social es que los grupos intentarán subvertir las categorizaciones sociales negativas que les impone otro grupo[42].

Los procesos de identidad social se intensificarían entonces por la percepción de los judíos de que la cultura gentil les es hostil y de que los gentiles les han perseguido a menudo. Así, Feldman[43] señala fuertes correlaciones entre la intensificación del sentido de identidad judía y el rechazo de la cultura gentil como consecuencia del antisemitismo desde los primeros días del judaísmo en el Viejo Mundo hasta la actualidad. En *Lord George Bentnick: A Political Biography*[44], el teórico racialista Benjamin Disraeli, que estaba fuertemente apegado a su identidad judía a pesar de haber recibido el bautismo cristiano, dijo que "la persecución... aunque injusta, puede haber reducido a la judería de los tiempos modernos a la cuasi-justificación de su maliciosa venganza". Se han vuelto tan odiosos y hostiles a los hombres como para merecer los malos tratos que ahora les dispensan las sociedades en las que viven y con las que apenas pueden mezclarse." El resultado, según Disraeli, es una percepción extremadamente negativa por parte de los judíos de la sociedad gentil, y un deseo de derrocar el orden social de esa sociedad:

Pero la sociedad existente ha optado por perseguir a esta raza, que de hecho debería ser un aliado de su elección, y ¿cuáles han sido las

---

[41] Johnson 1988, 291-292.
[42] Hogg y Abrams 1988.
[43] Feldman 1993, 43.
[44] Disraeli 1852, 489.

consecuencias?

Esto se puede encontrar en la última manifestación del principio destructivo en Europa. Hay una insurrección contra la tradición y la aristocracia, contra la religión y la propiedad privada. [Los hombres de Dios colaboran con los ateos, los capitalistas astutos y codiciosos se alían con los comunistas; ¡la raza elegida se acerca a las clases sociales más bajas de Europa! Y todo ello porque quieren destruir esa ingrata cristiandad, que les debe todo hasta el nombre, y cuya tiranía ya no pueden soportar[45].

De hecho, Theodore Herzl abrazó el socialismo, durante la década de 1890, como respuesta al continuo antisemitismo; no era tanto un cumplimiento de sus intereses políticos y económicos como un deseo de destruir la estructura de poder gentil antisemita: "Los judíos, hasta ahora desterrados de la sociedad, se convertirán en el enemigo de ésta. Ah, su honor cívico está desprotegido, pueden ser insultados, condescendientes y, ocasionalmente, saqueados y golpeados: ¿qué es lo que les impide caer en la anarquía? Los judíos "ya no tienen ningún apego al Estado. Se unirán a los partidos revolucionarios, haciendo que sus armas sean más numerosas y peligrosas. Quieren poner a los judíos del lado de la muchedumbre - tanto mejor, ellos mismos irán al pueblo. Cuidado, han llegado a su límite; no vayas demasiado lejos. [46].

Del mismo modo, Sammons[47] describe la base de la atracción mutua entre Heinrich Heine y Karl Marx señalando que "no eran reformistas, sino más bien odiadores, y ésta era sin duda su principal característica común.

La suposición, coherente con la teoría de la identidad social, es que la motivación básica de los intelectuales judíos que participan en la crítica social es simplemente su odio a la estructura de poder gentil, que perciben como antisemita. Esta antipatía hacia el mundo no judío también se evoca en el comentario del sociólogo e intelectual neoyorquino Michael Walzer

---

[45] Disraeli 1852, 498-499.
[46] Kornberg 1993, 122.
[47] Sammons 1979, 263.

[48] sobre las "patologías de la vida judía", especialmente "su sensación de que 'todo el planeta está contra nosotros', el consiguiente miedo, resentimiento y odio hacia los gentiles, y los sueños secretos de venganza y victoria". Estos "sueños secretos de venganza y victoria" son uno de los temas tratados en el capítulo 3 de este libro, que trata de las personalidades radicales judías, y en el capítulo 4, que trata de Freud y el psicoanálisis.

De hecho, este intenso odio hacia quienes consideran sus enemigos parece ser una de las principales características psicológicas de los judíos. Hay que destacar que Schatz[49] observó que mientras todos los comunistas polacos del periodo de entreguerras odiaban a sus enemigos, los comunistas judíos tenían, por un lado, más enemigos y, por otro, un odio más profundo hacia estos enemigos.

Como se analiza con más detalle en el capítulo 3, estos grupos comunistas estaban de hecho muy cohesionados y, además, eran bastante similares a los grupos judíos tradicionales en su estructura y orientación psicológica. La idea de que los comunistas judíos sienten más odio hacia sus enemigos es bastante coherente con las presentadas en el capítulo 8 de *PTSDA* y en el capítulo 1 de *SAID*, lo que indica que los judíos pueden considerarse portadores de sistemas de identidad social hipertrofiados y de una fuerte predisposición hacia las estructuras sociales colectivistas.

Esta mayor intensidad hacia los grupos no judíos y los que perciben como sus enemigos podría ser sólo una manifestación afectiva de estas tendencias. De hecho, el capítulo 7 *del PTSDA* presenta una síntesis de las pruebas de una fuerte compartimentación de la vida afectiva de los judíos, caracterizada tanto por interacciones sociales positivas con otros miembros de su grupo, reales o percibidos, como por una marcada hostilidad hacia los miembros de otros grupos, reales o percibidos.

La teoría de la identidad social también predice que la actividad intelectual judía se dedicará al desarrollo de ideologías que enfatizan una identidad social propia, en oposición a las categorías sociales definidas

---

[48] Walzer 1994, 6-7.
[49] Schatz 1991, 113.

por los antisemitas. Este tema se ha utilizado históricamente como apología religiosa del judaísmo[50], pero los autores judíos secularizados también han retomado el tema. Castro (1954, 558) describe los intentos de los intelectuales neocristianos de "defender el linaje hebreo" contra los insultos antisemitas durante la Inquisición. El obispo *Converso* de Burgos había dicho: "No creas que puedes insultarme llamando judíos a mis antepasados. Es obvio que lo son, y estoy orgulloso de ello; porque si la antigüedad es sinónimo de nobleza, ¿quién más puede remontarse tan lejos en el tiempo? El judío, descendiente de los macabeos y levitas, es "noble de nacimiento". Castro [51] señala que uno de los temas que se encuentran en la literatura neocristiana de este periodo es el de la "estima por el hombre perteneciente a las clases sociales más bajas y marginadas". La categoría a la que los judíos sienten que pertenecen se presenta de forma decididamente positiva.

Curiosamente, la ideología humanista de los *conversos* valoraba el mérito individual, frente a la naturaleza corporativista de la sociedad cristiana gentil[52]. Como reflejo de la importancia del conflicto entre judíos y gentiles de la época, los cristianos veían el mérito individual como una forma de desorientación en relación con la religión (por ejemplo, en relación con la identidad del grupo) más que con el esfuerzo individual: "en el siglo XVI, el desequilibrio en la escala de valores se hizo aún más pronunciado, introduciendo el concepto de que era más importante establecer quién era la persona que evaluar su capacidad de trabajo y de pensamiento"[53]. La ideología del mérito individual como base de todos los demás valores que promueven los *conversos* puede verse, por tanto, como un arma en la lucha contra las categorías de identidad social en las que se sienten devaluados.

La otra cara de la moneda es que los judíos han reaccionado a menudo mal ante las representaciones de sí mismos que, aun siendo escritas por autores judíos, les atribuyen características negativas o

---

[50] *PTSDA*, cap. 7.
[51] Castro 1954, 559.
[52] Faur 1992, 35.
[53] Castro 1971, 581; palabras en cursiva en el texto.

socialmente desaprobadas. Por ejemplo, Philip Roth fue ampliamente criticado por personas y organizaciones judías por retratar a los judíos de esa manera, o al menos por hacerlo en Estados Unidos, donde sus escritos eran accesibles a los antisemitas[54]. Aunque la razón más obvia para hacer estas críticas es que tales representaciones pueden alimentar el antisemitismo, Roth [55]también sugiere que "lo que más duele de estas representaciones negativas... es su efecto directo sobre algunos judíos". "Has herido los sentimientos de muchas personas al revelar cosas de las que se avergüenzan". La crítica a Roth implica que el grupo debe ser retratado positivamente, ya que la literatura judía ha retratado positivamente a los judíos la mayoría de las veces[56]. Estas mismas críticas también reflejan el análisis del autoengaño judío en el capítulo 8 de *SAID*. La vergüenza de que muchas personas sean conscientes de las acciones y el comportamiento de los judíos es sólo a medias, y cualquier ruptura de esta ceguera va necesariamente acompañada de un grave conflicto psicológico.

La importancia de los procesos de identidad social en la actividad intelectual judía ya fue señalada por Thorstein Veblen (1934). Veblen destacó la preeminencia de los académicos y científicos judíos en Europa y señaló su tendencia a la iconoclasia. Señaló que, si bien la Ilustración les quitó a los intelectuales judíos la capacidad de afirmar su identidad religiosa sin problemas, no aceptan las estructuras intelectuales de la sociedad gentil sin críticas. Veblen sugiere que, al emprender el camino de la iconoclasia, los judíos someten de hecho a crítica el sistema de categorización social de la sociedad gentil, un sistema de categorización en el que el gentil se siente cómodo, pero el judío no. El judío "no es portador [...] de esa herencia específica del gentil de preconceptos convencionales que se han conservado, debido a la inercia de los hábitos de larga data, y que, por un lado, ayudan a hacer al gentil cuerdo y conservador y, por otro lado, tienen el efecto de empañar la visión intelectual de ese mismo gentil y, en última instancia, de hacerlo

---

[54] Roth 1963.
[55] Roth 1963, 452.
[56] Alter 1965, 72.

intelectualmente sésil[57].

De hecho, los científicos sociales judíos han sido, al menos en ocasiones, conscientes de estas conexiones: Peter Gay [58]cita el siguiente pasaje de una carta escrita por Sigmund Freud, cuya aversión a la cultura occidental se describe en el capítulo 4 de este libro:

> "Por ser judío, me encontré inmune a muchos de los prejuicios que podían limitar a otros en el uso de su intelecto y, como judío, estaba preparado para estar del lado de la oposición y no gozar de la aprobación del "bloque mayoritario". En una carta posterior, Freud dijo que la aceptación del psicoanálisis "requiere la preparación, hasta cierto punto, para estar solo contra todo, una situación con la que nadie está más familiarizado que un judío[59]".

Se trata de una especie de alienación de la sociedad de acogida. El intelectual judío, según el intelectual y radical político neoyorquino Irving Howe, tiende a "sentirse ajeno a la sociedad de acogida; a adoptar, casi como un derecho inalienable, una visión crítica de las doxas, a sentir que no tiene lugar en este mundo[60]".

De Solomon Maimon a Normon Podhoretz, de Rachel Varnhagen a Cynthia Ozick, de Marx y Lassalle a Erving Goffman y Harold Garfinkel, de Herzl y Freud a Harold Laski y Lionel Trilling, de Moses Mendelssohn a J. Robert Oppenheimer y Ayn Rand, Gertrude Stein y Reich I y II (Wilhelm y Charles), hay una estructura dominante, ligada a un impasse y a un destino común, que se impone a la conciencia y al comportamiento del intelectual judío en Galut [exilio]: Con el advenimiento de la emancipación judía, cuando los muros del gueto se derrumban y los shtetlach [pequeños pueblos judíos] comienzan a desaparecer, los judíos -como un antropólogo desconcertado- se adentran en un mundo extraño, sólo para descubrir a un pueblo extraño que observa una halaká [código] extraña. Observan este mundo con consternación, asombro, ira y objetividad punitiva. Este asombro, ira y objetividad reivindicativa del

---

[57] Veblen 1934, 229.
[58] Gay 1987, 137.
[59] Gay 1987, 146.
[60] Howe 1978, 106.

hombre marginal es una recurrencia; ha llegado a nuestro tiempo porque la emancipación judía sigue en marcha hasta nuestros días. [61]

Aunque la crítica intelectual resultante de los procesos de identidad social no pretende necesariamente alcanzar ningún objetivo concreto del judaísmo, estos elementos de la teoría son fuertemente consistentes con la idea de que la actividad intelectual judía puede tener como objetivo influir en los procesos de categorización social de una manera que beneficie a los judíos. Los capítulos siguientes presentan las pruebas de la idea de que los movimientos intelectuales judíos han promovido ideologías universalistas para el conjunto de la sociedad, y para las que se ha restado importancia a la dicotomía judío-gentil y no tiene significado teórico.

Así, por ejemplo, los conflictos sociales resultan, desde el punto de vista marxista, sólo de los conflictos económicos entre las diferentes clases sociales en los que se ignora la competencia por los recursos entre los diferentes grupos étnicos. La investigación sobre la identidad social predice que la aceptación de dicha teoría reduciría el antisemitismo, ya que la dicotomía judío-gentil no tiene una importancia primordial en la ideología universalista.

Por último, hay buenas razones para suponer que las opiniones de las minorías pueden tener una fuerte influencia en el comportamiento de la mayoría[62]. La investigación sobre la identidad social indica que un punto de vista minoritario, *especialmente* cuando es internamente coherente, puede tener un impacto:

> [...] porque plantea la posibilidad de una alternativa a la opinión mayoritaria de consenso, que se ha dado por sentada y no se ha cuestionado hasta ahora. La gente puede ver de repente grietas en la fachada del consenso mayoritario. Surgen nuevos problemas y cuestiones que hay que abordar. El *statu quo* ya no se acepta pasivamente como si fuera algo inmutable, estable y el único y legítimo árbitro de la naturaleza de las cosas. La gente tiene la oportunidad de cambiar sus creencias, sus

---

[61] Cuddihy 1974, 68.
[62] Pérez y Mugny 1990.

puntos de vista, sus costumbres, entre otras cosas. ¿Y a qué recurren? Una posible vía es la minoría activa. Por definición e intrínsecamente, esto proporciona una solución conceptualmente coherente y elegantemente sencilla a los problemas que, debido a su actividad, asolan ahora la conciencia colectiva. En el lenguaje de la "ideología" [...], las minorías activas pretenden sustituir la ideología dominante por una nueva. [63]

Uno de los componentes esenciales de la influencia de un grupo minoritario es la coherencia intelectual[64], y un tema importante de lo que sigue será que los movimientos intelectuales dominados por los judíos han mostrado un alto grado de cohesión y se han caracterizado a menudo por un marcado pensamiento dicotómico que enfrenta a su propio grupo con otros, una característica histórica del judaísmo. Sin embargo, dado que estos movimientos estaban destinados a ser abrazados por los gentiles, era necesario que se minimizara la importancia de la identidad del grupo judío o de los intereses del grupo judío para los activistas.

Este resultado también es coherente con la teoría de la identidad social; el grado en que los individuos pueden ser influenciados depende de su disposición a aceptar la categoría social de la que procede la opinión contraria. Los judíos intentan influir en la sociedad en la que viven, pero sólo podrán afirmar públicamente su identidad judía y hacer valer abiertamente sus intereses si estos movimientos no consiguen influir en las personas a las que se dirigen. En consecuencia, la participación judía en estos movimientos a menudo se ocultaba conscientemente, y las propias estructuras intelectuales se formulaban utilizando términos universalistas para minimizar la importancia de la dicotomía judío-gentil.

Además, dado que la propensión de un individuo a aceptar una influencia depende de su propensión a identificarse con los atributos característicos de un determinado grupo, los movimientos no sólo se conceptualizaban universalmente en lugar de expresar el particularismo judío, sino que también se presentaban como empleando los más altos estándares morales y éticos. Como señala Cuddihy[65], los intelectuales

---

[63] Hogg y Abrams 1988, 181.
[64] Moscovici 1976.
[65] Cuddihy 1974, 66n.

judíos se convencieron de que el judaísmo había recibido una "misión en el mundo occidental", según la cual la civilización occidental se enfrentaría a una forma de moral específicamente judía. Estos movimientos son ejemplos importantes y concretos de la antigua pero recurrente tendencia de los judíos a verse a sí mismos como una "luz para los pueblos", como se muestra en *SAID* (capítulo 7).

Esta retórica de condena moral de otros grupos representa, por tanto, una versión secular de la idea central de los intelectuales judíos posteriores a la Ilustración de que el judaísmo es una guía moral para el resto de la humanidad. Pero para establecer su influencia, se han visto obligados a restar importancia a la identidad y a los intereses judíos, que son fundamentales para estos movimientos.

El alto nivel de cohesión grupal característico de los movimientos estudiados en este libro fue acompañado por el desarrollo de teorías que, además de exhibir un alto grado de consistencia intelectual, podían tomar la forma, como en el caso del psicoanálisis y la teoría política radical, de sistemas hermenéuticos que podían explicar cualquier evento a la luz de sus esquemas interpretativos. Y aunque estos movimientos pretendían ser científicos, se alejaban inevitablemente de sus principios fundamentales en la medida en que representaban una forma de búsqueda individual del mundo de la realidad (véase el capítulo 6).

Aunque no se puede determinar con certeza el grado de influencia que estos movimientos intelectuales y políticos tuvieron en la sociedad gentil, las pruebas que se presentan en los siguientes capítulos son muy consistentes con la idea de que los movimientos intelectuales dominados por los judíos fueron una condición necesaria para el triunfo de la izquierda intelectual en las sociedades occidentales hacia finales del siglo XX.

No debería sorprender a nadie que suscriba la tesis evolucionista que la teoría que subyace a todo lo discutido hasta ahora implica que en cualquier tipo de actividad intelectual puede haber una guerra étnica en su raíz, al igual que no debería sorprender que las ideologías políticas y religiosas reflejen generalmente los intereses de sus creadores. La idea que los evolucionistas deberían poner en duda es la posibilidad misma de explicar desinteresadamente el comportamiento humano a través de las ciencias sociales.

Esto no implica que todos los científicos sociales con un fuerte apego a su identidad judía participaran en los movimientos que se analizan en los siguientes capítulos. La única implicación es que la identidad judía y los intereses judíos percibidos fueron una poderosa fuerza motriz para los líderes de estos movimientos, así como para muchos de sus activistas. Estos activistas-científicos tenían una fuerte identidad judía. Se preocuparon especialmente por el antisemitismo y desarrollaron conscientemente teorías para demostrar que las acciones judías no estaban relacionadas con el antisemitismo, y que al mismo tiempo (en el caso del psicoanálisis y la Escuela de Fráncfort) el etnocentrismo gentil y la participación en movimientos antisemitas cohesionados eran síntomas de psicopatología.

En conjunto, estos movimientos desafiaron los fundamentos morales, políticos, culturales y económicos de la sociedad occidental. Será evidente que estos movimientos han servido a ciertos intereses judíos con cierta eficacia. Sin embargo, también se hará evidente que estos movimientos a menudo entraban en conflicto con los intereses culturales y, en última instancia, genéticos de grandes sectores de los pueblos no judíos de ascendencia europea en las sociedades occidentales de finales del siglo XX.

Capítulo II

La escuela boasiana de antropología y el declive del darwinismo en las ciencias sociales

> "Si consideráramos que *Coming of Age in Samoa* de Margaret Mead es una utopía y no una obra etnográfica, podríamos entenderla mejor y ahorrarnos un montón de debates innecesarios.
>
> (Robin Fox 1989, 3)

Muchos autores han comentado los "cambios radicales" en los objetivos y métodos de las ciencias sociales tras la entrada de los judíos en estas disciplinas[66].

Degler señala[67] que la pérdida de terreno del darwinismo como paradigma fundamental de las ciencias sociales se debe más a los cambios ideológicos que a la aparición de nuevos datos empíricos. También señala que los intelectuales judíos han contribuido en gran medida al declive del darwinismo y de otros ángulos de análisis biológicos en las ciencias sociales estadounidenses desde la década de 1930 (p. 200).

La oposición de los intelectuales judíos al darwinismo es conocida

---

[66] Liebman 1973, 213; véase también Degler 1991; Hollinger 1996; Horowitz 1993, 75; Rothman & Lichter 1982
[67] Degler 1991, 188ss

desde hace tiempo[68][69]. En la sociología, el auge de los intelectuales judíos en el periodo anterior a la Segunda Guerra Mundial condujo a un "grado de politización al que los padres fundadores de la disciplina eran totalmente ajenos". No sólo los nombres de Charles Darwin y Herbert Spencer fueron sustituidos por los de Marx, Weber y Durkheim, sino que la visión de los Estados Unidos como una experiencia consensuada dio paso a una representación de los mismos como una serie de definiciones conflictivas[70].

En la inmediata posguerra, el campo de la sociología "tenía tantos judíos que empezaron a circular chistes sobre ella: Se decía que las sinagogas ya no eran necesarias, puesto que el minián podía encontrarse en los departamentos de sociología; también se decía que tampoco era necesaria una sociología de la vida judía, puesto que ambas se habían convertido en sinónimos[71].

De hecho, el conflicto étnico dentro de la sociología estadounidense es similar en muchos aspectos al conflicto étnico en la antropología estadounidense, que también es el tema de este capítulo. En este último caso, el conflicto se produjo entre científicos judíos de izquierdas y una vieja guardia protestante que acabó eclipsándose[72]:

> La sociología estadounidense se ha enfrentado a la oposición de investigadores y otras personas que critican a las ciencias sociales por ser "insuficientemente matemáticas", ya que están más implicadas en los dilemas de la sociedad que las ciencias más "rigurosas" de las matemáticas y la física. En esta lucha, los protestantes del Medio Oeste, defensores de la ciencia positivista, a menudo chocaron con los judíos de la Costa Este que, a su vez, luchaban con su propio compromiso marxista; destacados académicos, como Paul Lazarsfeld de la Universidad de Columbia, lucharon contra la complacencia de sus homólogos nativos.

Este capítulo se centra en el programa etnopolítico de Franz Boas,

---

[68] Lenz 1931, 674
[69] Véanse los comentarios de John Maynard Smit en Lewin [1992, 43].
[70] Horowitz 1993, 75
[71] Horowitz 1993, 77
[72] Sennet 1995, 43

pero hay que destacar la obra del antropólogo estructuralista franco-judío Claude Lévi-Strauss, que parece estar impulsado por las mismas motivaciones, aunque el movimiento estructuralista francés, en su conjunto, no puede considerarse un movimiento intelectual judío.

Lévi-Strauss y Boas colaboraron ampliamente, y el primero reconoció la influencia del segundo[73]. Por su parte, Lévi-Strauss fue muy influyente en Francia, y Dosse lo describió[74] como "el padre común" de Michel Foucault, Louis Althusser, Roland Barthes y Jacques Lacan. Estaba muy apegado a su identidad judía y le preocupaba mucho el antisemitismo[75]. En respuesta a las afirmaciones de que era "el intelectual judío arquetípico", Lévi-Strauss respondió [76]que :

> Ciertas actitudes mentales son probablemente más comunes entre los judíos que entre otros grupos [...] actitudes que provienen de un profundo sentido de pertenencia a una comunidad nacional, sabiendo al mismo tiempo que hay algunas personas en esa comunidad - ciertamente en número decreciente - que te rechazan. Esto contribuye a una cierta sensibilidad, así como a un sentimiento irracional de que en todas las circunstancias hay que hacer un poco más que los demás para desactivar posibles críticas.

Al igual que muchos de los intelectuales judíos que aparecen en este libro, los escritos de Lévi-Strauss pretendían resaltar las diferencias culturales y subvertir el universalismo occidental, una postura que confirma que el judaísmo es un grupo que no está destinado a ser asimilado.

Al igual que Boas, Lévi-Strauss refutó las teorías biológicas y evolutivas. En cambio, propuso la idea de que las culturas, al igual que las lenguas, son una colección aleatoria de símbolos sin ninguna conexión natural con sus referentes. Lévi-Strauss rechazó la teoría occidental de la modernización, siendo más bien partidario de la idea de que no hay sociedades superiores a otras.

---

[73] Dosse 1997 I, 15, 16
[74] Dosse 1997 I, xxi
[75] Cuddihy 1974, 151ss
[76] Lévi-Strauss y Eribon 1991, 155-156

El papel del antropólogo era ser "naturalmente subversivo, o un decidido opositor al tradicionalismo" [77] dentro de las sociedades occidentales, al tiempo que respetaba e incluso idealizaba las sociedades no occidentales[78]. El universalismo occidental y las ideas asociadas a los derechos humanos se consideraron [79] pantallas para enmascarar el etnocentrismo, el colonialismo y el genocidio:

> Todas las obras más importantes de Lévi-Strauss se publicaron en la época de la dislocación del imperio colonial francés, y contribuyeron en gran medida a configurar la percepción de otros intelectuales de la época. Sus elegantes escritos tuvieron tal efecto en sus lectores que se avergonzaron sutilmente de ser europeos. [...] Evocó la belleza, la dignidad y el misterio irreductible de las culturas del Tercer Mundo, que sólo intentaban preservar su carácter distintivo. [...] Sus escritos pronto sembraron dudas en la Nueva Izquierda. [...] que las ideas que Europa decía defender -la razón, la ciencia, el progreso, la democracia liberal- eran armas culturales específicamente europeas utilizadas para robar a los no europeos su diferencia.

Degler destaca [80] el papel de Franz Boas en la transformación antidarwiniana de la ciencia social estadounidense:

> "La influencia de Boas en los científicos sociales estadounidenses con respecto a las cuestiones raciales difícilmente puede ser exagerada".

Boas participa en la

> "Luchó durante toda su vida contra la idea de que la raza era una de las principales fuentes de diferencias entre los distintos grupos humanos en cuanto a sus capacidades mentales y sociales. Llevó a cabo esta lucha mediante su implacable e implacable evocación del concepto de cultura.

> "Boas, con una facilidad casi desconcertante, desarrolló el concepto de cultura en los Estados Unidos que, como un poderoso disolvente, erradicaría las cuestiones raciales de la literatura de las ciencias[81].

Boas no llegó a estas conclusiones a través de un enfoque científico

---

[77] Cuddihy 1974, 155
[78] Dosse 1997 II, 30
[79] Lilla 1998, 37
[80] Degler 1991, 61
[81] Degler 1991, 71

objetivo[82] de una cuestión controvertida [...] No cabe duda de que tenía un gran interés en recopilar argumentos y otras pruebas que pudieran refutar una ideología -el racismo- que consideraba vinculante para el individuo y, por lo tanto, indeseable para la sociedad [...] hay un interés continuo en promover sus valores sociales dentro de la profesión y el público.

Como señala Frank[83], "el protagonismo de los intelectuales judíos en los primeros años de la antropología boasiana, así como la identidad judía de las generaciones posteriores de antropólogos, han sido minimizados en los relatos oficiales de la disciplina.

La identidad judía y la persecución de los intereses judíos percibidos, en particular mediante la promoción de una ideología que hacía del pluralismo cultural un modelo para las sociedades occidentales, constituyeron el "sujeto invisible" de la antropología estadounidense -invisible debido a la ocultación de la identidad étnica y los intereses de sus promotores mediante el uso de un discurso que tenía un tono erudito, en virtud del cual esa identidad y esos intereses eran ilegítimos.

Se considera que Boas pertenece a una familia "liberal-judía" en la que se ha conservado la influencia de los ideales revolucionarios de 1848. Desarrolló una "posición liberal de izquierda que [...] es tanto científica como política[84].

Boas tomó como esposa a un miembro de su grupo étnico[85] y, desde muy joven, se preocupó profundamente por el antisemitismo[86]. Alfred Kroeber relató [87] una historia según la cual "[Boas] reveló, confidencialmente, pero no con certeza, ... que habiendo presenciado insultos antisemitas en un café público, echó a la persona insultante de la casa y fue llamado a duelo. A la mañana siguiente, su oponente le pidió

---

[82] Degler 1991, 82-83
[83] Frank 1997, 731
[84] Media 1968, 149
[85] Frank 1997, 733
[86] Blanco 1966, 16
[87] Kroeber 1943, 8

disculpas, pero Boas insistió en que el duelo se celebrara. Sea o no apócrifa, esta historia es totalmente coherente con la forma en que se le percibe en Estados Unidos".

En un comentario revelador sobre el apego de Boas a su identidad judía, así como sus opiniones sobre los gentiles, Boas dijo[88], en respuesta a una pregunta sobre las razones de sus relaciones profesionales con antisemitas como Charles Davenport: "Si los judíos trabajáramos sólo con gentiles libres de sentimientos antisemitas, ¿con quién podríamos trabajar realmente?

Además, como ha sido el caso dentro de la comunidad judía a lo largo de muchos períodos de la historia, Boas estaba profundamente alienado y era particularmente hostil a la cultura gentil, y esta hostilidad y alienación era particularmente relevante para el ideal cultural de la aristocracia prusiana[89].[90]

Cuando Margaret Mead intentó persuadir a Boas para que le permitiera continuar sus investigaciones en las Islas del Sur, "había encontrado una forma segura de hacerle cambiar de opinión". "Sabía que había una cosa que Boas valoraba aún más que la dirección de la investigación antropológica. Esto era que tenía que comportarse como un hombre liberal, democrático y moderno, no como un aristócrata prusiano. La maniobra funcionó, porque le permitió descubrir sus verdaderos valores personales[91].

Por lo tanto, concluyo que Boas estaba muy apegado a su identidad judía y que le preocupaba mucho el antisemitismo. En base a lo siguiente, es razonable suponer que su preocupación por el antisemitismo influyó mucho en el desarrollo de la antropología estadounidense.

De hecho, es difícil no llegar a la conclusión de que el conflicto étnico desempeñó un papel destacado en el desarrollo de la antropología estadounidense. Los puntos de vista de Boas entraban en conflicto con la

---

[88] Sorin 1997, 632n9
[89] Degler 1991, 200
[90] Media 1968, 150
[91] Degler 1991, 73

idea dominante de la época, a saber, que las culturas evolucionaban en una serie de etapas de desarrollo, a saber, el salvajismo, la barbarie y la civilización. Estas etapas estaban asociadas a las diferencias raciales, y la cultura europea moderna (y principalmente, supongo, la odiada aristocracia prusiana), estaba en la cima de esta escala.

Wolf presenta[92] el ataque boasiano como un desafío al "monopolio moral y político de una élite gentil que justificaba su dominio alegando que su superioridad representaba la culminación del proceso evolutivo". Las teorías de Boas también pretendían contrarrestar las teorías racialistas de Houston Stewart Chamberlain [93] y de eugenistas estadounidenses como Madison Grant, cuyo libro *The Passing of the Great Race (El paso de la gran raza)* era muy crítico con las [94]investigaciones de Boas sobre el efecto de los factores ambientales en el tamaño del cráneo. El resultado fue que "en su mensaje y en sus objetivos, [la antropología boasiana] era una ciencia abiertamente antirracista"[95].

[Madison] Grant describió a los inmigrantes judíos como egoístas sin escrúpulos, mientras que los estadounidenses del norte estaban cometiendo un suicidio racial al tolerar ser expulsados de su propia tierra [96]. Grant también creía que los judíos se movilizaban para desacreditar cualquier investigación sobre la raza:

> Es prácticamente imposible publicar nada en los periódicos estadounidenses sobre ciertas religiones y razas, que se vuelven literalmente histéricas cuando se las nombra explícitamente Según uno de los más destacados antropólogos franceses, las mediciones antropológicas y la recopilación de datos sobre los reclutas franceses al comienzo de la Gran Guerra fueron impedidas por la influencia de los judíos, que pretendían eliminar toda forma de diferenciación racial en Francia97.

---

[92] Wolf 1990, 168)
[93] *SAID*, cap. 5
[94] Grant 1921, 17
[95] Frank 1997, 741
[96] Grant 1921, 16, 91.
[97] Grant 1921, xxxi-xxxii.

Uno de los métodos de la escuela boasiana era poner en duda las teorías generales de la evolución humana, como las que implican secuencias de desarrollo, haciendo hincapié en la gran diversidad y complejidad caótica del comportamiento humano, así como en el relativismo de los criterios de evaluación cultural. Los boasianos sostenían que las teorías generales de la evolución debían basarse en un estudio muy detallado de la diversidad cultural, pero de hecho no se ha podido derivar ninguna teoría general de los resultados de esta investigación en el medio siglo transcurrido desde que la profesión se impuso[98].

Debido a su rechazo de las operaciones científicas de generalización y clasificación, la antropología boasiana se define así más como una antiteoría que como una teoría de la cultura humana[99]. Boas también se oponía a la investigación genética humana, lo que Derek Freeman [100]llama su "aversión oscurantista a la genética".

Boas y sus seguidores se ocuparon de construir una agenda ideológica dentro del mundo de la antropología estadounidense[101][102].[103] Boas y sus asociados tenían un sentido de identidad de grupo, una dedicación a una visión común y una agenda que les servía como herramienta para dominar la estructura institucional de la antropología[104].

Eran un grupo muy unido con una clara agenda política e intelectual, más que una colección de individualistas que buscaban desinteresadamente la verdad. La derrota de los "darwinistas" no se produjo sin una fuerte exhortación de todos los hijos de sus madres que apoyaban a la "derecha". Tampoco se produjo sin una fuerte presión tanto sobre los amigos leales como sobre los "camaradas más débiles", a

---

[98] Stocking 1968, 210.
[99] White 1966, 15.
[100] Freeman 1991, 198.
[101] Degler 1991.
[102] Torrey 1992.
[103] Freeman 1991.
[104] Stocking 1968, 279-280.

menudo inducida por la pura fuerza de la personalidad de Boas[105].

En 1915, los boasianos controlaban la *Asociación Americana de Antropología* y constituían dos tercios de su ejecutiva[106]. Hacia 1919, Boas podía afirmar que "la mayor parte del trabajo de antropología que se realiza actualmente en Estados Unidos" lo hacían sus alumnos de la Universidad de Columbia[107]. A partir de 1926, todos los principales departamentos de antropología fueron dirigidos por alumnos de Boas, la mayoría de ellos judíos. Su protegido, Melville Herskovits[108], señaló que las cuatro décadas de Boas en la Universidad de Columbia garantizaron la continuidad de su enseñanza, lo que dio lugar a la formación y el desarrollo de estudiantes que acabaron formando el núcleo de los antropólogos estadounidenses y llegaron a dirigir la mayoría de los principales departamentos de antropología de Estados Unidos. Estos, a su vez, formaron a estudiantes que... continuaron la tradición en la que sus propios maestros se habían formado.

Según Leslie White[109], los alumnos más influyentes de Boas fueron Ruth Benedict, Alexander Goldenweiser, Melville Herskovits, Alfred Kroeber, Robert Lowie, Margaret Mead, Paul Radin, Edward Sapir y Leslie Spier. Los individuos que constituían este "pequeño y estrecho grupo de académicos [...] unidos bajo la bandera de su maestro" [110]eran todos judíos, con la excepción de Kroeber, Benedict y Mead. Frank [111]también menciona a otros notables alumnos de la primera generación de Boas (Alexander Lesser, Ruth Bunzel, Gene [Regina] Weltfish, Esther Schiff Goldfrank y Ruth Landes).

La familia de Sapir había huido de los pogromos en Rusia y se había exiliado a Nueva York, y su primera lengua fue el yiddish. Aunque no es religioso, al principio de su carrera se interesó progresivamente por las

---

[105] Stocking 1968, 286.
[106] Stocking 1968, 285.
[107] Stocking 1968, 296.
[108] Herskovits 1953, 23.
[109] White 1966, 26.
[110] White 1966, 26.
[111] Frank 1997, 732.

cuestiones judías y más tarde se implicó en el activismo judío, concretamente en la creación de un centro de educación judía en Lituania [112]. Los antecedentes de Ruth Landes también ponen de manifiesto la dimensión étnica del movimiento boasiano. Su familia estaba notoriamente involucrada en la subcultura de izquierda de Brooklyn, y también fue presentada a Boas por Alexander Goldenweiser, tanto un amigo cercano de su padre como uno de los principales estudiantes de Boas.

En contraste con la naturaleza ideológica y política de las motivaciones de Boas, el activismo medioambiental de Kroeber y su defensa del concepto de cultura eran "totalmente teóricos y profesionales [113]". Ni sus escritos privados ni los públicos contienen muchas alusiones a cuestiones públicas relacionadas con los negros o, más en general, con la cuestión racial en Estados Unidos, en comparación con los escritos y publicaciones profesionales de Boas, en los que tales alusiones son tan frecuentes y evidentes. Kroeber, al igual que Boas, refutó el uso de la raza como categoría analítica, pero llegó a esta conclusión más por la teoría que por la ideología. Kroeber argumentó que "nuestro trabajo es promover la antropología en lugar de librar batallas por la tolerancia en otros ámbitos"[114].

Ashley Montagu también fue un influyente alumno de Boas [115]. Montagu, cuyo nombre de nacimiento era Israel Ehrenberg, fue un notable luchador en la guerra contra la idea de que las diferencias de capacidad intelectual dentro de la raza humana eran, entre otras cosas, de naturaleza racial. También era muy consciente de su identidad judía, afirmando en un momento dado que "si uno se ha criado como judío, sabe que todos los no judíos son antisemitas. [...] Creo que es una buena hipótesis de trabajo[116]. Montagu sostenía que la raza es una construcción social, que los seres humanos son intrínsecamente cooperativos (pero no

---

[112] Frank 1997, 735.
[113] Degler 1991, 90.
[114] Stocking 1968, 286.
[115] Shipman 1994, 159 ss.
[116] Shipman 1994, 166.

intrínsecamente agresivos) y que existe una hermandad universal del hombre, una idea que era muy problemática para muchos al comienzo de la Segunda Guerra Mundial.

También cabe mencionar el nombre de Otto Klineberg, profesor de psicología de la Universidad de Columbia. Klineberg fue "infatigable" e "ingenioso" en su argumentación contra la existencia misma de las diferencias raciales en la humanidad. Recibió la influencia de Boas durante su estancia en la Universidad de Columbia, y le dedicó su libro *Race Differences*, publicado en 1935. Klineberg "se propuso hacer por la psicología lo que su amigo y colega de la Universidad de Columbia [Boas] hizo por la antropología: purgar su disciplina de todas las explicaciones raciales de las diferencias sociales dentro de la raza humana"[117].

Por eso es interesante, en este contexto, observar que los miembros de la escuela boasiana que adquirieron mayor protagonismo público fueron dos gentiles, a saber, Benedict y Mead. Como en otros grandes períodos de la historia (véanse los capítulos 3 y 4 de este libro y el capítulo 6 de *SAID*), los gentiles se convirtieron en los portavoces, y por tanto en los miembros más visibles, de un movimiento dominado por los judíos. De hecho, al igual que Freud, Boas reclutó a gentiles en su movimiento, pues le preocupaba que "el carácter judío del movimiento hiciera que su ciencia fuera partidista a los ojos del público, comprometiéndola así"[118].

Boas vio el estudio de Margaret Mead sobre la adolescencia en Samoa en términos de su relevancia para el debate sobre lo innato versus lo adquirido que hacía furor en ese momento[119]. Los resultados de esta investigación se publicaron en *Coming of Age in Samoa*, un libro que revolucionó la antropología norteamericana al orientarla hacia el ecologismo radical. Su éxito se debió en gran medida a su promoción por parte de los alumnos de Boas en los departamentos de antropología de prestigiosas universidades estadounidenses[120]. Este libro, junto con

---

[117] Degler 1991, 179.
[118] Efron 1994, 180.
[119] Freeman 1983, 60-61, 75.
[120] Freeman 1991.

Patterns of Culture de Ruth Benedict, también tuvo una influencia considerable en otros científicos sociales, psiquiatras y el público en general, hasta el punto de que, a mediados del siglo XX, era habitual que los estadounidenses más educados explicaran las diferencias de la humanidad en términos culturales y dijeran que "la ciencia moderna ha demostrado que todas las razas humanas son iguales"[121].

Boas rara vez citaba el trabajo de personas ajenas a su grupo, salvo para denigrarlas, mientras que promovía y citaba sin descanso el trabajo de personas de su grupo, como hizo con el de Mead y Benedict. La escuela boasiana de antropología ha llegado a parecerse a un microcosmos similar al judaísmo en varios aspectos, entre ellos el de ser una estrategia evolutiva de grupo altamente colectivista, caracterizada por un fuerte apego a la identidad de grupo, una política excluyente y una fuerte cohesión en la búsqueda de intereses comunes dentro del grupo.

La antropología boasiana, al menos durante la vida de Boas, también se parecía al judaísmo tradicional en otro aspecto: era muy autoritaria e intolerante con la disidencia. Como en el caso de Freud (véase el capítulo 4 de este libro para más detalles), Boas era una figura patriarcal, que apoyaba firmemente a los que compartían sus puntos de vista mientras excluía a los que los rechazaban: Alfred Kroeber consideraba a Boas como "un verdadero patriarca" que "actuaba como una poderosa figura paterna, apoyando a aquellos con los que se identificaba en la medida en que percibía cierta reciprocidad, mientras que se mostraba totalmente indiferente o incluso hostil con otros cuando el contexto lo exigía"[122]. Boas tiene todas las características de un gurú, un maestro y profesor carismático y adorado, "literalmente glorificado" por los discípulos cuya "lealtad permanente" se ha "asegurado"[123].

Como en el caso de Freud, prácticamente todo lo que hizo Boas fue considerado por sus seguidores como de suma importancia y le valió su lugar entre los más grandes intelectuales de todos los tiempos. Al igual

---

[121] Stocking 1968, 306.
[122] Stocking 1968, 305-306.
[123] White 1966, 25-26.

que Freud, Boas no toleraba las diferencias teóricas o ideológicas entre él y sus alumnos. Aquellos que no estaban de acuerdo con el líder, o que estaban involucrados en conflictos personales con él, como Clark Wissler y Ralph Linton, fueron simplemente excluidos del movimiento. White[124] ve en la exclusión de Wissler y Linton un indicio de conflicto étnico, ya que ambos son gentiles. White [125] también sugiere que George A. La condición de gentil de Dorsey no es ajena a su exclusión del grupo de Boas a pesar de sus esfuerzos por integrarse. Kroeber [126] describe cómo George A. Dorsey, "un amable estadounidense con un doctorado en la Universidad de Harvard, no consiguió ser admitido en este selecto grupo. Un aspecto de este carácter autoritario puede verse en la participación de Boas en la completa supresión de la teoría evolutiva en la antropología[127].

Boas era el escéptico por excelencia y un firme defensor del rigor metodológico en lo que respecta a las teorías de la evolución cultural y la influencia de la genética en las diferencias entre los distintos individuos, aunque "la carga de la prueba descansaba muy poco sobre sus propios hombros"[128].

Aunque Boas (al igual que Freud; véase el capítulo 4) formuló sus conjeturas de forma muy dogmática, sus "reconstrucciones históricas son conclusiones, suposiciones y afirmaciones injustificadas, que van desde lo meramente posible hasta lo patentemente absurdo". Prácticamente ninguno de ellos es verificable"[129].

Como eterno enemigo de la generalización y de la construcción teórica, Boas aceptó, sin embargo, sin reservas la "generalización absoluta a la que llegó Margaret Mead tras un estudio de unos meses sobre el comportamiento de los adolescentes en Samoa", aunque los resultados de Mead diferían mucho de lo que se había publicado en el

---

[124] White 1966, 26-27.
[125] White 1966, 26-27.
[126] Kroeber 1956, 26.
[127] Freeman 1990, 197.
[128] White 1966, 12.
[129] White 1966, 13.

campo hasta ese momento[130]. Además, Boas permitió a Ruth Benedict falsificar sus propios datos sobre los kwakiutl sin ninguna crítica[131].

Por lo tanto, toda la empresa puede verse como un movimiento político altamente autoritario con un líder carismático a la cabeza. Los resultados fueron sorprendentes: "La profesión en su conjunto se unificó en una única organización nacional de antropólogos académicos. Compartían un entendimiento común de lo que representaba la variedad históricamente condicionada de las culturas humanas en el estudio del comportamiento [132] humano. La investigación sobre las diferencias raciales cesó, y los teóricos racialistas y eugenésicos como Madison Grant y Charles Davenport fueron completamente excluidos de la disciplina.

A mediados de la década de 1930, la visión boasiana de la determinación cultural del comportamiento humano había adquirido una fuerte influencia en los científicos sociales en general[133]. Los seguidores de Boas también podrían contarse entre los promotores académicos más influyentes del psicoanálisis[134]. Marvin Harris señala que el psicoanálisis fue adoptado por la escuela boasiana porque podía utilizarse como herramienta para la crítica de la cultura euroamericana, y de hecho, como veremos en los siguientes capítulos, el psicoanálisis representa un vehículo ideal para la crítica cultural. Una vez en manos de la escuela boasiana, el psicoanálisis se despojó por completo de cualquier vínculo que pudiera tener con las teorías evolutivas, y fue mucho más capaz de dar cabida a la importancia de las variables culturales[135].

La crítica cultural fue también un aspecto importante de la escuela boasiana. Stocking muestra que varios boasianos influyentes, como Robert Lowie y Edward Sapir, participaron en la crítica cultural de la década de 1920, que hacía hincapié en la percepción de Estados Unidos

---

[130] Freeman 1983, 291.
[131] Torrey 1992, 83.
[132] Stocking 1968, 296.
[133] Stocking 1968, 300.
[134] Harris 1968, 43.
[135] Harris 1968, 433.

como un país excesivamente homogéneo, hipócrita y emocional y estéticamente represivo (especialmente en lo que respecta a la sexualidad).

Uno de los principales objetivos de este programa era la creación de etnografías de culturas idílicas libres de todos los aspectos mal percibidos de la cultura occidental. Entre estos boasianos, la crítica cultural adoptó la forma de una ideología de "primitivismo romántico", en la que ciertas culturas no occidentales se erigían en modelos a seguir por las sociedades occidentales.

La crítica cultural ha sido el tema central de dos de las principales etnografías boasianas, a saber, *Manners and Sexuality in Oceania* de Mead y *Samples of Civilization* de Benedict. Estas obras, además de ser defectuosas, tergiversan muchas de las cuestiones asociadas a un análisis evolutivo del comportamiento humano.

Por ejemplo, los Zuni de Ruth Benedict fueron retratados como libres de guerras y homicidios y preocupados por la acumulación de riqueza. Los niños no eran disciplinados. El sexo no tenía compromiso y se ignoraba la virginidad, la pertenencia recíproca y la paternidad. Las sociedades occidentales contemporáneas son, por supuesto, lo contrario de estos paraísos idílicos, y Benedicto sugiere que estudiemos esas culturas para "juzgar los aspectos dominantes de nuestra propia civilización"[136].

Del mismo modo, el retrato que hace Margaret Mead de los samoanos ignora todo lo que es contrario a su tesis[137]. La descripción que hace Mead de los comportamientos negativos de los samoanos, como la violación y el énfasis en la virginidad, se atribuye a la influencia occidental[138].

Ambos relatos etnográficos han sido objeto de críticas demoledoras. La evolución en el tiempo de estas sociedades es más coherente con las

---

[136] Benedicto 1934, 249
[137] Orans 1996, 155.
[138] Stocking 1989, 245.

teorías evolutivas que con las representaciones de Benedict y Mead[139]. En la controversia que rodea la obra de Mead, algunos de sus defensores han señalado las posibles implicaciones políticas negativas de la desmitificación de su obra [140]. En cualquier caso, las cuestiones planteadas por esta investigación siguen teniendo la misma carga política de siempre.

De hecho, una de las consecuencias del triunfo de los boasianos fue que prácticamente no se realizaron investigaciones sobre la guerra y la violencia entre los pueblos estudiados por los antropólogos[141]. La guerra y los guerreros fueron ignorados, y las culturas fueron vistas como creadoras de mitos y dadoras de regalos. Orans demuestra que Mead ignoró sistemáticamente los casos de violación, violencia, revolución y competencia en su relato sobre los samoanos. Sólo se publicaron cinco artículos sobre antropología de la guerra durante la década de 1950.

Significativamente, cuando Harry Turney-High publicó su libro *Primitive Warfare* en 1949, en el que investigaba la universalidad de la guerra y sus frecuentes manifestaciones de salvajismo, fue completamente ignorado por la comunidad antropológica, otro ejemplo de las tácticas de exclusión utilizadas por los boasianos contra los disidentes, que también son características de los otros movimientos intelectuales estudiados en este libro. La riqueza de datos de Turney-High sobre los pueblos no occidentales entraba en conflicto con la imagen que de ellos promovía una profesión muy politizada cuyos miembros se limitaban a excluir ciertos datos del discurso intelectual.

Estas exclusiones dieron lugar a un "pasado pacificado" [142]y a una "actitud de autoculpabilización" por la que se expurgaba el comportamiento de los pueblos primitivos, mientras que el comportamiento de los pueblos europeos no sólo se presentaba como especialmente malo, sino también como responsable de las guerras en las que los pueblos primitivos están implicados. Según este punto de vista,

---

[139] Caton 1990; Freeman 1983; Orans 1996; Stocking 1989.
[140] Cato 1990, 226-227.
[141] Keegan 1993, 90-94.
[142] Keeley 1996, 163s.

sólo la insuficiencia fundamental de la cultura europea impide el advenimiento de un mundo idílico y libre de conflictos entre los diferentes grupos que lo componen.

La realidad, por supuesto, es muy diferente. La guerra ha sido y sigue siendo un fenómeno recurrente en las sociedades primitivas. Los estudios indican que más del 90% de las sociedades están involucradas en alguna forma de guerra, y una gran mayoría de ellas participan en actividades militares al menos una vez al año[143]. Además, una vez que los humanos modernos entran en escena, hay claros indicios de un aumento de la violencia homicida, dado el número suficientemente elevado de enterramientos[144]. Por su frecuencia y sus graves consecuencias, la guerra primitiva ha sido más mortífera que la civilizada. La mayoría de los hombres de las sociedades primitivas y prehistóricas "fueron testigos de la guerra muchas veces en su vida". [145]

Después de Boas: ejemplos recientes de la influencia judía en la investigación de las ciencias sociales con fines políticos

La influencia judía en las ciencias sociales continuó mucho más allá de la época de Boas y de la *Asociación Antropológica Americana*. Hollinger[146] señala "la transformación de la demografía étnico-religiosa del mundo académico estadounidense por parte de los judíos" en el periodo comprendido entre los años 30 y los 60, así como la influencia judía en las tendencias hacia la secularización de la sociedad estadounidense y el avance de un nuevo ideal de cosmopolitismo[147].

Desde principios de la década de 1940, esta transformación se reflejó en "una intelectualidad secular, cada vez más judía, decididamente de izquierdas y basada en gran medida, aunque no exclusivamente, en

---

[143] Keeley 1996, 27-32.
[144] Keeley 1996, 37.
[145] Keeley 1996, 174.
[146] Hollinger 1996, 4.
[147] Hollinger 1996, 11.

comunidades procedentes de la filosofía y otras disciplinas de las ciencias sociales"[148].

En 1968, los judíos constituían el 20% del profesorado de las mayores universidades estadounidenses, y casi el 30% del profesorado "más liberal". En aquella época, los judíos, que constituían menos del 3% de la población, representaban el 25% del profesorado de ciencias sociales de las principales universidades, y el 40% del profesorado [149]. Los académicos judíos también eran mucho más propensos a simpatizar con los partidos "progresistas" o comunistas en el periodo comprendido entre los años 30 y los 50. En 1948, el 30% del profesorado judío votó al Partido Progresista, frente a sólo el 5% del profesorado gentil[150].

Boas, que era socialista, es un buen ejemplo de las tendencias izquierdistas de los científicos sociales judíos, y muchos de sus seguidores eran políticamente radicales [151]. Se pueden hacer observaciones similares observando el movimiento del psicoanálisis y la Escuela de Investigación en Ciencias Sociales de Frankfurt (véanse los capítulos 4 y 5), pero también a los críticos de la sociobiología mencionados en este capítulo (Jerry Hirsch, R.C. Lewontin y Steven Rose). La atracción que ejerce la izquierda sobre los intelectuales judíos es un fenómeno general y suele estar relacionado con un fuerte sentimiento de identidad judía, así como con un cierto celo en la protección de los intereses judíos (véase el capítulo 3).

Stephen Jay Gould y Leon Kamin son ejemplos elocuentes de estas tendencias. Las opiniones de Gould[152] sobre las influencias sociales en la teoría evolutiva se presentan en *SAID* (capítulo 5), y el propio Gould es un ejemplo particularmente bueno de esta mezcla de intereses personales y etnopolíticos en el desarrollo de la ciencia. Gould fue un acérrimo opositor al enfoque evolucionista del estudio del comportamiento humano, y también gozó de un gran prestigio. Al igual que otros

---

[148] Hollinger 1996, 160.
[149] Rothman y Lichter 1982, 103.
[150] Rothman y Lichter 1982, 103.
[151] Torrey 1992, 57.
[152] Gould 1992.

destacados opositores a la sociobiología (J. Hirsch, L. Kamin, R. C. Lewontin y S. Rose)[153], Gould es judío, y Michael Ruse[154] señala que uno de los temas principales de una de las obras de Gould, *The Mismeasure of Man*, era mostrar cómo el enfoque hereditario del estudio de la inteligencia había sido utilizado por los "supremacistas teutones" para discriminar a los judíos a principios del siglo XX. También es llamativa la perspectiva de Gould sobre los debates sobre el coeficiente intelectual de los años 20 y su relación con los problemas de inmigración y, posteriormente, con el Holocausto. Muestra cómo la habilidad de propagandista y activista étnico, cuando se combina con una profesión de alto perfil, puede influir en la mente del público en un campo de investigación que no deja de tener efectos en la política pública.

Ruse señala que el libro de Gould fue escrito con pasión mientras era "ampliamente criticado" por los historiadores de la psicología, lo que sugiere que Gould incorporó sus sentimientos sobre el antisemitismo a sus escritos científicos sobre las influencias genéticas en las diferencias individuales de inteligencia.

Ruse explica su razonamiento[155] siguiente manera:

> No me parece del todo absurdo sugerir que la apasionada oposición de Gould a la sociobiología humana estuviera relacionada con su temor a que la disciplina pudiera ser utilizada con fines antisemitas. Una vez le planteé la pregunta al propio Gould [...] No rechazó la idea por completo, pero explicó que la oposición procedía más bien del marxismo, y que la mayoría de los marxistas estadounidenses resulta que proceden de familias judías de origen europeo oriental. Es posible que una combinación de estos dos elementos pueda explicar el fenómeno [el de incorporar sentimientos a sus escritos científicos].

Los comentarios de Gould ponen de manifiesto que el papel de los académicos judíos en la oposición al enfoque darwinista del estudio del comportamiento humano se ha asociado a menudo con una fuerte agenda política de izquierdas. El propio Gould reconoció que su teoría de la

---

[153] Myers 1990.
[154] Ruse 1989, 203.
[155] Ruse 1989, 203.

evolución, basada en el modelo de equilibrio puntuado, le convenía como marxista, ya que implicaba episodios revolucionarios esporádicos en el proceso evolutivo, en contraposición al modelo conservador de cambio gradual y constante.

Gould estudió el marxismo "en las rodillas de su padre"[156], lo que indica que creció como parte de la subcultura marxista judía presentada en el capítulo 3. En un artículo reciente, Gould[157] recuerda, con cierto regocijo, el *Forward*, un periódico escrito en yiddish, caracterizado tanto por su radicalismo político como por su conciencia étnica (véase el capítulo 3), afirmando que varios miembros de su familia estaban suscritos a él. Como señala Arthur Hertzberg[158], "los lectores del *Forward* sabían que la voluntad de los judíos de preservar su integridad étnica era real, y además fuerte.

Aunque la familia de Gould no era religiosa, se mantuvo "apegada a la cultura judía"[159]. Uno de los principales rasgos de la cultura judía es la percepción de la prevalencia del antisemitismo en diferentes períodos de la historia, [160]y la percepción de Gould de la constante opresión de los judíos a lo largo de la historia impregna su reciente revisión de *La curva de la campana*, [161]en la que rechaza el concepto de Herrnstein y Murray de[162] una sociedad socialmente cohesionada en la que todos tienen un papel importante que desempeñar: "Ellos [Herrnstein y Murray] se han olvidado de los judíos urbanos y de todos los habitantes que quedaron en muchos de estos pueblos idílicos.» Está claro que Gould culpa a las sociedades occidentales de no haber integrado a los judíos en sus estructuras sociales de armonía jerárquica y cohesión social. En el capítulo 8 trataré con más detalle el problema de la incompatibilidad del judaísmo con esta forma de estructura social occidental por excelencia.

---

[156] Gould 1996a, 39.
[157] Gould 1996c.
[158] Hertzberg 1989, 211-212.
[159] Mahler 1996.
[160] *SAID*, capítulo 6.
[161] Gould 1994b.
[162] Herrnstein y Murray 1994.

Kamin y Gould tienen antecedentes relativamente similares dentro de la subcultura judía de izquierdas, descrita con más detalle en el capítulo 3, y, al igual que muchos judíos estadounidenses, sienten una fuerte animosidad personal hacia las leyes de inmigración de los años veinte (véase el capítulo 7).

Kamin, hijo de un rabino que emigró a Estados Unidos desde Polonia, reconoce que "la experiencia de vivir y crecer como judío en una ciudad predominantemente cristiana le hizo ser muy consciente de la capacidad del entorno social para moldear la personalidad de uno"[163], un comentario que también sugiere que Karmin creció en un entorno en el que la gente estaba muy apegada a su identidad judía. Durante su estancia en la Universidad de Harvard, Kamin se afilió al Partido Comunista y se convirtió en editor del periódico del partido en Nueva Inglaterra. Tras abandonar el partido, en 1953 se convirtió en uno de los objetivos de las audiencias del subcomité del Senado de Joseph McCarthy. Kamin fue acusado y posteriormente absuelto de cargos de desacato al Congreso por no responder a todas las preguntas del subcomité. Fancher describe el trabajo de Kamin sobre el CI como "poco objetivo"[164], y sugiere que existe un vínculo entre los antecedentes y orígenes de Kamin y sus opiniones sobre el CI: "No cabe duda de que, sabiendo que su propia familia procedente de Europa Central [y, supongo, otros judíos] podría haber sido potencialmente objeto de leyes de restricción de la inmigración, Kamin llegó a la conclusión de que la suposición arrogante e infundada de la naturaleza hereditaria del coeficiente intelectual contribuyó a la aplicación de una política social injusta durante la década de 1920[165].

Kamin [166][167] y Gould [168][169] estuvieron a la cabeza de la

---

[163] Fancher 1985, 201.
[164] Fancher 1985, 212.
[165] Fancher 1985, 208.
[166] Kamin 1974a.
[167] Kamin 1974b.
[168] Gould 1981.
[169] Gould 1996a.

desinformación sobre el papel de los tests de inteligencia en los debates sobre inmigración durante la década de 1920. Snyderman y Herrnstein[170] (véase también Samelson[171]) muestran que Kamin y Gould tergiversaron el estudio de H. Goddard de 1917 sobre el coeficiente intelectual de los inmigrantes judíos, afirmando que "el 83% de los judíos, el 80% de los húngaros, el 79% de los italianos y el 87% de los rusos eran 'débiles mentales'"[172]. Como señalan Snyderman y Herrnstein[173], "el "hecho" que más se aduce como prueba del sesgo nativista de que el CI no se basaba en las puntuaciones del CI, no era considerado, ni siquiera por sus propios inventores, como una representación suficientemente precisa de los inmigrantes o una medida fiable de la capacidad heredada, y utilizaba un test cuya tendencia a exagerar la debilidad mental en cualquier tipo de población adulta era bien conocida en la época. De hecho, Goddard[174] señala que "no tenemos datos sobre este tema, pero podemos decir indirectamente que es mucho más probable que su condición sea el resultado del entorno en el que han vivido que de lo que han heredado de sus padres", y citó su propio trabajo al indicar que los inmigrantes constituían sólo el 4,5% de los residentes en instituciones para débiles mentales.

Degler[175] señala que Gould había emprendido una "acalorada persecución" de Goddard[176], tergiversándolo como un "elitista y radical defensor de la perspectiva hereditaria". Gould ignoró las dudas y reservas de Goddard, así como sus declaraciones sobre la importancia del medio ambiente. No hay duda de que Gould fue académicamente deshonesto en este proyecto: Degler[177] señala que Gould citó a Goddard justo antes del siguiente pasaje, y por lo tanto era consciente de que Goddard estaba lejos de ser radical en sus creencias sobre los orígenes de la debilidad: "Incluso

---

[170] Snyderman y Herrnstein 1983.
[171] Samelson 1982.
[172] Kamin 1974, 16.
[173] Snyderman y Herrnstein 1983, 987.
[174] Goddard 1917, 270.
[175] Degler 1991, 39.
[176] Degler 1991, 40.
[177] Degler 1991, 354n16.

en la actualidad estamos lejos de poder resolver la cuestión de la naturaleza de la debilidad. El problema es demasiado complejo para ser resuelto fácilmente. Sin embargo, Gould decidió conscientemente ignorar este pasaje. Gould también ignoró los comentarios de Degler en su revisión de 1996 de *The Mismeasure of Man*, que se detalla a continuación.

Además, Kamin y Gould señalan una influencia muy exagerada y esencialmente falsa de las actitudes generales de la comunidad de examinadores sobre las diferencias de inteligencia entre los diferentes grupos étnicos, así como la prominencia del test de CI en los debates del Congreso de la época [178][179][180] - este último punto confirmado por mi propia lectura de los debates. De hecho, el test de inteligencia no se menciona ni en el informe de la mayoría del Congreso ni en el de la minoría. (El informe de la minoría fue redactado y firmado por los dos congresistas judíos, los diputados Dickstein y Sabath, principales figuras en la lucha contra la restricción de la inmigración). En contra de la afirmación de Gould [181] de que "los debates del Congreso que condujeron a la *Ley de* Restricción *de la Inmigración* de 1924 se centraron en el test de inteligencia del Ejército", Snyderman y Herrnstein señalan que la Ley de Restricción de la Inmigración no menciona los test de inteligencia; Las puntuaciones de las pruebas asociadas a los inmigrantes sólo se mencionan brevemente en las audiencias, y luego se ignoran en gran medida o incluso se critican, y el tema sólo se menciona una vez en las más de 600 páginas de las transcripciones, o, lo que es más importante, se critican ampliamente las pruebas de CI. No se consultó a ninguna de las principales autoridades en materia de pruebas de CI, ni se incluyó su trabajo en el expediente legislativo[182]. Además, como señala Samelson[183], el deseo de restringir la inmigración es anterior a la existencia de los tests de inteligencia, y esta restricción fue promovida por diversos grupos,

---

[178] Degler 1991, 52.
[179] Samelson 1975, 473.
[180] Snyderman y Herrnstein 1983.
[181] Gould 1981, 232.
[182] Snyderman y Herrnstein 1983, 994.
[183] Samelson 1975.

entre ellos los sindicatos, por razones no relacionadas con la raza o la inteligencia, incluida la justicia de mantener el *statu quo* étnico en EE.UU. (véase el capítulo 7).

Samelson[184] describe otras áreas en las que la deshonestidad intelectual de Kamin es evidente, siendo el ejemplo más destacado sus comentarios calumniosos sobre Goddard, Lewis M. Terman y Robert M. Yerkes, en los que se presenta a estos pioneros en la medición de la inteligencia como si hubieran producido resultados coloreados por sus propias opiniones políticas. Terman, por ejemplo, concluyó a partir de su investigación que los asiáticos no eran inferiores a los caucásicos, un resultado que interpretó razonablemente como la puesta de manifiesto de la insuficiencia del argumento cultural; estos resultados son también coherentes con las conclusiones de estudios más recientes[185][186]. Los judíos también estaban sobrerrepresentados en el estudio de Terman sobre los niños excepcionalmente dotados, del que se informó ampliamente en la prensa judía de la época (por ejemplo, *The American Hebrew*, 13 de julio de 1923, p.177), y que coincide con los resultados de investigaciones más recientes[187]. Ambos resultados son contrarios a la teoría de la superioridad del Norte.

Kamin[188] también concluyó que "el uso del censo de 1890 sólo tenía un propósito reconocido por los partidarios de la ley. La "nueva inmigración" había comenzado después de 1890, y la ley fue diseñada para excluir a los biológicamente inferiores [...] es decir, a las personas del sudeste de Europa". Esta es una interpretación muy sesgada de los motivos de quienes apoyaron la restricción de la inmigración.

Como se discutió en el capítulo 7, se utilizó el censo de 1890 de los nacidos en el extranjero porque los porcentajes de los grupos étnicos nacidos en el extranjero en 1890 se aproximaban a las proporciones de estos mismos grupos en la población total en el censo de 1920. El

---

[184] Samelson 1975.
[185] Lynn 1987.
[186] Rushton 1995.
[187] *PTSDA*, cap. 7.
[188] Kamin 1974a, 27.

principal argumento para utilizar el censo de 1890 era que representaba adecuadamente a todos los grupos étnicos.

Esta tergiversación de los debates de la década de 1920 fue utilizada más tarde por Gould, Kamin y otros para argumentar que "la Ley de Inmigración de 1924 era descaradamente racista"[189], que se aprobó debido a los prejuicios racistas de los defensores de las pruebas de CI, y que fue la causa principal de las muertes de judíos en el Holocausto. Así, Kamin[190] concluyó que "la ley, que debe esencialmente su existencia a la ciencia de la medición de la inteligencia, tuvo como principal consecuencia la muerte de cientos de miles de personas consideradas indeseables por las teorías racistas nazis". A las víctimas se les negó el acceso a Estados Unidos porque el "cupo alemán" ya se había cubierto".

El retrato de Kamin sobre el estudio de la medición de la inteligencia a principios del siglo XX fue bien recibido y ampliamente difundido en la prensa y las revistas populares, e influyó en decisiones judiciales y publicaciones académicas. Mi propia introducción a las ideas de Kamin fue a través de un conocido libro de psicología del desarrollo, que también utilicé en mi enseñanza.

Del mismo modo, Gould sugiere una relación causal entre la visión hereditaria del CI y la Ley de Inmigración de 1924, que restringió la inmigración procedente de Europa del Este y del Sur en favor de los inmigrantes del Norte y del Oeste. Esta ley se relacionó posteriormente con el Holocausto:

> Las cuotas [...] redujeron en gran medida la inmigración procedente del sur y el este de Europa. En la década de 1930, los refugiados judíos querían emigrar, pero no eran admitidos. Las cuotas legales, así como la constante propaganda eugenésica, les prohibían inmigrar por completo, a veces durante varios años, cuando no se cubrían las cuotas incrementadas para los países del norte y del oeste de Europa. Chase (1977) estimó que las cuotas impidieron la inmigración de hasta 6 millones de personas de Europa central, meridional y oriental a Estados Unidos entre 1924 y el comienzo de la Segunda Guerra Mundial (suponiendo que la inmigración

---

[189] Kamin 1982, 98.
[190] Kamin 1974, 27.

de estos países continuara al ritmo anterior a 1924). Sabemos lo que les pasó a los que querían irse pero no tenían a dónde ir. Los caminos de la destrucción son a menudo indirectos, pero las ideas pueden contribuir tanto como las armas y las bombas. [191][192]

De hecho, aunque no hay pruebas de que los tests de inteligencia o las teorías eugenésicas tuvieran algo más que una influencia marginal en el desarrollo y la aprobación de la Ley de Inmigración de 1924, se puede demostrar que los judíos percibieron la Ley como dirigida contra ellos (véase el capítulo 7). Además, la preocupación por los judíos y su impacto en la sociedad estadounidense puede haber sido un motivo para algunos de los gentiles que apoyaron la restricción de la inmigración, incluidos los intelectuales Madison Grant y Charles Davenport.

Debido a su deseo de contrarrestar la publicidad que había recibido La *curva*[193] *de Bell*, Gould volvió a publicar *The Mismeasure of Man* en 1996 con una nueva introducción en la que declara: "Que me arrojen al infierno con Judas Iscariote, Bruto y Casio si no presento mi estudio más honesto y mi mejor análisis de las pruebas de la realidad empírica[194]. A pesar de esta declaración de objetividad académica (que está conscientemente redactada en un tono defensivo), Gould no se molesta en considerar las críticas que se le hacen, el tipo de comportamiento que se podría esperar de un propagandista, pero no de un académico[195]. El artículo de Snyderman y Herrnstein, el trabajo de Samelson y el libro de Degler [196] no se citan, y Gould no se retracta de su afirmación de que los tests de CI ocuparon un lugar destacado en los debates sobre inmigración en el Congreso durante la década de 1920.

Lo más descarado es que Gould hace el asombroso argumento de que seguirá ignorando todos los estudios recientes sobre el CI, prefiriendo la investigación "clásica" del pasado, debido a la naturaleza

---

[191] Gould 1981, 233.
[192] Gould 1998.
[193] Gould 1996a, 31.
[194] Gould 1996a, 39.
[195] Rushton 1997.
[196] Degler 1991.

"transitoria y efímera" de la investigación moderna[197]. El argumento, en esencia, es que no ha habido avances en la investigación del CI, sino que se repiten constantemente los mismos malos argumentos, un comentario que no creo que Gould hubiera hecho en ningún otro ámbito de la ciencia. Así, Gould sigue denigrando los estudios que tratan de establecer una relación entre el tamaño del cerebro y el CI, a pesar de que hay un gran número de estudios que tienden a mostrar dicha relación, y que fueron realizados tanto antes como después de la publicación de su edición de 1981 (véase el resumen más abajo).

El uso de la resonancia magnética para proporcionar una medida más precisa del tamaño del cerebro en la investigación moderna confirma así los hallazgos de los pioneros del siglo XIX en este campo, como Paul Broca, Francis Galton y Samuel George Morton, todos ellos denigrados sistemáticamente por Gould. Sin embargo, como señala Rushton[198], la edición de 1996 del libro de Gould parece haber omitido la discusión de la edición de 1981 sobre la investigación de Arthur Jensen acerca de la correlación entre el tamaño del cerebro y el coeficiente intelectual, ya que los datos recientes sólo muestran un bajo coeficiente de correlación (coeficiente cercano a 0,40). En lugar de esta discusión, la edición de Gould de 1996 presenta su respaldo a una revisión de la literatura de 1971 que concluyó que no había relación entre estas dos variables. Así, esta nueva edición ignora conscientemente 25 años de investigación, incluida la publicación de Van Valen[199], en la que se basan las ideas de Jensen.

En esta revisión, Gould también ignora una publicación de J.S. Michael [200] que demuestra que, al contrario de lo que afirma Gould, Samuel George Morton no falseó sus datos sobre las diferencias raciales en el tamaño del cráneo, intencionadamente o no. Además, aunque el estudio de Morton "se llevó a cabo con integridad"[201], contenía un error a favor de un grupo no caucásico, un error que Gould no mencionó, a

---

[197] Gould 1996a, 22.
[198] Rushton 1997.
[199] Van Valen 1974.
[200] Michaels 1988.
[201] Michaels 1988, 253.

pesar de que él mismo cometía errores de forma rutinaria al utilizar procedimientos elegidos arbitrariamente para realizar sus cálculos. Y Gould lo hizo de forma que favoreció la comprobación de su propia hipótesis de investigación, a saber, que no hay diferencia de volumen craneal entre las razas.

Gould tampoco revisó su crítica a H.H. Goddard, en la que afirmaba que Goddard había alterado las fotografías de la famosa familia Kallikak para que parecieran amenazantes y mentalmente atrasadas. (En su estudio, Goddard comparó a los kallikaks, que eran descendientes de un tabernero y un ciudadano honrado, con los descendientes del mismo hombre y su esposa). Sin embargo, un estudio posterior de Glenn y Ellis[202], publicado mucho antes de la edición revisada de 1996, concluyó que estas fotografías se consideraban "bonitas". Para ser caritativos, las suposiciones de Gould sobre las malas intenciones de los investigadores del CI provienen de su desmesurada predisposición contra los demás.

Por último, la edición de 1996 no ofrece ninguna refutación de los argumentos contra la afirmación de Gould de que *g* (inteligencia general) no es más que un artificio estadístico[203][204].[205] Esto es notable, ya que en la introducción de la edición de 1996 Gould reconoce claramente su falta de experiencia en la historia de la ciencia y la psicología, mientras que afirma ser un experto en el análisis de factores. Su falta de respuesta a sus críticos académicos es, por tanto, otro ejemplo de su deshonestidad intelectual al servicio de su agenda etnopolítica. Como indica la reseña de Rushton de la edición de 1996[206], hay muchos más errores de comisión y omisión en The Mismeasure of Man, todos ellos relacionados con cuestiones políticas delicadas que implican la idea de las diferencias raciales y de género en la capacidad cognitiva.

Gould también se oponía a la idea de que la evolución pudiera traer el progreso, posiblemente porque creía que esas ideas, sostenidas por los

---

[202] Glenn y Ellis 1988.
[203] Carroll 1995.
[204] Jensen y Weng 1994.
[205] Hunt 1995.
[206] Rushton 1997.

evolucionistas alemanes, estaban en la raíz del nacionalsocialismo[207]. Como señala Lewin [208], Gould reconoce que sus creencias están influenciadas por la ideología, pero se reafirma en su creencia de que la tendencia a que la inteligencia aumente con el volumen craneal sólo tiene una importancia marginal cuando se analiza la evolución en su conjunto. (La idea de que el aumento de la complejidad es importante en la evolución sigue siendo ampliamente respaldada[209][210][211][212]).

Sin embargo, Gould reconoce que hay un problema más importante que el de si todos los grupos de animales muestran esta tendencia. En esta perspectiva subyace la afirmación de Gould de que la conciencia y la inteligencia humanas, así como la tendencia general al aumento del volumen craneal en el transcurso de la evolución, son meros acontecimientos fortuitos y, por tanto, no contribuyeron a la selección natural ni a la resolución de los problemas de adaptación al medio que surgieron con el tiempo[213]. Esta perspectiva, que Gould hizo suya, pretende así contribuir al debate sobre la cuestión de si la inteligencia es innata o adquirida.

Además, el devastador análisis de Dennett[214][215] de los elementos retóricos utilizados por Gould en su lucha contra el adaptacionismo deja poco lugar a dudas sobre la deshonestidad intelectual fundamental de Gould. Dennett concluye que los motivos de Gould no son científicos, pero sin ofrecer ninguna explicación sobre el origen de estos motivos.

El propio Gould [216]relata un incidente en el que el biólogo británico Arthur Cain, refiriéndose a la publicación antiadaptacionista de Gould y

---

[207] Lewin 1992, 143: comentarios de Robert Richard.
[208] Lewin 1992, 144.
[209] Bonner 1988.
[210] Russell 1983.
[211] Russell 1989.
[212] E.O. Wilson (Miele 1998, 83).
[213] Lewin 1992, 145-146.
[214] Dennett 1993.
[215] Dennett 1995.
[216] Gould 1993, 317.

Lewontin[217], *The Spandrels of San Marco and the Panglossian paradigm: Una crítica al programa adaptacionista,* le acusó de "romper las reglas de la ciencia y la decencia intelectual al negar algo, que por otra parte sabíamos que era cierto (el adaptacionismo), simplemente porque no apreciaba las implicaciones políticas de la sociobiología, que se basa en el adaptacionismo". »

La conclusión de todo esto es que Gould ha dejado de pertenecer al grupo de "antiguos y universales eruditos", y pasará la eternidad en el infierno. Sin embargo, es bien sabido que aunque Gould tiene una fuerte agenda política y es deshonesto y egoísta como intelectual, John Maynard Smith[218], un destacado biólogo evolutivo, señala que "él [Gould] ha llegado a ser considerado como el principal teórico de la evolución. Por el contrario, los biólogos evolutivos con los que he hablado tienden a verlo como una persona cuyo pensamiento es tan confuso que ni siquiera vale la pena mirarlo... nada de esto nos preocuparía si no fuera por la falsa imagen de la teoría evolutiva que transmite a los no biólogos.

Del mismo modo, Steven Pinker[219], conocido lingüista y figura destacada del movimiento de la psicología evolutiva, califica las ideas de Gould sobre el adaptacionismo de "equivocadas" y "mal informadas". También criticó a Gould por no citar los trabajos de G.C. Williams y Donald Symons, por lo demás muy conocidos, en los que estos autores exponen argumentos no adaptativos para explicar ciertos comportamientos humanos, aunque sus trabajos se caracterizan en líneas generales por una perspectiva adaptacionista en la explicación del comportamiento humano. Así, Gould se ha apropiado deshonestamente de las ideas de otros autores, a la vez que las ha utilizado inapropiadamente para desacreditar el adaptacionismo en general.

En un artículo titulado *Homo deceptus: Nunca te fíes de Stephen Jay Gould,* el periodista Robert Wright[220], autor de *The Moral Animal* (Basic Books, 1994), lanzó las mismas acusaciones de interpretación deshonesta

---

[217] Gould y Lewontin 1979.
[218] Smith 1995, 46.
[219] Pinker 1997.
[220] Wright 1996.

de la psicología evolutiva de las diferencias sexuales contra Gould[221]. Wright señala que Gould "ha convencido al público de que, si no es un buen escritor, es un gran teórico de la evolución. Sin embargo, entre la élite de los biólogos evolutivos, se le considera un verdadero incordio - no un incordio menor, sino alguien que ha confundido literalmente al público en cuanto a la comprensión del darwinismo. Se trata, sin duda, de una tergiversación del darwinismo, pero, no obstante, ha resultado muy útil para promover sus intereses políticos y, posiblemente, étnicos.

Otro destacado biólogo, John Alcock [222], ofrece un análisis exhaustivo y, en mi opinión, justo, de varios aspectos de la retórica de Gould: demostraciones de erudición -frases en lenguas extranjeras, estilo poético- irrelevantes para los argumentos intelectuales, pero ampliamente admiradas incluso por sus críticos; etiquetando a sus oponentes con términos despectivos como "moda científica", "moda psicológica", "darwinismo de cartón" o "darwinistas fundamentalistas" (de forma similar, Pinker[223] critica la retórica cargada de hipérboles de Gould, incluyendo su descripción de las ideas que subyacen a la psicología evolutiva como "estúpidas", "patéticas" e "increíblemente simplistas", y su uso de veinticinco sinónimos para la palabra "fanático"); La simplificación excesiva de las ideas de sus críticos, que se traduce en la presentación de argumentos espurios, uno de los más clásicos de los cuales es calificar a sus críticos de "deterministas genéticos"; Proteger el propio pensamiento haciendo concesiones ilusorias a los adversarios, creando así una ilusión de integridad, con el fin de sofocar el debate en la medida de lo posible; pretender una mayor moralidad; omitir resultados y datos bien conocidos por la comunidad científica en su conjunto; proponer alternativas no adaptacionistas sin ponerlas a prueba y omitir los resultados de las investigaciones científicas que tienden a validar las tesis adaptacionistas; afirmar la idea de que las explicaciones próximas (es decir, las explicaciones sobre el funcionamiento de un determinado comportamiento a nivel neurofisiológico) invalidan las

---

[221] Gould 1996b.
[222] Alcock 1997.
[223] Pinker 1997, 55.

explicaciones últimas (es decir, la función adaptativa del comportamiento).

Los comentarios de Maynard Smith, Wright y Alcock ponen de relieve el hecho de que, a pesar del reconocimiento generalizado en la comunidad científica de la deshonestidad intelectual de Gould, éste ha recibido una fuerte cobertura como portavoz de su escuela de pensamiento en cuestiones relacionadas con la evolución y la inteligencia.

Como señala Alcock[224], Gould, como profesor de Harvard que ha publicado mucho, ha hecho respetable el pensamiento antiadaptacionista, y he notado este efecto no sólo entre la franja educada del público, sino también entre muchos académicos ajenos a las ciencias biológicas.

Tuvo acceso a prestigiosos foros intelectuales, incluida una columna regular en *Natural History* y, junto con Richard C. Lewontin (uno de los otros intelectuales-activistas cuya obra se analiza aquí), sirvió con frecuencia como crítico de libros para la *New York Review of Books* (*NYRB*). El *NYRB* ha sido durante mucho tiempo un bastión de la izquierda intelectual. En el capítulo 4, explico el papel que desempeñó la *NYRB* en la promoción del psicoanálisis, y en el capítulo 6, la *NYRB se* clasifica como una de las revistas de los intelectuales neoyorquinos, una camarilla predominantemente judía que dominó el mundo intelectual tras la Segunda Guerra Mundial.

La cuestión aquí es que la carrera de Gould, basada en la deshonestidad intelectual, no fue un caso aislado, sino que formaba parte de un movimiento más amplio que dominaba los círculos intelectuales más prestigiosos de Estados Unidos y del mundo occidental, un movimiento que se conceptualiza aquí como una faceta particular del judaísmo, visto a su vez como una estrategia evolutiva de grupo.

Desde un punto de vista más personal, recuerdo claramente que una de mis primeras experiencias influyentes en la universidad, en el estudio de las ciencias del comportamiento, fue la exposición al gran debate sobre el "instinto" entre los etnólogos alemanes Konrad Lorenz e Iranäus Eibl-

---

[224] Alcock 1997.

Eibesfeldt y los psicólogos del desarrollo predominantemente judíos (D. S. Lehrman, J. S. Rosenblatt, T. C. Schnierla, H. Moltz, G. Gottleib y E. Tobach).

Los vínculos de Lorenz con el nacionalsocialismo[225] fueron un aspecto apenas oculto de este debate, y recuerdo que tuve la sensación de estar asistiendo más a una especie de guerra étnica que a un debate racional y científico. De hecho, las intensas y poco científicas pasiones desatadas por estas cuestiones en algunos participantes fueron reconocidas abiertamente hacia el final de este extraordinario conflicto. En este contexto, Lehman declaró en 1970

> No debería señalar los elementos de irracionalidad y emocionalidad en la respuesta de Lorenz a las críticas sin reconocer que al analizar mi crítica a su teoría de 1953, encontré elementos de hostilidad a los que mi objetivo se vio obligado a responder. Mis críticos no me leen como si se tratara de un análisis científico, valorando la aportación de una determinada perspectiva, sino como si se tratara de un ataque a un punto de vista teórico, sin que el atacante quiera destacar las aportaciones positivas de ese punto de vista.

Más recientemente, cuando el debate ha pasado de la oposición a la etnología humana a la sociobiología humana, varios de estos psicólogos del desarrollo se han convertido también en críticos de la sociobiología[226]. Esto no es, por supuesto, negar las importantes contribuciones de estos psicólogos del desarrollo y su énfasis en la influencia del entorno en el desarrollo del comportamiento, una tradición que sigue siendo fuerte en la psicología del desarrollo a través de los escritos de muchos teóricos, como Alan Fogel, Richard Lerner, Arnold Sameroff y Esther Thelen. Además, hay que reconocer que varios judíos han hecho importantes contribuciones al pensamiento evolutivo en el contexto de su aplicación a los seres humanos y a la genética del comportamiento humano, como Daniel G. Freedman, Richard Herrnstein, Seymour Itzkoff, Irwin Silverman, Nancy Segal, Lionel Tiger y Glenn Weisfeld. Por supuesto, también hay personas no judías que han sido muy críticas con el

---

[225] Lerner 1992, 59ss.
[226] Myers 1990, 225.

pensamiento bioevolutivo.

Sin embargo, hay pruebas de que muy a menudo importantes intereses humanos, incluida la identidad judía, influyen en los debates científicos. La cuestión que planteo aquí, pues, es que una de las consecuencias de la existencia del judaísmo como estrategia evolutiva de grupo ha sido el desvío de estos debates, que ha tenido el efecto de impedir el progreso de las ciencias biológicas y sociales.

Richard Lerner[227], en su libro *Final Solutions: Biología, prejuicios y genocidio* es probablemente el ejemplo más flagrante de un científico que intenta desacreditar el pensamiento bioevolutivo por sus supuestos vínculos con el antisemitismo. (Barry Mehler, un protegido de Jerry Hirsch, también hace tales asociaciones explícitamente, pero su prestigio académico es mucho menor que el de Lerner, y su papel se limita al de promotor de tales ideas en los medios intelectuales de izquierda[228,229]. Mehler, graduado de la Universidad de Yeshiva, organizó una conferencia, "The Jewish Experience in America 1880 to 1975", en la Universidad de Washington en San Luis, cuyo contenido sugiere un fuerte apego a la identidad judía).

Lerner es un renombrado psicólogo del desarrollo, y su trabajo sugiere una gran implicación personal en la lucha contra el antisemitismo, a través de sus intentos de influir y mal utilizar la teoría en las ciencias del comportamiento. Antes de explicar los vínculos entre la teoría de Lerner y su lucha contra el antisemitismo, presentaré su propia teoría y el retorcido mecanismo por el que ha intentado desacreditar la aplicación del pensamiento evolutivo al estudio del comportamiento humano.

En este programa es fundamental el rechazo de Lerner al determinismo biológico en favor de un enfoque dinámico y contextualista del desarrollo humano. Lerner también se opone al determinismo ambiental, pero este último no ha sido discutido en detalle ya que es

---

[227] Lerner 1992.
[228] Mehler 1984a.
[229] Mehler 1984b.

"probablemente menos pernicioso socialmente"[230]. En este contexto, Lerner está ciertamente equivocado. La teoría de que no existe la naturaleza humana implicaría que los humanos pueden ser fácilmente programados para aceptar cualquier forma de explotación, incluida la esclavitud. Desde el punto de vista de los ecologistas radicales, la estructura de las sociedades no importa, ya que las personas deberían poder apropiarse de cualquier tipo de estructura social. Las mujeres podrían ser programadas para aceptar ser violadas, y los grupos étnicos podrían ser programados para aceptar la dominación de otros grupos. La idea de que el ecologismo radical no es socialmente pernicioso también pasa por alto el hecho de que el gobierno comunista de la Unión Soviética asesinó a millones de sus propios ciudadanos, y posteriormente se embarcó en un curso de antisemitismo oficial mientras suscribía la ideología del ecologismo radical.

El contextualismo dinámico de Lerner menciona superficialmente las influencias biológicas, cuando en realidad las hace incoherentes e inanalizables. Esta teoría está firmemente arraigada en la tradición psicobiológica del desarrollo antes mencionada, e incluye numerosas referencias a sus principales autores. El contextualismo dinámico conceptualiza el desarrollo como una interacción dialéctica entre el organismo y el entorno. Se reconoce la realidad de las influencias biológicas, pero no son analizables, ya que se consideran inextricablemente ligadas a las influencias ambientales.

La conclusión más importante que puede extraerse de esto es que cualquier intento de estudiar la variación genética como influencia independiente en las diferencias individuales (que no es más que el estudio cuantitativo de la genética del comportamiento) ha fracasado. Muchos de los opositores a la sociobiología también se han opuesto a la investigación genética del comportamiento (por ejemplo, S. J. Gould, J. Hirsch, L. Kamin, R. C. Lewontin y S. Rose). Gould[231] también un ejemplo particularmente flagrante de una completa incomprensión de los

---

[230] Lerner 1992, p.xx.
[231] Gould 1998.

conceptos básicos de la genética del comportamiento.

También es importante señalar que el contextualismo dinámico y su énfasis en la interacción dialéctica entre el organismo y el medio ambiente tiene más que un parecido pasajero con el marxismo. De hecho, el prefacio del libro de Lerner fue escrito por R. C. Lewontin, el biólogo de la población de Harvard que ha participado en un serio intento de fusionar la ciencia, el izquierdismo político y la oposición a las teorías evolutivas y biológicas del comportamiento humano[232][233].

Lewontin (junto con Steven Rose y Leon Kamin) fue el principal autor de *Not in Our Genes (No está en nuestros genes*[234]), un libro que comienza con una declaración de lealtad al socialismo[235] y que, además de otras varias fechorías intelectuales, continúa la labor de desinformación sobre el papel de los tests de inteligencia en los debates sobre la inmigración de los años 20, así como sus supuestos vínculos con el Holocausto[236]. De hecho, E. O. Wilson [237], cuyo libro *La nueva síntesis* [238] inauguró el campo de la sociobiología, señala que "sin Lewontin, la controversia en torno a [la sociobiología] no habría sido tan importante, ni habría atraído tanta atención".

En su prefacio al libro de Lerner, Lewontin afirma que el contextualismo del desarrollo representa "la alternativa al determinismo biológico y cultural". La perspectiva contextual en el estudio del desarrollo es el punto central de *Final Solutions*, y es el desarrollo de esta perspectiva lo que hace necesaria la creación de un programa de teoría social. En ningún lugar se expone esta visión del mundo de forma más sucinta que en la Tercera Tesis de Feuerbach de Marx[239]. Lewontin incluso cita a Marx, y las palabras citadas pueden asociarse a la idea

---

[232] Levins y Lewontin 1985.
[233] Wilson 1994.
[234] Lewontin, Rose y Kamin 1984.
[235] Lewontin, Rose y Kamin 1984, p.ix.
[236] Lewontin, Rose y Kamin 1984, p.27.
[237] Wilson 1994, 344.
[238] Wilson 1975.
[239] Marx 1888, p.ix.

básica del contextualismo del desarrollo. Gould [240] también adoptó la perspectiva dialéctica marxista en las ciencias sociales.

Lerner dedica la mayor parte de su libro a demostrar que *el contextualismo dinámico*, por su énfasis en la plasticidad, proporciona una perspectiva políticamente correcta sobre las diferencias raciales y sexuales, al tiempo que mantiene la esperanza del fin del antisemitismo.

Este intento mesiánico y redentor de desarrollar una teoría universal en la que se minimiza la importancia de las diferencias entre judíos y gentiles es una característica común de varios movimientos con un componente predominantemente judío, incluyendo las teorías políticas radicales y el psicoanálisis (véanse los capítulos 3 y 4).

El tema común es que estas ideologías han sido promovidas regularmente por individuos que, como Lerner, trabajan conscientemente a favor de los intereses judíos.

Sin embargo, las ideologías se promueven por su promesa universalista de llevar a la humanidad a un nivel superior de moralidad, un nivel de moralidad en el que la identidad judía permanecería, mientras que el antisemitismo desaparecería.

Presentado de este modo, *el contextualismo dinámico* puede verse como uno de los muchos intentos de reconciliar el judaísmo y el mundo moderno en el período posterior a la Ilustración.

No cabe duda de que Lerner cree firmemente en el imperativo moral del punto de vista que defiende, pero su cruzada moral le llevó mucho más allá de la ciencia en sus intentos de desacreditar las teorías biológicas, que formaban parte de su lucha contra el antisemitismo.

Lerner es coautor de un artículo en la revista *Human Development* [241], que dirige su lucha contra la influencia del pensamiento biológico en la investigación del desarrollo humano. Mi libro *Perspectivas sociobiológicas sobre el* desarrollo humano se [242] cita como un ejemplo

---

[240] Gould 1987, 153.
[241] Lerner y von Eye 1992.
[242] MacDonald 1988b.

excelente de un enfoque evolutivo derivado de la obra de E. O. Wilson y una opinión que "ha ganado cierto apoyo y se ha puesto en práctica"[243].

Para mostrar cómo se comparte esta opinión y se ha puesto en práctica, Lerner y von Eye citan el trabajo de J. Philippe Rushton sobre las diferencias raciales en el estilo reproductivo según el modelo evolutivo r/K. Esto parece implicar que mi libro fue la base del trabajo de Rushton. Esto es incorrecto, ya que (1) mi libro no menciona las diferencias de inteligencia o de cualquier otro fenotipo entre los negroides y los caucásicos, y (2) se publicó después de que Rushton hubiera publicado su trabajo sobre la explicación de las diferencias raciales mediante el modelo evolutivo r/K *.

Sin embargo, la asociación de mi libro con la obra de Rushton es una forma muy eficaz de generar una percepción negativa de mi libro, especialmente dada la condición de *persona non grata* de Rushton como teórico de la diferencia racial[244].

La siguiente sección del artículo de Lerner y von Eye se titula *El determinismo genético como clave de la sociobiología para la integración interdisciplinar*. Esta yuxtaposición de conceptos implica implícitamente que los autores citados en mi libro aceptan el determinismo genético y, de hecho, al final de esta sección, Lerner y von Eye confunden mi libro con el trabajo de muchos otros autores en el campo de la sociobiología de los que se dice que creen que el destino está determinado por la anatomía, que las influencias ambientales son sólo ficción y que "el mundo social no interactúa con el genoma humano"[245].

Los académicos que defienden la perspectiva evolutiva del comportamiento humano o la genética del comportamiento han sido tachados muy a menudo de deterministas genéticos en esta literatura tan politizada.

Tales acusaciones son típicas de la retórica gouldiana y constituyen un tema importante de la obra abiertamente política de Lewontin et al,

---

[243] Lerner y von Eye 1992, p.13.
[244] Gross 1990.
[245] Lerner y von Eye 1992, p.18.

Not in Our Genes.²⁴⁶ Dudo mucho que ninguno de los autores que se comentan en esta sección del artículo de Lerner y von Eye pueda ser calificado realmente de determinista genético²⁴⁷.

De hecho, Degler ²⁴⁸ resume acertadamente el pensamiento evolutivo moderno en las ciencias sociales como caracterizado por "un reconocimiento total del poder y la influencia del entorno en la cultura". Sin embargo, me gustaría mencionar que esto es una completa tergiversación de mis escritos y es difícil creer que Lerner no fuera consciente de ello.

Dos de mis contribuciones al libro tratan directamente de las influencias culturales y ambientales en el comportamiento y de la subdeterminación del comportamiento por los genes. En particular, mi perspectiva teórica, descrita en el capítulo 1²⁴⁹, reconoce claramente la importancia de la plasticidad del desarrollo y las influencias contextuales en el desarrollo humano.

Y en estas dos secciones de mi artículo, cito el trabajo de Richard Lerner. Sin embargo, Lerner y von Eye se cuidan de no describir en detalle lo que he escrito. En cambio, su estrategia es la de la insinuación y la culpabilidad por asociación; una forma de hacerlo es colocando mi obra al final de una sección dedicada a autores supuestamente deterministas genéticos. Por desgracia, estas insinuaciones son habituales en los ataques a las perspectivas evolutivas en el estudio del comportamiento humano.

La cuestión es que hay muchas razones para creer que la lucha contra el antisemitismo es una de las principales motivaciones de estos ataques.

Lerner comienza su prefacio a *Soluciones finales: Biología, prejuicios y genocidio* con un retrato cargado de emoción de su infancia, marcada en particular por numerosas historias de atrocidades nazis. "Como joven judío que crecía en Brooklyn a finales de los años 40 y

---

²⁴⁶ Lewontin et al. 1984.
²⁴⁷ Burgess y Molenaar 1993.
²⁴⁸ Degler 1991, 310.
²⁴⁹ MacDonald 1988b.

principios de los 50, no podía escapar de Hitler. Él, los nazis, la Gestapo y Auschwitz estaban por todas partes[250].

Lerner retoma una conversación que tuvo con su abuela, en la que se menciona el destino de algunos miembros de su familia que habían estado bajo el control de los nazis. Le pregunta por qué los nazis odian a los judíos, y su abuela le responde diciendo simplemente "porque". Lerner afirma que "con el tiempo, desde aquella tarde en el piso de mi abuela, me he dado cuenta -cada vez más a lo largo de los años- de lo mucho que me han influido estas enseñanzas sobre el genocidio nazi. Ahora me doy cuenta de que la mayor parte de mi vida ha estado marcada por mis intentos de encontrar una explicación más completa que el "porque sí"[251].

Lerner afirma que eligió estudiar psicología del desarrollo porque la cuestión de la naturaleza frente a la crianza es fundamental en este campo y, por tanto, en la lucha contra el antisemitismo. Así, parece que Lerner eligió su carrera para promover los intereses judíos en las ciencias sociales. En el prefacio, Lerner cita, como influencias intelectuales, casi toda la lista de los principales psicólogos del desarrollo y antisociobiólogos antes mencionados y en su mayoría judíos, como Gottleib, Gould, Kamin, Lewontin, Rose, Schneirla (que no era judío) y Tobach.

Siguiendo una práctica habitual entre los historiadores judíos[252], Lerner dedica el libro a su familia, "a todos los miembros de mi familia... vuestras vidas no serán olvidadas"[253]. Evidentemente, en este libro no se intenta construir una teoría del desarrollo del comportamiento mediante un enfoque científico desinteresado, ni destacar el carácter étnico del conflicto social.

El mensaje principal del libro de Lerner es que existe una posible relación causal entre el darwinismo y la ideología del determinismo

---

[250] Lerner 1992, p.xv.
[251] Lerner 1992, p.xvii.
[252] Capítulo 7 de *SAID*.
[253] Lerner 1992, p.xxii.

genético, la legitimación del *statu quo como* imperativo biológico, la percepción negativa de los que tienen un genotipo "inferior", la eugenesia y la destrucción de los que tienen peores genes. Se dice que este escenario se ha puesto en práctica en varias ocasiones a lo largo de la historia, como la masacre de los pueblos nativos americanos, el genocidio de los armenios por los otomanos y el Holocausto.

Sin embargo, no hay pruebas de que una ideología basada en el determinismo genético sea una condición necesaria para el genocidio, ya que muchos genocidios han ocurrido sin ninguna influencia del darwinismo. Tal vez uno de los ejemplos más contundentes sea la aniquilación de los amorreos y madianitas por parte de los israelíes, tal y como se recoge en el Tanaj[254]. Este y otros ejemplos son ignorados por Lerner. También hay que señalar que nunca se ha establecido que los turcos otomanos compartieran los puntos de vista del darwinismo o que incluso tuvieran sus propias concepciones sobre la determinación genética del comportamiento.

El objetivo de Lerner es desacreditar el pensamiento evolutivo por su asociación con el nazismo.

El razonamiento es el siguiente[255]: Aunque Lerner reconoce que los deterministas genéticos no son necesariamente "racistas" e incluso pueden ser políticamente "ilustrados", sostiene que el determinismo genético es una ideología que puede ser utilizada por los racistas para hacer su discurso más científico: "La doctrina del determinismo biológico es perfectamente compatible con un movimiento político de este tipo[256].

La sociobiología, como forma más reciente de justificación científica del determinismo genético, debe ser desacreditada intelectualmente: "Los sociobiólogos contemporáneos no son ciertamente neonazis. No defienden en absoluto el genocidio y en algunos casos ni siquiera son políticamente conservadores. Sin embargo, llama la atención la cercanía de sus ideas (principalmente en lo que

---

[254] Capítulo 3 *del PTSDA*.
[255] Lerner 1992, 17-19.
[256] Lerner 1992, 17.

respecta a las mujeres) con las de los teóricos nazis[257]. *[Nota de Blanche: ¿Tal vez porque la verdad es "nazi"?]*

Lerner describe correctamente la ideología nazi como una ideología basada en la impermeabilidad del grupo, "en la creencia de que el mundo [...] puede dividirse limpiamente en dos grupos principales: un primer grupo, cuyos miembros tienen la mejor herencia genética de la humanidad, y un segundo, que comprende a todos aquellos que han heredado los peores genes de la humanidad. No puede haber transferencia de un grupo a otro, pues están separados por la sangre y los genes"[258]. Del mismo modo, Lewontin, en su prefacio al libro de Lerner, sostiene que "cualquier fuerza que mantenga vivo el nacionalismo... debe ser capaz de afirmar en última instancia el carácter inmutable de la identidad social... explotadores y explotados comparten la conciencia de una herencia cultural y biológica que define permanentemente los límites del grupo al que pertenecen, y que trasciende el desarrollo histórico del ser humano[259]".

Lerner y Lewontin condenan la sociobiología porque suponen que ésta puede utilizarse para justificar tal resultado. Sin embargo, la teoría evolutiva de los procesos de identidad social desarrollada en *SAID*[260] como base teórica del antisemitismo implica justo lo contrario; aunque los seres humanos parecen estar biológicamente predispuestos a los conflictos grupales interétnicos, no hay ninguna razón para suponer que la pertenencia al grupo o la permeabilidad del mismo estén determinadas por la genética; Dicho esto, no hay ninguna razón para creer que exista un imperativo genético de que la sociedad deba estar dividida en grupos impermeables y, de hecho, las sociedades occidentales típicas nunca se han estructurado de esta manera. La investigación sobre la identidad social indica que la hostilidad hacia otros grupos se produce incluso dentro de grupos heterogéneos, o en ausencia de competencia entre grupos. La particularidad del judaísmo es que levanta constantemente

---

[257] Lerner 1992, 20.
[258] Lerner 1992, 17.
[259] Lerner 1992, viii.
[260] *SAID*, capítulo 1.

barreras entre los judíos y el resto de la sociedad en la que viven. Por otra parte, aunque es razonable suponer que los judíos están genéticamente más inclinados al etnocentrismo que los pueblos occidentales[261][262], la erección de barreras culturales entre judíos y gentiles es un aspecto crítico del judaísmo como cultura.

Además, cabe señalar que ni Lerner ni Levontin reflexionan sobre el alcance del fenómeno de la formación de grupos impermeables que, sin embargo, se observa entre los propios judíos, donde la sangre y la herencia tienen una importancia primordial, y donde existen jerarquías de pureza racial, y donde la asimilación genética y cultural se considera un anatema[263]. El judaísmo, como estrategia evolutiva de grupo, ha dado lugar a sociedades desgarradas por conflictos internos entre grupos impermeables que compiten entre sí[264]. Sin embargo, las prácticas culturales judías son, al menos, una condición necesaria para la impermeabilidad del grupo, que tanta importancia tiene para el judaísmo como estrategia evolutiva de grupo. Por eso resulta irónico que Lewontin y Lerner afirmen, en un intento de combatir el antisemitismo, que la identidad étnica y la permeabilidad del grupo no están determinadas genéticamente.

Hay buenas razones para creer que la permeabilidad del grupo no está determinada por la genética, y las pruebas de esta hipótesis, analizadas en *el PTSDA*, indican que los judíos han sido muy conscientes de ello al menos desde que existe el judaísmo como estrategia evolutiva de grupo. En algunas ocasiones, los grupos judíos individuales han intentado crear una ilusión de permeabilidad dentro de sus propios grupos para mitigar el antisemitismo[265]. Aunque es indudable que los judíos están genéticamente predispuestos a formar un grupo étnico impermeable y a resistirse a la asimilación genética y cultural, no se puede suponer que esto esté determinado por la genética. De hecho, las pruebas analizadas

---

[261] *PTSDA*, Capítulo 8
[262] *SAID*, capítulo 1.
[263] *PTSDA*, PASSIM.
[264] *SAID*, capítulos 2-5.
[265] *SAID*, capítulo 6.

en *el PTSDA*[266] muestran la importancia de varios factores culturales y ambientales en el éxito del judaísmo como estrategia evolutiva grupal relativamente impermeable: altos niveles de socialización respecto a la identidad judía y la lealtad al grupo, una amplia variedad de mecanismos de diferenciación respecto a otros grupos (estilo de vestir, lengua, peinado, etc.), y la invención cultural de las clases sacerdotal y levítica. Además, la eliminación del intenso separatismo cultural, característico del judaísmo en las sociedades tradicionales, se materializó en un lento declive de la diáspora judía. Como resultado, los grupos judíos que viven en las sociedades occidentales a menudo tuvieron que redoblar sus esfuerzos para evitar los matrimonios mixtos y desarrollar una conciencia judía más fuerte y un mayor nivel de participación judía en su grupo. Estos intentos de restablecer la base cultural para sostener la identidad judía y garantizar la no asimilación de este grupo sugieren que un retorno a los preceptos religiosos y rituales del judaísmo puede ser la única manera de que los judíos resistan las presiones asimilacionistas de las sociedades occidentales contemporáneas[267].

Conclusión:

Una de las principales ideas desarrolladas en este capítulo es que el escepticismo científico y lo que podría llamarse "oscurantismo científico" han demostrado ser herramientas muy útiles en la lucha contra las teorías científicas cuyas conclusiones pueden resultar embarazosas para algunos.

Así, el hecho de que los boasianos exigieran los más altos niveles de rigor científico en relación con las generalizaciones sobre la cultura y la determinación del papel de la variación genética en el desarrollo de las diferencias individuales coincide con la adopción de una "antiteoría" de la cultura que se oponía fundamentalmente a los intentos de desarrollar un sistema de clasificación y generalizaciones. Del mismo modo, la perspectiva teórica dinámica-contextualista, al tiempo que rechaza la

---

[266] *PTSDA*, capítulos 7-8.
[267] *SAID*, capítulo 9.

genética del comportamiento y la teoría evolutiva del desarrollo humano por su incapacidad para cumplir las normas de demostración científica, ha propuesto una teoría del desarrollo en la que la relación entre los genes y el medio ambiente es un conjunto extremadamente complejo e imposible de analizar. Además, uno de los temas principales del capítulo 5 es que el escepticismo radical de la Escuela de Investigación en Ciencias Sociales de Fráncfort se utilizó conscientemente para deconstruir las teorías universalistas y asimilacionistas de la sociedad, que ven la homogeneidad de la sociedad como una condición necesaria para su funcionamiento armonioso.

El escepticismo científico en cuestiones políticamente sensibles fue también una tendencia importante en los escritos de Gould[268][269]. Carl Degler [270], hablando de Gould, afirmó que "un adversario de la sociobiología como Gould insiste, en efecto, en la interacción [entre la biología y el medio ambiente], pero al mismo tiempo evita cuidadosamente analizar los componentes individuales de esta interacción. Jensen[271] dijo de la obra de Gould sobre la medición de la inteligencia: "Creo que ha logrado brillantemente ofuscar todas las cuestiones importantes que preocupan a los científicos de hoy." En efecto, este tipo de trabajo intelectual tiene por objeto impedir el desarrollo de teorías generales del comportamiento humano en las que la variación genética desempeñe un papel que pueda ser claramente aislado y analizado, independientemente de otros factores.

También hemos visto cómo R. C. Lewontin estableció paralelismos entre las teorías del desarrollo del comportamiento y la ideología política marxista. Al igual que Lerner y Gould, Lewontin promueve teorías que sostienen que la naturaleza está formada por interacciones muy complejas entre el organismo y el medio ambiente. Lewontin rechaza los llamados métodos científicos reduccionistas, como la genética cuantitativa del comportamiento o el uso del análisis de la varianza,

---

[268] Gould 1987 PASSIM.
[269] Gould 1993 13.
[270] Degler 1991, 322.
[271] Jensen 1982, 124.

porque inevitablemente simplifican en exceso la realidad mediante el uso de valores medios[272].

El resultado es un hiperpurismo que sólo puede satisfacerse con certezas absolutas y metodologías, epistemologías y ontologías absolutamente correctas. En la psicología del desarrollo, un programa de este tipo llevaría en última instancia a rechazar todas las generalizaciones, incluidas las relativas a los efectos ambientales medios. Dado que cada individuo es portador de un conjunto único de genes y se desarrolla constantemente en un entorno siempre cambiante, el propio Dios probablemente tendría dificultades para proporcionar una explicación determinista del desarrollo individual, e incluso si lo hiciera, tal explicación tendría necesariamente, como la teoría boasiana de la cultura, que proyectarse lejos en el futuro.

Al adoptar esta filosofía de la ciencia, Lewontin pudo desacreditar los intentos de los científicos de desarrollar teorías y generalizaciones y así, en nombre del rigor científico, eliminar la posibilidad de cualquier conclusión científica políticamente inaceptable. Segerstrale señala que, aunque utiliza esta teoría como arma contra la perspectiva biológica en las ciencias sociales, la propia investigación empírica de Lewontin en biología de la población está firmemente arraigada en la tradición reduccionista.

La crítica de Gould y Lewontin al adaptacionismo[273] también puede considerarse un ejemplo del escepticismo que caracteriza la actividad intelectual judía. Al reconocer la realidad de las adaptaciones, el argumento problematiza en efecto el estatus de cualquier adaptación putativa. De este modo, Gould[274] pasa de la posibilidad de que cualquier adaptación putativa no sea más que un "enjambre" que, al igual que la forma arquitectónica del mismo nombre, es el resultado de las restricciones estructurales impuestas por las adaptaciones reales, a la notable sugerencia de que la mente humana puede verse como una

---

[272] Sergerstrale 1986.
[273] Gould y Lewontin 1979.
[274] Gould 1994a.

colección de enjambres no funcionales. Como ya se ha mencionado, el objetivo más amplio de Gould es convencer a su público de que el cerebro humano no evolucionó para poder resolver problemas adaptativos, una opinión que el antropólogo Vincent Sarich [275] ha denominado "creacionismo conductual". (Para conocer las opiniones actuales sobre el adaptacionismo, véase Boyd y Richerson [276], Dennett [277], Hull [278], Williams [279]). De hecho, la fascinación por la retórica coja de los "spandrels" de Gould y Lewontin ha llevado a la producción de un gran número de ensayos que analizan el estilo de escritura de este ensayo[280][281].[282]

El escepticismo científico es un enfoque poderoso, ya que una de las principales características de la ciencia es su apertura a la crítica, así como la necesidad de aportar argumentos suficientemente fundamentados. Como E. O. Wilson[283], "al adoptar un criterio muy restrictivo para determinar lo que se puede publicar, Lewontin pudo concentrarse en la consecución de sus objetivos políticos sin sentirse avergonzado por la ciencia. Adoptó la visión relativista de que la verdad aceptada, basada en hechos indiscutibles, no es más que un reflejo de la ideología dominante y del poder político. Temas y motivaciones similares son los que caracterizan a la Escuela de Fráncfort y al postmodernismo, tratados en el capítulo 5.

Sin embargo, Lewontin[284] presenta su trabajo, cargado de ideología, como el resultado de su preocupación por el rigor científico: "Exigimos pruebas y argumentos formales y libres de referencia a los datos

---

[275] Sarich 1995.
[276] Boyd y Richerson 1985, 282.
[277] Dennett 1995.
[278] Hull 1988, 424-426.
[279] Williams 1985.
[280] Selzer 1993.
[281] Carroll 1995, 449ss (comentarios de Joseph Carroll sobre la naturaleza engañosa de la retórica de Gould).
[282] Fahnestock 1993.
[283] Wilson 1994, 345.
[284] Lewontin 1994a, 34.

empíricos [...]; la lógica de la inferencia estadística; el poder de repetición de los experimentos; la distinción entre observaciones e hipótesis causales." El resultado es un escepticismo permanente; por ejemplo, todas las teorías sobre los orígenes de la división sexual del trabajo se consideran "especulativas"[285].

Del mismo modo, Gould rechaza todas las explicaciones de base empírica para la medición de la inteligencia, pero no ofrece ninguna alternativa. Como señala Jensen[286], "Gould no ofrece ideas alternativas a todas estas observaciones bien establecidas. Su propósito en esta disciplina parece totalmente nihilista. Del mismo modo, Buss *et al.*[287] señalan que, mientras que la perspectiva adaptacionista en psicología ha dado lugar a un gran número de predicciones teóricas y estudios empíricos que la confirman, el concepto de esparcimiento y "exaptación" (un término utilizado por Gould en varios sentidos, pero más a menudo para referirse a mecanismos que exhiben nuevas funciones biológicas diferentes de las que causaron la selección inicial del mecanismo) no ha generado ni predicciones teóricas ni estudios empíricos. También en este caso, parece que sus objetivos equivalen a lo que podría llamarse anticiencia nihilista.

Al igual que Boas, Lewontin somete la investigación biológica sobre los seres humanos a normas extremadamente rigurosas, mientras que se muestra notablemente laxo con las normas para demostrar que la biología tiene muy poca influencia en el comportamiento humano y las diferencias individuales. Así, por ejemplo, Lewontin afirma que "prácticamente toda la biología del género es mala ciencia"[288], pero asegura una página más tarde que una de las verdades indiscutibles de este mundo es que "el ser humano es la síntesis de un gran número de causas, cada una de las cuales tiene sólo una pequeña influencia". Lewontin afirmó además, sin presentar un solo argumento o referencia, que "nadie ha encontrado nunca una correlación entre la capacidad cognitiva y el tamaño del

---

[285] Lewontin 1994a, 34.
[286] Jensen 1982, 131.
[287] Buss *et al.* 1998.
[288] Lewontin 1994a, 34.

cerebro" (p. 34). Sin embargo, hay al menos 26 estudios publicados basados en 39 muestras independientes que muestran una correlación de aproximadamente 0,2 entre el perímetro craneal y el CI[289]; también hay al menos 6 estudios publicados que muestran una correlación de aproximadamente 0,4 entre el tamaño del cerebro y el CI y que utilizan la técnica más precisa de la resonancia magnética para escanear el cerebro directamente[290][291].[292][293][294][295]Teniendo en cuenta el número de estudios realizados, resulta cuando menos engañoso hacer tales afirmaciones, aunque Lewontin [296]argumentaría sin duda que ninguno de estos estudios tiene un nivel aceptable de demostración científica.

Franz Boas estaría orgulloso.

---

[289] Wickett *et al.* 1994.
[290] Andreasen *et al.* 1993.
[291] Willerman *et al.* 1991.
[292] Egan *et al.* 1994.
[293] Harvey *et al.* 1994.
[294] Raz *et al.* 1993.
[295] Wickett *et al.* 1994.
[296] Lewontin 1994b.

Capítulo III

Los judíos y la izquierda

> No podía entender qué tenía que ver el judaísmo con el marxismo, y por qué mi reticencia hacia él implicaba deslealtad al Dios de Abraham, Isaac y Jacob.
> Ralph de Toledano (1996), informando sobre sus conversaciones con intelectuales judíos orientales.

> El socialismo, para muchos inmigrantes judíos, no era tanto una política o una idea como una cultura global, un estilo de percepción y juicio que estructuraba sus vidas.
> Irving Howe (1982)

Parte 1

La asociación entre los judíos y la izquierda política ha sido ampliamente señalada y comentada desde el siglo XIX. "Sea cual sea su situación... en casi todos los países que estudiamos, un segmento de la comunidad judía desempeñó un papel destacado en los movimientos que pretendían socavar el orden existente" (Rothman & Lichter, *Roots of Radicalism, Jews, Christians and the New Left*, p. 110).

Al menos a primera vista, la participación de los judíos en la política radical puede resultar sorprendente. El marxismo, al menos el marxismo de Marx, es la antítesis misma del judaísmo. El marxismo es el epítome de una ideología universalista según la cual las barreras en la sociedad y entre las sociedades acaban siendo eliminadas en nombre de la armonía social y el sentido de comunidad. Además, el propio Marx, aunque nació de dos padres étnicamente judíos, fue ampliamente considerado como antisemita. Su crítica al judaísmo (*Sobre la cuestión judía*, 1843) lo conceptualizaba como una búsqueda fundamentalmente egoísta del dinero y la dominación del mundo, completada por la transformación del hombre y la naturaleza en artículos para la venta. Marx veía el judaísmo como un principio abstracto de codicia que debía dejar de existir en la sociedad comunista del futuro. Sin embargo, Marx rechazaba la idea de que los judíos debían abandonar su judaísmo para convertirse en ciudadanos alemanes y consideraba que el judaísmo, liberado del principio de la codicia, continuaría su existencia en la transformada sociedad posrevolucionaria.

Sea cual sea la opinión de Marx al respecto, la cuestión sigue siendo si la aceptación de ideologías radicales y universalistas y la participación en movimientos radicales y universalistas es compatible con la identificación judía. ¿La adopción de tal ideología aleja al judío de su comunidad, cuyo apego tradicional es el separatismo y el patriotismo judíos? O para decirlo en los términos que dicta mi perspectiva: ¿es compatible la defensa de ideologías radicales y universalistas con el judaísmo como estrategia evolutiva de grupo?

Nótese que al plantear esta pregunta no estamos preguntando si los judíos como grupo pueden caracterizarse por defender soluciones radicales de izquierda para las sociedades gentiles. No pretendemos que el judaísmo sea un movimiento unificado ni que todos los sectores de la comunidad judía compartan las mismas creencias y actitudes hacia el gentilismo. Los judíos pueden ser perfectamente la columna vertebral predominante o indispensable de los movimientos de la izquierda radical, y la identificación judía puede ser muy compatible con estos movimientos políticos e incluso facilitar su participación en ellos, sin que la mayoría de los judíos participen en estos movimientos e incluso si los judíos son sólo una minoría numérica en ellos.

Radicalismo político e identificación judía

La suposición de que el radicalismo judío es compatible con el judaísmo como estrategia evolutiva de grupo implica que los judíos de la izquierda radical siguen viéndose a sí mismos como judíos. Ciertamente, la gran mayoría de los judíos que defendieron las causas de la izquierda a partir de finales del siglo XIX se identificaron francamente como judíos y no vieron ninguna contradicción entre su judaísmo y su radicalismo político. Es obvio que los grupos radicales y judíos más importantes en Rusia y Polonia eran los *Bunds*, cuyo reclutamiento era exclusivamente judío y cuyo programa servía específicamente a los intereses judíos.

El lado proletario del *Bund* polaco era un aspecto de su deseo de preservar su identidad nacional judía. La fraternidad con los trabajadores no judíos servía a objetivos específicamente judíos. El *Bund* judío ruso no era diferente. Dado que los *Bunds* organizaban a una gran mayoría de la población judía radical de estos países, se puede concluir que en este periodo la gran mayoría de los judíos que pertenecían a movimientos radicales se identificaban fuertemente con la judeidad.

Además, muchos judíos del Partido Comunista de la Unión Soviética tendían más a una forma de judaísmo secularizado que a romper la continuidad del grupo judío. El gobierno soviético posrevolucionario y los movimientos socialistas judíos discutieron sobre cómo preservar la identidad nacional. A pesar de su ideología oficial, que tachaba de reaccionarios el nacionalismo y el separatismo étnico, el gobierno soviético se vio obligado a tener en cuenta la realidad de las fuertes identificaciones nacionales y étnicas en la Unión Soviética. Así se creó la sección judía del Partido Comunista (*Evsektsiya*).

Luchó contra los partidos socialistas-sionistas, contra las comunidades democráticas judías, contra la fe judía y contra la cultura hebrea. Sin embargo, logró configurar un estilo de vida basado en la lengua yiddish como lengua nacional reconocida de la nacionalidad judía, luchar por la supervivencia nacional judía en la década de 1920 y frenar el proceso asimilacionista de la sovietización de la lengua y la cultura judías en la década de 1930 (Pinkus, *The Jews of the Soviet Union: A History of a National Minority*, p. 62).

La recompensa a estos esfuerzos fue el desarrollo de una subcultura separatista en yiddish con el apoyo del Estado. Aparecieron escuelas de yiddish e incluso soviets de yiddish. Esta cultura separatista fue promovida agresivamente por la *Evsektsiya*. Los padres judíos reticentes se vieron obligados, mediante el "terror" si era necesario, a enviar a sus hijos a estas escuelas culturalmente separatistas y no a escuelas en las que sus hijos no se hubieran visto obligados a volver a aprender sus lecciones en ruso para aprobar sus exámenes. Los temas literarios de los escritores judíos soviéticos más reconocidos en la década de 1930 destacan la importancia de la identidad étnica para ellos:

> La mayor parte de su prosa, poesía y obras de teatro se reducen a una idea: la restricción de sus derechos bajo el zarismo y el florecimiento de los judíos antes oprimidos bajo el sol de la constitución de Lenin y Stalin (Vaksberg, *Stalin contra los judíos*, p.115).

Además, el Comité Judío Antifascista (CJA), creado en 1942 y mantenido en la posguerra con apoyo estatal, tenía la misión de servir a los intereses culturales y políticos judíos, incluyendo el intento de establecer una república judía en Crimea. La organización fue disuelta por el gobierno en 1948 bajo la triple acusación de nacionalismo judío, resistencia a la asimilación y simpatías sionistas. Los líderes del CAJ se identificaron fuertemente como judíos. Los comentarios del líder del CAJ, Itsik Fefer, sobre su actitud durante la guerra indican un profundo arraigo en su judería ancestral:

> Dije que amaba a mi pueblo. Pero, ¿quién no ama a su propio pueblo? ... Mi interés por Crimea y Birobidjian [la región de la URSS donde se iban a reagrupar los judíos] no tiene otra razón. Me pareció que nadie más que Stalin estaba en condiciones de corregir el error histórico que habían cometido los emperadores romanos. Me pareció que nadie más que el gobierno soviético estaba en condiciones de corregir este error, creando una nación judía (en Kostyrchenko, Out of the Red Shadows: Antisemitism in Modern Russia, p. 39)

Para los activistas judíos en cuestión, a pesar de su total falta de identificación con el judaísmo como religión y sus batallas contra algunas de las expresiones más abiertamente separatistas del grupo judío, la pertenencia al Partido Comunista Soviético no impidió el desarrollo de mecanismos para asegurar la continuidad del grupo judío como entidad secularizada. Aparte del nacimiento de hijos de matrimonios interétnicos, muy pocos judíos perdieron su identidad judía durante la época soviética, y los años de posguerra vieron un fortalecimiento de la cultura judía y del sionismo en la Unión Soviética. Tras la disolución del CAJ, el gobierno soviético lanzó una campaña de represión contra todas las manifestaciones del nacionalismo y la cultura judía, llegando a cerrar teatros y museos judíos y a ilegalizar los sindicatos de escritores judíos.

La cuestión de la identificación judía de los bolcheviques de origen judío es difícil. Pipes considera que durante el período zarista, los bolcheviques de extracción judía no se identificaban como judíos, aunque los gentiles los consideraban trabajadores de la judería y experimentaban el antisemitismo. León Trotsky, por ejemplo, segundo después de Lenin en estatura como bolchevique, se esforzó mucho por no parecer judío y por no mostrar ningún interés en los asuntos judíos.

Es difícil creer que estos izquierdistas radicales carecieran absolutamente de identidad judía, ya que los demás los consideraban judíos y eran el blanco de los antisemitas. En general, el antisemitismo refuerza la identificación judía. Sin embargo, es posible que la identidad judía les fuera impuesta en gran medida desde el exterior. Por ejemplo, el conflicto en la década de 1920 entre Stalin y la Oposición de Izquierda liderada por Trotsky, Zinóviev, Kámenev y Sokolnikov (todos ellos étnicamente judíos) tenía todos los matices de un conflicto de grupo entre judíos y gentiles: "La evidente 'extranjería' que unía a todo este bloque de personalidades era una circunstancia inevitable" (Vaksberg, *op. cit.*, p. 19).

En ambos bandos, la extracción judía o gentil del oponente era un hecho de importancia, hasta el punto de que Sidney Hook señaló que los estalinistas no judíos utilizaban argumentos antisemitas en sus polémicas contra los trotskistas. Vaksberg cita a Viacheslav Molotov -Ministro de Asuntos Exteriores y la segunda persona más importante del Estado- diciendo que Stalin ganó contra Kamenev porque quería poner a un no judío al frente del gobierno. Además, en contraste con el nacionalismo implícito en la posición estalinista, el internacionalismo profesado por el bloque judío coincide más con los intereses judíos y expresa claramente una actitud judía común que ha sido constante en todas las sociedades desde la Ilustración.

Hasta la década de 1930, "para el Kremlin y la Lubyanka [la sede del KGB], no era la religión, sino la sangre lo que determinaba la judeidad" (Vaksberg, *op. cit.*, p. 64). De hecho, la policía secreta elegía a sus agentes entre los extranjeros étnicos, por ejemplo, los judíos en países tradicionalmente antisemitas como Ucrania, porque era menos probable que simpatizaran con los nativos, una táctica que tiene sentido desde un punto de vista evolutivo.

El origen judío era un factor importante para los gentiles, pero también para los propios judíos. Cuando la policía secreta quería investigar a un agente judío, reclutaba a una "joven judía" para que entrara en su vida íntima, un reconocimiento implícito de que la operación funcionaría mejor con una relación intraétnica. Del mismo modo, existía una marcada tendencia entre los judíos de izquierdas a idolatrar a otros judíos, como Trotsky o Rosa Luxemburgo, en detrimento de los gentiles del mismo signo, como ocurrió en Polonia, aunque algunos autores cuestionan la identificación judía de los dos revolucionarios. Por su parte, Hook considera que los izquierdistas sentían que la atracción de los intelectuales judíos por Trotsky no carecía de base étnica. Como dijo uno de ellos: *"Si tres cuartas partes de los dirigentes trotskistas son judíos, no es por casualidad.*

Por lo tanto, hay pruebas sólidas que sugieren que los bolcheviques judíos conservaron al menos algún remanente de su identidad judía. En algunos casos, su identidad judía puede haber sido "reactiva", es decir, formada en respuesta a las percepciones de los demás. Es posible que Rosa Luxemburg tuviera una identidad judía reactiva, ya que se la consideraba judía a pesar de que "en sus momentos más críticos con su propio pueblo, no dudaba en destrozar sin piedad a otros judíos" (Shepherd, *A Price before Rubies: Jewish Women as Rebels and Radicals*, p. 118).

Sin embargo, sólo tuvo relaciones sexuales regulares con un judío y nunca rompió los lazos con su familia. Lindemann considera que el conflicto entre la izquierda revolucionaria liderada por Luxemburgo y los socialdemócratas reformistas tenía también el tinte de un conflicto étnico entre alemanes y judíos, dado el alto porcentaje numérico y la visibilidad de los judíos en el campo de la extrema izquierda. Durante la Gran Guerra, las amistades de Luxemburgo en el partido eran cada vez más exclusivamente judías, mientras que su desprecio por los dirigentes del partido -la mayoría de ellos no judíos- era cada vez más abierto y acerado. Cuando los mencionaba, a menudo utilizaba expresiones típicamente judías: los líderes del partido eran los "shabat goyim de la burguesía". Entre muchos alemanes de derechas, Luxemburgo era la más odiada de todos los revolucionarios, porque encarnaba el principio destructivo del extranjero judío" (Lindemann, *Esau's Tears: Modern Antisemitism and the Rise of the Jews*, p. 402).

Teniendo en cuenta estos elementos, se puede argumentar que Luxemburgo era una criptojudía o que sufría de una falsa conciencia sobre su identidad judía -un fenómeno común entre los judíos de izquierda- e igualmente se puede argumentar que no se identificaba como judía en absoluto.

Si se toma en serio la teoría de la identidad social, el antisemitismo dificulta la adopción de la identidad cultural del grupo circundante. Las prácticas tradicionalmente separatistas de los judíos, combinadas con la competencia económica, tendían a producir antisemitismo, lo que a su vez frustraba la asimilación, ya que hacía más difícil para un judío adoptar una identidad no judía. Entre las guerras en Polonia, la asimilación cultural de los judíos aumentó considerablemente. En 1939, la mitad de los estudiantes de secundaria judíos definían el polaco como su lengua materna. Sin embargo, la perpetuación de la cultura judía tradicional entre un gran número de judíos y el antisemitismo correspondiente contrarrestaron este deseo de adoptar una identidad polaca.

Desde una perspectiva gentil, las reacciones antisemitas hacia individuos como Luxemburg y otros judíos asimilados por fuera pueden entenderse como un deseo de evitar el engaño exagerando el grado de coincidencia entre la etnia judía y la conciencia activista judía al servicio de intereses judíos específicos. Esta percepción de los judíos seculares y de los judíos convertidos al cristianismo ha sido una característica perdurable del antisemitismo desde la Ilustración, ya que, de hecho, estos judíos solían establecer vínculos comerciales e informales que terminaban en matrimonios con otros judíos bautizados o con familias judías que no habían cambiado su religión de fachada.

En mi opinión, es imposible certificar la presencia o ausencia de identificación judía entre los bolcheviques de extracción judía en el periodo anterior y posterior a la revolución, durante el cual los judíos étnicos ostentaban gran parte del poder en la Unión Soviética. Hay varios indicios de identificación judía entre una parte importante de los judíos étnicos.

➢ Estas personas fueron clasificadas como judías en función de su origen étnico y, en parte, por el antisemitismo residual. Esto tendía a imponer una identidad judía a estos individuos y dificultaba definirse exclusivamente como miembro de un grupo político más amplio y abarcador.

➢ Muchos bolcheviques judíos, como los de la *Evsektsiya* y el CAJ, impulsaban agresivamente la construcción de una subcultura judía secularizada.

➢ Muy pocos judíos de la izquierda imaginaron una sociedad postrevolucionaria sin la perpetuación del judaísmo como grupo. De hecho, la ideología principal entre los judíos de izquierdas postulaba la desaparición del antisemitismo en la sociedad posrevolucionaria en virtud de la finalización de la lucha de clases y, por tanto, también de la particular fisonomía social que los judíos habían desarrollado en ella.

➢ El comportamiento de los comunistas estadounidenses muestra que la identidad judía y la primacía otorgada a los intereses judíos sobre los comunistas era algo habitual entre los individuos que eran comunistas étnicamente judíos.

➢ La existencia del camuflaje del judaísmo en otras épocas y lugares, junto con la posibilidad de desconfianza, flexibilidad y ambivalencia en la identificación, son componentes importantes del judaísmo como estrategia de grupo evolutiva.

Esta última posibilidad es especialmente interesante y se desarrollará más adelante. La mejor prueba de que los individuos han dejado realmente de identificarse como judíos se da cuando eligen una opción política que perciben que no sirve a los judíos como grupo. En ausencia de una opción que se perciba claramente como opuesta a los intereses judíos, sigue existiendo la posibilidad de que las diferentes opciones políticas elegidas por los judíos étnicos sean meras disputas tácticas al servicio de los intereses judíos superiores. En cuanto a los miembros judíos del Partido Comunista de EE.UU. (CPUSA), la mejor prueba de que seguían identificándose como judíos era que el nivel general de su apoyo al CPUSA disminuía o aumentaba dependiendo de si percibían que la política soviética contrarrestaba o favorecía intereses judíos específicos, como el apoyo a Israel o la oposición a la Alemania nazi.

La cuestión de la identificación judía es difícil, porque las declaraciones superficiales pueden ser engañosas. Es posible que los judíos no aprecien plenamente la fuerza de su identificación con el judaísmo. Silberman, por ejemplo, señala que en el momento de la guerra árabe-israelí de 1967, muchos judíos estaban de acuerdo con la afirmación del rabino Abraham Joshua Herschel: *"No sabía lo judío que era".* comentó Silberman:

> "Esta es la respuesta, no de un neófito en el judaísmo o de un adorador ordinario, sino de un hombre que es considerado por muchos, yo incluido, como el mayor líder espiritual judío de nuestro tiempo" (*A Certain People: American Jews and their Lives Today*, p. 184).

Muchos otros judíos se sorprendieron al hacer el mismo tipo de descubrimiento sobre ellos mismos. Arthur Hertzberg escribió:

> La reacción inmediata de los judíos estadounidenses ante esta crisis fue de una intensidad y alcance que nadie podía prever. Muchos judíos nunca habrían creído que el grave peligro que corre Israel pudiera dominar sus pensamientos y emociones excluyendo todo lo demás. (*Being Jewish in America*, p. 210)

Veamos a Polina Zhemchuzhina, la esposa de Viacheslav Mijailovich Molotov (primer ministro de la URSS durante la década de 1930), que fue una revolucionaria destacada, que se afilió al Partido Comunista en 1918 y más tarde se convirtió en miembro del Comité Central del Partido. Cuando Golda Meir visitó la URSS en 1948, Zhemchuzhina repitió varias veces la frase *Ich bin a Yiddishe tochter* (Soy hija del pueblo judío) cuando Golda Meir le preguntó por qué hablaba tan bien el yiddish.

Al despedirse de la delegación israelí, con lágrimas en los ojos, dijo: 'Espero que todo os vaya bien allí, y que todo vaya bien para todos los judíos'" (en Rubenstein, *Tangled Loyalties: The Life and Times of Ilya Ehrenburg*, p. 262).

Vaksberg la describe como "una estalinista de hierro, pero cuyo fanatismo no le impedía ser una buena hija del pueblo judío".

Mencionemos el caso de Ilya Ehrenbourg, el famoso periodista soviético y propagandista antifascista, cuya biografía *Lealtades enredadas* (Rubenstein, 1996) ilustra las complejidades de la identidad judía en la URSS. Ehrenbourg era un leal estalinista que no se desviaba de la línea sobre el sionismo y se negaba a condenar las acciones antijudías del gobierno. Sin embargo, Ehrenbourg tenía opiniones sionistas, se relacionaba con muchos judíos, creía en la calidad única del pueblo judío y estaba profundamente preocupado por el antisemitismo y el Holocausto. Ehrenbourg era un líder del CAJ que quería revivir la cultura judía y aumentar los contactos con los judíos en el extranjero. Un escritor entre sus amigos lo describió como "un judío ante todo... Ehrenbourg había rechazado sus orígenes con todo su ser, se disfrazaba de occidental, fumaba tabaco holandés y pasaba las vacaciones en las Islas Cook... Pero nada podía hacer desaparecer al judío" (*Ibidem* p. 204). Ehrenbourg no negó sus orígenes judíos y hacia el final de su vida repitió a menudo su desafiante convicción de que se consideraría judío mientras hubiera un solo antisemita viviendo sobre la faz de la tierra.

En un famoso artículo, citó el siguiente dicho:

La sangre existe en dos formas: la que corre por las venas y la que sale... ¿Por qué digo "nosotros los judíos"? Por la sangre. (*ibid.* p. 259)

Su intensa lealtad al régimen de Stalin y su silencio sobre las brutalidades soviéticas que mataron a millones de civiles durante la década de 1930 pueden haber nacido de la creencia de que la Unión Soviética era un baluarte contra el fascismo.

Ninguna transgresión le enfureció más que el antisemitismo. (*id.* p. 313)

"Romper el orgullo racial de las mujeres germanas con violencia".
Ilya Ehrenburg, 1945

Si observamos la reacción de los judíos étnicos ante la aparición del Estado de Israel, podemos ver que existe una identidad judía residual pero poderosa, incluso entre los bolcheviques de primera clase:

> Parecía que todos los judíos, independientemente de su edad, profesión o estatus social, se sentían responsables de este pequeño y remoto estado que se había convertido en un símbolo del renacimiento nacional. Incluso los judíos soviéticos que parecían irremediablemente asimilados cayeron bajo el hechizo del milagro de Oriente Medio. Yekaterina Davidovna (Golda Gorbman), esposa del mariscal Kliment Voroshilov, era una bolchevique y fanática internacionalista que en su juventud había sido expulsada de la sinagoga por incredulidad. Pero sorprendió a sus familiares al declarar: "A partir de ahora, nosotros también tenemos nuestra patria" (Kostyrchenko, *op. cit.* p. 102).

Lo notable es que incluso entre los judíos muy asimilados, incluidos los que la han rechazado subjetivamente, la identidad judía puede resurgir en una crisis de grupo o cuando la identificación judía entra en conflicto con otra identidad que el judío pueda tener, incluida la identificación política radical. Como cabría esperar de la teoría de la identidad social, Elazar señala que en épocas en las que el judaísmo se percibe como amenazado, como durante la Guerra de Yom Kippur, la identificación con el grupo aumenta considerablemente, incluso entre los judíos "muy marginados" (*Community and Polity: Organizational Dynamics of*

American Jewry).

Por lo tanto, cualquier afirmación sobre la identificación judía que no tenga en cuenta la percepción de un judaísmo amenazado corre el riesgo de subestimar gravemente el alcance de la participación judía. Las declaraciones superficiales de una identidad judía débil pueden ser muy engañosas. Y, como veremos, hay pruebas sólidas de una falsa conciencia generalizada entre los judíos radicales de izquierda sobre su judaísmo.

Además, hay pruebas fehacientes de que, tanto bajo los zares como en el periodo posrevolucionario, los bolcheviques judíos no veían ninguna contradicción entre sus actividades y los intereses judíos. La revolución puso fin al antisemitismo oficial del poder zarista, y aunque el antisemitismo popular persistió en el periodo posrevolucionario, el poder lo prohibió oficialmente. Los judíos estaban enormemente sobrerrepresentados en los puestos clave de la economía y la política, así como en la esfera cultural, al menos hasta la década de 1940. Fue un poder que buscó agresivamente destruir todo vestigio del cristianismo como fuerza unificadora en la Unión Soviética, y al mismo tiempo trató de establecer una subcultura judía secularizada, para que el judaísmo no perdiera su continuidad como grupo, ni sus mecanismos unificadores, como la lengua yiddish.

Por tanto, es dudoso que los bolcheviques judíos de la URSS tuvieran que elegir entre su identidad judía y su identidad bolchevique, al menos en el periodo que va desde la fase prerrevolucionaria hasta la década de 1930. Dada esta congruencia dentro de un "interés identificatorio bien entendido", por así decirlo, es bastante comprensible que los bolcheviques judíos individuales pudieran negar o anular su identidad judía -sin duda con la ayuda de mecanismos de falsa conciencia- mientras conservaban una identidad judía que resurgiría en caso de conflicto entre los intereses judíos y la política comunista.

Parte 2

El comunismo y la identificación judía en Polonia

El trabajo de Schatz sobre el grupo de comunistas judíos que llegó al poder en Polonia después de la Segunda Guerra Mundial, que él llama *la generación*, es importante para nosotros porque arroja luz sobre los procesos de identificación de toda una generación de comunistas judíos en Europa del Este. A diferencia de la Unión Soviética, donde la facción más judía dirigida por Trotsky fue derrotada, en Polonia podemos seguir las actividades e identificaciones de una élite comunista judía que llegó al poder y lo mantuvo durante mucho tiempo.

La gran mayoría de este grupo se había socializado en familias judías muy tradicionales, en las que la vida doméstica, las costumbres y el folclore, las tradiciones, las actividades de ocio y las relaciones intergeneracionales estaban impregnadas de normas y valores esencialmente judíos [...] El núcleo de la herencia cultural se les transmitió en forma de práctica y educación religiosa, ceremonias, cuentos, canciones, escuchando historias contadas por los padres y abuelos y discusiones de los adultos. De este modo, se les proporcionó este sólido núcleo de identidad, valores, normas y actitudes cuando entraron en la rebelión como jóvenes adultos. *Este núcleo tuvo que sufrir transformaciones durante los procesos de aculturación, secularización y radicalización, que a veces llegaron al rechazo explícito. Sin embargo, esta capa profunda filtraría todas sus percepciones posteriores.* (Shatz, *The Generation: The Rise and Fall of the Jewish Communists of Poland*, pp. 37-38.)

Nótese aquí las implicaciones de los procesos de falsa conciencia: los miembros de *la generación* negaron los efectos de esta experiencia integral de socialización, que iba a contagiar todas sus percepciones posteriores, de modo que en un sentido muy real *no sabían lo judíos que eran*. La mayoría de ellos hablaban yiddish en la vida cotidiana y tenían un escaso dominio del polaco, incluso después de su incorporación al partido. Sólo se relacionaban con judíos, a los que conocían en el mundo judío del trabajo, del barrio y de las organizaciones sociales y políticas judías. Una vez que se hicieron comunistas, se casaron entre ellos y su vida social se desarrolló en yiddish. Como en el caso de todos los movimientos intelectuales y políticos judíos que estudiamos en este tratado, sus mentores e influencias determinantes eran todos judíos étnicos -especialmente Trotsky y Luxemburgo- y cuando mencionaban a sus héroes personales, todos eran judíos cuyas hazañas adquirían dimensiones casi míticas.

Los judíos que se unieron al movimiento comunista no rechazaron de antemano su identidad étnica, muchos de ellos "apreciaban su cultura judía [...] y soñaban con una sociedad en la que los judíos fueran y siguieran siendo judíos" (*ibídem* p. 48). De hecho, no era nada raro que los individuos combinaran una fuerte identidad judía con el marxismo y diversas mezclas de bundismo y sionismo. Además, el marxismo fue recomendado a los judíos polacos en la medida en que sabían que los judíos habían alcanzado posiciones muy altas de poder e influencia en la URSS y habían establecido un sistema de educación y cultura judía. Tanto en la Unión Soviética como en Polonia, el comunismo era visto como una potencia opuesta al antisemitismo. Contradictoriamente, el gobierno polaco excluyó a los judíos del sector público, instituyó cuotas en las universidades y las profesiones, y boicoteó oficialmente los negocios judíos. Está claro que los judíos veían el comunismo como algo *bueno para ellos*. Era el movimiento que no ponía en peligro la perpetuación del grupo judío, que les prometía poder e influencia, y que ponía fin al antisemitismo de Estado.

En un extremo del espectro de la identificación judía estaban los comunistas que habían comenzado su carrera en el *Bund* o entre los sionistas, hablaban yiddish y trabajaban totalmente en un entorno judío. Las identificaciones judía y comunista eran igualmente sinceras y no ambivalentes. No se percibe ningún conflicto entre estas dos fuentes de identidad. En el otro extremo del espectro de la identificación judía se encontraban los comunistas, que tal vez querían construir un Estado "desetnificado", sin la perpetuación del grupo judío, aunque no hay pruebas suficientes de ello. En el periodo anterior a la Segunda Guerra Mundial, incluso los judíos más "desetnificados" sólo se asimilaban exteriormente vistiéndose como gentiles, adoptando sus nombres (lo que puede parecer un engaño) y aprendiendo su idioma. Intentaron reclutar a gentiles en el movimiento, pero no se asimilaron a la cultura polaca ni buscaron hacerlo.

Conservaban las tradicionales "actitudes altivas y despectivas" de los judíos hacia lo que consideraban, como buenos marxistas, una cultura campesina polaca "atrasada" (*ibíd.* p. 119). Incluso los comunistas judíos más asimilados, los que trabajaban en las grandes ciudades con los no judíos, estaban profundamente indignados por el pacto de no agresión germano-soviético y se sintieron aliviados ante el estallido de la guerra entre estas dos potencias, lo que indica claramente que su identidad judía personal no había quedado lejos de la superficie. El Partido Comunista de Polonia (PCP) tuvo cuidado de promover los intereses judíos y no obedeció ciegamente a la Unión Soviética. Así, Schatz considera que Stalin disolvió el PCP en 1938 por la presencia de trotskistas en su seno y porque esperaba que se opusiera a la alianza con la Alemania nazi.

En mi libro *Separation And Its Discontents* sostengo que la ambivalencia en la identificación es una característica constante del judaísmo desde la Ilustración. Es interesante observar que los activistas judíos polacos muestran esa ambivalencia, que en última instancia proviene de la contradicción "entre la creencia en algún tipo de existencia colectiva judía, mezclada con el rechazo de esa comunión étnica, que se consideraba incompatible con la división de clases y perjudicial para la lucha política en general"; entre el deseo de mantener un tipo específico de cultura judía, mezclado con la idea de que era sólo una forma étnica particular del mensaje comunista que debía servir para incorporar a los judíos a la comunidad socialista polaca; entre el deseo de mantener separadas las instituciones judías, y al mismo tiempo querer eliminar la separación judía como tal" (p. 234).

Observaremos que los judíos, incluidos los judíos comunistas en los niveles más altos del gobierno, siguieron viéndose a sí mismos como un grupo cohesionado e identificable. Aunque el carácter específicamente judío de su experiencia colectiva no era evidente para ellos mismos, no escapaba a los ojos de los demás, un caso sorprendente de falsa conciencia que examinaremos más adelante en el caso de los judíos de izquierda estadounidenses.

Estos comunistas judíos desarrollaban racionalizaciones y autoengaños sobre el papel del movimiento comunista en Polonia, por lo que no se puede extraer de la falta de pruebas de su afirmada identidad étnica judía una falta de identidad judía en absoluto.

Las anomalías cognitivas y emocionales -distorsiones, bloqueos y mutilaciones del pensamiento y los sentimientos- fueron el precio que tuvieron que pagar para mantener intactas sus creencias [...]. El ajuste de sus experiencias a sus creencias se hizo mediante la interpretación, la supresión, la justificación o la negación argumentada. (*ibid* p. 191)

Por mucho que fueran capaces de aplicar hábilmente su pensamiento crítico analizando penetrantemente el sistema sociopolítico que rechazaban, se bloqueaban a la hora de aplicar las mismas reglas y requisitos de análisis crítico al sistema que consideraban el futuro de toda la humanidad. (*ibid.* p. 192)

Esta combinación de falsa conciencia racionalizada y una identidad judía muy fuerte puede leerse en las palabras de Jacub Berman, uno de los más altos dirigentes polacos de la posguerra (en Polonia todos los dirigentes comunistas del periodo 1948-56: Berman, Boleslaw, Bierut, Hilary Minc, eran judíos). Sobre las purgas y asesinatos de miles de comunistas, entre ellos muchos judíos, en la URSS en los años 30, Berman afirma lo siguiente:

> Intenté explicar lo mejor que pude lo que estaba ocurriendo, aclarar los entresijos, las situaciones tan conflictivas y llenas de contradicciones internas en las que tenía que estar Stalin y que le obligaron a actuar como lo hizo y a exagerar los errores de la oposición, que adquirieron proporciones grotescas en las acusaciones judiciales, y de nuevo infladas por la propaganda soviética. Se necesitó mucha resistencia y dedicación para aceptar lo que estaba sucediendo, a pesar de todas las distorsiones, insultos y tormentos. (*en* Toranska, *"Ellos": las marionetas polacas de Stalin*, p. 207)

En cuanto a su identidad judía, Berman respondió lo siguiente, cuando se le preguntó por sus planes de posguerra

> No tenía ningún plan en particular. Pero sabía que, como judío, no podía optar a los puestos más altos. Pero no me importaba no estar en primera fila, no porque fuera tan humilde por naturaleza, sino porque no hace falta estar en el candelero para tener verdadero poder. Lo que me importaba era ejercer mi influencia, poner mi sello en la complicada formación de los gobiernos, lo que hice sin tener que exponerme. Obviamente, el ejercicio requería cierta agilidad. (*ibidem* p. 237)

Podemos ver claramente que Berman se ve a sí mismo como judío y es consciente de que los demás le ven como tal, y que por lo tanto su persona pública debe tener un perfil bajo artificialmente. Berman también señala que, como judío, estuvo bajo sospecha durante la campaña anti "cosmopolita" que comenzó en la URSS a finales de los años cuarenta.

Su hermano, miembro del Comité Central de la Organización de Judíos Polacos (que quería establecer una cultura judía secularizada en la Polonia comunista), emigró a Israel en 1950 para escapar de las consecuencias de la línea antisemita de inspiración soviética en Polonia. Berman explica que no siguió a su hermano a Israel a pesar de las peticiones urgentes de éste: "Por supuesto que me interesaba lo que ocurría en Israel, sobre todo porque conocía bien a los que iban allí" (*ibíd.*: 322). Obviamente, su hermano no lo consideraba como un no judío, sino como un judío que tuvo que emigrar a Israel a causa del antisemitismo emergente. La cercanía de los lazos familiares entre un funcionario de muy alto rango del gobierno comunista polaco y un activista de la organización que promovía la cultura secular judía en Polonia indica que incluso entre los comunistas polacos más asimilados de la época no había incompatibilidad en identificarse como judío y comunista.

Mientras que los miembros judíos del PCP veían el partido como ventajoso para los intereses judíos, los gentiles polacos lo consideraban, incluso antes de la guerra, como "pro-soviético, antipatriótico y 'no realmente polaco' desde un punto de vista étnico" (Schatz, *op. cit.* p. 82). La percepción de esta falta de patriotismo fue la principal fuente de hostilidad popular hacia el PCP.

Por un lado, durante la mayor parte de su existencia, el PCP estuvo en guerra no sólo con el Estado polaco, sino también con todo el cuerpo político, incluidos los partidos institucionales de oposición de la izquierda. Por otra parte, a los ojos de la gran mayoría de los polacos, el PCP era un agente extranjero y subversivo a las órdenes de Moscú, que había prometido destruir la independencia de Polonia, ganada con tanto esfuerzo, y llevarla al redil soviético. Denominada "agencia soviética" y "comuna judía", la organización se consideraba una conspiración peligrosa y fundamentalmente no polaca que pretendía socavar la soberanía nacional y restaurar el dominio ruso de otra forma. (Coutovidis & Reynolds, *Polonia, 1939-47*, p. 115)

El PCP apoyó a la Unión Soviética en la guerra polaco-soviética de 1919-20 y en la invasión soviética de 1939. Aceptó la frontera soviético-polaca de 1939 y se mostró bastante indiferente ante la masacre de prisioneros de guerra polacos durante la Segunda Guerra Mundial, mientras que el gobierno polaco en el exilio mantuvo una posición nacionalista en estos temas. El ejército soviético y sus aliados polacos, "decididos por un frío cálculo político o bajo la presión de la necesidad militar, o ambas cosas", permitieron que la insurgencia del Ejército del Interior, leal al gobierno no comunista en el exilio, fuera aplastada por los alemanes a costa de doscientos mil muertos, que acabaron con "la flor y nata de la élite militante anticomunista y no comunista" (Schatz, *op. cit.* p. 188).

El artificio de borrar la fisonomía judía del movimiento comunista se utilizó también en el ZPP (acrónimo de la *Unión de Patriotas Polacos*, un escaparate comunista de nombre orwelliano, que la URSS había creado para la ocupación de Polonia en la posguerra). Aparte de los miembros de *la generación* cuya lealtad se daba por descontada y que formaban su núcleo de liderazgo, se disuadió a los judíos de unirse a esta organización por miedo a que se considerara demasiado judía. Sin embargo, a los judíos que podían pasar físicamente por polacos se les permitía ingresar.

Se les pidió que se registraran como polacos étnicos y que cambiaran sus nombres. "Esto no se pidió sistemáticamente, porque con algunos de ellos no había nada que hacer: realmente parecían demasiado judíos. (*ibidem* p. 185)

Cuando este grupo llegó al poder después de la guerra, sirvió a los intereses políticos, económicos y culturales soviéticos, al tiempo que promovía con vehemencia los intereses específicamente judíos, por ejemplo, destruyendo la oposición política nacionalista que profesaba un abierto antisemitismo, en parte motivado por la idea de que el grupo judío favorecía la dominación soviética. La purga del grupo de Wladyslaw Gomulka después de la guerra fue la ocasión para la promoción de los judíos y el destierro total del antisemitismo. Además, la polarización entre el gobierno comunista polaco dominado por los judíos y apoyado por los soviéticos, por un lado, y la resistencia nacionalista y antisemita, por otro, permitió a los dirigentes comunistas ganarse la lealtad de la gran mayoría de la población judía, mientras que el grueso de los polacos no judíos se inclinaba por los partidos antisoviéticos.

El resultado fue un antisemitismo aún mayor. En el verano de 1947, unos 1500 judíos habían sido asesinados en incidentes registrados en 155 localidades. El cardenal Hlond, refiriéndose a un incidente en el que fueron asesinados 41 judíos en 1946, señaló que el pogromo se explicaba por el hecho de que "los judíos ocupaban posiciones dominantes en el gobierno polaco y trataban de establecer un tipo de estado que la mayoría de los polacos no quería" (*id.* p. 107).

Los dirigentes comunistas, dominados por los judíos, se esforzaban por mantener y revivir la vida judía en Polonia para que, al igual que en la URSS, no hubiera que temer ningún declive del judaísmo bajo el régimen comunista. En la "visión etnopolítica" de estos activistas judíos, la cultura judía secular debía perpetuarse en Polonia con el respaldo y el apoyo del Estado. En estas condiciones, mientras el gobierno hacía campaña contra el poder político y cultural de la Iglesia católica, la vida colectiva judía floreció en la posguerra. Se crearon escuelas y publicaciones en yiddish y hebreo, así como diversas organizaciones culturales y de bienestar social para judíos. Una parte importante de la población judía encontró empleo en las empresas cooperativas judías.

Además, el gobierno, dominado por los judíos, vio en la población judía, que incluía a muchas personas que nunca habían sido comunistas, una reserva de personas fiables que podían unirse al proyecto de reconstrucción del país. Aunque no fueran viejos camaradas probados, tenían la ventaja de no estar arraigados en las relaciones sociales de la sociedad anticomunista. Eran ajenos a sus tradiciones históricas, no tenían ninguna relación con la Iglesia católica y eran odiados por los enemigos del régimen. Por lo tanto, se podía contar con ellos y darles posiciones. (*id.* p. 212-13)

Tener un origen judío era una ventaja en el reclutamiento de agentes para los servicios de seguridad interna. La *generación de* comunistas judíos vio que su poder se derivaba enteramente de la Unión Soviética y que tendrían que utilizar la coerción para obtener la obediencia de una sociedad no comunista inherentemente hostil. El núcleo de los servicios de seguridad estaba formado por judíos que ya eran comunistas antes de la instauración del poder comunista polaco, pero contaban con la ayuda de otros judíos simpatizantes del régimen y desvinculados de la sociedad en general. Este tipo de hechos acentuó aún más la imagen popular del judío como agente del extranjero y enemigo de los polacos étnicos.

Los agentes judíos de las fuerzas de seguridad interna parecen haber estado motivados por el odio personal y el deseo de venganza, vinculados a su identidad judía:

> Sus familias habían sido asesinadas y la clandestinidad anticomunista les parecía una continuación de la misma tradición antisemita y anticomunista. Odiaban tanto a los que habían colaborado con los nazis como a los que se oponían al nuevo orden de cosas, sabiendo que como comunistas, o como comunistas y judíos, eran odiados al menos en la misma medida. A sus ojos, el enemigo era básicamente el mismo. Había que castigar viejas calamidades y prevenir otras nuevas, había que librar una lucha sin cuartel para allanar el camino hacia un mundo mejor. (*id.* p. 226)

Al igual que en Hungría tras la Segunda Guerra Mundial, Polonia se polarizó de tal manera que una clase dirigente y administrativa predominantemente judía -apoyada por el resto de la población judía y el poder militar soviético- se alineó en la batalla contra la gran mayoría de la población gentil autóctona.

Su papel de intermediarios convirtió a estos antiguos *forasteros* en la élite de facto de Polonia, y estos antiguos heraldos de la justicia social hicieron todo lo posible para proteger sus prerrogativas, con gran racionalización y autoengaño. Por ejemplo, cuando un desertor reveló en 1954 el lujoso estilo de vida de los miembros de la élite (Boleslaw Bierut tenía cuatro segundas residencias y las llaves de otras cinco [*en* Torenska, *op.cit.* p. 28]), su corrupción y su papel como agentes soviéticos, se produjo una conmoción en los niveles inferiores del partido. De ello se desprende el papel que desempeñaron las pretensiones de superioridad moral y altruismo en el desarrollo de la falsa conciencia de este grupo.

Los esfuerzos por hacer que el gobierno dominado por los judíos pareciera polaco no tuvieron éxito, ya que había muy pocos polacos de confianza capaces de ocupar puestos en el partido, la administración superior, el ejército y los servicios. Por lo tanto, se favoreció a los judíos que habían cortado sus lazos oficiales con la comunidad, a los que habían cambiado sus nombres o a los que podían pasar por polacos por su aspecto físico o la falta de acento judío. Independientemente de las definiciones personales que estos individuos se dieran a sí mismos, quienes los reclutaron para ocupar puestos de poder tomaron su extracción étnica percibida como la clave de su fiabilidad. La situación resultante se parecía en muchos aspectos a la de las sociedades tradicionales, en las que los judíos abiertos y los ocultos mantenían sus redes económicas y políticas entre sí.

Junto al grupo de políticos influyentes, demasiado pequeño para llamarlo categoría social, estaban los soldados, los apparatchiks y administradores, los intelectuales y publicistas, los policías, los diplomáticos y, finalmente, los activistas del sector judío. También estaba la masa de gente corriente -empleados, artesanos y obreros- que compartía la misma visión ideológica, experiencia histórica y aspiraciones étnicas. (Shatz, *op. cit.* p. 226)

Cabe señalar que cuando la dominación política y económica judía disminuyó gradualmente en la segunda mitad de la década de 1950, varios de ellos encontraron empleo en empresas cooperativas judías. Los judíos purgados de los Servicios de Seguridad Interna recibieron ayuda de organizaciones judías financiadas por judíos estadounidenses. No cabe duda de que mantuvieron su identidad judía y perpetuaron el separatismo económico y cultural judío. Así, tras la implosión del régimen comunista polaco, "muchos judíos, incluidos hijos y nietos de antiguos comunistas, salieron de la nada" (*Anti-Semitism Worldwide 1994* p. 115). Reivindicaron su identidad judía y reforzaron aún más la idea de que muchos comunistas judíos eran en realidad criptojudíos.

Cuando el movimiento antisionista y antisemita de la Unión Soviética pasó a Polonia, tras el cambio de línea hacia Israel a finales de los años 40, se produjo una nueva crisis de identidad, derivada de la creencia en la incompatibilidad entre comunismo y antisemitismo. La respuesta fue la "abnegación étnica" -hacer declaraciones negando la existencia de la identidad judía- o simplemente pasar desapercibido. Pero en virtud de la fuerte identificación con el sistema entre los judíos, la tendencia general era la racionalización, incluso cuando los judíos eran expulsados de las posiciones de poder.

Incluso cuando los métodos se volvieron más duros y dolorosos, cuando uno se vio obligado a confesar crímenes no cometidos y a denunciar a otros, y cuando uno se dio cuenta de los males cometidos por medios que violaban la moral comunista, las convicciones ideológicas básicas permanecieron inalteradas. Por lo tanto, la santa locura triunfó, incluso en las celdas de la prisión. (*ibidem* p. 260)

Por último, la campaña antijudía de la década de 1960 fue alimentada por la afirmación de que los judíos comunistas de *la generación* se oponían a la línea política proárabe de la Unión Soviética en Oriente Medio.

Al igual que otros grupos judíos a lo largo de la historia, las purgas antijudías no les hicieron abandonar su compromiso con el grupo, aunque el precio fuera una mayor persecución. Por el contrario, este compromiso se hizo aún más fuerte:

Veían al partido como la personificación colectiva de las fuerzas de la historia y se consideraban sus servidores. Lo expresaron con dogmatismo teleológico-deductivo, arrogancia revolucionaria y ambigüedad moral. (*ibid.* p. 260-61)

De hecho, se observa que la cohesión del grupo *generacional* aumentó junto con sus contratiempos. A medida que sus posiciones se veían erosionadas por el nacionalismo polaco y el antisemitismo emergente, eran cada vez más conscientes de pertenecer al mismo grupo. Tras su derrota final, pronto perdieron toda identidad polaca y asumieron abiertamente la identidad judía, especialmente en Israel, el destino de la mayoría de los judíos polacos. Hicieron autocrítica de su antisionismo y se convirtieron en ardientes partidarios de Israel.

Para concluir, nos apoyaremos en Schatz, quien demuestra que *la generación de* judíos comunistas y sus partidarios étnicamente judíos deben ser considerados como un grupo y agente histórico judío. Las pruebas indican que este grupo servía específicamente a los intereses judíos, en particular a la continuación del grupo judío en Polonia, incluso cuando intentaban destruir instituciones como la Iglesia católica y otras expresiones del nacionalismo polaco al servicio de la cohesión social de los polacos. Los dirigentes comunistas combatieron el antisemitismo y promovieron los intereses económicos y políticos de los judíos. Aunque el reconocimiento subjetivo de la identidad judía era ciertamente variable dentro de este grupo, las pruebas apuntan a un fuerte contenido de identidad judía sumergido en la falsa conciencia, incluso entre los más asimilados de entre ellos. Toda la secuencia ilustra la complejidad de la identificación judía y la importancia de la falsa conciencia y la racionalización en el corazón del judaísmo como estrategia evolutiva de grupo.

La mala fe y la racionalización fueron masivas cuando el poder dominado por los judíos y sus partidarios judíos eliminaron a las élites nacionalistas gentiles, se opusieron a la cultura nacional polaca y a la Iglesia católica mientras construían una cultura judía secularizada, sirviendo como agente de la dominación soviética en Polonia y construyendo sus propios éxitos económicos, mientras administraban una economía que imponía privaciones y sacrificios al resto del pueblo para engancharlo al carro soviético.

Parte 3

La izquierda radical y la identificación judía en Inglaterra y Estados Unidos

Desde el inicio del movimiento a finales del siglo XIX, la izquierda radical judía estadounidense también se ha caracterizado por una fuerte identificación judía. El estudio de Sorin de 1985 sobre los izquierdistas radicales judíos que emigraron a Estados Unidos a principios del siglo XX muestra que sólo el 7% de ellos eran hostiles a cualquier idea de separatismo judío. Más del 70% tenía "una conciencia positiva de su judaísmo". La mayoría de ellos pertenecían a instituciones, afiliaciones y organizaciones sociales judías superpuestas".

Además, no más de 26 de los 95 sujetos pertenecían a las categorías que Sorin denominó "hostiles, ambivalentes o asimilacionistas", pero "la mayoría, si no todas, de estas personas estaban luchando internamente para llegar a un acuerdo, a menudo creativo, con estas nuevas identidades" (*The Prophetic Minority: American Jewish Immigrant Radicals* p. 115) 115) La idea principal del capítulo del que se extrae esta información es que la mayoría de estos judíos radicales de izquierda que se reconocían como "desarraigados" eran falsamente conscientes de su débil identificación judía.

Los siguientes comentarios sobre Emma Goldman, una judía muy famosa de la izquierda radical, ilustran la tendencia general:

> Las páginas de la revista *Madre Tierra*, que Emma Goldman publicó entre 1906 y 1917, están llenas de historias en yiddish, cuentos del Talmud y traducciones de los poemas de Morris Rosenfeld. Además, su compromiso con el anarquismo no le impidió hablar y escribir sobre el tema de la carga *particular* que tenían que soportar los judíos en un mundo donde el antisemitismo era un enemigo perenne. Aparentemente, la fe anarquista de Emma Goldman, con su insistencia en el *universalismo*, no iba acompañada de un abandono de su identidad judía. (*ibidem* p. 8)

La izquierda radical judía del siglo XX fue una subcultura específica dentro del judaísmo, o una "contracultura", para usar el término de Arthur Liebman. La izquierda judía estadounidense nunca se apartó de la comunidad judía en su conjunto y, de hecho, la participación judía en los movimientos de la izquierda radical varió según el grado de ajuste percibido entre ellos y los intereses específicamente judíos.

La antigua izquierda judía, que contaba con sindicatos, prensa y cofradías (que a menudo estaban asociadas a las sinagogas [véase Liebman, Jews and the Left, p. 284]) formaba parte de la comunidad judía en general. Cuando la clase obrera judía declinó, las preocupaciones específicamente judías primaron sobre las ideas políticas de la izquierda radical. Esta tendencia a centrarse en los asuntos judíos, característica de los miembros judíos de las organizaciones de izquierda, se acentuó a partir de 1930 debido a la recurrente desconexión entre los intereses judíos y las causas universalistas de izquierda de la época. Este fenómeno era observable en todo el espectro de la izquierda, tanto en el Partido Comunista como en el Partido Socialista, que también contaba con miembros de origen gentilicio.

El separatismo judío en los movimientos de izquierda se vio facilitado por uno de sus aspectos tradicionales: el uso de una lengua propia. El yiddish era especialmente valorado por su poder unificador en los movimientos obreros judíos y por su capacidad para reforzar los lazos dentro de la comunidad judía en general.

Los *landsmanshaften* [clubes sociales judíos], la prensa y el teatro en yiddish, los cafés socialistas del East Side, las sociedades literarias y *los fereyns*, que formaban el telón de fondo inmediatamente reconocible de la cultura socialista judía que la tienda, el sindicato o el partido individuales no podían reproducir. Incluso el enemigo de la clase, el empresario judío, hablaba yiddish. (Levin, *While Messiah Tarred: Jewish Socialist Movements, 1871-1917* p. 210)

Cabe señalar que los proyectos de educación socialista iniciados por el Workman's Circle -la mayor fraternidad de la clase obrera judía de principios del siglo XX- fracasaron (antes de 1916) porque no preveían ninguna enseñanza de la lengua yiddish ni contenidos judíos. "Incluso los padres judíos de izquierda radical querían que sus hijos aprendieran yiddish y tuvieran algún conocimiento de la historia de su pueblo" (Liebman, *op. cit.* p. 292).

Estas escuelas tuvieron éxito cuando se centraron en cuestiones nacionales judías. Persistieron hasta la década de 1940 como escuelas judías con una ideología socialista, que enfatizaba la idea de que el activismo por la justicia social era la clave para la supervivencia judía en el mundo moderno. El socialismo y la ideología de izquierdas se estaban convirtiendo claramente en una forma de judaísmo secularizado. El Workman's Circle, originalmente una fraternidad obrera de izquierda radical con miembros judíos, se había convertido en una fraternidad judía con sentimientos de izquierda y una herencia socialista" (*ibid* p. 295)

Dentro de la subcultura judía de orientación comunista y sus organizaciones, como la Orden Internacional de los Trabajadores (OIT), también había secciones que hablaban yiddish. Una de ellas, la Jewish Peoples Fraternal Order (JPFO), estaba afiliada al American Jewish Congress (AJCongress) y fue catalogada como organización subversiva por el gobierno de Estados Unidos.

La JPFO tenía 50.000 miembros y se convirtió en el principal financiador del PCUSA después de la Segunda Guerra Mundial; también financió el *Daily Worker* y el *Morning Freiheit (*Svonkin, *Jews Against Prejudice: American Jews and the Fight for Civil Liberties* p. 166*)*.

En plena concordancia con la idea desarrollada aquí de una compatibilidad entre comunismo e identidad judía, financió proyectos educativos para niños que asociaban estrechamente los temas de la identidad judía con los de la izquierda radical. Las escuelas y campamentos de verano en ídish de la IWO, que existieron hasta la década de 1960, hacían hincapié en la cultura judía y reinterpretaban el marxismo no como una teoría de la lucha de clases, sino como una teoría de la lucha de liberación judía contra la opresión.

Aunque el AJCongress acabó separándose de la JPFO durante la Guerra Fría al declarar que el comunismo era una amenaza, participó "a regañadientes y con poco entusiasmo en el mejor de los casos" en el esfuerzo judío por construir una imagen anticomunista, una posición que reflejaba los sentimientos de la mayoría de los descendientes de segunda y tercera generación de inmigrantes de Europa del Este, que formaban el grueso de sus miembros.

David Horowitz describe el mundo de sus padres, que se habían unido a un "shul" [escuela] dirigido por el PCUSA en el que se daba una interpretación política a las fiestas judías. Psicológicamente, esta gente bien podría haber estado en la Polonia del siglo XVIII:

> Lo que mis padres habían hecho al afiliarse al Partido Comunista y mudarse a Sunnyside era volver al gueto. Había el mismo lenguaje privado, el mismo mundo hermético, la misma actitud dual, mostrando una cara al mundo exterior y otra a la tribu. Y por encima de todo, estaba la certeza de estar en la mira de la persecución y las leyes especiales y la idea de la superioridad moral sobre la multitud de *goyim* en el mundo exterior. También existía el mismo temor a la expulsión por herejía, que ataba a los elegidos a su fe.

Un fuerte sentimiento de judaísmo caracterizaba a la prensa yiddish de izquierdas. En las cartas al director del periódico de extrema izquierda *Jewish Daily Forward*, un judío se quejaba de que sus padres no religiosos se negaban a permitirle casarse con un no judío.

> Escribió al *Forward con la esperanza* de que le favorecieran, pero se encontró con la desagradable sorpresa de que sus responsables, socialistas y librepensadores, consideraban imperativo que se casara con una judía y siguiera identificándose con la comunidad judía. [...] Los lectores del Forward sabían que el compromiso de los judíos de seguir siendo judíos era un principio que no se podía discutir. (Hertzberg, *The Jews in America: Four Centuries of an Uneasy Encounter* p. 211-12)

En los años 30, el *Forward* era el más leído de todos los periódicos judíos del mundo y tenía estrechos vínculos con el Partido Socialista. Werner Cohn definió en 1958 a la comunidad de inmigrantes judíos de los años 1886 a 1920 como "una gran asamblea de polemistas de izquierda".

En 1886, la comunidad judía de Nueva York había dejado claro su apoyo al Tercer Partido (United Labor) y a su candidato Henry George, el teórico del impuesto único. Desde entonces, los barrios judíos de Nueva York y otros lugares son conocidos por su comportamiento de voto muy izquierdista.

La circunscripción del Lower East Side eligió regularmente a su diputado Meyer London, el único socialista que ha sido elegido para el Congreso. Muchos socialistas sirvieron en la Asamblea del Estado de Nueva York en Albany, elegidos por sus circunscripciones judías. En las elecciones municipales de Nueva York de 1917, la candidatura del socialista y pacifista Morris Hillquit recibió el apoyo de las más altas autoridades del Lower East Side judío: el United Hebrew Trades, el International Ladies' Garment Workers' Union y, sobre todo, el siempre popular periódico yiddish *Daily Forward*.

Fue en este periodo cuando izquierdistas extremos como Alexander Berkman y Emma Goldman fueron gigantes en la comunidad judía. Y casi todos los gigantes judíos -como Abraham Cahan, Morris Hillquit y el joven Morris R. Cohen- eran izquierdistas radicales. Incluso Samuel Gompers [un sindicalista muy moderado] se sintió obligado a utilizar frases de extrema izquierda al dirigirse a un público judío. (Cohn, *The Jews: Social Pattern of an American Group*, p. 621)

Por su parte, *El Freiheit*, órgano no oficial del Partido Comunista desde los años 20 hasta los 50, "se situó en el centro de la cultura y las instituciones proletarias yiddish [...] a las que ofrecía identidad, perspectiva, amistad y comprensión" (Liebman, *op. cit.* p.449-50). El periódico perdió gran parte de sus lectores en la comunidad judía cuando adoptó la posición del Partido Comunista, que se oponía al sionismo. En los años 50 tuvo que elegir entre su alma judía y su condición de periódico comunista. Habiendo elegido lo primero, el documento justificó la no devolución de los territorios ocupados por parte de Israel a finales de la década de 1960, en contra de la línea de la PCUSA.

La relación entre los judíos y el Partido Comunista es especialmente interesante, ya que el partido adoptó a menudo posturas antijudías, especialmente por sus estrechos vínculos con la Unión Soviética. Desde finales de los años 20, los judíos desempeñaron un papel muy importante en el PCUS. La simple mención de los porcentajes de dirigentes judíos no indica adecuadamente el alcance de la influencia judía, porque no tiene en cuenta las características personales de los activistas judíos como grupo talentoso, educado y ambicioso y también porque el partido había reclutado conscientemente a gentiles para enmascarar el alcance del dominio judío.

Lyons citó a un comunista no judío que explicó que muchos trabajadores no judíos adivinaban que se les reclutaba para "diversificar la composición étnica del partido". El informante recordó su experiencia como representante de un partido no judío en una conferencia para jóvenes patrocinada por los comunistas.

A la mayoría de los participantes les quedó claro que prácticamente todos los oradores eran judíos neoyorquinos. Los que tenían un marcado acento judío se presentaban como "delegado del Lower East Side" o como "camarada de Brownsville". Finalmente, la dirección nacional pidió un receso para discutir el tema, que se había vuelto embarazoso. ¿Cómo es posible que una organización estudiantil supuestamente nacional esté tan dominada por los judíos de Nueva York? Finalmente, decidieron intervenir y resolver el problema pidiendo a la sección de Nueva York que diera voz a los "provincianos". Recuerdo que la convención se celebró en Wisconsin. (Lyons, *Philadelphia Communists, 1936-56*, p. 81)

Klehr calcula que, entre 1921 y 1961, los judíos constituían el 33,5% de los miembros del Comité Central del partido y su representación superaba a menudo el 40%. Entre los diversos grupos étnicos de personas nacidas en suelo estadounidense, los judíos eran la única reserva de la que el partido podía reclutar. Glazer afirmó en 1969 que al menos la mitad de los miembros de la PCUSA, que contaba con unos 50.000 en la década de 1950, eran judíos. Como la rotación de personal era muy alta, el número de personas que participaban en la fiesta podía ser diez veces mayor. Añadió que "la afiliación socialista de todas las tendencias era igual o mayor".

Buhle, en la década de 1920, señaló que la mayoría de las personas "que más apoyaban al partido y a *Freiheit* no sacaban sus carnés de afiliación: no eran más que unos pocos miles, de una masa de seguidores cien veces mayor" ('Jews and American Communists: the Cultural Question' en *Radical History Review*, p. 89)

Ethel y Julius Rosenberg, condenados por espiar para la Unión Soviética, ilustran el poder de la identificación judía entre los judíos de izquierda. Svonkin muestra que se veían a sí mismos como mártires judíos. Como tantos otros izquierdistas judíos, percibían fuertes vínculos entre el judaísmo y sus simpatías comunistas.

Sus cartas desde la cárcel estaban, como dice un comentarista, "llenas de expresiones de judaísmo y judeidad", como muestra el siguiente comentario:

> Dentro de dos días será Pascua, cuando celebremos la búsqueda de la libertad de nuestro pueblo. Esta herencia cultural tiene un significado adicional para nosotros, que estamos encarcelados y separados de los demás y de nuestros seres queridos por los faraones modernos. (*en* Svonkin, *op. cit.* p. 158-59)

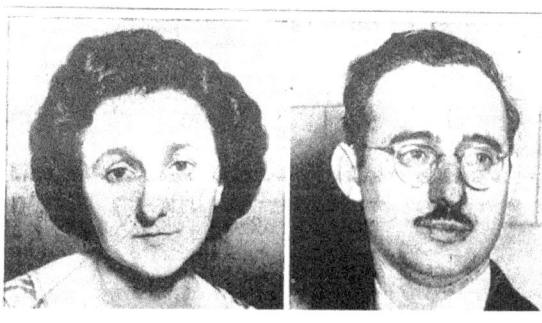

Avergonzada por la imagen de los Rosenberg como mártires judíos, la Liga Antidifamación (ADL) interpretó las profesiones de judaísmo de Julius Rosenberg como un intento de "beneficiarse como pudiera de la fe que había repudiado". Este revisionismo es sintomático de la tendencia a hacer que la identificación judía y el radicalismo de izquierdas parezcan incompatibles, lo que resulta en una considerable ofuscación de todo un capítulo de la historia judía.

En sus primeros años, la PCUSA tenía, al igual que la primitiva Unión Soviética, secciones separadas para los distintos grupos étnicos, incluida una federación judía de habla yiddish. Cuando se suprimieron en 1925 para desarrollar el partido hacia los americanos étnicos (que tenían un bajo nivel de conciencia étnica), se produjo un éxodo masivo de judíos del partido, y los que se quedaron siguieron participando en la vida cultural ídish que existía extraoficialmente en el partido.

En los años siguientes, el apoyo judío al PCUSA pasó por picos y valles según la posición del partido en cuestiones judías específicas. Durante la década de 1930, el PCUSA cambió su enfoque hacia intereses judíos específicos, haciendo hincapié en el antisemitismo, apoyando el sionismo y posteriormente a Israel, y defendiendo la importancia de mantener las tradiciones culturales judías. Al igual que en Polonia en la misma época, "la izquierda radical estadounidense glorificó el desarrollo de la vida judía en la Unión Soviética... La URSS era la prueba viviente de que la cuestión judía podía resolverse bajo el socialismo" (Kann, *Joe Rapoport: The Life of a Jewish Radical*, pp. 152-53).

El comunismo se consideraba "bueno para los judíos". A pesar de los problemas temporales causados por el pacto de no agresión germano-soviético de 1939, el PCUS puso fin a su periodo de aislamiento de la comunidad judía durante la Segunda Guerra Mundial y en la inmediata posguerra.

Los judíos que no abandonaron el partido durante el periodo del pacto de no agresión se enfrentaron a un conflicto de lealtades, lo que demuestra que la identidad judía no contaba para nada a sus ojos. El pacto provocó una buena dosis de racionalización por parte de los judíos del PCUSA, que se esforzaron por interpretar la conducta de la URSS de forma favorable a los intereses judíos, refutando así la idea de que habían abandonado su identidad judía. Otros siguieron siendo miembros, pero se opusieron silenciosamente a la línea del partido debido a su filiación judía. Su principal preocupación era que el pacto de no agresión destruyera su relación con la comunidad judía en general.

En el momento de la creación de Israel, en 1948, el favor del PCUS con los judíos se debió a su apoyo a Israel, mientras que Truman se fue por las ramas. En 1946, el PCUS había aprobado una resolución que apoyaba la perpetuación del pueblo judío como entidad étnica en las sociedades socialistas. Arthur Liebman explica que los miembros del partido de aquella época estaban eufóricos por la nueva conformidad entre su pertenencia al partido y sus intereses judíos. Expresaron sus sentimientos comunitarios a todo el grupo y su judaísmo llegó a su punto máximo como resultado de las interacciones con otros judíos dentro del partido.

En el periodo de posguerra "se esperaba y se animaba a los judíos comunistas a ser judíos. Se esperaba que se relacionaran con los judíos y que tuvieran una apreciación positiva de la cultura judía. Al mismo tiempo, los judíos no comunistas, con algunas excepciones [la discusión se limita a la izquierda judía] aceptaron sus profesiones de judíos y estuvieron dispuestos a colaborar con ellos en un marco panjudío" (Liebman, *op. cit.* p. 514). Como se observa a menudo en la historia judía, este resurgimiento de la identidad judía fue facilitado por la persecución de los judíos, en este caso el Holocausto.

Pero este periodo de feliz compatibilidad entre los intereses judíos y los comunistas se evaporó después de 1948, debido al cambio de la línea soviética sobre Israel y a las noticias de antisemitismo estatal en la URSS y en Europa del Este. Muchos judíos abandonaron el PCUS. Una vez más, los que no lo hicieron intentaron racionalizar el antisemitismo soviético para poder mantener su identificación judía. Para algunos, estas persecuciones no eran un defecto del propio sistema comunista, sino una simple aberración de origen patológico e individual. Para otros, había que culpar a Occidente por sus responsabilidades indirectas.

Lo que les unió a la PCUSA parece haber sido el deseo de permanecer dentro de una subcultura yiddish protectora. Liebman menciona el caso de un comunista que renunció a su membresía después de que la evidencia del antisemitismo soviético lo mirara a la cara. "En 1958, tras 25 años en el Partido Comunista, este líder dimitió y desarrolló una fuerte identidad judía, que implicaba una feroz lealtad a Israel. Los restantes miembros judíos del PCUS no siguieron la línea del partido pro-soviético en 1967 y 1973 y apoyaron a Israel. Finalmente, el PCUSA se separó de casi todos sus judíos.

Al describir la vida de un club judío y comunista en Filadelfia, Lyons revela la ambivalencia y la mala fe que entran en juego cuando los intereses judíos entran en conflicto con las simpatías comunistas:

> El club experimentó tensiones sobre el judaísmo, especialmente en su relación con Israel. Fue a mediados de los años 60, cuando el club decidió criticar el trato que recibían los judíos en la URSS. Algunos miembros del club, los más ortodoxos pro-soviéticos, dieron un portazo, otros, que también estaban en desacuerdo, no. Mientras tanto, el club estaba cambiando, siendo cada vez menos marxista y más sionista. En la época de la Guerra de los Seis Días, en 1967, "fuimos dogmáticos durante una semana", como dijo Ben Green, el líder del club. No permitieron ningún debate sobre la cuestión del apoyo a Israel y sólo recogieron donativos. Sin embargo, varios socios insisten en que el club no es sionista y practica un "apoyo crítico" a Israel. (*op. cit.* p. 180)

Tenemos todos los motivos para suponer que, al igual que sus homólogos polacos, los judíos comunistas estadounidenses consideraban que la URSS servía a los intereses judíos de forma generalmente positiva, hasta bastante tarde en el periodo posterior a la Segunda Guerra Mundial. Nacido en la década de 1920, el PCUSA fue financiado por la Unión Soviética, se adhirió estrechamente a su línea, participó en actividades de espionaje en su nombre, incluso robando secretos nucleares. En la década de 1930, los judíos "constituían una mayoría sustancial de los agentes soviéticos identificados por la contrainteligencia" y casi la mitad de los procesados en virtud de la Ley Smith de 1947 (Rothman & Lichter, *op. cit.* p. 100).

Aunque es posible que no todos los funcionarios del partido conocieran los detalles de la relación especial del partido con la Unión Soviética, el "trabajo especial" [espionaje] era una parte integral de la misión de los comunistas en Estados Unidos. Esto era bien conocido y discutido abiertamente en el buró político del PCUS. [...las biografías de los comunistas de a pie muestran que los activistas de base estaban dispuestos a practicar el espionaje contra su propio país en nombre de la URSS. El partido cantaba las alabanzas de la URSS como la tierra prometida. La propaganda comunista cantaba constantemente el estribillo de que la Unión Soviética era una estrella brillante de la humanidad, como en este poema comunista estadounidense de 1934 que la describía como "un paraíso [...] bajado a la tierra en Rusia". (Klehr et al., *The Secret World of American Communism*, p. 324)

Klehr y los coautores de este libro consideran que la PCUSA ha sido una importante influencia en la historia de Estados Unidos. Sin excusar los excesos del movimiento anticomunista estadounidense, señalan "que la particular agudeza del anticomunismo estadounidense no puede explicarse sin comprender la realidad de la lealtad del PCUS a la Unión Soviética. La acusación de delito contra los comunistas estadounidenses ha multiplicado la intensidad del debate sobre el comunismo, envenenándolo a veces.

Los comunistas habían mentido a los partidarios del New Deal, de quienes eran aliados. Estos izquierdistas habían creído en los desmentidos de los comunistas y llamaban calumniadores a los anticomunistas que denunciaban las actividades ocultas de los comunistas. Enfadados por estos desmentidos, que sabían que eran falsos, los anticomunistas empezaron a sospechar de aquellos que no veían a través del juego de deshonestidad de los comunistas. Así, la duplicidad de los comunistas envenenó las relaciones políticas normales e hizo más dura la reacción anticomunista de finales de los años cuarenta y cincuenta. (*ibidem* p. 106)

El hecho de que la izquierda socialdemócrata defendiera el comunismo durante la Guerra Fría entra dentro de la problemática de este libro. Nicholas von Hoffman ha señalado el papel de los defensores socialdemócratas en la defensa del comunismo en aquella época. Los editores de *The New Republic* y el historiador de Harvard Richard Hofstadter consideraron que la preocupación por la infiltración comunista en el Estado estaba relacionada con "el estilo paranoico de la política estadounidense". (Rothman y Lichter incluyen a *The New Republic* en el grupo de revistas de izquierda y extrema izquierda con redacciones fuertemente judías). La versión oficial de la izquierda era que los comunistas estadounidenses eran criaturas *sui generis* sin conexión con la Unión Soviética, por lo que no existía una amenaza comunista interna.

En este período, la izquierda se había apoderado de la moral y la intelectualidad de la sociedad. Los partidarios de McCarthy eran vistos como brutos primitivos.

En la batalla cultural de la época, las élites de Hollywood, Cambridge y los grupos de reflexión de la izquierda tenían poca simpatía por los hombres de piernas arqueadas con gorras de la Legión Americana, por sus esposas excesivamente regordetas y por su palabrería sobre Yalta y el bosque de Katyn. Esos católicos kitsch, decorando sus céspedes con flamencos de plástico, esos pequeños burgueses de los estratos inferiores y sus ansias de política exterior, no, era realmente demasiado *barato* para ser tomado en serio. (Von Hoffman, "¿Se equivocó McCarthy con la izquierda? *Washington Post*, 14 de abril de 1996*)*

Además de envenenar la atmósfera política, el espionaje comunista tuvo efectos en la política exterior.

> "No se puede exagerar el papel del espionaje nuclear soviético en el curso de la Guerra Fría. Al final de la Segunda Guerra Mundial, el uso de la bomba atómica había dado a los estadounidenses el monopolio del arma definitiva, con el que estaban contentos y que iba a durar al menos diez años. La prueba nuclear soviética de 1949 destruyó esta sensación de seguridad física. Estados Unidos había pasado por dos guerras mundiales sin muertes ni destrucción de civiles. Ahora, un enemigo dirigido por un dictador despiadado podría arrasar cualquier ciudad estadounidense con una sola bomba. Si el monopolio nuclear estadounidense hubiera durado más tiempo, Stalin habría impedido que los comunistas norcoreanos iniciaran la guerra de Corea, y los comunistas chinos habrían dudado en intervenir. Si este monopolio hubiera durado hasta la muerte de Stalin, la agresividad soviética se habría contenido, moderando el peligro de los peores años de la Guerra Fría. (Klehr et al. *op. cit.*, p. 106)

La "contracultura" judía continuó alimentando una subcultura de izquierda radical y claramente judía hasta la década de 1950, mucho después de que los judíos hubieran abandonado las filas de la clase obrera. Las familias y las instituciones que constituían la columna vertebral de la vieja izquierda llevarían a la nueva izquierda a la pila bautismal. El impulso original de los movimientos estudiantiles de los años sesenta "lo dieron, en virtud de una cuasi necesidad, los hijos de familias acomodadas, inclinadas a la izquierda o a la extrema izquierda, procedentes de la intelectualidad y abrumadoramente judíos. Esta era la mayor reserva de individuos que simpatizaban con las acciones de la izquierda estudiantil radical" (Lipset, *Rebelión en la Universidad*, p. 83*)*.

Flacks calculó que el 45% de los estudiantes de una manifestación a las afueras de la Universidad de Chicago eran judíos, aunque tuvo que, según sus propias palabras, "hacer ajustes en su muestra original para obtener un resultado equilibrado" (*en* Rothman & Lichter, *op. cit.*, p. 82). En Harvard, los judíos constituyeron el 80% de los firmantes de una petición para la abolición del Cuerpo de Entrenamiento de Oficiales de Reserva (ROTC), y formaron entre el 30 y el 50% de los miembros de los Estudiantes por una Sociedad Democrática (SDS), la organización central de la extrema izquierda estudiantil.

En 1972, Adelson contó con un 90% de judíos en su muestra de estudiantes de extrema izquierda en la Universidad de Michigan, y parece que había índices comparables en otras universidades, como Wisconsin y Minnesota. Braungart, en su estudio de 1979, llegó a la conclusión de que el 43% de los miembros de la SDS, contabilizados en diez universidades diferentes, tenían al menos un progenitor judío. El 20% de la muestra de encuestados afirmó no tener ninguna afiliación religiosa: es muy probable que éstos sean judíos. De hecho, Rothman y Lichter descubrieron que "la abrumadora mayoría" de los estudiantes de extrema izquierda que respondieron que sus padres eran ateos tenían orígenes judíos. (*op. cit.* p. 82)

Los judíos eran los más propensos a estar entre los líderes de las protestas en los campus. Abbie Hoffman, Jerry Rubin y Rennie Davis adquirieron notoriedad nacional como miembros de los "Siete de Chicago", condenados por romper los controles policiales e incitar a los disturbios en la Convención Nacional Demócrata de 1968.

En esta ocasión, Cuddihy señaló la presencia de un juicio dentro de un juicio, concretamente entre Abbie Hoffman y el juez Julius Hoffman. El estudiante representaba a la progenie de los inmigrantes de Europa del Este que se inclinaban hacia la izquierda radical, mientras que el juez representaba una versión asimilada del judío alemán más antiguo. Durante el juicio, Abbie Hoffman se burló del juez en yiddish: "Shande fur de Goyim" (la vergüenza de los gentiles), que Abbie Hoffman tradujo como "hombre-liga de la burguesía WASP". Hoffman y Rubin (que había pasado un tiempo en un kibbutz en Israel) se identificaban claramente con su condición de judíos y sentían una fuerte antipatía por el establishment blanco y protestante.

Cuddihy considera que el movimiento hippie debe sus orígenes al trabajo del periodista aficionado Paul Krassner (editor de *The Realist*, un periódico "descarado, escatológico y extrañamente apolítico" que se describía a sí mismo como "sátira irreverente y reportaje grosero") y a la sensibilidad contracultural del cómico Lenny Bruce.

Como grupo, los estudiantes de extrema izquierda procedían de familias acomodadas, mientras que los estudiantes conservadores solían proceder de familias menos afortunadas. Por tanto, el movimiento estaba dirigido por una élite, pero no pretendía servir a los intereses de las clases medias o trabajadoras. De hecho, la Nueva Izquierda veía a las clases trabajadoras como "gordas, complacientes y conservadoras, bien representadas por sus sindicatos" (Glazer, *The New Left and the Jews*, p. 123).

Es más, a pesar de las incursiones benignas del antisemitismo judío y de la rebelión contra la hipocresía de los padres entre los izquierdistas judíos de la Nueva Izquierda, el patrón dominante fue el de la continuidad ideológica familiar. (Del mismo modo, durante el periodo de Weimar, los izquierdistas de la Escuela de Frankfurt rechazaron los valores comerciales de sus padres, pero no rechazaron personalmente a sus familias. De hecho, sus familias los apoyaron a sabiendas moral y económicamente).

Muchos de estos "niños de pantalones rojos" procedían de "familias en las que se desayunaba la abominable América racista, antidemocrática, inmoral y corrupta, ya sea en Scarsdale, Newton, Great Neck o Bervely Hills". Sus padres judíos vivían en suburbios blancos, iban de vacaciones de invierno a las playas de Miami, se asociaban a lujosos clubes de campo y celebraban bar mitzvahs que costaban miles de dólares, todo ello mientras se adherían a una ideología de izquierdas." (Lipset, *Revolution and Counterrevolution: Change and Persistence in Social Structures*, p. 393)

Como se ha mencionado anteriormente, Glazer estimó en 1969 que alrededor de un millón de judíos habían sido en algún momento socialistas o miembros del Partido Comunista estadounidense antes de 1950. Por lo tanto, fue entre los judíos que "el mayor grupo de padres que no encontraron extraño o chocante ver a sus hijos moverse hacia la izquierda radical, sino que bien podían tomar esta noticia como el cumplimiento de sus mejores tendencias" (Glazer, *op. cit.* p. 129).

Así lo demuestra el hecho de que "el establishment judío nunca se distanció realmente de estos jóvenes judíos" (Hertzberg, *op. cit.* p. 369). Organizaciones judías bien establecidas, como el AJCongress, la Union of America Hebrew Congregations y el Synagogue Council of America se opusieron firmemente a la guerra de Vietnam. Las actitudes antibélicas de las organizaciones judías oficiales pueden haber provocado cierto antisemitismo.

Se ha informado de que el presidente Lyndon Johnson estaba "molesto por la falta de apoyo a la guerra de Vietnam por parte de la comunidad judía estadounidense, incluso mientras tomaba nuevas medidas de apoyo a Israel" (Winston, *The Sociology of American Jews: A Critical Anthology*, p. 198), mientras que la ADL tomó medidas preventivas para hacer frente a la reacción antijudía, porque en cuestiones militares los judíos solían jugar la carta del halcón cuando se trataba de Israel, pero la de la paloma cuando se trataba de Vietnam.

Al igual que la Vieja Izquierda, los miembros judíos de la Nueva Izquierda se identificaban fuertemente como judíos. Se celebraron ceremonias de Hanukkah y se cantó la hatikvah -el himno nacional israelí- en una importante *sentada* en Berkeley. La Nueva Izquierda perdió miembros judíos cuando adoptó posiciones incompatibles con los intereses específicamente judíos (especialmente en relación con Israel), y ganó miembros judíos cuando no lo hizo. Sus líderes habían pasado a menudo por kibutz en Israel, y hay pruebas de que los neoizquierdistas trataron de minimizar las expresiones más obvias de judaísmo, así como las oportunidades de debatir temas que pudieran poner de manifiesto los desacuerdos entre neoizquierdistas judíos y no judíos, especialmente Israel. Por último, la incompatibilidad de los intereses judíos y neoizquierdistas provocó la salida de judíos, muchos de los cuales se trasladaron a Israel para vivir en kibutz y participar en instituciones religiosas judías tradicionales, o que se involucraron en grupos de izquierda con una identidad judía asertiva.

Después de la Guerra de los Seis Días de 1967, el gran asunto para los judíos de la Nueva Izquierda fue Israel, pero el movimiento también trabajó en favor de los judíos soviéticos y exigió la apertura de departamentos de investigación universitarios dedicados a los estudios judíos. Como escribió el activista de la SDS Jay Rosenberg: "A partir de ahora, no aceptaré ser activo en un movimiento que no reconozca y apoye la lucha de mi pueblo. Si tengo que elegir entre la causa judía y un SDS "progresista" y antiisraelí, elijo la causa judía. Si tenemos que luchar en las barricadas, lucharé como judío. (*en* Sachar, *History of Jews in America*, p. 808).

Los judíos eran un componente esencial de la aceptación social de la Nueva Izquierda. Los judíos estaban sobrerrepresentados en la izquierda radical y entre sus partidarios en los medios de comunicación, las universidades y la república de las letras en general. Los expertos judíos y de izquierdas en humanidades desempeñaron un gran papel a la hora de presentar el radicalismo estudiantil de forma positiva. Sin embargo, en su reciente revisión de la literatura existente sobre el tema de la Nueva Izquierda, Rothman y Lichter observan una tendencia constante a pasar por alto el papel de los judíos en este movimiento. Cuando se menciona, se atribuye al idealismo judío o a algún otro rasgo percibido positivamente.

Cuddihy señaló que los medios de comunicación ignoraron casi por completo el conflicto intrajudío que se produjo durante el juicio de los Siete de Chicago. Describió las opiniones expresadas por varios judíos en la prensa de la época (*New York Times, New York Post, Village Voice*) que excusaban la actitud de los acusados y cantaban las alabanzas de su abogado judío de extrema izquierda, William Kunstler.

También en Inglaterra, el flujo y reflujo de la participación comunista entre los judíos dependía de su convergencia con los intereses judíos. Durante la década de 1930, el Partido Comunista atrajo a los judíos porque era el único partido que profesaba un virulento antifascismo, entre otras razones. No había ninguna contradicción en ser simultáneamente un judío étnico y un miembro del partido:

Las simpatías comunistas de los judíos de esta generación tenían algo que ver con la identificación de grupo, algo así como un medio de autoafirmación étnica. (Alderman, *Modern British Jewry*, pp. 317-18)

Después de la Segunda Guerra Mundial, casi todos los candidatos comunistas que triunfaron fueron elegidos en circunscripciones judías. Sin embargo, el apoyo judío al comunismo disminuyó cuando se reveló el antisemitismo de Stalin, y muchos judíos abandonaron el Partido Comunista tras la crisis de Oriente Medio de 1967, cuando la URSS rompió sus lazos diplomáticos con Israel.

En conclusión, la identidad judía se ha considerado generalmente muy compatible con la izquierda radical. Pero cuando esto entra en conflicto con intereses judíos específicos, los judíos dejan de ser izquierdistas radicales, a pesar de los frecuentes casos de ambivalencia y racionalización.

Parte 4

Procesos de identidad social, intereses colectivos judíos percibidos y la izquierda radical judía

Existe una tendencia a interpretar el radicalismo judío de izquierdas a la luz de la propia moral del judaísmo. Se trata de un rechazo a la idea de que el judaísmo es un universalismo con una moral superior, es decir, una variación del tema de la "luz de las naciones", que ha sido repetido una y otra vez por los propios judíos desde la antigüedad y especialmente desde la Ilustración. Fuchs, por ejemplo, considera que la implicación de los judíos en las causas de la izquierda proviene de la naturaleza moral del judaísmo, que inculca un sentido de la caridad hacia los pobres y los necesitados. Este tipo de compromiso sólo sería una extensión de las prácticas religiosas judías tradicionales. En el mismo sentido, Hertzberg habla del "eco de una sensibilidad moral única, una voluntad de actuar sin tener en cuenta el interés económico, cuando una causa parece correcta" (*El triunfo de los judíos*, p.22).

Como mostramos en *Un pueblo que habitará solo* (capítulos 5 y 6), todo indica que la preocupación tradicional de los judíos por los pobres y los necesitados se limitaba al grupo judío y que los judíos se manifestaban a menudo como élites opresoras en las sociedades tradicionales y en la Europa del Este de la posguerra. Ginsberg caracteriza estas motivaciones supuestamente humanistas como "un poco exageradas", señalando que en una variedad de contextos (especialmente en la Unión Soviética post-revolucionaria), los judíos fueron capaces de establecer "instituciones despiadadas de coerción y terror". Señaló, en particular, la destacada participación de los judíos en la policía secreta soviética desde el periodo posrevolucionario hasta la década de 1930. Del mismo modo, hemos visto que los judíos ocupaban un lugar destacado en las fuerzas de seguridad internas de Polonia y Hungría.

Por su parte, Pipes reconoce la "innegable" sobrerrepresentación de los judíos en el partido bolchevique y en los primeros gobiernos soviéticos, así como en los movimientos revolucionarios comunistas de Hungría, Alemania y Austria en los años 1918-1923. Pero señala que esta sobrerrepresentación también afectaba a otros campos, como la empresa, el arte, la literatura y la ciencia. Por lo tanto, este autor considera que la sobrerrepresentación en los movimientos comunistas no debería ser un problema. Relaciona este argumento con la idea de que los judíos bolcheviques no se identificaban como judíos, una idea que, como hemos visto, es cuando menos cuestionable.

Siendo este el caso, e incluso si se acepta que los comunistas de extracción judía no se veían a sí mismos como judíos, el argumento de Pipes no explica por qué estos judíos "desetnificados" (así como los empresarios, artistas, escritores y científicos judíos) deberían estar sobrerrepresentados en los movimientos de izquierda y subrepresentados en los movimientos políticos nacionalistas, populistas u otros de derecha. Incluso si los movimientos nacionalistas son antisemitas, como suele ocurrir, el antisemitismo no debería ser un problema para los individuos que estarían completamente "desetnizados", como sostiene este autor. La preponderancia de los judíos en actividades que requieren una gran inteligencia no es un argumento para entender su preponderancia en los movimientos comunistas y de izquierdas y su relativa infrarrepresentación en los movimientos nacionalistas.

La teoría de la identidad social ofrece una interpretación bastante diferente del radicalismo judío. Insiste en que los intereses percibidos del grupo judío son fundamentales para entender el comportamiento político judío, y que la consideración de estos intereses colectivos está muy influida por los procesos de identidad social. Si la pertenencia a la izquierda radical condujo a tal identificación con el endogrupo judío, entonces la participación judía en estos movimientos debe haber estado asociada a un conjunto de concepciones muy negativas y exageradas de la sociedad gentil en general y, en particular, de los elementos más poderosos de esa sociedad como exogrupo.

Confirmando estas expectativas teóricas, Liebman utilizó el término "contracultura" para describir a la izquierda judía estadounidense, porque "el conflicto o al menos el antagonismo hacia la sociedad es un aspecto central de esta subcultura y ... muchos de sus valores y patrones culturales son contrarios a los existentes en la sociedad circundante". La Nueva Izquierda, por ejemplo, estaba completamente inmersa en una crítica social radical, en la que todos los elementos que contribuían a la cohesión de la sociedad estadounidense de mediados del siglo XX se consideraban opresivos y necesitados de una alteración radical.

Nuestro énfasis en los procesos de identidad social es coherente con la idea de que el radicalismo judío servía a los intereses colectivos judíos percibidos. El antisemitismo y la presencia de intereses económicos judíos fueron, sin duda, factores motivadores del izquierdismo judío en la Rusia zarista. Los líderes judíos de las sociedades occidentales, que a menudo eran grandes capitalistas, admitieron con orgullo la sobrerrepresentación de los judíos en el movimiento revolucionario ruso; también le dieron apoyo financiero y político, por ejemplo, tratando de influir en la política exterior estadounidense (Szajkowski, "Jacob H. Schiff and the Jewish Revolutionary Movements in Easter Europe", *Jewish Social Studies* - 1967). La siguiente declaración del financiero Jacob Schiff es representativa de esta actitud:

> Los que dicen que hay un número considerable de judíos entre los que buscan derrocar la autoridad del Estado en este país probablemente no se equivocan. De hecho, sería sorprendente que algunos de los más atrozmente afligidos por la persecución y las leyes de excepción no se hubieran levantado contra sus opresores (*ibidem*, p.10).

Para decirlo sin rodeos, el antisemitismo y la adversidad económica se combinaron con la explosión demográfica judía en Europa del Este para producir un desbordamiento de judíos ociosos que condujo a la ola de izquierdismo radical judío en Europa que se extendió a Estados

Unidos. De todas las poblaciones de Europa, los judíos de Europa del Este tenían la tasa de fertilidad más alta en la década de 1880, y en el Imperio Ruso su número aumentó de uno a seis millones en el transcurso del siglo XIX. A pesar de la emigración de casi dos millones de judíos a Estados Unidos y otros lugares, muchos judíos del Este se habían empobrecido, en parte debido a las políticas antijudías zaristas que bloqueaban su movilidad ascendente.

Así, las soluciones políticas radicales de izquierdas llamaron la atención de un gran número de judíos. Prometieron transformar los fundamentos económicos y políticos de la sociedad garantizando la continuidad del judaísmo. En las comunidades judías rusas, la aceptación de ideologías políticas radicales coexistió a menudo con formas de sionismo mesiánico y una pasión por el nacionalismo judío y el separatismo cultural y religioso. En muchos casos se adhirieron a diversas y cambiantes combinaciones de estas ideas.

El fanatismo religioso y las expectativas mesiánicas habían sido la típica respuesta judía a la persecución histórica. El izquierdismo radical mesiánico podría verse como la forma secularizada de esta típica respuesta judía, con el matiz de que la nueva forma difiere de la antigua en la idea de que la promesa de un futuro utópico se dirige también a los gentiles. La situación de los judíos en Oriente a finales del siglo XIX es comparable a la del Imperio Otomano, que desde mediados del siglo XVIII hasta la intervención de las potencias europeas en el siglo XX y en medio de un alto nivel de antisemitismo que bloqueaba el ascenso social de los judíos, ofrecía "un sombrío panorama de privaciones, ignorancia e inseguridad" (Lewis, *The Jews of Islam*, p. 164). Estos fenómenos iban acompañados de un fuerte misticismo y de una alta fertilidad con baja inversión parental entre los judíos. La mayoría eran analfabetos y trabajaban en oficios que requerían poca inteligencia y formación.

Sin embargo, cuando se presentó la oportunidad de ascender, una estrategia de baja fecundidad con alta inversión de los padres ocupó rápidamente el lugar de la anterior. En la Alemania del siglo XIX, por ejemplo, los judíos fueron los primeros en realizar su transición demográfica, aprovechando las oportunidades de ascenso al tener menos hijos. En el mismo periodo, los judíos pobres de Oriente que no tenían esperanzas de ascender se casaban antes que sus homólogos de Occidente, que posponían la fecha del matrimonio para estar mejor preparados económicamente. Del mismo modo, el resurgimiento de los judíos en el Imperio Otomano, estimulado por el mecenazgo y la protección de los judíos occidentales, dio lugar al florecimiento de una cultura distinguida, que incluía incluso escuelas laicas de estilo occidental.

Del mismo modo, cuando los judíos orientales oprimidos emigraron a Estados Unidos, empezaron a tener menos hijos y a invertir más en su educación para aprovechar las oportunidades de movilidad ascendente. Estos hechos sugieren que la respuesta judía a la falta de movilidad ascendente y al antisemitismo es adoptar por defecto la estrategia de alta fertilidad y baja inversión parental, que se combina ideológicamente con diversas formas de mesianismo, cuyo avatar moderno es la ideología radical de izquierda.

En definitiva, fue esta explosión demográfica, en un contexto de pobreza y restricciones a los judíos, la que produjo el radicalismo judío que fue tan desestabilizador para Rusia hasta la revolución. Las consecuencias de esta demografía se extendieron a Alemania, donde las actitudes negativas hacia los inmigrantes *de Ostende* contribuyeron al antisemitismo de la época. En Estados Unidos, vemos en este capítulo que las creencias políticas radicales entre un gran número de inmigrantes judíos y sus descendientes estaban marcadas por una fuerte inercia: permanecían incluso en ausencia de condiciones políticas o económicas opresivas.

El estudio de Sorin sobre los izquierdistas judíos en Estados Unidos nos dice que más de la mitad de ellos ya estaban involucrados en el izquierdismo en Europa antes de emigrar, y para los que emigraron después de 1900, la proporción se elevó al 69%. Glazer señala que las biografías de casi todos los líderes de la izquierda radical muestran que su primer contacto con estas ideas tuvo lugar en Europa. La persistencia de estas creencias influyó en la sensibilidad política general de la comunidad judía y tuvo efectos desestabilizadores en la sociedad estadounidense, desde la paranoia de la era McCarthy hasta el triunfo de la revolución contracultural de la década de 1960.

La inmigración de judíos de Europa del Este a Inglaterra después de 1880 tuvo un efecto similar en la judería británica, cambiando las actitudes políticas hacia el socialismo, el sindicalismo y el sionismo, a menudo combinadas con la ortodoxia religiosa y una orientación muy separatista del modo de vida tradicional.

Mucho más importante que el puñado de socialistas que buscaban atención celebrando picnics en el ayuno de Yom Kippur, el Día de la Expiación, eran las masas de judíos modestos que no sentían ningún conflicto interno por ir a la sinagoga tres veces al día para los servicios y utilizar el mismo local para discutir los principios socialistas y organizar huelgas. (Alderman, *The Jewish Community in British Politics*, p. 54)

Al igual que en EE.UU., los inmigrantes judíos del Este desbordaron demográficamente a la comunidad judía preexistente, que experimentó un considerable malestar, anticipando el crecimiento del antisemitismo. Y al igual que en Estados Unidos, la comunidad judía trató de ocultar el predominio de las ideas políticas de izquierda entre estos inmigrantes.

Dicho esto, los intereses económicos no agotan la explicación. Aunque el radicalismo de izquierdas tan extendido entre los judíos puede concebirse originalmente como una respuesta típica judía a la adversidad política y económica vivida en Europa del Este a finales del siglo XIX, esta ideología radical de izquierdas se liberó de la variable demográfica que suele asociarse a ella, poco después de la llegada de los judíos a Estados Unidos. Por lo tanto, este fenómeno debe explicarse de otra manera. Esencialmente, el grupo judío tenía muchas menos razones que otros grupos étnicos para querer el derrocamiento del capitalismo, ya que sus miembros solían ser relativamente privilegiados económicamente. Las encuestas realizadas en los años 60 y 70 en el mundo estudiantil mostraron que los judíos burgueses eran tan izquierdistas como los de las clases trabajadoras, en contraste con los estudiantes izquierdistas no judíos. Un porcentaje menor de judíos, en comparación con otras religiones, afirmó apoyar a los candidatos demócratas para favorecer sus intereses económicos, pero esto no impidió que votaran mayoritariamente a los demócratas.

Esta desconexión entre los intereses económicos y la ideología política se remonta al menos a la década de 1920. De hecho, los miembros judíos del Comité Central de la PCUSA de 1921 a 1961 eran mucho más de clase media y profesionales que sus colegas no judíos. Y mucho más que sus colegas no judíos, tendían a unirse al partido antes de las dificultades económicas de la Gran Depresión. Además, como se ha mencionado anteriormente, los estudiantes de Nueva Izquierda procedentes de familias ricas y educadas estaban sobrerrepresentados.

Se puede observar que los capitalistas judíos acomodados también tendían a adoptar creencias políticas a la izquierda de las de sus homólogos no judíos. Los capitalistas judíos alemanes del siglo XIX "tendían a adoptar posiciones más a la 'izquierda' que sus pares no judíos, y esto los distanciaba de ellos" (Mosse, *The German-Jewish Economic Elite 1820-1935*, p. 225). Aunque su grupo estaba a la derecha de la población judía en general, algunos de ellos llegaron a apoyar al Partido Socialdemócrata y su programa socialista. Entre otras explicaciones plausibles para este estado de cosas, Mosse propone la idea de la asociación del antisemitismo con la derecha alemana. Según la teoría de la identidad social, los capitalistas judíos no se identificaban con los grupos que los percibían negativamente y se identificaban con los grupos que se oponían al exogrupo percibido como hostil. En este caso, los factores decisivos parecen ser los procesos de identidad social y su influencia en la percepción de los intereses del grupo étnico, y no los intereses económicos bien entendidos.

Por lo tanto, lo que vincula a los judíos con las actitudes políticas de izquierdas no es el contexto demográfico, en el que se suele hacer hincapié. Para demostrar que el comportamiento político judío tiene más que ver con la distancia cultural y étnica que con los intereses económicos, Silberman habla del tropismo judío por

> Un distinguido economista, que se oponía totalmente a las medidas defendidas por [el candidato Walter] Mondale, votó por él de todos modos. Vi su convención en la televisión", explicó, "y los republicanos no se parecen a la gente como yo" Este tipo de reacción llevó a muchos judíos a votar por Carter en 1980 a pesar de su falta de afecto por él. Preferiría vivir en un país gobernado por las caras que vi en la convención demócrata que por las que vi en la convención republicana", me dijo un conocido escritor.

Esto sugiere que la motivación política de los judíos en general no se refiere a cuestiones económicas, sino a las relacionadas con los intereses percibidos del grupo judío, que están influidos por los procesos de identidad social. Asimismo, en el ámbito de las actitudes culturales, de gran carga política, Silberman señaló que

> Los judíos estadounidenses están comprometidos con la tolerancia cultural debido a su creencia -firmemente arraigada en la historia- de que sólo pueden estar seguros en una sociedad que acepte una amplia gama de actitudes y comportamientos y una variedad de religiones y grupos étnicos. Es esta idea, y no la aprobación de la homosexualidad, la que hace que la abrumadora mayoría de los judíos estadounidenses apoyen los "derechos de los homosexuales" y adopten una línea de izquierdas en otras cuestiones llamadas "sociales".

La idea de que existe un interés colectivo judío en fomentar el pluralismo cultural supera, pues, las opiniones personales negativas sobre el comportamiento en cuestión.

La observación de Silberman de que las actitudes judías están "firmemente arraigadas en la historia" es muy relevante: existe un patrón consistente de persecución de los judíos como grupo minoritario en sociedades cultural y étnicamente homogéneas. La cuestión de la racionalidad de la preferencia de los judíos estadounidenses por el pluralismo político, religioso y cultural se desarrollará en el capítulo 7 de este libro, que se centrará en la participación de los judíos en la política de inmigración estadounidense. Lo importante en este caso es que la idea de que el fomento del pluralismo social redunda en el interés colectivo judío prevalece sobre el puro y simple interés económico a la hora de determinar el comportamiento político a este respecto.

Earl Raab, en su artículo "¿Siguen siendo liberales los judíos estadounidenses? *(Comentario* 101 - 1996) lo dice todo cuando explica el comportamiento político de los judíos por preocupaciones de seguridad, ligadas a su largo recuerdo del vínculo entre el partido republicano y el fundamentalismo cristiano y el arraigo del partido en posiciones "nativistas y antiinmigración". Esta particularidad del apoyo al Partido Demócrata es, por tanto, un aspecto del conflicto étnico entre los judíos y los sectores de la población caucásica de extracción europea en EE.UU., y no de un conflicto económico. Además, las cuestiones económicas parecen ser irrelevantes en este caso, ya que la variable del estatus social no influye en el apoyo al Partido Demócrata entre los judíos (Raab, *op. cit.*, p. 45).

Sin embargo, el reciente comportamiento del voto judío desvincula cada vez más sus ideas económicas de izquierda de las cuestiones de pluralismo cultural, inmigración y separación Iglesia-Estado. Encuestas y datos recientes sobre el voto judío indican que los judíos siguen viendo al ala derecha del partido republicano como "una amenaza para el cosmopolitismo estadounidense" porque lo ven como el defensor de una cultura cristiana homogénea, opuesta a la inmigración (Beinart, 'New Bedellows: the new Latino-Jewish Alliance', *The New Republic* - 1997). Esto no impide que los votantes judíos sean, por término medio, más partidarios de las políticas fiscales conservadoras y menos de los planes de redistribución de la riqueza del Estado que la media de los estadounidenses afroamericanos o blancos. El comportamiento político reciente de los judíos es, por tanto, egoísta tanto en lo económico como en su oposición a los intereses étnicos de los estadounidenses blancos, que se dirigen al desarrollo de una sociedad étnica y culturalmente homogénea.

Más allá de la promoción de sus intereses colectivos específicos, los procesos de identidad social contribuyeron independientemente al comportamiento político judío. Estos procesos no pueden ignorarse a la hora de explicar el hecho de que el movimiento obrero judío era mucho más radical que el resto del movimiento obrero estadounidense. N. Levin señala la profundidad de la identidad judía y el separatismo entre los judíos de la izquierda radical, y su absoluta antipatía por el orden social gentil. Escribe que "sus ideas socialistas [...] crearon una brecha entre ellos y otros trabajadores estadounidenses que no querían un cambio radical en el orden social. Aunque los sindicatos judíos se unieron a la AFL, nunca se sintieron ideológicamente cómodos en una federación que no buscaba una transformación radical de la sociedad y que no era internacionalista en su visión del mundo" (*While Messiah Tarried: Jewish Socialist Movements, 1871-1917*, p. 213). Ya hemos mencionado que la Nueva Izquierda había abandonado por completo los objetivos e intereses de las clases trabajadoras, una vez que estos grupos habían obtenido gran satisfacción de los éxitos del movimiento sindical.

Una vez más, hay razones de peso para indicar que la crítica social y los sentimientos de extrañeza cultural entre los judíos tienen profundas raíces psicológicas, que van mucho más allá de cualquier interés económico o político particular. Como dijimos en el primer capítulo, uno de estos componentes psicológicos contiene una profunda antipatía por el orden social dominado por los gentiles, que se considera antisemita. Es el deseo de "venganza maligna" lo que, según Disraeli, hizo a "los judíos odiosos y tan hostiles a la humanidad".

Recordemos la descripción que hace Lipset de aquellas "familias que desayunaron la abominable América racista, antidemocrática, inmoral y corrupta, ya sea en Scarsdale, Newton, Great Neck o Bervely Hills". Estas familias se veían a sí mismas como separadas de la cultura estadounidense en general, también veían que las fuerzas conservadoras buscaban perpetuar esta cultura maligna. La cultura tradicional estadounidense -y en especial la base política del conservadurismo cultural que se asocia históricamente con el antisemitismo- se considera la manifestación de un exogrupo evaluado negativamente, de forma similar al caso del judaísmo tradicional frente al gentilismo.

Esta antipatía hacia la sociedad dominada por los gentiles solía ir acompañada de un fuerte deseo de vengar los males del antiguo orden social. Para muchos judíos de la Nueva Izquierda, "la revolución promete vengar los sufrimientos y reparar los agravios que durante tanto tiempo se han infligido a los judíos con la sanción o el estímulo, o incluso bajo el mando de las autoridades de las sociedades prerrevolucionarias" (Cohen, *Jewish Radicals and Radical Jews*, p. 208). Las entrevistas con miembros de la Nueva Izquierda revelaron que no pocas veces albergaban sueños en los que la revolución tendría como resultado "la humillación, el despojo, el encarcelamiento o la ejecución de los opresores" (*Ibid.* p. 208), acompañados de la idea de su propia omnipotencia y capacidad para crear un orden social no opresivo. Estos resultados nos recuerdan que la venganza contra el antisemitismo era una fuerte motivación entre los judíos que formaban el grueso de las fuerzas de seguridad en la Polonia comunista, como hemos visto antes. Añadiría que se corresponden perfectamente con mi propia experiencia de los activistas de la Nueva Izquierda en la Universidad de Wisconsin en los años 60.

La teoría de la identidad social predice que la atribución generalizada de cualidades negativas al exogrupo debe ir acompañada de la atribución de cualidades positivas al endogrupo judío. Tanto los comunistas judíos de Polonia como los radicales de la Nueva Izquierda mantuvieron la idea de su propia superioridad cultural frente a las concepciones judías tradicionales de la superioridad de su endogrupo. Las interpretaciones de la actividad opositora de los judíos en Estados Unidos hacían hincapié en su victimización histórica por el antisemitismo gentil o en su heroísmo moral, pero "en ambos casos la imagen es la opuesta a la del antisemita. Los judíos no tienen defectos. Sus motivos son puros, su idealismo genuino" (Rothman y Lichter, *op. cit.*: 118). Los estudios sobre izquierdistas judíos realizados por autores judíos han tendido, cuando las explicaciones económicas son insuficientes, a atribuir el radicalismo judío sin pruebas a la "libre elección de una minoría bien dotada" (*ibid.* p. 118), un ejemplo de cómo la pertenencia a un grupo judío afecta a la investigación en ciencias sociales de forma que sirve a los intereses del grupo.

También hay que señalar que una ideología utópica y universalista como el marxismo es un vehículo ideal para que la tendencia judía desarrolle una imagen positiva de sí misma mientras mantiene su identidad judía positiva y su evaluación negativa de las estructuras sociales gentiles. Por un lado, el carácter utópico de la ideología de izquierdas, en marcado contraste con los sistemas sociales de la gentilidad realmente existentes (que están inevitablemente marcados por la imperfección), promueve el desarrollo de una identidad positiva dentro del endogrupo. La ideología de la izquierda radical fomenta este sentido de rectitud moral y de identidad grupal positiva mediante el despliegue y la defensa de principios éticos universalistas. Los psicólogos han llegado a la conclusión de que este sentido de rectitud moral es un componente importante de la autoestima (por ejemplo, Harter: "Developmental Perspectives on the self-system" en *Handbook of Child Psychology: Socialization, Personality & Social Development*) y yo sostengo que la autoestima es un factor motivador en los procesos de identidad social (*Separation and Its Discontents*, cap. 1).

Como en el caso del psicoanálisis, los movimientos de izquierda estaban cargados de tintes mesiánicos-reivindicativos, grandes vectores de orgullo y lealtad al endogrupo. Los miembros del *Bund* ruso y sus descendientes en Estados Unidos sentían un intenso orgullo personal y estaban convencidos de estar "en la vanguardia moral y política de un gran cambio histórico". Tenían una misión, en la que se inspiraban ellos y los que creían en ellos" (Liebman, *op. cit.*, p. 133).

El orgullo del grupo y el fervor mesiánico son, sin duda, componentes esenciales del judaísmo en todas las épocas. Como señala Schatz en sus descripciones de la clandestinidad comunista revolucionaria judía en Polonia durante el periodo de entreguerras:

> El movimiento [...] formaba parte de una lucha mundial por nada menos que el cambio de los fundamentos mismos de la sociedad humana. Esta situación produjo sentimientos encontrados de soledad y misión revolucionaria, intensa cohesión, hermandad y disposición al sacrificio en el altar de la lucha. Lo que distinguía a los judíos de otros comunistas no era sólo su deseo de un mundo posrevolucionario libre de antisemitismo, sino también "su distintiva intensidad [emocional] enraizada en las expectativas mesiánicas". (Schatz, op. cit. p. 140)

Como dijo uno de sus entrevistados: "Creía en el partido y en Stalin como mi padre creía en el Mashiaj" (*ibíd.* p.140).

Al igual que las estructuras sociales judías tradicionales, estos grupos judíos de izquierda eran muy jerárquicos y autoritarios y desarrollaron un lenguaje propio. Al igual que en el judaísmo tradicional, la práctica del estudio continuo y personal se consideraba una característica estructurante del movimiento. "El estudio era un punto de honor y una obligación" (*ibid.* p. 117). Sus discusiones reflejaban los métodos tradicionales de estudio de la Torá: memorización de largos pasajes de texto, combinada con el análisis y la interpretación en un ambiente de intensa competencia intelectual, que se asemejaba mucho al tradicional pilpul. Como dijo un novato: "nosotros éramos los *bukhers* [estudiantes] *de la yeshiva* y ellos [los mentores intelectuales más experimentados] eran los rabinos" (*id.* p.139).

Tal y como sugiere la teoría de la identidad social, en estos círculos existía un alto nivel de conciencia de grupo final y ex grupo, caracterizado por una visión altiva de la rectitud moral del grupo final, junto con una hostilidad y un rechazo absolutos del ex grupo. En el periodo posterior a la Segunda Guerra Mundial, los comunistas judío-polacos consideraban su planificación económica "en términos francamente místicos". El plan, científicamente concebido, reestructuraría infaliblemente las relaciones sociales de arriba a abajo y prepararía al país para el socialismo" (*id.* p. 249). Las difíciles consecuencias económicas del plan para la población no fueron más que una oportunidad para posponer las esperanzas por parte del partido, que "desarrolló una dureza intransigente hacia los que se resistían a afrontar las dificultades del presente y una hostilidad implacable hacia los que percibían como enemigos". En estas condiciones, su ardiente deseo de establecer la felicidad y la armonía se mezclaba con la desconfianza y la sospecha de sus beneficiarios y el odio a sus oponentes reales, posibles o imaginarios" (*id.* p. 250).

En estas condiciones, para ser un buen revolucionario comunista se requería un intenso compromiso con un grupo muy unido y autoritario que valoraba los logros intelectuales y mostraba un odio feroz hacia los enemigos y los exogrupos, al tiempo que albergaba sentimientos muy favorables hacia el endogrupo, que se consideraba moral e intelectualmente superior. Estos grupos actuaban como minorías combatientes que veían a la sociedad circundante como hostil y amenazante. Pertenecer a estos grupos exigía un cierto grado de abnegación e incluso altruismo. Todas estas características se encuentran constitutivamente en los grupos judíos más tradicionales.

Para convencerse de la importancia de los procesos de identidad social, Charles Liebman sugiere que la ideología izquierdista y universalista permite a los judíos subvertir las categorizaciones sociales tradicionales que los ven de forma desfavorable. La adopción de estas ideologías por parte de los judíos expresa el deseo de superar el sentimiento de alienación judía "de las raíces y tradiciones de la sociedad [gentil]" (*The Ambivalent American Jew: Politics, Religion and Family in American Jewish Life*, p. 153).

El judío persigue su búsqueda de un ethos o ética que no sólo es universal o capaz de serlo, sino que también da una ventaja particular frente a las viejas tradiciones de la sociedad, una búsqueda cuya intensidad se ve reforzada por el trato de los judíos a los gentiles. (*ibidem* p. 157)

Este esfuerzo por subvertir las categorizaciones sociales negativas impuestas a un grupo externo es un aspecto central de la teoría de la identidad social.

La ideología universalista funciona así como una forma de judaísmo secularizado. Las formas sectarias de judaísmo se rechazan como meras "estrategias de supervivencia" (*ibíd.* p. 157) debido a su tendencia a producir antisemitismo, su escaso atractivo en el mundo moderno y su incapacidad para atraer a los no judíos y, por tanto, para cambiar la sociedad no judía de forma que sirva a los intereses colectivos judíos. Incluso si la ideología universalista se corresponde en la forma con los ideales de la Ilustración, el mantenimiento del separatismo judío tradicional y sus patrones de asociación entre quienes se adhieren a esta ideología sugiere que está presente un elemento de engaño o autoengaño.

Los judíos prefieren asociarse con otros judíos para participar en empresas abiertamente no judías (pero respaldadas por los judíos), mientras fingen que su judaísmo no tiene nada que ver con ellas. Pero este tipo de actividad involucra principalmente a los judíos que están más alejados de sus propias tradiciones y que por esta razón buscan un valor que reciba la aprobación judía y que no destruya abiertamente los lazos del grupo judío. (id. p. 159)

La ideología universalista permite así a los judíos escapar de su alienación o alejamiento de la sociedad no judía, sin dejar de mantener una fuerte identidad judía. Las instituciones que promueven los vínculos colectivos gentiles (como el nacionalismo y las asociaciones religiosas gentiles tradicionales) se combaten y subvierten activamente, mientras que se mantiene la integridad estructural del separatismo judío. Un rasgo perdurable de la teoría de la izquierda radical desde Marx ha sido el temor a que el nacionalismo sirva de aglutinante social que pueda conducir a un compromiso entre las clases sociales y producir un orden social altamente unificado basado en relaciones jerárquicas y armoniosas entre las clases sociales existentes. Sólo este tipo de organización social no judía tan unida contrarresta el judaísmo como estrategia de grupo evolutiva.

Tanto la Vieja Izquierda como la Nueva Izquierda redoblaron sus esfuerzos para subvertir la cohesión de la estructura social gentilicia, en particular el *modus vivendi* logrado entre empresarios y sindicatos en los años sesenta. También hemos visto que el Estado comunista polaco, dirigido por los judíos, lanzó hostilidades contra el nacionalismo polaco y contra el poder político y cultural de la Iglesia católica, la principal fuerza de cohesión de la sociedad polaca tradicional.

Por último, como señalan Rothman y Lichter, el marxismo era especialmente recomendable como base de una ideología capaz de subvertir las categorizaciones sociales negativas del exogrupo no judío, porque dentro de su marco, las oposiciones judío-gentil pierden su agudeza mientras que la cohesión y el separatismo del grupo judío pueden persistir a pesar de ello.

Al adoptar variantes de la ideología marxista, los judíos pueden negar la realidad de las diferencias culturales y religiosas entre judíos y cristianos. Estas diferencias se convierten en "epifenómenos" en comparación con la oposición fundamental entre trabajadores y capitalistas. Por lo tanto, los judíos y los no judíos son en realidad hermanos al final. Incluso cuando no adoptaron esta posición marxista, muchos judíos cayeron en un ecologismo radical que tenía el mismo tipo de utilidad. (*op. cit.* p.119)

Esta estrategia es bastante razonable desde la perspectiva de la teoría de la identidad social. Las investigaciones sobre el contacto intergrupal han identificado la siguiente constante: cuanto menos nítidas parecen las categorías sociales que definen a los grupos, menor es el nivel de diferenciación entre ellos, lo que favorece las interacciones positivas entre los miembros de los distintos grupos. En el extremo, la aceptación de una ideología universalista por parte de los gentiles llevaría al cese de la percepción de los judíos como una categoría social distinta, mientras que los judíos podrían mantener una fuerte identidad personal como judíos.

Parte 5

Procesos de identidad social, intereses colectivos judíos percibidos y la izquierda radical judía (continuación)

En conjunto, estos rasgos de la fisonomía de la izquierda radical judía son un ejemplo llamativo del papel que desempeñan los procesos de identidad social, que son evidentes tanto en el análisis de la sobrerrepresentación judía en la izquierda radical como en el análisis del tropismo judío hacia el ecologismo radical en las ciencias sociales, que realizamos en el capítulo II. Hemos demostrado que los judíos implicados en estos movimientos intelectuales estaban comprometidos en un sutil proceso de engaño a los gentiles (acompañado, quizás, de autoengaño) y que estos movimientos eran vehículos para una forma de criptojudaísmo.

Por decirlo a la manera de la teoría de la identidad social, se trata de una creación ideológica en la que se resta importancia a las categorizaciones sociales judeo-gentiles y desaparecen las atribuciones negativas sobre la pertenencia al grupo judío. Al restar importancia a la pertenencia a un grupo étnico como categoría social, el interés étnico bien entendido entre los gentiles se interpreta como fundamentalmente erróneo, porque no reconoce la prioridad del conflicto de clases entre los gentiles. Por su parte, los judíos pueden seguir siendo judíos, porque serlo ya no es importante. Al mismo tiempo, se subvierten las instituciones tradicionales de cohesión social de la sociedad gentil y se considera que la sociedad no judía está más impregnada de diferencias de intereses entre las clases sociales que de una comunidad de intereses y sentimientos de solidaridad social entre las distintas clases.

Rothman y Lichter señalan, en apoyo de esta tesis, que los grupos minoritarios de todo el mundo utilizan habitualmente esta técnica de adopción de ideologías universalistas. A pesar del barniz universalista, estos movimientos no son en absoluto asimilacionistas. Ambos autores consideran que la asimilación, definida como la completa absorción y pérdida de la propia identidad como grupo minoritario, es algo distinto a la participación en movimientos políticos universalistas. Las ideologías universalistas bien pueden ser cortinas de humo que facilitan la perpetuación de aquellas estrategias de grupo que simultáneamente niegan su propia importancia, tanto entre los miembros del grupo interno como del externo. Así, el judaísmo como estrategia de grupo estrechamente unida y de base étnica puede perseverar, pero de forma críptica o semicríptica.

Levin está de acuerdo: "La interpretación de Marx [del judaísmo como casta] dio a los pensadores socialistas una salida fácil, permitiéndoles pasar por alto o restar importancia a la cuestión judía. En Polonia, el Partido Comunista, dominado por los judíos, deploró la participación de los obreros y los campesinos en los pogromos de los años

30, alegando que no actuaban en interés de su clase. Según esta interpretación, los conflictos étnicos se originaron en el capitalismo y terminaron tras la revolución comunista. Había poco antisemitismo en el movimiento socialdemócrata alemán de finales del siglo XIX porque la teoría marxista explicaba todos los fenómenos; los socialdemócratas "no necesitaban el antisemitismo, es decir, otra teoría global, para explicar lo que les ocurría" (Dawidowicz, *The War against the Jews*, 1933-1945, p. 42). Los socialdemócratas nunca vieron el judaísmo como una nación o un grupo étnico, sino como una comunidad religiosa y económica.

En teoría, por tanto, el antisemitismo y otros conflictos étnicos debían desaparecer con la llegada de la sociedad socialista. Es posible que esa interpretación sirviera para disminuir el antisemitismo. Levy sostiene que el antisemitismo existente en las circunscripciones de la clase obrera no judía que tenían los socialdemócratas se redujo gracias a la actividad de los dirigentes del partido y de los teóricos socialistas que definieron los problemas políticos y económicos de este grupo en términos de un conflicto de clases y no entre judíos y gentiles, y que rechazaron cualquier cooperación con los partidos antisemitas.

Trotsky y otros judíos del Partido Obrero Socialdemócrata Ruso se veían a sí mismos como representantes del proletariado judío dentro del movimiento socialista, pero se oponían al programa separatista y nacionalista del *Bund* Judío Ruso. Arthur Liebman considera que estos socialistas asimilacionistas preveían conscientemente una sociedad posrevolucionaria en la que el judaísmo seguiría existiendo, pero de forma menos diferenciada socialmente:

> Para ellos, la solución definitiva a la cuestión judía era una sociedad socialista internacionalista que haría irrelevante la distinción entre judíos y no judíos. Para acelerar la construcción de dicha sociedad, estos socialistas asimilacionistas debían considerar insignificantes las diferencias étnicas y religiosas entre ellos y los no judíos (*Los judíos y la izquierda*, pp. 122-123).

Asimismo, después de la revolución, "habiendo abandonado sus orígenes y su identidad, pero sin encontrarse completamente en la vida rusa (excepto en los círculos del partido) los bolcheviques rusos establecieron sus cuarteles en el universalismo revolucionario. Soñaban con una sociedad sin clases y sin Estado, sostenida por la fe y la doctrina marxista que trascendía las particularidades y las cargas de la existencia judía. (Levin, *The Jews in the Soviet Union since 1917: Paradox of Survival*, p. 49)

Estas personas, junto con muchos antiguos bundistas muy nacionalistas, acabaron administrando proyectos relacionados con la vida nacional judía en la Unión Soviética. Por lo tanto, hay que suponer que, a pesar de su rechazo al separatismo judío radical de los bundistas y los sionistas, sí estaban a favor de la continuación de la vida nacional judía secularizada en la Unión Soviética.

Esta creencia en la invisibilidad del judaísmo en una sociedad socialista se encuentra en la izquierda radical judía estadounidense. Los socialistas judíos estadounidenses de la década de 1890, por ejemplo, imaginaban una sociedad en la que la raza no desempeñaría ningún papel y los judíos y los no judíos permanecerían cada uno en sus respectivas esferas dentro de un movimiento obrero basado en la clase. Al hacerlo, ni siquiera se logró este bajo nivel de asimilación; estos activistas trabajaron en un entorno totalmente judío y mantuvieron vínculos muy estrechos con la comunidad judía. "Sus acciones se desviaron de su ideología. Cuanto más profunda era su acción entre los trabajadores judíos, más estruendosas eran sus profesiones de fe socialistas y universalistas" (Liebman, *op. cit.*: 256-57). El desfase entre la retórica y la realidad indica la muy probable presencia de engaño y autoengaño en estos fenómenos.

Estos activistas obreros socialistas nunca abandonaron su retórica universalista, pero se negaron a incorporar sus sindicatos al movimiento obrero y sindical, incluso después de que el declive del yiddish entre sus miembros les quitara esta última excusa. En sus sindicatos, jugaron a la política identitaria para mantener a su propio grupo étnico en el poder, en total contradicción con su retórica socialista. Con el tiempo, el apego de muchos de ellos al socialismo se debilitó y fue sustituido por un fuerte sentimiento étnico y comunitario judío.

Por lo tanto, está claro que el barniz de universalismo cubría el inalterado separatismo de los intelectuales de la izquierda radical judía y sus activistas políticos.

Los intelectuales de izquierda no judíos nunca son plenamente aceptados, ni siquiera por sus amigos judíos de la misma tendencia laica y humanista. Los judíos tienen la costumbre de señalar, de forma indirecta y a menudo inexplicable, su propia singularidad. El universalismo judío en la relación entre los judíos y los no judíos suena a hueco [...] Uno se encuentra incluso con la anomalía de que los judíos seculares y ateos escriben sus propios libros de oraciones. Hay reformistas políticos judíos que pueden separarse de su partido con fuertes tendencias comunales y mostrar objetivos políticos universales, mientras organizan sus propios clubes políticos cuyo estilo de trabajo es tan judío que los no judíos no se sienten bienvenidos en ellos. (Liebman, *op. cit.* p. 158)

Por lo tanto, el universalismo puede verse como un mecanismo al servicio de la perpetuación judía que funciona mediante el camuflaje ["crypsis"] o el semicamuflaje. El judío de izquierdas no se presenta ante el gentil como un judío, lo que, por un lado, excluye el antisemitismo y, por otro, conserva y ampara su identidad judía. Lyons explica que

> La mayoría de los comunistas judíos no exponían mucho su judaísmo, pero lo vivían profundamente. Casi nunca se trataba de un judaísmo religioso o incluso institucional, sino que estaba arraigado en una subcultura de identidad, estilo, lenguaje y cortejo [...] De hecho, este judaísmo antiétnico de segunda generación era paradójicamente el colmo de la etnicidad. El emperador pensó que estaba vestido con ropa americana, transétnica, pero los gentiles vieron los matices y detalles de su etnia desnuda. (*Comunistas de Filadelfia, 1936-1956*, p. 73)

Estos comentarios manifiestan un elemento de camuflaje ['crypsis'], una disyunción entre la persona pública y la privada, acompañada de autoengaño, o como dice Horowitz: "una postura dual que muestra una cara al mundo exterior y otra a la tribu".

Pero esta postura tiene un coste. Como señala Albert Memmi:

> El judío de izquierdas debe adquirir esta protección mediante su modestia y anonimato, mostrándose indiferente a los asuntos de su pueblo [...] Como un pobre que entra en una familia burguesa que le pide que tenga el buen gusto de hacerse invisible.

En virtud de la naturaleza de su ideología, los judíos de izquierdas se vieron obligados a restar importancia a cuestiones específicamente judías, como el Holocausto o Israel, a pesar de su fuerte identificación judía. Es este aspecto de los movimientos intelectuales de la izquierda judía el que más desagrada a los judíos comunitarios. La identificación con la etnia era a menudo inconsciente, una marca de autoengaño. Lyons, al estudiar a los comunistas judíos estadounidenses, señala que en su muestra la importancia de la etnia en general y de la judeidad en particular impregna todas las respuestas. Muchos comunistas decían que no podían casarse con una mujer que no fuera de izquierdas. Cuando se les preguntaba a los judíos si podían casarse con una mujer gentil, muchos dudaban, asombrados por la pregunta, que les resultaba difícil de responder. Al reflexionar, muchos llegaron a la conclusión de que habían dado por sentada la idea de un matrimonio judío. Nunca se había considerado otra posibilidad, especialmente en el lado masculino.

Además, se hizo un esfuerzo deliberado de engaño para hacer invisible la participación judía en los movimientos de la izquierda radical: se puso un rostro estadounidense a un movimiento que era mayoritariamente judío. Tanto el Partido Socialista como el PCUSA alentaron activamente a sus miembros judíos a adoptar nombres que no son judíos. (El fenómeno también se observó en Polonia, ver *arriba*, y en la Unión Soviética, ver *abajo*).) Aunque representaron, en algunos periodos, más de la mitad de los miembros de ambos partidos, ninguno de ellos presentó nunca candidatos judíos para las elecciones presidenciales y ningún judío fue líder del PCUSA después de 1929. Los gentiles fueron traídos desde lejos y se les dieron puestos de liderazgo de alto nivel en las organizaciones socialistas dominadas por los judíos de Nueva York. No pocas veces, estos gentiles abandonaron estas organizaciones, al darse cuenta de su papel de títeres en estas organizaciones básicamente judías.

Liebman señala que la Nueva Izquierda se cuidó mucho de no abordar nunca los temas judíos. Su ideología restaba importancia a la etnia y la religión y hacía hincapié en categorías sociales y cuestiones políticas como la guerra de Vietnam o la discriminación de los negros, que, aunque eran muy divisivas entre los gentiles, no comprometían la identidad judía. Además, estas cuestiones no amenazaban los intereses de la burguesía judía, especialmente de los sionistas.

La identidad judía, aunque muy fuerte entre los activistas, no fue percibida por el público. Y como ya se ha mencionado, cuando este movimiento empezó a defender posiciones incompatibles con los intereses judíos, éstos aflojaron sus lazos con él. Ilustrando notablemente la invisibilidad de la dinámica de grupo en la participación de los judíos en la extrema izquierda, Liebman describe a estudiantes activistas que no tenían idea de que sus acciones podían alimentar el antisemitismo, dada la sobrerrepresentación de los judíos entre ellos. (Liebman señala, sin embargo, que otros judíos estaban preocupados por esta cuestión).) Desde su punto de vista, su camuflaje ["crypsis"] fue exitoso: imaginaron que su judaísmo pasaba desapercibido para el mundo, mientras que seguía siendo de gran importancia para ellos. En el plano teórico, se trata de un caso de libro de texto de autoengaño, que hemos considerado en nuestro libro *La separación y sus descontentos* como parte integral de la ideología religiosa judía y de las reacciones al antisemitismo.

El engaño parece haber sido un fracaso en general, si no para la Nueva Izquierda, al menos para la Vieja Izquierda. Los intelectuales radicales judíos y sus homólogos no judíos mantuvieron las distancias en las organizaciones de la vieja izquierda. Algunos intelectuales no judíos se sintieron atraídos por este movimiento *debido a* su carácter judío, pero el carácter intrínsecamente judío de este medio fue esencialmente un obstáculo. El comunitarismo judío de estos activistas radicales, su propensión al engrandecimiento y sus actitudes negativas hacia la gentilidad cristiana les impidieron ser buenos reclutadores entre la clase obrera no judía. Como escribió el padre de David Horowitz, un comunista, durante una visita a Colorado en la década de 1930:

> Me siento como si estuviera en una tierra extranjera. Lo que me llama la atención es que hasta que no conozcamos a la gente de este país hasta el punto de que este sentimiento desaparezca, no iremos a ninguna parte. Tengo que decir que, en general, no tenemos una vena patriótica, es decir, una profunda simpatía por el país y por el pueblo.

En la misma línea, el excomunista Sydney Hook señaló: "Es como si no tuvieran ningún arraigo ni conocimiento de la sociedad que quieren transformar". Lo mismo ocurrió en Polonia, donde incluso los esfuerzos de los comunistas más "desetnificados" se vieron inhibidos por las tradicionales actitudes judías de distante recelo hacia la cultura tradicional polaca.

Una vez admitidos en el partido, muchos no judíos se sintieron repelidos por su atmósfera altamente intelectual, y se marcharon. Suponiendo que el radicalismo de izquierdas sea realmente un judaísmo secularizado, y tal como sugiere la teoría de la identidad social, hay pruebas de una actitud hostil hacia los gentiles dentro de estas organizaciones: "Entre los intelectuales judíos y de izquierdas había una mezcla de hostilidad y superioridad hacia los gentiles" (Liebman, *op. cit.* p. 534).

En el Partido Comunista también existía una separación étnica entre judíos y negros, que se debía en gran medida a la "actitud paternalista y misionera" de los cuadros judíos (Lyons, *op. cit.* p. 80). "En la relación entre negros y judíos, los judíos siempre han desempeñado el papel de 'ayudante', 'maestro' y 'guía' de los negros. Muchos intelectuales negros dejaron de cortejar al Partido Comunista, molestos por los comunistas, pero también por los judíos que, según ellos, los despreciaban. "¿Cómo puede el negro medio entender las exigencias del sistema capitalista tal como se aplica por igual a los judíos y a los gentiles en Estados Unidos... ya que ambos grupos se comportan extrañamente como los arios de Hitler cuando se trata de los de color?", se preguntaba Langston Hughes, escaldado tras una disputa con comunistas judíos.

Esta condescendencia por parte de los activistas judíos radicales del movimiento por los derechos civiles ha sido identificada como una fuente de la actual ola de antisemitismo entre los afroamericanos.

Parte 6

Conclusión:

No deja de ser interesante preguntarse cuál fue el destino del judaísmo en una sociedad organizada según una ideología política radicalmente universalista. En la Unión Soviética, los judíos "desempeñaron un papel importante, si no decisivo, en la dirección de los tres principales partidos socialistas, incluidos los bolcheviques" (Pinkus, *The Jews of the Soviet Union: A History of a National Minority,* p. 42).

Los judíos, sostiene Rapoport, "dominaban" el primer Politburó de Lenin (*La guerra de Stalin contra los judíos: el complot del médico y la solución soviética*, p. 30). El propio Lenin tenía una abuela judía. Se dice que dijo que "un ruso inteligente es casi siempre un judío o alguien con sangre judía en sus venas" (*en* Pipes, *The Russian Revolution*, p. 352). Había proporcionalmente menos judíos en los bolcheviques que en los otros partidos revolucionarios.

De hecho, la prueba de la oposición judeo-gentil se encuentra en el cisma entre los bolcheviques y los mencheviques, que tenían un espíritu más internacionalista y contaban con un número proporcionalmente mayor de judíos. (Recuerden el internacionalismo de los bolcheviques, ver *arriba*). Sin embargo, los judíos estaban ampliamente representados en la dirección bolchevique, aunque en este movimiento "la mera mención del número absoluto de judíos o de su proporción no capta ciertos factores clave, aunque no cuantificables, como la audacia de los bolcheviques judíos, sus cualidades oratorias a menudo brillantes, su energía y su poder de persuasión" (Lindemann, *Esau's Tears: Modern Anti-Semitism and the Rise of the Jews*, p. 429)

Los bolcheviques judíos estaban mejor educados que sus homólogos no judíos y eran más propensos a hablar otros idiomas además del ruso. Como señalamos en el capítulo [1], los judíos de la izquierda radical estadounidense eran muy inteligentes, trabajadores, dedicados y móviles, rasgos que sin duda contribuyeron al éxito de sus organizaciones. Cuatro de los siete miembros del Politburó de Lenin eran étnicamente judíos, sin contar con él, que era una cuarta parte judía y, como señala Lindemann, era lo suficientemente judío como para haber estado bajo sospecha en el Tercer Reich; Lenin era comúnmente visto como judío, y alrededor de un tercio de los cincuenta principales líderes eran judíos.

Además, los altos dirigentes no judíos del movimiento bolchevique, incluido Lenin, podrían ser descritos como no judíos enjutos: "este término, despojado de sus feas connotaciones, podría servir para subrayar un punto a menudo descuidado: incluso en Rusia había algunos no judíos, bolcheviques o no, que respetaban a los judíos, cantaban sus alabanzas, tomaban su ejemplo, se preocupaban por su bienestar y tenían amistades o relaciones íntimas con ellos" (Lindemann, *op. cit. cit.* p. 433). Lenin, por ejemplo, elogió abierta y regularmente el papel de los judíos en el movimiento revolucionario. Fue uno de los más agudos y rigurosos del partido a la hora de denunciar los pogromos y el antisemitismo en general.

Después de la revolución, revirtió su reticencia inicial hacia el nacionalismo judío, aceptando la idea de una nacionalidad judía legítima bajo el dominio soviético. En su lecho de muerte, Lenin tuvo palabras amistosas para el menchevique judío Julius Martov, al que tenía un afecto especial a pesar de sus grandes desacuerdos ideológicos.

Basándose en el importante trabajo de Paul Johnson, Lindemann destaca el papel "prominente" de Trotsky en la planificación y dirección del levantamiento bolchevique y su papel como "brillante líder militar" que construyó el Ejército Rojo. Muchos de los rasgos de carácter de Trotsky son típicamente judíos.

Asumiendo que el antisemitismo deriva de la ansiedad y el miedo, y no del desprecio, entonces se puede tomar la medida de las ansiedades sobre Trotsky entre los antisemitas. Las palabras de Johnson son significativas. Habla del "poder demoníaco" de Trotsky y utiliza el mismo término para describir la fuerza oratoria de Zinóviev o la crueldad de Uritsky. La absoluta confianza en sí mismo de Trotsky, su conocida arrogancia y su complejo de superioridad eran rasgos que a menudo se asociaban con los judíos. Había fantasías sobre él y otros bolcheviques, pero también hechos sobre cuyo terreno crecían estas fantasías. (*ibidem*, p. 448)

Vaksberg lo presenta de forma interesante. Señala, por ejemplo, que en un montaje fotográfico de la cúpula soviética en 1920, 22 de los 61 dirigentes eran judíos, "pero están ausentes de la imagen Kaganovich, Piatnitsky, Golochekin y muchos otros miembros del círculo dirigente cuya presencia en la imagen habría hecho que el porcentaje de judíos se disparara" (*op. cit.* p. 20). Además de la elevadísima sobrerrepresentación de los judíos en estos niveles, también había una "plétora de esposas judías" junto a los dirigentes no judíos, lo que debió reforzar aún más el ambiente judío en los niveles superiores del poder, ya que todos ellos, y Stalin en primer lugar, eran muy conscientes del hecho étnico. Stalin tuvo que hacer mucho para disuadir a su hija de casarse con un judío y desaprobó otros matrimonios entre judíos y gentiles. Los antisemitas, por su parte, acusaron a los judíos de "*implantar a sus congéneres como esposas y maridos para ganar influencia y poder*" (en Kostyrchenko, *op. cit.*, énfasis añadido, p. 272). Este punto encaja bien con la idea de un "rejuvenecimiento" de los bolcheviques no judíos.

En la comunidad gentil rusa, existía la creencia generalizada de que "todo el mundo perdió con la revolución, pero los judíos, y sólo los judíos, se beneficiaron" (Pipes, *Russia under the Bolshevik Regime*, p. 101), como demuestran, por ejemplo, los esfuerzos del gobierno por combatir el antisemitismo. Al igual que ocurrió en Polonia después de la Segunda Guerra Mundial, el régimen soviético consideraba a los judíos como partidarios fiables, debido a los considerables cambios en su estatus provocados por la revolución. En consecuencia, el periodo inmediatamente posterior a la revolución fue de intenso antisemitismo, marcado por numerosos pogromos llevados a cabo por los Ejércitos Blancos. Sin embargo, Stalin "decidió romper el mito del papel decisivo de los judíos en la planificación, organización y realización de la revolución" y destacó el papel de los rusos (Vaksberg, *op. cit.* p. 82). Al igual que los apologistas judíos de hoy, pero por razones diferentes, Stalin encontró ventajoso minimizar el papel de los judíos en la revolución.

Los judíos estaban muy sobrerrepresentados entre las élites políticas y culturales de la Unión Soviética en la década de 1920, situación que se mantuvo hasta las purgas de la década de 1950 que afectaron a las altas esferas económicas y culturales. Esta es la tesis de Vaksberg sobre Stalin, tal y como yo la entiendo. Hubiera sido antisemita desde el principio, pero debido al poder de los judíos en las más altas esferas del Estado y la sociedad, y para no ofender a los gobiernos occidentales, sólo pudo desalojar lentamente a los judíos de las más altas esferas del poder y se vio obligado a practicar el engaño por todas partes.

Por lo tanto, habría mezclado sus medidas antijudías con profesiones de fe filosemitas y habría acogido a algunos judíos para enmascarar su orientación antijudía. Por ejemplo, justo antes de una serie de juicios en los que 11 de los 16 acusados eran judíos, se escenificó con gran fanfarria el juicio de dos no judíos acusados de antisemitismo. Durante el juicio de los judíos, no se mencionó su condición de judíos y, salvo en una ocasión, sólo se utilizaron sus seudónimos de partido, que no son judíos, para referirse a ellos, nunca sus verdaderos nombres judíos. Durante la década de 1930, Stalin continuó honrando y premiando a los artistas judíos mientras despedía a los líderes políticos judíos y los sustituía por gentiles.

La campaña para apartar a los judíos de los puestos gubernamentales y culturales comenzó en 1942, pero siempre fue acompañada de premios y galardones para académicos y artistas judíos, para no exponerse a acusaciones de antisemitismo. En la posguerra surgió un antisemitismo estatal en toda regla, con cuotas de admisión de judíos en las universidades aún más duras que en la época zarista. Sin embargo, no era sólo el antisemitismo personal de Stalin lo que estaba en juego; el antisemitismo tenía sus raíces en preocupaciones muy tradicionales sobre su lealtad y su dominio económico y cultural.

Kostyrchenko muestra que el deseo de los rusos étnicos de desalojar a los judíos de sus posiciones de poder ejerció una fuerte presión sobre Stalin. Así, las élites, en las que la importancia de los judíos era desproporcionadamente alta, fueron depuradas en los campos del periodismo, las bellas artes, las ciencias históricas, pedagógicas, filosóficas, económicas, médicas y psiquiátricas, en las universidades e institutos de investigación, en todas las ramas de las ciencias naturales. También hubo grandes purgas de judíos en el ámbito económico, en las altas esferas del mundo de la gestión y la ingeniería. Los intelectuales judíos fueron tachados de "cosmopolitas desarraigados" que carecían de simpatía por la cultura nacional rusa. Se les consideró desleales por sus expresiones de entusiasmo por Israel y sus estrechos vínculos con los judíos estadounidenses.

Los judíos también estaban sobrerrepresentados en los gobiernos comunistas de Europa del Este y en los movimientos revolucionarios comunistas de Alemania y Austria en 1918-1923. En el efímero gobierno comunista húngaro de 1919, el 95% de las principales figuras del gobierno de Bela Kun eran judías. Este gobierno liquidó enérgicamente a los contrarrevolucionarios, que en su inmensa mayoría no eran judíos, y la lucha dirigida por el almirante Horthy se saldó con la ejecución de la mayoría de los jefes judíos del gobierno comunista, una lucha con un claro tinte antijudío. Por otra parte, en los partidos comunistas de los países occidentales, la acción de los agentes judíos que trabajaban a favor de la Unión Soviética era algo notable y notorio.

Incluso en los primeros partidos y facciones comunistas de Occidente, que luchaban encarnizadamente entre sí, el tema de los "judíos extranjeros que reciben órdenes de Moscú" era una patata caliente. Era casi un tabú en las filas socialistas referirse a los agentes de Moscú como judíos, pero la implicación era que estos judíos extranjeros estaban destruyendo el socialismo occidental. (Lindemann, *op. cit.* p.435-436)

Los judíos habían conseguido posiciones de poder en estos círculos desde el principio, pero a lo largo del camino, el antisemitismo en la Unión Soviética y otros países de Europa del Este se hizo bastante conocido y se convirtió en una fuente de preocupación política entre los judíos estadounidenses. Como hemos visto, Stalin redujo el poder judío en la URSS y el antisemitismo fue un factor notable en el declive del liderazgo judío en los gobiernos comunistas de Europa del Este.

Los casos de Polonia y Hungría son especialmente interesantes. Dado el papel de los comunistas judíos en la Polonia de la posguerra, no es de extrañar que surgiera allí un movimiento antisemita que acabara por desacreditar a *la generación*. Tras el discurso de desestalinización de Jruschov en 1956, el partido se dividió en una facción judía y otra antijudía, que se quejaba de que había demasiados judíos en la dirección. En palabras de un líder de la facción antijudía, la preponderancia de los judíos "hizo que la gente odiara a los judíos y desconfiara del partido". Los judíos alejan a la gente del partido y de la Unión Soviética; se han herido los sentimientos nacionales y es deber del partido cumplir con la exigencia de que sean los polacos, y no los judíos, quienes lleven las riendas del país" (*en* Shatz, *op. cit.* p. 268). El propio Jruschov apoyó esta nueva línea política señalando que "ya hay demasiados Abramovich" (*ibíd.*, p. 272). En esta primera fase de las purgas antijudías, la opinión pública se manifestó en incidentes antisemitas y exigió que los comunistas judíos que se habían cambiado el nombre para no ser demasiado llamativos en el partido dieran finalmente la cara. Como resultado, más de la mitad de los judíos polacos emigraron a Israel entre 1956 y 1959.

El antisemitismo se disparó a finales de la década de 1960. Los judíos fueron degradados gradualmente y se culpó a los comunistas judíos de los males de Polonia. Los *Protocolos de los Sabios de Sión* circularon ampliamente entre los activistas del partido, los estudiantes y los militares. Los servicios de seguridad, antes dominados por los judíos y dirigidos contra el nacionalismo polaco, estaban ahora dirigidos por polacos que consideraban a los judíos como un "grupo que debía mantenerse bajo la más estrecha y constante vigilancia" (*ibid.* p. 290). Los judíos fueron apartados de los altos cargos del gobierno, el ejército y los medios de comunicación. Se mantuvieron elaborados archivos sobre los judíos, incluidos los criptojudíos que habían cambiado sus nombres y adoptado una identidad no judía como fachada. Como habían hecho antes los judíos, el grupo antijudío creó redes para promover a los suyos en la administración y los medios de comunicación. Los judíos se convirtieron en disidentes y desertores, donde antes dominaban las fuerzas estatales de la ortodoxia.

El "terremoto" llegó en 1968, cuando se desató una campaña antisemita tras los estallidos de alegría de los judíos al celebrar la victoria israelí en la Guerra de los Seis Días, con el trasfondo del apoyo soviético a los árabes. El presidente Gomulka condenó la "quinta columna" judía en Polonia. Se llevaron a cabo importantes purgas de judíos en el país y las expresiones de la vida judía secular (por ejemplo, las revistas en yiddish, las escuelas judías y los campamentos de verano) fueron prácticamente desmanteladas. Este odio a los judíos provenía claramente del papel que habían desempeñado en la posguerra. En palabras de un intelectual, "los problemas de Polonia eran básicamente un conflicto étnico entre polacos y judíos, con los judíos como aliados de los rusos. Los problemas vinieron de la llegada a nuestro país de ciertos políticos vestidos de oficiales que asumieron que ellos y sólo ellos -los Zambrowski, los Radkiewiczes, los Berman- tenían el derecho al poder y el monopolio en las decisiones que conciernen al bien de la nación polaca. Los problemas se resolverán cuando se corrija la "composición étnica anormal" de la sociedad. (*en* Schatz, *op. cit.* p. 306-307)

Los judíos restantes "fueron, tanto colectiva como individualmente [...] señalados, burlados, condenados al ostracismo, degradados, amenazados e intimidados con increíble violencia y con... malicia" (*ibidem*, p. 308). La mayoría de ellos abandonaron Polonia para ir a Israel y tuvieron que renunciar a su ciudadanía polaca. Dejaron atrás sólo unos cientos de judíos, en su mayoría ancianos.

El caso de Hungría es bastante similar al de Polonia, en cuanto a los orígenes del triunfo de los comunistas judíos y su posterior derrota por un movimiento antisemita. A pesar de algunas pruebas del antisemitismo de Stalin, colocó a comunistas judíos en el poder como instrumentos de su dominación de Hungría tras la Segunda Guerra Mundial. El gobierno estaba "completamente dominado" por los judíos (Rothman & Lichter, *op. cit.*, p. 89), y los húngaros lo sabían bien. "En Budapest, el chiste era que sólo había un gentil en la dirección del partido porque alguien tenía que encender las luces el sábado" (*ibidem*, p. 89). El Partido Comunista de Hungría, apoyado por el Ejército Rojo, torturó, encarceló y ejecutó a los líderes de la oposición y a otros disidentes, al tiempo que vinculaba firmemente la economía húngara al tanque soviético. Fue similar a lo que ocurrió en Polonia: los judíos fueron instalados por sus amos soviéticos como los intermediarios ideales entre una élite extranjera explotadora y una población indígena subyugada. Se consideraba que los judíos eran los que habían ideado la revolución comunista y los que más se habían beneficiado de ella. Los judíos constituían casi toda la élite del partido y estaban en la cima de la jerarquía de la seguridad y los negocios.

Los funcionarios y empresarios judíos del Partido Comunista no sólo eran económicamente dominantes, sino que parece que también disfrutaban de un acceso prácticamente ilimitado a los gentiles bajo su mando, en parte debido a la grave pobreza en la que vivía la mayoría de la población, y en parte debido a la línea política de poder que pretendía socavar las costumbres sexuales tradicionales, por ejemplo pagando a las mujeres para que tuvieran hijos ilegítimos. La dominación de la burocracia comunista judía húngara parecía tener este tinte de dominación sexual y reproductiva sobre los gentiles, teniendo los judíos un acceso desproporcionado a los gentiles.

Un estudiante hizo este comentario que muestra la brecha entre los líderes y los dirigidos en Hungría:

> Por ejemplo, Hungría: ¿quién era el enemigo? Para Rakösi [el líder judío del Partido Comunista Húngaro] y su banda, el enemigo éramos nosotros, el pueblo húngaro. Pensaban que los húngaros eran intrínsecamente fascistas. Esa era la actitud de los comunistas judíos, el grupo de Moscú. No tenían más que desprecio por el pueblo (*en* Irving, *Uprising!* p. 111).

Esta observación ilustra el tema de la lealtad que tratamos en *La separación y sus descontentos* (cap. 2): la deslealtad de los judíos hacia las personas con las que vivían se ve a menudo exacerbada por el antisemitismo, que también procede de otras fuentes. Además, el hecho étnico siguió siendo un factor muy importante en el periodo posrevolucionario, en contra de su estatus en la teoría. Cuando los funcionarios judíos querían castigar a un agricultor que no había aportado sus cuotas, enviaban a gitanos para que se hicieran cargo de su granja, porque los lugareños no habrían aceptado participar en la destrucción de uno de los suyos (cf. Irving, *ibidem*, p. 132).

Estos funcionarios del partido se aprovecharon del mismo principio que Stalin y otros líderes extranjeros habían reconocido al emplear a los judíos como capa intermedia explotadora entre ellos y los nativos subyugados. Los extranjeros étnicos están relativamente dispuestos a explotar a otros grupos. En estas circunstancias, no es de extrañar que el levantamiento húngaro de 1956 tuviera aspectos de un pogromo antisemita tradicional, como indicaban entonces las actitudes antijudías de los refugiados. Y en este sentido no es muy diferente de los numerosos pogromos antisemitas que tuvieron lugar en las sociedades tradicionales precisamente en el momento en que disminuía el poder de la élite extranjera que apoyaba a los judíos [el autor se refiere a la crisis de desestalinización de 1956].

Como en todos los demás experimentos, la ideología universalista de izquierdas y las estructuras políticas pueden no producir los resultados deseados por sus instigadores judíos. Sobre la base de los datos presentados aquí, podemos concluir que el radicalismo político ha fracasado a la hora de garantizar los intereses judíos, lo que ha provocado que los judíos abandonen los movimientos radicales de izquierda o intenten acoplar este radicalismo con una identidad judía declarada y una participación activa al servicio de los intereses judíos. Al final, parece que las ideologías del universalismo combinadas con la perpetuación de la identidad y la cohesión del grupo no son un mecanismo eficaz para combatir el antisemitismo.

A la luz de la experiencia pasada, puede decirse que la promoción judía de estructuras sociales altamente colectivistas, como en el socialismo y el comunismo, ha sido un error de dirección para el judaísmo como estrategia de evolución grupal. Por un lado, el judaísmo y el socialismo estatal y burocrático no son obviamente incompatibles, y hemos observado que los judíos lograron forjarse una posición política y cultural dominante en las sociedades socialistas al igual que en las sociedades más individualistas. Pero, por otra parte, la estructura altamente colectivista y autoritaria de las sociedades en cuestión produce una institucionalización muy eficaz del antisemitismo en un momento en que la preponderancia judía en estas sociedades, a pesar de una buena dosis de camuflaje ["cripsis"], llega a ser mal vista.

Además, la tendencia de estas sociedades a producir una monocultura política implica que el judaísmo sólo puede sobrevivir mediante un semicamuflaje. Como señala Horowitz:

> La vida judía se ve mermada cuando la oposición creativa de lo sagrado y lo profano, la iglesia y el estado, se ve doblegada a un sistema de valores políticos superior. Los judíos sufren, su número disminuye y la inmigración se convierte en el remedio para sobrevivir cuando el Estado exige la integración en un único molde nacional, en un universal religioso definido por una religión estatal o cuasi estatal.

En última instancia, el individualismo radical entre los gentiles y la fragmentación de su cultura ofrece al judaísmo, como estrategia evolutiva de grupo, un mejor entorno. De hecho, este es un camino ampliamente seguido por los intelectuales y profesionales políticos judíos de hoy en día.

A este respecto, es interesante observar que en Estados Unidos hoy en día, muchos intelectuales neoconservadores judíos rechazan las ideologías estatistas y corporativistas porque han reconocido que estas ideologías han fomentado el antisemitismo de Estado. De hecho, los inicios del neoconservadurismo se remontan a los años 30 y a los juicios de Moscú, donde muchos de los antiguos bolcheviques judíos, incluido Trotsky, fueron condenados por traición. Como resultado, los *Intelectuales de Nueva York* surgieron como un movimiento antiestalinista de izquierdas, parte del cual desembocó gradualmente en el neoconservadurismo (véase el capítulo 6).

El movimiento neoconservador era fervientemente anticomunista y se oponía a las cuotas étnicas y a las políticas de discriminación positiva en Estados Unidos, políticas que pretendían evitar la libre competencia entre judíos y gentiles. En parte, los intelectuales judíos se sintieron atraídos por el neoconservadurismo debido a su compatibilidad con el apoyo a Israel en un momento en que los países del Tercer Mundo, apoyados por la mayoría de los izquierdistas estadounidenses, eran muy antisionistas. Muchos intelectuales neoconservadores habían sido fervientes izquierdistas, y la ruptura entre antiguos aliados dio lugar a una intensísima guerra interna.

Del mismo modo, en España se desarrolló una tendencia libertaria e individualista entre los intelectuales judeoconversos como consecuencia del antisemitismo estatal del periodo de la Inquisición. Castro destaca los aspectos libertarios, anarquistas, individualistas y antiorganicistas del pensamiento de los judeoconversos, que atribuye a la opresión que sufrieron a manos de un Estado antilibertario y organicista. Estos intelectuales, oprimidos por las leyes de pureza de sangre y por la propia Inquisición, sostenían que "Dios no hacía diferencia entre un cristiano y otro" (Castro, *Los españoles: una introducción a su historia*, p. 333).

Cuando un experimento ideológico o político fracasa, se lanza uno nuevo. Desde la Ilustración, el judaísmo no ha sido un movimiento monolítico y unificado. El judaísmo es una serie de experimentos, y desde la Ilustración ha habido muchos. Ha habido muchas disputas entre los judíos sobre la mejor manera de servir a sus intereses, y ciertamente los intereses de los judíos radicales de izquierdas podían a veces entrar en conflicto con los de los judíos ricos (a menudo sus empleadores).

La naturaleza contractual de la asociación judía desde la Ilustración ha producido una cierta fragmentación del judaísmo, con judíos individuales que experimentan con su judaísmo de diferentes maneras. En este sentido, el radicalismo judío de izquierdas debe considerarse como una de las soluciones para desarrollar un judaísmo viable en el mundo contemporáneo, junto al sionismo, la neoortodoxia, el judaísmo conservador, el judaísmo reformista, el neoconservadurismo y el judaísmo como religión civil. En el próximo capítulo veremos que el psicoanálisis ha desempeñado el mismo tipo de papel para muchos intelectuales judíos.

Capítulo IV

La participación judía en el movimiento psicoanalítico

> La conocida caricatura del analista freudiano barbudo y monocorde que solicita a su paciente tumbado en un diván reminiscencias de las difíciles primeras cacas o de los deseos culpables dirigidos a sus padres se ha vuelto anacrónica, al igual que la práctica profesional de este arte esencialmente hueco y confabulador. ¿Cómo pudo una teoría tan elaborada llegar a ser tan ampliamente aceptada, en ausencia de un sistema de pruebas o de experimentos bien realizados y ante los repetidos fracasos de sus intervenciones terapéuticas en todas las principales categorías de enfermedades mentales (esquizofrenia, manía y depresión)? Esta es una cuestión que los sociólogos de la ciencia y la cultura aún no han abordado plenamente.
>
> Paul Churchland,
> *El motor de la razón, la sede del alma*

Parte 1

La tesis de este capítulo es que es imposible entender el psicoanálisis como "ciencia", o más precisamente como movimiento político, sin tener en cuenta el papel del judaísmo. Sigmund Freud es un ejemplo típico de judío en las humanidades cuyos escritos están influidos por su identidad judía y sus atribuciones negativas hacia la cultura gentil como fuente de antisemitismo.

Hasta hace poco, el estudio de la participación judía en el movimiento psicoanalítico se consideraba, "aunque tácitamente, como algo que cruzaba la línea" (Yerushalmi, *Freud's Moses: Judaism Terminable and Interminable*, p. 98). Así las cosas, la implicación judía en el psicoanálisis -esta "ciencia judía"- es algo que ha sido evidente para sus participantes y observadores por igual desde el principio.

La historia ha hecho del psicoanálisis una "ciencia judía". Fue atacado como tal. Fue destruida en Alemania, Italia, Austria y esparcida a los cuatro vientos, por esta misma razón. Incluso hoy en día, sigue siendo percibida de esta manera por sus enemigos y amigos por igual. Pero la vanguardia del movimiento en los últimos cincuenta años ha seguido siendo esencialmente judía, como en los primeros tiempos. (*ibidem* p. 98)

Los judíos no sólo formaban el núcleo de la dirección del movimiento y su vanguardia intelectual, sino también la mayoría de sus miembros. En 1906, los 17 miembros del movimiento eran judíos y se identificaban fuertemente como tales. En un estudio publicado en 1971, Henry, Sims y Spray llegaron a la conclusión de que el 62,1% de su muestra de psicoanalistas estadounidenses se consideraban culturalmente judíos, en comparación con el 16,7% de los analistas con inclinaciones protestantes y el 2,6% con inclinaciones católicas. El 18,6% restante no declaró ninguna inclinación de este tipo, un porcentaje muy superior al registrado en las demás profesiones psiquiátricas y que sugiere un porcentaje de psicoanalistas de origen judío superior al 62%.

Hemos visto que la crítica a la cultura gentil ha sido una característica común de la actividad intelectual judía desde la Ilustración. Las ideas de Freud se han descrito a menudo como subversivas. De hecho, "[Freud] estaba convencido de que este lado chocante y subversivo estaba en la naturaleza misma de la doctrina psicoanalítica. Al cruzar el océano hacia los Estados Unidos, no se vio como el portador de una nueva panacea. Dijo a sus compañeros de viaje, con su acostumbrado humor frío: 'Les traemos la peste'" (Mannoni, *Freud*, p. 168).

Peter Gay considera la obra freudiana en general como subversiva, y su ideología sexual en particular como "profundamente subversiva para la época". Describe el contenido de *Tótem y Tabú* como un análisis de la cultura a través de "conjeturas subversivas".

Aunque las implicaciones de las ideas de Darwin eran peligrosas e incómodas, no eran tan directamente abrasivas, tan irrespetuosas, como las ideas de Freud sobre la sexualidad infantil, la ubicuidad de las perversiones y la fuerza motriz de las pulsiones inconscientes (Gay, *A Godless Jew: Freud, Atheism, and the Making of Psychoanalysis*, p. 144)

En Alemania, los antisemitas opinaban que los judíos habían subvertido la cultura alemana antes de 1933, y el psicoanálisis no era la menor de sus preocupaciones. Gran parte de la hostilidad hacia ella provenía de la percepción de que suponía una amenaza para la ética sexual cristiana, por ejemplo, al aceptar la masturbación y el sexo prematrimonial. El psicoanálisis se convirtió en el objetivo de los gentiles que deploraban la subversión judía de la cultura, "la influencia decadente del judaísmo", por decirlo con las palabras de un autor citado por Klein (*Jewish Origins of the Psychoanalytic Movement*, p. 144). En 1928, Carl Christian Clemen, profesor de etnología de la Universidad de Bonn, reaccionó con dureza a *El porvenir de una ilusión*, en el que Freud analizaba la fe religiosa en términos de necesidades infantiles. Clemen arremetió contra la tendencia del psicoanálisis a ver el sexo en todas partes, tendencia que relacionó con la composición judía del movimiento:

> Esto puede explicarse por la naturaleza particular de los círculos de los que suelen proceder sus defensores, y quizá también de los pacientes que tratan. (*en* Gay, *Freud, Una vida para nuestro tiempo*, p. 537)

Los libros de Freud fueron quemados en la quema de libros de mayo de 1933 en Alemania. Cuando los nazis entraron en Viena en 1938, ordenaron la expulsión de Freud y suprimieron la *Internationaler Psychoanalytischer Verlag*.

En la década de 1920, Freud estuvo tan estrechamente relacionado con el movimiento por la libertad sexual y la reforma social en Estados Unidos que se convirtió en el objetivo de los conservadores sociales. Ya en 1956, un psiquiatra se quejaba en las columnas del *American Journal of Psychiatry*, diciendo:

> ¿Es posible que estemos desarrollando el equivalente a una iglesia laica, financiada por el contribuyente y dotada de apóstoles de la etapa genital que sirven, sin saberlo, un batiburrillo de existencialismo ateo, hedonismo y otros ingredientes filosófico-religiosos de dudosa procedencia?

Aunque rechazaba la religión, Freud tenía un fuerte apego a su identidad judía. En una carta de 1931 se describió a sí mismo como un "judío fanático" y escribió en otra parte que sentía "una atracción irresistible por el judaísmo y los judíos, por sus oscuros poderes emocionales que son tanto más poderosos cuanto menos se pueden expresar con palabras, por su aguda autoconciencia y por la existencia secreta de la misma conformación mental" (Gay, *Freud, Una vida para nuestro tiempo*, p. 601). Hacia 1930, Freud se convirtió en un compañero de viaje del sionismo. Su hijo Ernest también era sionista y ninguno de los hijos de Freud se convirtió al cristianismo ni se casó con gentiles.

En consonancia con las predicciones de la teoría de la identidad social, el fuerte sentimiento de identidad judía de Freud implicaba un cierto distanciamiento del gentilismo. Yerushalmi señala que: "Freud sentía una alienación de los no judíos que no puede reducirse a una reacción al antisemitismo. Aunque el antisemitismo puede haberlo reforzado o modificado periódicamente, este sentimiento parecía ser algo arcaico, heredado de su familia o de su entorno, que conservaría durante toda su vida. (*op. cit.* p. 39)

Freud hizo una vez esta reveladora observación:

A menudo he pensado que he heredado la obstinación y todas las pasiones de nuestros antepasados que defendían su templo, como si pudiera sacrificar mi vida con alegría por un gran momento. (Gay, *op. cit.* p. 604)

Así, su identidad como judío se asoció a una imagen de sí mismo como luchador altruista contra los enemigos del grupo, dispuesto a morir heroicamente en defensa de sus intereses colectivos -simétrica al gran final del *Anillo del Nibelungo de* Wagner que desempeñó un papel en la ideología nazi. Utilizando el lenguaje de la teoría de la identidad social, Freud tenía un sentido muy fuerte de la identidad de grupo y un sentido del deber al servicio de sus intereses colectivos.

Gay sostiene que Freud creía que su identidad judía provenía de su herencia filogenética. Como señala Yerushalmi, su psico-lamarckismo no fue "una cuestión de azar o de circunstancias". Freud comprendió la "dimensión subjetiva" del lamarckismo, es decir, la sensación de una fuerte conexión con el pasado judío tal como se formó en la cultura judía, junto con la sensación de que uno no puede escapar de su judaísmo y que "a menudo lo que uno siente más profunda y oscuramente es un hilo que vibra en la sangre" (*op. cit.* p. 31). En este pasaje de *Moisés y la religión monoteísta*, se presenta a los judíos como si se hubieran elevado a la categoría de pueblo intelectualmente superior:

> La preferencia dada por los judíos, durante unos dos mil años, a los esfuerzos espirituales tuvo, naturalmente, ciertos efectos: provocó una disminución de la brutalidad y la violencia que suelen encontrarse allí donde el desarrollo atlético se ha convertido en un ideal popular. A los judíos no se les permitía alcanzar la armonía entre las actividades espirituales y físicas que sí tenían los griegos. En este conflicto, al menos optaron por lo que era culturalmente más importante.

La certeza de Freud sobre la superioridad judía también se muestra en una entrevista de 1935 con Jospeh Wortis. En esta entrevista, Freud afirmó que, en su opinión, los gentiles eran propensos al "egoísmo despiadado", mientras que los judíos llevaban una vida familiar e intelectual superior. Cuando Wortis le preguntó si consideraba a los judíos un pueblo superior, Freud respondió:

> Cuando se ve que 10 de los 12 ganadores del Premio Nobel son judíos, y cuando se piensa en sus otros logros en las ciencias y las artes, hay muchas razones para creer que son realmente superiores. (*en* Cuddihy, *The Ordeal of Civility*, p. 36)

Freud también consideraba que estas diferencias eran inmutables. En una carta de 1933, en relación con el aumento del antisemitismo, escribió: "Mis conclusiones sobre la naturaleza humana, especialmente de la variedad ario-cristiana, tienen pocos motivos para cambiar" (*en* Yreushalmi, *op. cit.* p. 48). Por su parte, el carácter judío tampoco tenía por qué cambiar. En *El hombre Moisés y la religión monoteísta*, sobre el cuidado de la pureza racial que se desprende de los libros de Esdras y Nehemías, escribió

> Está históricamente demostrado que el tipo judío quedó definitivamente fijado tras la reforma de Esdras y Nehemías en el siglo V a.C.

"Freud estaba firmemente convencido de que, una vez establecido el carácter judío en la antigüedad, debía permanecer constante, inalterable en sus cualidades quintaesenciales e indelebles" (Yerushalmi, *op. cit.* p. 52).

La afirmación clara y radical de la superioridad judía en lo ético, lo espiritual y lo intelectual, tal como aparece en la última obra de Freud, *El hombre de Moisés*, no debe verse como una aberración en su pensamiento, sino como algo central en su actitud, menos visible en su obra escrita, y que se remonta a un período muy anterior. En *La separación y sus descontentos,* señalé que antes del ascenso del nazismo, un grupo importante de intelectuales judíos cultivaba un fuerte sentimiento de identidad judía y sentía su distancia racial respecto a los gentiles; sus escritos también indicaban un innegable sentido de superioridad racial judía. El movimiento psicoanalítico fue un importante representante de estas tendencias. Se caracterizaba por su idea de la superioridad intelectual judía, la conciencia racial, el orgullo nacional y la solidaridad judía. Freud y los suyos cultivaban una "insularidad racial" con sus colegas judíos y sentían una "distancia racial" con los demás (Klein, *op. cit.* p. 143). Freud comentó sobre Ernest Jones, uno de sus discípulos, que "la composición racial de nuestro grupo me resulta interesante. Él [Jones] es celta y por eso no está tan cerca de nosotros, el teutón [Jung] y el mediterráneo [él mismo judío]" (*en* Gay, *op. cit.* p. 186)

A Freud y a otros de los primeros psicoanalistas les gustaba distinguirse como judíos sobre la base de la raza y se referían a los no judíos como arios, en lugar de alemanes o cristianos (Klein, *op. cit.* p. 142). Freud escribió a C.-G. Jung que Ernest Jones le dio una "impresión de alteridad racial" (*ibid.* p. 142). Aunque se había casado con una mujer judía, Jones fue considerado durante los años 20 como el forastero no judío incluso por los demás miembros del comité secreto de leales a Freud.

"A los ojos de todos [los miembros del comité], Jones era un gentil... Los demás no perdían la oportunidad de señalar que no lo era. Su idea de penetrar en el círculo íntimo mediante la creación del comité era una ilusión, porque siempre seguiría siendo el hombrecillo sin interés que estrellaba su cara implorante en la ventana" (Grosskurth, *The Secret Wing: Freud's Inner Circle and the Politics of Psychoanalysis,* p. 137)

Freud tuvo tempranas sospechas sobre Jung, derivadas de "la preocupación por sus atávicos prejuicios cristianos e incluso antijudíos, y por su propia capacidad para comprender y aceptar el psicoanálisis en su totalidad" (Yerushalmi, *op. cit.* p. 42). Antes de su ruptura, Freud lo describió como una "personalidad fuerte, la de un teutón" (*en* Gay, *op.*

cit. p. 201). Una vez que Jung fue nombrado jefe de la Asociación Psicoanalítica Internacional, un colega de Freud expresó su preocupación porque "tomados como una raza", Jung y sus colegas eran "completamente diferentes de nosotros los vieneses" (*ibid.* p. 219). En 1908, Freud escribió una carta al psicoanalista Karl Abraham, describiéndolo como genial, mientras que Jung se caracteriza por su "élan", una caracterización que, según Yerushalmi, muestra una tendencia a categorizar a las personas según su afiliación de grupo (el judío intelectualmente brillante y el ario energético). Por lo tanto, Jung era inherentemente sospechoso debido a su extracción genética, Abraham no. Después de investigar discretamente si Abraham era realmente judío, Freud escribió que era más fácil para Abraham entender el psicoanálisis, porque tenía un parentesco racial [*rassenverwandschaft*] con Freud. (Yerushalmi, *op. cit.* p. 42)

El fuerte sentido de Freud de las diferencias entre el endogrupo judío y el exogrupo gentil también puede verse en la dinámica personal del movimiento psicoanalítico. Hemos visto que los judíos eran numéricamente dominantes en ella, especialmente en sus primeros días, cuando todos los miembros eran judíos. "El hecho de que todos fueran judíos no fue ciertamente accidental. También creo que, sin reconocerlo, Freud quería que fuera así" (*ibidem* p. 41). Como observamos en otras formas de judaísmo, había entre ellos una conciencia de formar parte de un endogrupo dentro de un medio específicamente judío.

Sean cuales sean las razones, históricas o sociológicas, los lazos del grupo les daban un cálido refugio del mundo exterior. En su trato con otros judíos, el lado informal y familiar les proporcionaba una seguridad de grupo, una sensación de 'nosotros', que se manifiesta en las antologías de historias divertidas que se contaban dentro del grupo" (Grollman, *Judaism in Sigmund Freud's World*, p. 41).

Freud era generalmente venerado por los judíos, lo que acentuaba aún más el carácter judío del medio psicoanalítico. Freud comentó en su correspondencia que "por todos lados y desde todas partes los judíos me toman con entusiasmo como su representante". "Se avergonzaba de que le trataran como si fuera un 'rabino jefe muy devoto' o un 'héroe nacional'", porque su obra se consideraba "auténticamente judía" (Klein, *op. cit.* p. 85).

Al igual que con otros movimientos y grupos políticos judíos analizados en los capítulos 2 y 3, Freud tuvo que luchar para colocar a un gentil, concretamente a Jung, a la cabeza del movimiento psicoanalítico. Esta decisión enfureció a sus colegas judíos de Viena, pero su objetivo era claramente reducir la visibilidad de la sobrerrepresentación judía en el movimiento en aquella época. Para convencer a sus colegas de lo acertado de esta elección, Freud explicó:

> "Sois mayoritariamente judíos y, por tanto, incapaces de ganar nuevos amigos para nuestra escuela. Los judíos deben contentarse con un modesto papel de pioneros y sembradores. Es de suma importancia que establezca vínculos con el mundo de la ciencia" (*en* Gay, *op. cit.* p. 218).

Como señala Yerushalmi:

> Para decirlo sin rodeos, Freud necesitaba un goy, pero no uno cualquiera, sino uno de verdadera talla e influencia.

Más tarde, cuando el movimiento se reconstituyó tras la Primera Guerra Mundial, otro gentil, el dócil adulador Ernest Jones, fue nombrado presidente de la Asociación Psicoanalítica Internacional.

Es interesante observar que, a pesar de las recientes publicaciones que reconocen unánimemente la intensidad de su identidad judía, Freud se cuidó mucho de ocultar su judaísmo a los demás, para que el movimiento psicoanalítico no fuera considerado un movimiento específicamente judío y se convirtiera en blanco del antisemitismo. Aunque su correspondencia está marcada por un fuerte sentido de la identidad judía, el tono de sus declaraciones públicas y de sus obras es reconocible la mayoría de las veces por su "reserva y distancia" (Yerushalmi, *op. cit.* p. 42), lo que indica un esfuerzo de engaño. Del mismo modo, trató de restar importancia en público al carácter judío de sus antecedentes familiares, su educación, su conocimiento del hebreo, el yiddish y las tradiciones religiosas.

El engaño también se manifiesta en el hecho de que Freud reconocía que el psicoanálisis debía poner en primer plano a los gentiles, porque era consciente de que subvertía su cultura. Después de publicar *El pequeño Hans* en 1908, le confió a Karl Abraham que el libro causaría un revuelo. "¡Los ideales germánicos están amenazados una vez más! Nuestros camaradas arios son absolutamente indispensables para nosotros, de lo contrario el psicoanálisis sucumbiría al antisemitismo." (*en* Yerushalmi, *op. cit.* p. 43)

Parte 2

La teoría de la identidad social destaca la importancia de las atribuciones positivas hacia el grupo interno y las atribuciones negativas hacia el grupo externo. En el caso de Freud, el fuerte apego a la identidad judía iba acompañado de un sentimiento de superioridad intelectual sobre los gentiles. En una de sus primeras cartas a su futura esposa escribió:

> En el futuro y durante el resto de mis prácticas en el hospital, creo que trataré de comportarme como los gentiles: modestamente, haciendo y aprendiendo las cosas ordinarias. No intentaré hacer descubrimientos ni indagar demasiado (*en* Yerushalmi, *op. cit.* p. 39).

En este pasaje, Freud utilizó la palabra *Goyim para referirse* a los gentiles, lo que dio lugar a la observación de Yerushalmi: "La mano es de Sigmund, pero la voz es de Jacob [el padre de Freud, un estricto religioso]. Es la voz de la separación y la ruptura.

Esta morgue judía hacia los gentiles no concierne sólo a Freud, sino a todo su movimiento. Ernest Jones se refirió a "la creencia judía, que a menudo imponen a los demás, en la superioridad de su poder intelectual" (*Free Associations: Memories of a Psycho-Analyst*, p. 211). Al igual que en los círculos intelectuales de la izquierda radical dominados por los judíos, "el sentimiento de superioridad judía alejó a muchos no judíos del movimiento y dio peso a las opiniones de aquellos que no pertenecían al movimiento y que cuestionaban las reivindicaciones humanitarias del psicoanálisis por considerarlas hipócritas" (Klein, *Jewish Origins of the Psychoanalytic Movement*, p. 143), una observación que pone de relieve la importancia de la perspectiva judía en el movimiento psicoanalítico. 143), una observación que pone de manifiesto la falsa conciencia de los psicoanalistas sobre sus motivos.

El alejamiento de Freud de los gentiles hizo que el judaísmo le pareciera favorable, a diferencia del gentilismo. Este último debía ser derrotado en nombre de los intereses superiores de la humanidad, que debía alcanzar un estadio moral superior en el que el antisemitismo dejara de existir. Freud estaba convencido de que "la moral judía es superior a todas las injusticias de una sociedad inhumana, intolerante e incluso antisemita" (Klein, *op. cit.*, p. 86). Freud "apoyó a la facción judía [B'bai B'rith] que instaba a los judíos a considerarse campeones de los ideales democráticos y fraternales de la humanidad" (*ibídem*). Anotó su esperanza mesiánica de una "integración de judíos y antisemitas en el campo [del psicoanálisis]" (*en* Gay, *Freud: Una vida para nuestro tiempo*, p. 231), una clara indicación de que el fundador del psicoanálisis lo veía como un medio para suprimir el antisemitismo.

Freud estaba tan orgulloso de sus enemigos -la Iglesia católica romana perseguidora, la burguesía hipócrita, las autoridades obtusas de la psiquiatría, los estadounidenses materialistas- que los imaginaba como poderosos espectros, mucho más malvados y mucho menos divididos de lo que eran en realidad. Se comparó con Aníbal, con Asuero, con José, con Moisés, con todas esas figuras con misiones históricas, adversarios poderosos y destinos difíciles. (Gay, *op. cit.* p. 604)

Esta observación ilustra de forma excelente las consecuencias de un fuerte apego a la identidad social: el fuerte sentimiento de esta identidad judía conduce a un pensamiento estereotipado sobre el exogrupo gentil. Su sociedad en general y, en particular, sus instituciones más características se consideraban malvadas. Estas instituciones no sólo fueron vistas como malas, sino que entró en juego el efecto de acentuación, de manera que todo el exogrupo fue visto como un bloque, y estas instituciones fueron vistas como mucho menos divididas de lo que eran.

Según Sulloway, su autoimagen de héroe viene de su infancia y le fue inculcada por su familia. Todos los héroes de la infancia de Freud estaban relacionados con el judaísmo, lo que atestigua su intensa identificación judía y su vocación de héroe judío: Aníbal, el combatiente antirromano semita; Cromwell, que permitió la entrada de los judíos en Inglaterra; y Napoleón, que les concedió derechos civiles. Se había definido desde el principio como un "conquistador", no como un hombre de ciencia.

Este tipo de pensamiento mesiánico era común en la Viena *del fin de siglo* entre los intelectuales judíos que trataban de lograr "un mundo supra-nacional y supra-étnico" (Klein, *op. cit.* p. 29). Este aspecto se aplica igualmente a la participación judía en los movimientos de la izquierda radical, como hemos visto en el capítulo anterior. Estos intelectuales "concibieron su humanitarismo sobre la base de su propia identidad judía renovada [...] Tenían en común la idea de que los judíos eran responsables del destino de la humanidad en el siglo XX". (*ibidem*, p. 30)

Muchos en los primeros tiempos del movimiento veían el psicoanálisis como un movimiento mesiánico y redentor que aboliría el antisemitismo liberando al mundo de las neurosis engendradas por la represión sexual de la civilización occidental. Klein muestra que algunos de los colaboradores más cercanos de Freud tenían una noción muy elaborada de la misión judía del psicoanálisis para el gentilismo, que podría identificarse fácilmente como la versión moderna del antiguo tema religioso de la "luz de las naciones", que era muy frecuente entre los apologistas del judaísmo reformista en la época de Freud.

Para Otto Rank, por ejemplo, que entabló una relación casi de hermandad con Freud, los judíos estaban especialmente capacitados para curar las neurosis y ser los sanadores de la humanidad. Siguiendo una perspectiva cercana a la de Freud en *Tótem y Tabú* y *Malestar en la Civilización*, Rank argumentó que, a diferencia de otras culturas humanas que habían reprimido su sexualidad primitiva al llegar la civilización, "los judíos poseían poderes creativos especiales, ya que habían sido capaces de mantener una relación directa con la 'naturaleza', con la sexualidad primitiva" (*ibid.* p. 129). Según esta interpretación, el antisemitismo tiene su origen en la negación de la sexualidad y la misión judía del psicoanálisis es abolir el antisemitismo liberando a la humanidad de su represión sexual. Los *Tres ensayos de teoría sexual* de Freud, que explican la agresión por la frustración de las pulsiones, serían la base teórica.

Klein muestra que esta noción del psicoanálisis como "luz de las naciones" redentora era compartida por otros colaboradores cercanos del Dr. Freud. Por ejemplo, Fritz Wittels defendió la idea de la libertad absoluta de expresión sexual:

Algunos piensan que el psicoanálisis va a cambiar la faz del mundo (...) y [traerá] una edad de oro en la que no habrá lugar para las neurosis. Teníamos la impresión de ser grandes hombres (...) Algunos hombres tienen una misión en la vida. (*ibid.* p. 142)

Los judíos fueron definidos como aquellos que tenían la tarea de guiar a los gentiles por el camino de la verdad y la nobleza de corazón. "La propensión a situar a los judíos y a los no judíos en polos opuestos dio a los propios objetivos redentores un carácter hostil" (*ibid.* p. 142). La cultura de los gentiles era lo que el judío redentor e intelectualmente superior tenía que conquistar con gran esfuerzo: "El espíritu de los judíos conquistará el mundo" (Wittels, *en* Klein, *op. cit.* p. 142). Como corolario de su creencia en la misión del psicoanálisis, Wittels tenía un sentido muy positivo de la identidad judía; definía a los judíos conversos como "que sufren la enfermedad psicológica de la hipocresía" (*ibíd.* p. 139).

Por lo tanto, para curar la agresividad característica del antisemitismo, era necesario liberar a los gentiles de sus represiones sexuales. Aunque Freud acabó desarrollando la idea del instinto de muerte para explicar la agresividad, la idea de la liberación sexual como cura de la agresividad y como puerta a una era de amor universal fue el tema dominante de la crítica freudiana a la cultura occidental, por ejemplo en Norman O. Brown, Herbert Marcuse y Wilhelm Reich. Brown, Herbert Marcuse y Wilhelm Reich.

Por eso es interesante observar que cuando Jung y Alfred Adler fueron expulsados del movimiento por herejía, el *casus belli* parece haber sido su rechazo al complejo de ideas formado por la etiología sexual de la neurosis, el complejo de Edipo y la sexualidad infantil. En aquella época, la represión sexual era un hecho masivo e innegable. En estas condiciones, la teoría freudiana puede considerarse una invención cuya utilidad militante contra la cultura occidental parecía evidente, ya que era probable que la relajación de las tensiones sexuales pudiera producir importantes cambios de comportamiento, que podrían tener efectos psicoterapéuticos. Además, la idea del complejo de Edipo no era separable de la teoría de la represión sexual en *Tótem y Tabú*, que Peter Gay califica como "una de las conjeturas más subversivas" y que examinaremos a continuación.

Su creencia en la virtud curativa de la libertad sexual coincidía con el proyecto político de izquierdas adoptado por la gran mayoría de los intelectuales judíos de la época, que es el objeto de nuestras consideraciones a lo largo de este libro. Este proyecto político de izquierdas es un tema recurrente a lo largo de la historia del psicoanálisis. El apoyo a los ideales radicales y marxistas fue común entre los primeros seguidores de Freud, y las actitudes izquierdistas fueron comunes en períodos posteriores entre los psicoanalistas, así como en otras ramas de inspiración freudiana como las de Erich Fromm, Wilhelm Reich y Alfred Adler. (Kurzweil, que califica a Adler de líder del psicoanálisis de "extrema izquierda", señala que exigió una inmediata politización de izquierda de los profesores, sin esperar a que el psicoanálisis la completara).

La culminación de la asociación entre el psicoanálisis y el marxismo se alcanzó en la década de 1920 en la Unión Soviética, donde todos los principales psicoanalistas eran partidarios bolcheviques de Trotsky y se encontraban entre las figuras políticas más poderosas del país. (El propio Trotsky era un firme partidario del psicoanálisis).) Este grupo creó, con el apoyo del gobierno, un Instituto Estatal de Psicoanálisis, que lanzó un programa de "ciencia de la infancia" [llamado "pedología" por los soviéticos] diseñado para producir el "nuevo hombre soviético" sobre la base de los principios psicoanalíticos aplicados a la crianza de los niños. Este programa, que fomentaba la sexualidad precoz en los niños, se aplicaba en las escuelas que eran propiedad del Estado.

Hay indicios de que Freud se veía a sí mismo como un general en la guerra contra la gentilidad. Hemos visto que Freud era muy hostil a la cultura occidental, especialmente a la Iglesia católica y a su aliada, la monarquía austro-húngara. En un notable pasaje de la *Interpretación de los Sueños*, preguntándose por qué no pudo pisar Roma, Freud supone que siguió los pasos de Aníbal, el comandante en jefe semita de los cartagineses en guerra con Roma durante las guerras púnicas:

> Aníbal (…) había sido el héroe favorito de mis años de instituto (…) En los cursos superiores, cuando me di cuenta de las consecuencias que tendría para mí ser extranjero (…) me hice una idea aún más elevada de este gran guerrero semítico. Aníbal y Roma simbolizaban para mis ojos adolescentes la tenacidad judía y la organización católica. (*IdR*, trans. Meyerson, cap. 5)

Este extracto deja claro que Freud se identifica como miembro de una "raza extranjera" en guerra con Roma y su vástago, la Iglesia Católica, la institución central de la cultura occidental. Los estados gay: "Símbolo cargado y ambiguo, Roma fue para Freud el objeto oculto de su deseo erótico y el objeto algo menos oculto de su deseo agresivo. Roma era "una recompensa suprema y una amenaza incomprensible" (*op. cit.* p. 132). El propio Freud definió sus fantasías sobre Aníbal como una de las "fuerzas motrices de [su] vida mental" (*en* McGrath, *Freud as Hannibal: The Politics of the Brother Band*, p. 35).

Hay una fuerte conexión entre el antisemitismo y la hostilidad de Freud hacia Roma. La identificación consciente de Freud con Annibal se produjo a raíz de un incidente antisemita en el que su padre se comportó de forma pasiva. La respuesta de Freud a este incidente fue imaginar "la escena en la que Hamilcar hace jurar a su hijo en su altar doméstico que se vengará de los romanos". Desde entonces, Annibal ocupó un gran lugar en mis fantasías" (Freud, *La interpretación de los sueños*, cap. 5). "Roma era el centro de la civilización cristiana. Derrotar a Roma significaba ciertamente vengar a su padre y a su pueblo" (Rothman & Isenberg, *Sigmund Freud and the Politics of Marginality*, p. 62). Por su parte, J. M. Cuddihy hace la misma observación:

> Al igual que Aníbal, hijo de Hamilcar, se proponía vengarse de Roma. Controlaría su ira, como había hecho su padre, pero la utilizaría para buscar la rabia asesina y los apetitos pecaminosos que se escondían bajo la buena apariencia de la diáspora. (*La prueba de la urbanidad*, p. 54)

Rothman e Isenberg demuestran de forma convincente que Freud veía *la Interpretación de los Sueños* como una victoria contra la Iglesia Católica y *Tótem y Tabú* como una interpretación exitosa de la religión cristiana en términos de mecanismos de defensa y pulsiones primitivas. Con respecto a esta última obra, Freud había dicho a un colega que serviría para "trazar una línea entre nosotros y cualquier tipo de religiosidad aria" (Rothman & Isenberg, *loc. cit.* p. 63, véase también Gay, *Freud: A Life for Our Time*, p. 326). Esta observación indica que Freud ocultó deliberadamente su motivación subversiva: un aspecto central de la teoría freudiana de los sueños es que la rebelión contra una autoridad poderosa debe implicar a menudo el engaño: "Según la fuerza (...) de esta censura, tendrá (...) que contentarse con insinuaciones (...) o bien ocultar las revelaciones subversivas bajo un disfraz inocente" (Freud, *La interpretación de los sueños*, cap. 4).

El desconcertante argumento de su libro de 1939, *El hombre Moisés y la religión monoteísta, pretende claramente* mostrar la superioridad moral del judaísmo sobre el cristianismo. "¡La Iglesia católica, que hasta ahora ha sido la enemiga implacable de toda libertad de pensamiento y que se ha opuesto resueltamente a cualquier posibilidad de que este mundo se mueva en la dirección del reconocimiento de la verdad! (III, Prólogo)

En él, Freud reitera su creencia de que la religión no es más que un síntoma neurótico, una opinión que sostuvo por primera vez en *Tótem y Tabú* en 1912.

Todas las religiones pueden ser síntomas de neurosis, pero el Dr. Freud creía firmemente que el judaísmo era una forma moral e intelectualmente superior de la misma: según él, la religión judía "formó el carácter [de los judíos] induciéndolo a rechazar la magia y el misticismo y a progresar en la espiritualidad y la sublimación". Diremos cómo este pueblo, feliz en la idea de que poseía la verdad, plenamente consciente de la felicidad de ser elegido, llegó a poner muy alto los valores intelectuales y éticos" (*El hombre Moisés*, III, 4).

En cambio, "la religión cristiana no podía sostenerse en las alturas etéreas de la espiritualidad que la religión judía había alcanzado" (*ibid*). Freud explica que en el judaísmo, el recuerdo reprimido del asesinato del padre mosaico elevó el judaísmo a un nivel ético muy alto, mientras que en el cristianismo, el recuerdo no reprimido del asesinato de una figura paterna condujo a una regresión al paganismo egipcio. De hecho, la formulación freudiana del judaísmo puede calificarse de reaccionaria, ya que conserva la idea tradicional de los judíos como pueblo elegido.

La interpretación freudiana del judaísmo puede leerse como una forma de reinterpretarlo de forma "científica", creando una especie de teología judía secularizada y "científica". La única diferencia significativa respecto a las narraciones tradicionales es la sustitución de Dios por Moisés como figura central de la historia judía. A este respecto, no deja de ser interesante observar que Freud se identificó con Moisés desde una edad temprana, lo que indica que a través de esta identificación se vio a sí mismo como un líder que guiaría a su pueblo a través de las vicisitudes. Dada su fuerte identificación con Moisés, este pasaje de *El hombre Moisés*, que se refiere claramente a los antiguos profetas que siguieron a Moisés, podría aplicarse al propio Dr. Freud:

> El germen del monoteísmo no surgió en Egipto, pero lo mismo pudo ocurrir en Israel después de que el pueblo se deshiciera del yugo de una religión inoportuna y tiránica. Pero en el seno del pueblo judío siempre surgieron hombres que revivieron la debilitada tradición y renovaron las admoniciones y convocatorias de Moisés, sin dejar nunca de recuperar las creencias perdidas. (*ibíd.* II, 3)

El hombre Moisés y la religión monoteísta vincula el monoteísmo a la superioridad de la moral judía, pero en ningún momento Freud explica cómo una ideología del monoteísmo podría producir una elevación de las virtudes morales. Como se analiza en *Un pueblo que habitará solo* (en el capítulo tres), el monoteísmo judío está estrechamente vinculado al etnocentrismo y al miedo a la exogamia. Como señalamos en el sexto capítulo del mismo libro, la moral judía es fundamentalmente tribalista y establece diferencias muy claras según el individuo con el que se trate sea judío o no.

Como he señalado, el antisemitismo percibido debe haber exacerbado esta tendencia a someter la cultura gentil a una crítica radical. Hay muy buenas pruebas de la preocupación de Freud por el antisemitismo, que quizás se remonta al incidente antisemita con su padre. Como sugiere la teoría de la identidad social, la identidad judía de Freud fue más pronunciada "cuando los tiempos eran más difíciles para los judíos", escribe P. Gay (*A Godless Jew: Freud, Atheism and the Making of Psychoanalysis*, p. 138).

La teoría del antisemitismo propuesta en *El hombre de Moisés* contiene varios pasajes en los que se afirma que el antisemitismo es básicamente una reacción gentil patológica a la superioridad moral judía. Freud descarta varias causas superficiales del antisemitismo, aunque da crédito a la opinión de que el antisemitismo está causado por la desconfianza de los judíos ante la opresión (una causa que expone el judaísmo bajo una luz favorable).

Pero *El hombre de Moisés* busca las causas más profundas del antisemitismo, situadas en el inconsciente.

Me atrevo a decir que aún no se han extinguido los celos provocados por un pueblo que pretendía ser el primogénito y favorito de Dios Padre, como si los propios pueblos dieran crédito a tal pretensión (III, 4).

Además, se supone que la ceremonia de la circuncisión recuerda a los gentiles "la amenaza de una temida castración, evocando así una parte de ese pasado primitivo que a menudo se olvida" (*ibidem*). Por último, se dice que el antisemitismo proviene del hecho de que muchos cristianos se han convertido en cristianos en los últimos tiempos, tras las conversiones forzadas de religiones populares politeístas incluso más bárbaras que el cristianismo. Estos bárbaros, debido a la violencia de estas conversiones forzadas y "al no poder superar su aversión a la nueva religión que se les había impuesto, proyectaron esta animosidad hacia la fuente de la que les había llegado el cristianismo [es decir, de los judíos]" (*ibidem*).

Es difícil imaginar una teoría del antisemitismo más complaciente y descabellada. La comunidad académica tiende a considerar *El hombre de Moisés* como "imprudentemente fantasioso" (McGrath, *loc. cit.*), lo que ciertamente no es el caso de las otras obras de Freud. A este respecto, cabe señalar que las otras obras de Freud, muy influyentes (e igualmente hipotéticas), *Tótem y tabú* y *Malestar en la civilización,* proponen la idea de que la represión sexual, tan frecuente en la cultura occidental en la época de Freud, es la fuente del arte, del amor y, de hecho, de la civilización en su conjunto. Sin embargo, la neurosis y la infelicidad son el precio a pagar por ellas, ya que la neurosis y la infelicidad son los productos inevitables de la represión de los impulsos sexuales.

Como escribió Herbert Marcuse sobre este aspecto del pensamiento freudiano

> La noción de que una civilización no represiva es imposible es la piedra angular de la teoría freudiana. Sin embargo, esta teoría contiene elementos que niegan esta racionalización. Destrozan la tradición dominante del pensamiento occidental e incluso sugieren su derrocamiento. Su obra se caracteriza por una insistencia inflexible en demostrar el contenido represivo de los más altos valores y logros de la cultura. (*Eros y civilización: una investigación filosófica sobre Freud*, p. 17)

La cultura occidental ha sido puesta en el diván y el papel del psicoanalista es ayudar al paciente a adaptarse a una sociedad que promueve la enfermedad mental:

> Aunque la teoría psicoanalítica reconoce que la enfermedad del individuo está causada y sostenida en última instancia por la enfermedad de su civilización, la terapia psicoanalítica tiene como objetivo curar al individuo para que pueda seguir funcionando en su lugar en una civilización enferma sin capitular ante ella. (*ibidem*, p. 245)

Al igual que algunos de sus allegados, Freud se veía a sí mismo como un reformista sexual que luchaba contra la práctica cultural occidental de la represión sexual. Freud escribió en 1915: "La moral sexual tal como la define la sociedad americana, en su forma extrema, me parece despreciable. Abogo por una vida sexual incomparablemente más libre" (*en* Gay, *op. cit.* p. 143). Como señala Gay, se trataba de una ideología "profundamente subversiva para su época".

Parte 3

El estatus científico del psicoanálisis

> Natán de Gaza fue un formidable ejemplo del arquetipo de judío imaginativo y peligroso, que llegaría a la fama mundial en la época de la secularización del intelecto judío. Fue capaz de construir un sistema de explicaciones y predicciones de los fenómenos que era muy plausible y, al mismo tiempo, lo suficientemente impreciso y flexible como para dar cabida a los nuevos y a menudo incómodos acontecimientos que se producían. Y tenía el don de presentar su proteica teoría (...) con extraordinario aplomo y persuasión. Marx y Freud explotarían el mismo tipo de talento.
>
> P. Johnson, *A History of the Jews*, pp. 267-268

Hace tiempo que se han formulado las fundadas objeciones de que el psicoanálisis es una pseudociencia. Incluso dejando a un lado las objeciones de gran alcance hechas por algunos investigadores de la psicología de orientación experimental, ha habido toda una serie de análisis muy críticos del psicoanálisis desde la década de 1970 por parte de distinguidos académicos como Henri Ellenberger, Frank Solloway, Adolph Grünbaum, Frank Cioffi, Eysenck, Malcolm Macmillan, E. Fuller Torrey y, por nombrar al más conocido, Frederick Crews. Estos dos extractos resumen esta tradición académica:

¿Debemos concluir que el psicoanálisis es científico? Según mi diagnóstico, la teoría de Freud, en cualquier etapa de su evolución, no ha producido nada de lo que se puedan extraer explicaciones adecuadas. Desde el principio, la mayor parte de las afirmaciones que se disfrazaron de teoría eran en realidad descripciones, y malas descripciones (...) Cada una de las tesis clave en el desarrollo posterior de su teoría se limitó a afirmar lo que debería haberse explicado (...)

Ninguno de sus epígonos, incluidos sus críticos revisionistas que fueron ellos mismos psicoanalistas, profundizó en las afirmaciones de Freud que son la base de su práctica, especialmente en lo que respecta al "método fundamental": las asociaciones libres. Entre ellos, nadie ha cuestionado si estas afirmaciones se mantienen en situaciones terapéuticas, nadie ha intentado siquiera salir del círculo (Macmillan, *Freud Evaluated: The Completed Arc*, pp. 610-612)

Lo que pasa por una demolición de Freud hoy en día es simplemente el examen de las ideas de Freud a la luz de los criterios comunes del discurso empírico en general: que sea no contradictorio, claro, experimentable, probatorio y parsimoniosamente explicativo. Poco a poco, descubrimos que Freud fue la figura más sobrevalorada de la historia de la ciencia y la medicina, y que causó un inmenso daño al propagar falsas etiologías, diagnósticos erróneos e hipótesis infructuosas. Sin embargo, la leyenda es dura con el mal y los que la desafían son tratados como perros rabiosos. (Crews et al, *The Memory Wars: Freud's Legacy in Dispute*, pp. 298-299)

Incluso los que están dentro del campo psicoanalítico han comentado a menudo la falta de rigor científico de los primeros psicoanalistas, y hay que decir que la cuestión de la falta de rigor científico todavía les atormenta. P. Gay, que sin embargo considera que el psicoanálisis es una ciencia, dice que los psicoanalistas de la primera generación "interpretaban, intrépidamente, los sueños de sus colegas, y se topaban, mordazmente, con sus *deslices de* lengua o de pluma". En sus diagnósticos utilizaban libremente, con demasiada libertad, términos como "paranoico" u "homosexual" para caracterizar a sus asociados o a ellos mismos. Practicaban dentro de su círculo el mismo tipo de análisis salvaje que criticaban en otros por carecer de tacto, cientificidad y fecundidad."

P. Gay considera que "*Malestar en la civilización* es una de las obras [de Freud] más influyentes". Sin embargo, hoy en día parece que la teoría desarrollada por Freud en esta obra, anteriormente en *Tótem y Tabú, se basa* en una serie de concepciones extremadamente ingenuas y precientíficas del comportamiento sexual y su relación con la cultura. Cabe señalar que, al establecer sus tesis, Freud tuvo que rechazar sumariamente la teoría del incesto de Edward Westermarck, que ahora constituye la base de las modernas teorías científicas sobre el tema.

Sin embargo, nada impidió que el Dr. Freud, procediendo a saltos especulativos, diagnosticara que la cultura occidental era fundamentalmente neurótica, mientras que el judaísmo, a juzgar por *Moisés y la religión monoteísta*, encarnaba el pináculo de la cordura y la superioridad moral e intelectual. Parece que Freud era muy consciente de que las muy subversivas conjeturas de *Tótem y Tabú se basaban* totalmente en la especulación. Cuando un antropólogo británico calificó el libro de "inventado", Freud se mostró "divertido" y respondió escuetamente que al crítico "le faltaba imaginación" (Gay, *op. cit.*, p. 327), una clara concesión a la naturaleza fantasiosa de su libro.

Freud afirmó: "Con este tipo de material sería insensato esforzarse por la exactitud, e irrazonable exigir certeza" (*ibid.* p. 330). En el mismo sentido, Freud había descrito *Malestar en la civilización* como "una obra diletante en cuanto a sus fundamentos", sobre la que "descansa una fina capa de investigación analítica" (*ibid.* p. 543).

En cuanto a la idea lamarckiana -planteada por Freud en las obras que estamos examinando- de una herencia de la culpa, Peter Gay escribe que es "pura extravagancia, apilada sobre la extravagancia anterior de que el asesinato primitivo fue un hecho histórico real". Esta valoración se queda muy corta ante la intensidad del rechazo al espíritu científico que se desprende de estos textos. Era algo más que una extravagancia. Freud aceptó una teoría genética, la de la herencia de los rasgos adquiridos, que fue completamente rechazada por la comunidad científica, al menos en la época en que *Malestar en la Civilización* volvió a poner de manifiesto esta doctrina. Era una teoría sacada deliberadamente de su sombrero, pero no sin segundas intenciones. En lugar de ofrecer especulaciones que reafirmaran los fundamentos morales e intelectuales de la cultura de su tiempo, sus especulaciones estaban al servicio de su guerra contra la gentilidad, hasta el punto de considerar *Tótem y Tabú* como una victoria sobre Roma y la Iglesia católica.

Del mismo modo, *El futuro de una ilusión* era un ataque en toda regla a la religión en nombre de la ciencia. El propio Dr. Freud había reconocido que el contenido científico de esta obra era débil: "El contenido analítico de esta obra es muy escaso" (*ibid.* p. 524). Gay considera que en este trabajo Freud "no está a la altura de sus propios estándares", que, como hemos visto, apenas prohíben la especulación al servicio de segundas intenciones políticas. En esta obra, Freud vuelve a practicar la especulación al servicio de la subversión de las instituciones de la gentilidad. Esta actitud era típica de él. Crews señala que Freud afirmaba que Dostoyevski no era epiléptico, sino histérico, y que sufría al presenciar una escena primitiva "mientras sentía el típico deseo culpable de ser tentado y mientras actuaba como si el problema se hubiera resuelto, de forma igualmente típica." En realidad, Dostoyevski era epiléptico.

A su vez, el complejo de Edipo, la sexualidad infantil y la etiología sexual de las neurosis -en otras palabras, las tres doctrinas principales que subyacen a la crítica radical freudiana de la gentilidad- no desempeñan actualmente ningún papel en la psicología del desarrollo infantil. Desde un punto de vista evolutivo, la idea de que exista una atracción sexual específica del niño hacia su progenitor del sexo opuesto es muy improbable, ya que una relación incestuosa de este tipo provocaría una depresión por endogamia y aumentaría la exposición a enfermedades causadas por genes recesivos. La idea de que los chicos quieran matar a sus padres entra en conflicto con la importancia que la teoría familiar evolutiva atribuye al padre como proveedor de recursos. Los chicos que mataban a sus padres y se acostaban con sus madres habrían quedado con una descendencia genéticamente inferior y sin apoyo ni protección paterna. Los estudios más modernos sobre el tema del desarrollo infantil muestran que muchos padres e hijos tienen una relación muy estrecha y de afecto mutuo que se remonta a la primera infancia, y que el patrón normal de las relaciones madre-hijo es de gran intimidad y afecto, pero sin ningún aspecto sexual.

El hecho de que estos conceptos nunca hayan dejado de vivir en los círculos psicoanalíticos es un testimonio de la naturaleza no científica de toda la empresa. A este respecto, Kurzweil señala lo siguiente:

Al principio, los freudianos trataron de "demostrar" la universalidad del complejo de Edipo; luego llegaron a darlo por sentado. Finalmente, dejaron de referirse a las causas de la universalidad de la sexualidad infantil y dejaron de hablar de sus consecuencias en sus monografías: simplemente lo aceptaron. (Los freudianos: una perspectiva comparada, p. 89)

Lo que había comenzado como una especulación a la espera de corroboración empírica terminó su trayectoria como un dogma fundamental *a priori*.

La investigación científica inspirada en estos principios freudianos fundamentales se detuvo hace mucho tiempo y, en cierto sentido, nunca comenzó. Básicamente, el psicoanálisis nunca inspiró ninguna investigación significativa sobre los tres constructos freudianos en cuestión. Es interesante señalar que Freud había presentado de forma fraudulenta los datos que sustentaban estos conceptos. Esterson ha establecido convincentemente que los pacientes del Dr. Freud no le confiaron ninguna información sobre la seducción infantil o las escenas primitivas. Los relatos de seducción infantil que constituyen la base empírica del complejo de Edipo fueron reconstrucciones de Freud.

Cuando informaba a sus pacientes de sus construcciones, interpretaba la angustia que le mostraban como una prueba de la corrección de su teoría. Posteriormente, Freud practicó el engaño para ocultar que los relatos de sus pacientes eran reconstrucciones e interpretaciones basadas en una teoría *a priori*. Freud también cambió retroactivamente la identidad de los seductores imaginarios, que inicialmente eran adultos ajenos a la familia (por ejemplo, sirvientes), para que las historias se ajustaran al complejo de Edipo, que requiere padres. Esterson menciona un gran número de otros ejemplos de engaño (y autoengaño) y señala que todos ellos fueron escritos en el estilo brillante y altamente persuasivo característico de la prosa del Dr. Freud.

Junto a Esterson, Lakoff y Coyne demostraron que el famoso análisis del caso de la adolescente Dora (cuyo rechazo a las insinuaciones pedófilas de un hombre casado se atribuyó a la histeria y a la represión sexual) no se basaba más que en ideas artificiosas y en un razonamiento circular por el que las reacciones emocionales negativas de Dora a las hipótesis psicoanalíticas se convertían en la prueba de la hipótesis en cuestión. En una etapa anterior de su desarrollo teórico, el Dr. Freud había practicado el mismo tipo de fabricación engañosa al creer que las seducciones habían tenido lugar realmente. Con esta metodología, se puede obtener cualquier resultado deseado.

Una tendencia particularmente atroz es la de interpretar la angustia y la resistencia del paciente como una marca de la verdad de las afirmaciones psicoanalíticas. Por supuesto, los pacientes no eran los únicos que se resistían al psicoanálisis, pero todas las demás formas de resistencia eran igualmente marcas de la verdad del psicoanálisis. El propio Freud escribió:

> "Me encuentro con tal hostilidad y experimento tal aislamiento que debo asumir que he descubierto grandes verdades" (*en* Bonaparte, Freud y Kris, *Los orígenes del psicoanálisis: cartas, borradores y notas a Wilhelm Fleiss, 1887-1902*, p. 163).

Como veremos, la resistencia a la "verdad" psicoanalítica por parte de los pacientes, de los psicoanalistas desviados e incluso de civilizaciones enteras se consideraba un signo seguro de la verdad del psicoanálisis y de la patología de quienes se resistían a él.

En virtud del giro interpretativo y reconstructivo de estas elaboraciones teóricas, la autoridad del psicoanalista se convirtió en el único criterio de verdad para las afirmaciones psicoanalíticas, situación que naturalmente condujo al resultado esperado de que el movimiento, para tener éxito, debía ser fuertemente autoritario. Como veremos, el movimiento fue autoritario desde el principio y lo ha seguido siendo a lo largo de su historia.

Cabe señalar que la base interpretativa y hermenéutica de la elaboración teórica en el psicoanálisis es formalmente idéntica a los procedimientos del comentario talmúdico y midráshico de las escrituras. Los psicoanalistas siempre han tendido a asumir que la mera concordancia con los hechos observacionales es el criterio suficiente para una explicación causal y científicamente aceptable. Los psicoanalistas residen en una especie de guardería de la ciencia, donde nadie divulga el secreto de los grandes, a saber, que una explicación causal exitosa debe ser *diferencial* y establecer la *superioridad de* una hipótesis sobre todas sus competidoras." (Crews, *The unknown Freud: An exchange*, p. 40)

Como veremos en el capítulo 6, la producción de teorías

consensuadas que se corresponden con la realidad observable pero que no tienen contenido científico es un rasgo característico de los movimientos intelectuales judíos del siglo XX.

Un teórico que afirmara que los niños normalmente se sienten atraídos sexualmente por su progenitor del sexo opuesto sería desterrado del mundo científico contemporáneo si basara su suposición de que los niños buscan ese contacto en la psicología. Un error condenatorio persiste en toda la obra de Freud: la absorción del amor en el deseo sexual.

Desde sus inicios, el psicoanálisis ha considerado que estos impulsos amorosos se describen mejor como impulsos sexuales (*en* Wittels, *Sigmund Freud: His Personality, His Teachings & His School*, p. 141)

Esta observación sugiere que esta asimilación fue deliberada y también pone de manifiesto la ligereza con la que los psicoanalistas trataban sus hipótesis. Freud veía todos los tipos de placer como manifestaciones fundamentalmente diferentes de un placer sexual único, subyacente, unitario, pero infinitamente transformable, que explicaba tanto la gratificación oral del amamantamiento infantil, como la gratificación anal de la defecación, o la gratificación sexual, y finalmente el amor. Los investigadores contemporáneos suelen argumentar que los vínculos afectivos entre padres e hijos son importantes desde el punto de vista del desarrollo infantil y que los niños buscan este afecto. Dicho esto, las teorías actuales y los datos disponibles, así como la visión evolutiva, por supuesto, no aportan absolutamente ninguna prueba que identifique los vínculos afectivos con el deseo sexual o que sugiera la posibilidad de un deseo sexual desplazado o sublimado. En cambio, los contemporáneos apoyan la idea de sistemas mucho menos continuos, en los que el deseo sexual y el afecto (así como otras fuentes de placer) serían sistemas relativamente separados e independientes. Desde una perspectiva evolutiva, las relaciones afectivas fuertes (amor) entre marido y mujer y entre padres e hijos funcionan como una fuente de cohesión social cuyo fin último es proporcionar un alto nivel de apoyo al niño.

La absorción del amor en el deseo sexual es evidente en varios de los sucesores de Freud, como Norman O. Brown, Wilhelm Reich y Herbert Marcuse, cuyos casos se tratarán más adelante. La línea general de sus escritos puede resumirse así: si la sociedad pudiera librarse de sus represiones sexuales, las relaciones humanas podrían basarse en el amor y el afecto. Esta visión es ingenua y socialmente destructiva en extremo, dado el estado actual de la ciencia en este ámbito. Las afirmaciones contrarias de los psicoanalistas nunca han sido más que especulaciones al servicio de una guerra contra la cultura de la gentilidad.

En sus esclarecedoras reflexiones sobre Freud, Cuddihy deriva esta visión de Freud del hecho de que para los judíos el matrimonio era algo estrictamente utilitario. Theodore Reik, discípulo de Freud, afirmó que la antigua generación de judíos creía que "el amor sólo existe en las novelas y las obras de teatro" y que "el amor o el romance no tienen cabida en *la Judengasse*". En estas condiciones, Freud veía el amor como una invención de la gentilidad extranjera, moralmente sospechosa por implicación. Su verdadera naturaleza hipócrita como revestimiento y sublimación del instinto sexual iba a ser desenmascarada por el psicoanálisis. Como se desarrollará más adelante, esta visión bastante devastadora iba a tener importantes consecuencias en el tejido social de las sociedades occidentales de finales del siglo XX.

Por último, otro error fundamental, y que ilustra el carácter político de todo el proyecto freudiano, es la afirmación de que las pulsiones sexuales tienen una base biológica muy poderosa (el id), mientras que rasgos como la responsabilidad, la fiabilidad, el orden, la culpa y la capacidad de posponer la gratificación (lo que la teoría de la personalidad llama concienciación) serían cosas impuestas por una sociedad represiva y patológica. James Q. Wilson, señalando la utilidad de estas nociones psicoanalíticas en la guerra contra la cultura gentilicia, afirmó con razón que la idea de que la conciencia "es el producto de la represión es algo bueno en lo que creer para aquellos que quieren liberarse de las restricciones de la conciencia -la conciencia se convierte en un policía que grita 'manos arriba' y te impide 'hacerlo bien'" (El sentido moral, p. 4). (*El sentido moral*, p. 104)

De hecho, la conciencia es un sistema biológico de suma importancia que la comunidad judía ha sometido a una intensa presión eugenésica.

La perspectiva evolutiva considera que ambos sistemas tienen una base biológica y que ambos tienen funciones adaptativas muy importantes. Ningún animal, y de hecho ningún ser humano, ha estado nunca en condiciones de dedicarse exclusivamente a la gratificación egoísta, y no hay razón para suponer que nuestra biología esté orientada al único propósito de la gratificación y el placer inmediatos. Por el contrario, en el mundo real, la consecución de objetivos evolutivos requiere atención a los detalles, planes cuidadosamente pensados y la capacidad de posponer la gratificación.

El mantenimiento de estas nociones en la comunidad psicoanalítica es un testimonio de la vitalidad del psicoanálisis como movimiento político. La separación deliberada y mantenida del psicoanálisis de las instituciones científicas de la psicología del desarrollo, ilustrada por el hecho de que sus organizaciones están separadas, sus revistas están separadas, y la membresía de ambas es esencialmente no superpuesta, es una prueba más de que la estructura fundamental del psicoanálisis como un movimiento intelectual cerrado continúa hasta el día de hoy. Y de hecho, la autosegregación del psicoanálisis se corresponde bien con la estructura tradicional del judaísmo frente a la sociedad gentil. Vemos aquí el desarrollo de dos universos discursivos paralelos de la psicología humana, dos visiones del mundo incompatibles que tienen analogía con los diferentes discursos religiosos que han separado a los judíos de la sociedad gentil circundante a lo largo de los tiempos.

Parte 4

El psicoanálisis como movimiento político

> Mientras que Darwin se complacía en revisar sus escritos tras la reflexión y después de absorber los golpes de las críticas fundadas, y creía en el largo trabajo del tiempo y en el peso de los argumentos, Freud, por su parte, orquestó la seducción de la mente del público movilizando a su círculo de seguidores, fundando revistas, escribiendo libros de divulgación para propagar una palabra autorizada, dominando los congresos psicoanalíticos internacionales hasta que no pudo asistir físicamente, dando paso a sustitutos como su hija Anna.
> Peter Gay, *A Godless Jew: Freud, Atheism and the Making of Psychoanalysis*, p. 145

Los estudiosos han reconocido que esta postura característicamente subversiva y opositora del psicoanálisis se apoyaba en métodos que eran la antítesis del espíritu científico. Lo extraordinario de la historia del psicoanálisis es que Freud siga siendo tan adorado 60 años después de su muerte y un siglo después del nacimiento del psicoanálisis, lo que indica que nuestro tema debe llevarnos, más allá de la ciencia, a las esferas de la política y la religión. Lo que Grosskurth dice de sí misma es la única cuestión científicamente importante:

> Me fascina que miles de personas sigan idealizando y defendiendo [a Freud], sin saber nada de valor sobre él como persona" (*The Secret Ring: Freud's Inner Circle and the Politics of Psychoanalysis*, p. 219).

Lo interesante no es el contenido pseudocientífico de su teoría, sino la persistencia de su movimiento y la veneración de su fundador.

Ya he hablado del carácter deliberadamente especulativo de estas doctrinas subversivas, pero hay otro aspecto importante del fenómeno, que es la estructura del movimiento y el modo en que se trataron los desacuerdos. El psicoanálisis "se comportó menos como una institución médico-científica que como un Politburó empeñado en suprimir el desviacionismo" (Crews, "The unknown Freud: An exchange", p. 38). En estas circunstancias, no es de extrañar que observadores como Sulloway hablaran de los aspectos religiosos "de secta" que impregnaban el psicoanálisis. Desde fuera y dentro de sus filas, el psicoanálisis ha sido comparado a menudo con una religión. Peter Gay señala que "hay discursos persistentes que acusan a Freud de crear una religión secular" (*Freud: A Life for Our Time*, p. 175). Aunque este historiador rechaza la acusación, se refiere al psicoanálisis utilizando términos como "movimiento" (p. 100 y ss.), "conversión" (p. 184) y "la Causa" (p. 201); habla de "discípulo perdido" para un desertor (Otto Rank) y de "recluta" para la princesa Marie Bonaparte. Del mismo modo, Yerushalmi escribe que Freud había pasado a Jung "el bucle de la sucesión apostólica" (*Freud's Moses: Judaism Terminable and Interminable*, p. 41). Y no quiero dejar de señalar que Fritz Wittels, fiel discípulo de Freud, relató que su maestro dijo de Jung, en la época en que estaban cerca: "Es mi hijo muy querido con el que estoy muy satisfecho".

Wittels también denunció "la asfixia de la crítica libre dentro de la Sociedad (...) Freud es tratado como un semidiós, incluso como un dios.

No se permite ninguna crítica a sus afirmaciones. Y añadió: "Los *Tres ensayos sobre la teoría sexual* son la biblia de los psicoanalistas. No es una forma de hablar. Los discípulos fieles consideran que los libros de los demás no tienen importancia. No reconocen más autoridad que la de Freud; rara vez se leen o se citan. Cuando citan, lo hacen del Maestro, para obtener la más pura ambrosía" (*Sigmund Freud: Su personalidad, sus enseñanzas y su escuela*, pp. 142-143). Freud "no quería que sus asociados tuvieran un carácter demasiado asertivo, no quería colaboradores críticos y ambiciosos. El reino del psicoanálisis era su idea y su voluntad, y daba la bienvenida a cualquiera que aceptara sus ideas" (*ibid*. p. 134).

Pero el autoritarismo del movimiento repelió a algunos. Eugen Bleuler, un influyente psiquiatra suizo, se marchó en 1911 diciendo a Freud que "el 'quien no está con nosotros está contra nosotros' y el 'todo o nada' son necesarios para las comunidades religiosas y útiles para los partidos políticos". Así que puedo entender este principio, pero en las ciencias lo considero perjudicial". (*en* Gay, *A Godless Jew*, pp. 144-145)

Otros pensadores independientes fueron simplemente expulsados. Cuando Adler y Jung fueron expulsados del movimiento, se produjeron escenas de gran carga emocional y política. Como se ha mencionado anteriormente, ambos hombres habían desarrollado puntos de vista que se oponían a aspectos de la ortodoxia psicoanalítica que eran cruciales para la crítica radical de la cultura occidental. Se produjo un amargo cisma. En el caso de Adler, algunos miembros del movimiento y el propio Adler trataron de limar las diferencias con la ortodoxia freudiana, considerando que las ideas de Adler no doblegaban las de Freud, sino que las ampliaban. "Pero Freud no quiso escuchar este tipo de compromiso forzado" (Gay, *Freud*, p. 222). Por ello, Jung escribió en 1925 que la actitud de Freud hacia él expresaba "la amargura de quien no ha sido comprendido en absoluto y con su forma de actuar dejaba claro que 'si no lo entienden, al diablo con ellos'" (*en* Ellenberger, *The Discovery of the Unconscious*, p. 462). Tras su ruptura con Freud, Jung dijo: "He criticado cierta estrechez y parcialidad en la psicología freudiana, y entre los 'freudianos' cierto espíritu de intolerancia y fanatismo, poco libre y sectario" (*en* Gay, *op. cit.* p. 238).

Las deserciones y expulsiones de Adler y Jung fueron los primeros indicios de esta incapacidad para tolerar cualquier desacuerdo sobre las tesis fundamentales. Cuando Otto Rank abandonó el movimiento a mediados de los años 20, la manzana de la discordia volvió a ser la importancia del complejo de Edipo, una tesis freudiana fundamental. Esta salida fue acompañada de una andanada de ataques *ad hominem*, generalmente intentando atribuir la conducta de Rank a una supuesta psicopatología.

Más recientemente, Jeffrey Masson fue expulsado del movimiento por cuestionar la doctrina freudiana de que las confesiones de abuso sexual de los pacientes eran meras fantasías. Al igual que otros disidentes que le precedieron, Masson mantenía una posición que implicaba una crítica radical a Freud, ya que suponía un rechazo del complejo de Edipo. Al igual que en las discusiones talmúdicas, se podían discutir las tesis de Freud, pero la discusión debía tener lugar "dentro de un determinado marco y dentro del gremio". Salirse de este marco y aceptar cuestionar los fundamentos mismos del psicoanálisis es algo impensable para la mayoría de los psicoanalistas" (Masson, *Final Analysis: The Making and Unmaking of a Psychoanalyst*, p. 211). La expulsión de Masson no fue acompañada de una discusión académica sobre la exactitud de lo que dijo, sino de un juicio en Moscú lleno de ataques *ad hominem*.

La historia del psicoanálisis muestra que esos ataques *ad hominem* suelen consistir en interpretar los desacuerdos científicos como expresiones de neurosis. El propio Freud "nunca se cansó de repetir el ahora famoso argumento de que la oposición al psicoanálisis proviene de la "resistencia" de fuentes emocionales" (Esterson, *Seductive Mirage: An Exploration of the Work of Sigmund Freud*, p. 216). Por ejemplo, Freud atribuyó el abandono de Jung a "fuertes motivaciones egoístas y neuróticas" (*en* Gay, *op. cit.* p. 481). Peter Gay señala: "Estos ataques *ad hominem* mal dirigidos son ejemplos del tipo de análisis agresivo que los psicoanalistas, y Freud en particular, rechazaban mientras los practicaban. Así veían a los demás y se veían a sí mismos" (*ibid*). Este tipo de práctica era "endémica entre los psicoanalistas, era una deformación profesional" (*ibíd.*). Podría señalarse que este fenómeno se asemeja a la práctica soviética de enviar a los opositores a hospitales psiquiátricos. La tradición sigue viva: la crítica de Frederick Crew al psicoanálisis en 1993, en su artículo "El desconocido Freud", fue descrita por los psicoanalistas como "escrita en un estado de amarga ira por un descontento con inclinación a la malicia". La conducta de Crew fue interpretada en términos de una transferencia chapucera y un Edipo desordenado.

Quizás el caso más llamativo se encuentra en esta carta escrita por Otto Rank en 1924, quien atribuye sus acciones heréticas a sus propios conflictos neuróticos inconscientes, prometiendo ver las cosas "más objetivamente después de haber cortado mi resistencia emocional". También escribe que Freud "encontró mis explicaciones satisfactorias y me perdonó en persona" (*en* Grosskurth, *op. cit.*, p. 166). En este caso, "Freud hizo de Gran Inquisidor y la "confesión" de Rank podría haber servido de modelo para los juicios de Moscú de los años 30" (*ibid.* p. 167). Freud se consideró exitoso: Rank se había curado de su neurosis "como si se hubiera sometido a un análisis adecuado" (*ibid.* p. 168). Está claro que no se trata de una ciencia, sino de un movimiento religioso-político en el que el psicoanálisis es una fuerza de control mental y un instrumento de dominación y agresión interpersonal. La culminación de este autoritarismo se alcanzó con la creación de una "pequeña y estrecha organización de leales" cuya principal tarea era impedir cualquier desviación de la ortodoxia (Gay, *op. cit.* pp. 229-230). Freud aceptó la idea con entusiasmo.

> La idea que se apoderó inmediatamente de mi imaginación fue la de su [Ernest Jones] de un consejo secreto de nuestros mejores y más fiables hombres, que velarían por su [del psicoanálisis] desarrollo ulterior y defenderían la causa contra personalidades y accidentes cuando yo ya no esté aquí (...) [Este comité] haría mi vida y mi muerte menos dolorosas (...) Este comité debe ser estrictamente secreto (Freud, *en* Gay, *op. cit.* p. 230).

Las actividades del Comité han sido ampliamente documentadas por Grosskurth, que señala lo siguiente

> Al exigir que el comité sea absolutamente secreto, Freud asumió el principio del secreto. Las distintas sociedades psicoanalíticas surgidas del comité eran como células comunistas, cuyos miembros juraban obediencia eterna al líder. El psicoanálisis se institucionalizó fundando revistas y formando a sus candidatos; en definitiva, fue una entidad política extraordinariamente eficaz. (*op. cit.* p. 15).

En repetidas ocasiones se le dijo que presentara un "frente unido" ante cualquier oposición, que "mantuviera a toda la organización en sus manos", que "garantizara la disciplina en las filas" y que "informara al comandante" (*ibid.* p. 97). No son los métodos de una organización científica, sino los de un movimiento político-religioso autoritario y casi militar, algo más parecido a la Inquisición española o al estalinismo que a la idea del mundo científico.

El carácter autoritario del movimiento psicoanalítico queda ilustrado por el carácter de quienes formaban parte del Comité: todos parecían tener una personalidad extremadamente sumisa y una devoción absoluta por Freud. De hecho, los miembros del Comité se veían a sí mismos conscientemente como hijos leales a la figura paterna (acompañada de una rivalidad entre "hermanos" para ser el favorito del "padre"), mientras que Freud veía a sus partidarios más cercanos como sus hijos y se otorgaba el derecho de intervenir en sus vidas personales (*ibíd.* p. 123). Para los leales, la cuestión de la verdad del psicoanálisis dio paso a su necesidad psicológica de caerle bien a Freud.

Esta relación iba más allá de la mera lealtad. "[Ernest] Jones comprendió que hacerse amigo de Freud significaba actuar como un adulador. También significaba abrirse completamente a él, informándole de todas las confidencias que se le hacían" (*ibid.* p. 48). "Jones creía que cualquier desacuerdo con Freud (el padre) equivalía a un parricidio", hasta el punto de que cuando Sandor Ferenczi discrepó de Freud en la cuestión de la realidad del abuso sexual infantil, Jones le acusó de "manía homicida" (Masson, *op. cit.* p. 152).

Con respecto a Ferenczi, Grosskurth señala: "La mera idea de estar en desacuerdo con Freud era insoportable" (*ibid.* p. 141). "En algunas ocasiones, él [Ferenczi] se había rebelado contra su sometimiento, pero siempre volvía al redil con sumisión" (*ibid.* pp. 54-55). Kurt Eissler, el confidente más cercano de Anna Freud entre el círculo íntimo en la década de 1960, se encontraba en la misma situación: "Sus sentimientos hacia Freud rozaban la veneración" (Masson, *op. cit.* p. 121). "Sólo tenía una cosa sagrada, y por tanto a salvo de toda posible crítica: Freud" (*ibíd.* p. 122). Entre los seguidores de Freud no era raro imitar sus gestos y manierismos, e incluso entre los psicoanalistas que no lo habían conocido personalmente existían "sentimientos profundos, fantasías, transferencia e identificación" (Hale, *The Rise and Crisis of Psychoanalysis in the United States: Freud y los americanos 1917-1985*, p. 30).

La vertiente autoritaria del movimiento se mantuvo mucho después de la disolución del Comité Secreto y mucho después de la muerte de Freud. Anna Freud obedeció la petición de su padre y mantuvo un "grupo especial" a su lado, cuya existencia no era conocida por el público (Masson, *op. cit.*, p. 113).

El psicoanálisis siempre ha sido, desde el momento en que Freud hizo discípulos, una sociedad semisecreta. Este carácter nunca ha desaparecido (*ibidem* p. 209).

La tendencia a reprimir la crítica dentro del psicoanálisis continuó mucho después de la época del padre fundador y de los primeros discípulos. El psicoanálisis exigía una lealtad que no podía ser cuestionada, la aceptación ciega de una 'sabiduría' no examinada" (Orgel, "El futuro del psicoanálisis").

"Para tener éxito en el psicoanálisis, hay que ser un jugador de equipo y no cuestionar el trabajo de los otros analistas de su equipo" (Masson, *op. cit.* p. 70). Los desacuerdos intelectuales se sofocaban con declaraciones de las autoridades superiores de que los que dudaban necesitaban análisis, o simplemente excluyendo a los disidentes de las sesiones de formación.

Hay otra prueba del carácter esencialmente político del psicoanálisis: el papel destacado de los discípulos que podían reclamar un linaje directo de Freud. "La idea de ser un discípulo elegido, con el privilegio del contacto directo con el maestro, ha sobrevivido y se ha mantenido en los procedimientos de muchos programas de formación de los institutos" (Arlow & Brenner, 'El futuro del psicoanálisis', p. 5).

La relación fuertemente filial entre Freud y sus discípulos de la primera generación fue sustituida gradualmente por relaciones afectivas igualmente fuertes con un Freud fantaseado, que seguía siendo el fundador principal, pero también con las organizaciones, los pares y especialmente los superiores jerárquicos de los institutos, pero también el analista en formación, el analista de ese analista, etc. "Poder remontarse a Freud y a su círculo de esta manera era una marca de prestigio psicoanalítico" (Hale, op. cit., p. 32). Ser capaz de rastrear esto hasta Freud y su círculo era una marca de prestigio psicoanalítico" (Hale, *op. cit.* p. 32)

Contrariamente a lo que es habitual en las ciencias reales, lo que podría llamarse los textos sagrados del movimiento, los escritos de Freud, no han dejado de desempeñar su papel tanto en la enseñanza como en la literatura psicoanalítica actual. Los *Estudios sobre la histeria* y *La interpretación de los sueños* tienen casi un siglo de antigüedad, pero siguen siendo textos de referencia en las sesiones de formación psicoanalítica. Hay "una aparición recurrente en la literatura analítica de artículos que repiten, amplían, profundizan y modifican los estudios de casos del Dr. Freud" (Arlow & Brenner, *loc. cit*). En un artículo ordinario de una revista psicoanalítica, basta con revisar las referencias: muchas de ellas provienen de los trabajos de Freud de hace más de 60 años. El volumen de 1997 de *Psychoanalytic Quarterly* contenía 77 referencias a Freud en 24 artículos. Sólo 5 artículos no contenían ninguna referencia a Freud, y uno de los cinco no contenía ninguna referencia. (En consonancia con la tradición psicoanalítica, no hubo estudios empíricos). Vemos la persistencia de la tendencia señalada por Wittels en 1924:

Los discípulos fieles consideran que los libros de los demás no tienen importancia. No reconocen más autoridad que la de Freud; rara vez se leen o se citan. Cuando citan, lo hacen del Maestro, para obtener la más pura ambrosía.

Seguir utilizando y refiriéndose a los textos de Freud en la enseñanza sería simplemente inconcebible en una ciencia verdadera. Así, aunque Darwin es venerado por su labor científica como fundador de la biología evolutiva, los estudios de biología evolutiva rara vez citan sus escritos, porque el campo de esa ciencia se ha ampliado mucho más allá de ellos. *El origen de las especies* y las demás obras de Darwin son textos importantes en la historia de la ciencia, pero apenas se utilizan en la enseñanza actual. Además, algunos de los puntos de vista de Darwin, sobre la herencia por ejemplo, han sido completamente rechazados por los investigadores modernos. Con Freud, en cambio, la fidelidad al señor está intacta, al menos en una parte importante del movimiento.

Algunos racionalizan el autoritarismo del movimiento como un mal necesario frente a la hostilidad irracional al psicoanálisis por parte de los científicos y del hombre de la calle. Sin embargo, Sulloway consideró que la hostilidad que encontraron las teorías de Freud fue "una de las leyendas más duras" de la historia del psicoanálisis.

A modo de comparación, la teoría de Darwin provocó una intensa hostilidad en vida del propio Darwin, y recientemente ha habido una gran hostilidad pública hacia los últimos desarrollos de Darwin sobre el comportamiento humano. Pero esto no ha producido el tipo de tendencias autoritarias y separatistas que se ven en el psicoanálisis. Los evolucionistas y los genetistas del comportamiento han intentado influir en la investigación en antropología, psicología, sociología y otros campos, publicando datos en revistas que no son de su competencia y a menudo incluso utilizando métodos que no son de su competencia. La controversia o la hostilidad por sí mismas no conducen necesariamente a la ortodoxia o a la ruptura con la universidad. En el mundo de la ciencia, la controversia lleva a la experimentación y a la argumentación racional. En el mundo del psicoanálisis, a un espléndido aislamiento de la psicología científica.

En obras como *El anillo secreto*, de Gorsskurth, o la biografía de Freud, de Gay, abundan las observaciones sobre el carácter autoritario del movimiento, pero las reflexiones sobre la necesidad de que ese autoritarismo provenga de la presión exterior siguen siendo muy vagas y casi inexistentes. Por el contrario, la tendencia a la ortodoxia provenía del interior del movimiento, producto del pequeño grupo de leales y su compromiso absoluto con la causa de su amo.

La utilidad del psicoanálisis como instrumento de dominación psicológica y control mental queda demostrada por la negativa de Freud a permitir cualquier psicoanálisis de sí mismo. Esta negativa provocó dificultades con Jung y, mucho más tarde, con Ferenczi, quien afirmó que esta negativa era una prueba de la arrogancia de Freud. Por otra parte, Freud utilizó el psicoanálisis para humillar sexualmente a dos de sus más ardientes discípulos: Ferenczi y Jones. Una vez que Freud hubo analizado a las esposas de ambos, los dejaron, pero siguieron siendo amigos de Freud. Grosskurth sugiere que Freud quería poner a prueba la lealtad de sus seguidores y el hecho de que Jones permaneciera en el movimiento después de esta humillación es una prueba del grado de obediencia ciega mostrado por los seguidores de Freud.

Un etólogo que observara estos hechos concluiría que el comportamiento de Freud era el del macho dominante por excelencia -el mismo del que había hecho un relato mitológico en *Tótem y* Tabú-, pero sólo a nivel simbólico, ya que aparentemente Freud no tuvo relaciones sexuales con estas mujeres (aunque estaba "fascinado" por la esposa no judía de Jones [Grosskurth, *op. cit.* p. 65]). El hecho de que no matara al padre en estas circunstancias significaba que había logrado superar la situación edípica, al reconocer su fidelidad a Freud, la figura paterna.

Parte 5

El psicoanálisis como movimiento político (continuación)

El psicoanálisis fue utilizado por Freud no sólo para controlar a sus vasallos masculinos, sino también para patologizar la resistencia de las mujeres a los avances sexuales de los hombres. Así lo demuestra el famoso caso de la adolescente Dora, que había rechazado las insinuaciones de un hombre casado de mediana edad. Fue el padre de Dora quien la envió a Freud para que la convenciera de ceder a las insinuaciones del hombre, porque se trataba de que el padre, que había tenido una aventura con la mujer del hombre, le ofreciera una compensación. Freud, complaciente, atribuyó el rechazo de Dora a la represión de un deseo amoroso hacia este hombre. El mensaje es que las niñas de 14 años que no ceden a las propuestas de hombres maduros y casados se comportan de forma histérica. Un evolucionista interpretaría este mismo comportamiento como una consecuencia comprensible (y adecuada) de su psicología evolucionada.

Donald Kaplan, un psicoanalista lego, reflejó con precisión el sentimiento favorable hacia Freud en los medios populares de la década de 1950 cuando escribió en la revista *Harper's* que Freud había "utilizado el mayor ingenio" al examinar el caso Dora: "Esos tres meses con Freud deben haber sido la única experiencia de honestidad intachable en su larga y pobre vida" ("Freud y sus propios pacientes", diciembre de 1967). Lakoff y Coyne concluyen su estudio del caso Dora estableciendo que el psicoanálisis se caracterizaba generalmente por el control mental, la manipulación y el envilecimiento del analizado [*]. Asimismo, Crew describe el caso "apenas creíble" de la manipulación de un tal Horace Frink, presidente de la Sociedad Psicoanalítica de Nueva York. Freud le había empujado a un desastroso divorcio y a un nuevo matrimonio con una rica heredera, que haría una importante contribución financiera al movimiento psicoanalítico. La segunda esposa de Frink solicitó entonces el divorcio. Ambos divorcios fueron acompañados de episodios maníacos.

Un corolario importante de estos descubrimientos es que exponen muchos de los puntos en común entre el psicoanálisis y el lavado de cerebro. Cualquier objeción que el aprendiz de psicoanalista haga durante su análisis formativo se considera una resistencia que hay que superar. Muchos analizados contemporáneos consideran que sus analistas los trataron de forma agresiva, sometiéndolos a la "autoridad incuestionable" del analista idolatrado que los convirtió en seguidores pasivos y devotos. Masson describe su análisis formativo como "la educación tomada de la mano de un padre despótico", ya que las cualidades que se esperan del futuro analista son la mansedumbre en la sumisión y el servilismo en la obediencia.

Sostengo que esta labor de inculcación impuesta a los seguidores pasivos y devotos, a través de la agresión y el control mental, ha sido siempre una parte integral del proyecto psicoanalítico. En el plano de los principios, la estructura esencialmente pseudocientífica del psicoanálisis implica la imposibilidad de resolver los desacuerdos de manera científica, por lo que la única manera de hacerlo es mediante la coacción personal, como señala Kerr. En consecuencia, el movimiento estaba destinado a dar lugar a una ortodoxia, afectada aquí y allá por las desviaciones sectarias de los individuos expulsados del movimiento. Estos vástagos disidentes reprodujeron la estructura básica de todos los movimientos de tipo psicoanalítico:

> Cada desacuerdo importante sobre la teoría o la terapia tenía que estar respaldado por un nuevo grupo social que lo acreditara, una tradición psicoanalítica que todavía se confirma con las últimas escisiones de los institutos freudianos (Hale, The Rise and Crisis of Psychoanalysis in the United States: Freud y los estadounidenses, 1917-1985, p. 26).

Si la verdadera ciencia es individualista en su núcleo, el psicoanálisis es, en todas sus manifestaciones, un conjunto de grupos aglutinados autoritariamente en torno a un líder carismático.

A pesar de que no existe un cuerpo de investigación científica que lo respalde, y a pesar del ambiente autoritario y altamente politizado del movimiento, el psicoanálisis ha podido hasta hace poco "labrarse un lugar muy honorable dentro del mundo de la práctica y la educación médica". La Asociación Americana de Psiquiatría (APA) "ha sido dirigida durante muchos años por psicoanalistas clínicos, ya sea como jefe médico, como el Dr. Melvin Sabshin, o como presidente, como lo ejemplifica la sucesión de presidentes psicoanalistas" (Cooper, "The future of psychoanalysis: Challenges and opportunities", p. 82). La APA ha apoyado directa e indirectamente a la Sociedad Psicoanalítica Americana. El crédito intelectual concedido al psicoanálisis en el amplio mundo de la psiquiatría, y una parte considerable de los recursos financieros que ha podido obtener, no ha sido, pues, el resultado del desarrollo de un cuerpo de investigación científica o de la experimentación de otros tipos de investigación, sino de un juego de influencia política dentro de la APA.

El psicoanálisis encontró otra fuente de financiación en la comunidad judía, que estaba bien dispuesta a ello. La sobrerrepresentación judía entre los pacientes que buscan tratamiento psicoanalítico es flagrante: en la década de 1960, el 60% de los clientes de las clínicas psicoanalíticas eran judíos. Glazer y Monihan han retratado esta subcultura judía neoyorquina de mediados del siglo XX, en la que el psicoanálisis era una institución cultural central que cumplía prácticamente la misma función que la pertenencia a la religión tradicional:

> En América, el psicoanálisis es un producto específicamente judío (...) Era una forma científica de reformar el alma, para hacerla completa y robusta, que se separaba, al menos en la superficie, del misticismo, el libre albedrío, la religión y otras oscuras concepciones románticas que sus mentes racionales rechazaban (Beyond the Melting Pot, p. 175).

Pacientes y analistas formaban parte del mismo movimiento laico que conservaba los rasgos psicológicos del judaísmo como movimiento separatista, autoritario y colectivista con tendencias sectarias.

Por último, es razonable concluir que el verdadero analizado de Freud era la propia gentilidad y que el psicoanálisis era esencialmente un acto de agresión contra esta cultura. La metodología y la estructura institucional del psicoanálisis pueden verse como intentos de lavar el cerebro de la gentilidad para que acepte pasivamente la crítica radical de su cultura, tal y como se recoge en las premisas fundamentales del psicoanálisis. Bajo el manto de su jerga científica, la autoridad del analista dependía en última instancia de un movimiento fuertemente autoritario en el que el desacuerdo llevaba a la expulsión y a la elaboración de racionalizaciones que patologizaban su expresión.

En una carta a Karl Abraham, Freud muestra que creía que los gentiles tenían que superar sus "resistencias internas" para aceptar el psicoanálisis. Comparando a su receptor con Jung, Freud escribió:

> Tú estás más cerca de mi estructura intelectual por razones de parentesco racial [rassenverwandschaft], mientras que él, como cristiano e hijo de pastor, sólo puede abrirse camino hacia mí encontrando una gran resistencia íntima (*en* Yerushalmi, *El Moisés de Freud: el judaísmo terminable e imposible de terminar*, p. 42).

En estas condiciones, la aceptación del psicoanálisis por parte de los gentiles representa en cierto modo la victoria de los judíos sobre las tendencias "íntimas" de los cristianos, es decir, la victoria del generalismo semítico sobre su tan odiado adversario, el gentilismo. Kurzweil demostró que la tendencia a patologizar el desacuerdo no sólo se dirigía a los disidentes del movimiento, sino también al conjunto de los países en los que el psicoanálisis no llegó a arraigar. Así, la falta de calor que el psicoanálisis encontró inicialmente en Francia se explicaba por la presencia de "defensas irracionales" (*The Freudians: A Comparative Perspective*, p. 30) y la situación similar en Austria por "una resistencia general" al psicoanálisis (ibíd., p. 245), expresión en la que la palabra "resistencia" debe tomarse con todos sus ecos psicoanalíticos.

El psicoanálisis como instrumento de crítica radical de la cultura occidental: la influencia cultural del freudismo

Dado que la ideología de Freud era deliberadamente subversiva, y en particular buscaba socavar las instituciones occidentales del sexo y el matrimonio, es útil examinar sus efectos desde una perspectiva evolutiva. El matrimonio en Occidente ha sido durante mucho tiempo monógamo y exógamo, en contraste con otras sociedades estratificadas, especialmente las de Oriente Próximo, como el antiguo Israel.

Las opiniones de Freud en *Tótem y Tabú* y *Malestar en la Civilización* no captan la singularidad de las instituciones romanas y luego cristianas que produjeron los sistemas de apareamiento singularmente igualitarios de Europa Occidental. En Europa Occidental, la represión del comportamiento sexual apoyaba fundamentalmente la norma social de la monogamia, un sistema de apareamiento en el que las diferencias de riqueza estaban mucho menos relacionadas con el acceso a las mujeres y el éxito reproductivo que en las civilizaciones tradicionales no occidentales, donde la poligamia era la norma. Como explicamos en *Un pueblo que habitará solo*, la poligamia implica una competencia sexual entre los hombres, ya que los ricos tienen acceso a un número desproporcionado de mujeres y a los hombres de menor estatus se les suele negar la oportunidad de reproducirse. Este tipo de sistema matrimonial es muy común en las sociedades tradicionales estratificadas; se puede observar en la antigua China e India, en las sociedades musulmanas y en el antiguo Israel. Mientras que los hombres pobres no pueden encontrar una esposa, son reducidos a la condición de bienes muebles y son comprados como concubinas por los hombres ricos. La norma social de la monogamia representa, pues, un sistema reproductivo relativamente igualitario para los hombres.

Además, debido a los mayores niveles de competencia sexual entre los hombres, la condición de la mujer en las sociedades no occidentales es inconmensurablemente inferior a la de las sociedades occidentales en las que se ha desarrollado la monogamia. No es casualidad que el reciente movimiento por los derechos de la mujer se haya desarrollado en las sociedades occidentales y no en otras sociedades estratificadas. La enorme confusión característica del psicoanálisis se encuentra en el estrecho colaborador de Freud, Fritz Wittels. Wittels esperaba que un puñado de psicoanalistas judíos mesiánicos inauguraran una era de liberación y libertad sexual, pero esta expectativa se basaba en una profunda incomprensión del sexo y la psicología humana. Wittels condenó "nuestra maldita cultura contemporánea" por obligar a las mujeres a entrar en "la jaula de la monogamia" (*en* Gay, *Freud: A Life for Our Time*, p. 512), una observación que muestra una completa incomprensión de los efectos de la competencia entre hombres que se manifiesta en la poligamia.

Hay buenas razones para suponer que la monogamia era una parte necesaria del particular perfil demográfico de "baja presión" de los europeos, tal como lo describen Wrigley y Schofield. Este perfil demográfico se debe a los matrimonios tardíos y a las elevadas tasas de celibato femenino durante los períodos de escasez económica. La conexión teórica con la monogamia es que el matrimonio monógamo da lugar a una situación en la que los hombres y mujeres pobres no pueden reproducirse, mientras que en los sistemas polígamos un excedente de mujeres pobres sólo hace que las concubinas sean más baratas para los hombres ricos. A finales del siglo XVII, por ejemplo, alrededor del 23% de ambos sexos permanecían solteros entre los 40 y los 44 años, pero con el cambio de las condiciones económicas, esta tasa se redujo al 9% a principios del siglo XVIII y la edad media de matrimonio disminuyó en consecuencia. Al igual que la monogamia, este patrón era único en las sociedades estratificadas de Eurasia.

Este perfil demográfico de baja presión parece haber producido a su vez efectos económicos. No sólo la tasa de matrimonios fue el principal freno a la superpoblación, sino que, especialmente en Inglaterra, esta respuesta proporcionó el trasfondo para los cambios económicos favorables, ya que la acumulación de capital podía tener lugar durante las épocas de bonanza en lugar de bajo la presión constante de las bocas que había que alimentar.

El hecho de que el ajuste mutuo entre las fluctuaciones económicas y demográficas fuera tan libre condujo a un aumento gradual pero significativo de la renta real. Esto brindó la oportunidad de salir de la trampa de los bajos ingresos, que a veces se considera el gran inhibidor de todas las naciones preindustriales. Un largo período de aumento de los ingresos reales, al cambiar la estructura de la demanda, suele dar un fuerte impulso a la demanda de bienes no esenciales y, por tanto, a los sectores de la economía cuyo crecimiento es especialmente importante en caso de revolución industrial. (Wrigley & Schofield, *The Population History of England, 1541-1871*, p. 439)

No es absurdo, por tanto, suponer que la monogamia, que determina este perfil demográfico de baja presión, fue una condición necesaria para la industrialización. El argumento sugiere que la norma social de la monogamia -enmarcada religiosa y culturalmente en las sociedades occidentales- es de hecho un aspecto central de la arquitectura de la modernización occidental.

Otra consecuencia importante de las instituciones occidentales del sexo y el matrimonio es que fomentan un alto grado de inversión de los padres. Como hemos señalado, uno de los peores errores de Freud fue absorber el amor en el sexo. También fue su error más subversivo, y no se pueden sobreestimar los efectos desastrosos de aceptar la idea freudiana de que la liberación sexual tendría efectos socialmente beneficiosos.

A diferencia de la visión psicoanalítica, la teoría evolutiva es compatible con una perspectiva que distinguiría al menos dos sistemas independientes que influyen en el comportamiento reproductivo. El primer sistema es el de la unión de una pareja de individuos de manera que se promueva la estabilidad de la pareja y un alto grado de inversión parental. Este sistema sitúa al padre de familia en la posición de proveedor de recursos para los hijos, proporcionando así una base para los estrechos vínculos de afecto (amor romántico) entre el hombre y la mujer. La investigación sobre el apego y la psicología de la personalidad proporciona pruebas suficientes de la existencia de este sistema.

El segundo sistema es el de la atracción sexual, que promueve el apareamiento y el sexo a corto plazo. Este sistema se asocia psicométricamente con la extraversión, la búsqueda de sensaciones, la agresividad y otros sistemas apetitivos. La investigación psicológica confirma la hipótesis de que los individuos con un fuerte compromiso con este segundo sistema tienen, de media, más parejas sexuales y un comportamiento sexual menos inhibido. Este sistema, que afecta sobre todo a los machos adultos jóvenes, constituye la base de un comportamiento de apareamiento en el que el papel de los hombres es inseminar a las mujeres en lugar de invertir en los hijos. Muchas sociedades humanas se han caracterizado por una intensa competencia sexual entre los hombres por el control del mayor número posible de mujeres. Esta búsqueda masculina de un gran número de parejas y relaciones sexuales no tiene nada que ver con el amor. Un rasgo distintivo de la cultura occidental es que ha inhibido significativamente esta tendencia masculina, al tiempo que ha proporcionado apoyo cultural al establecimiento de parejas y matrimonios por amor. Esto ha dado lugar a una elevada inversión parental y a un sistema de apareamiento relativamente igualitario.

Por lo tanto, el énfasis psicoanalítico en el sexo y la sexualidad prematrimonial es básicamente un proyecto que promueve un estilo de vida de baja inversión parental. La baja inversión parental se asocia con la sexualidad temprana, la reproducción prematura, la intemperancia y la inestabilidad de la pareja. Desde el punto de vista ecológico, una elevada inversión parental está asociada a la necesidad de una descendencia competitiva. Sin embargo, hemos visto que un aspecto del judaísmo como estrategia evolutiva de grupo es su insistencia en una fuerte inversión parental (*Un pueblo que habitará solo*, capítulo 7). Aplicado al gentilismo, el proyecto subversivo del psicoanálisis debería tener el efecto de producir una descendencia menos competitiva; a largo plazo, el gentilismo debería caracterizarse por una baja inversión de los padres, y como veremos más adelante, hay amplias pruebas de que la revolución sexual inaugurada, o al menos facilitada en gran medida, por el psicoanálisis, ha producido exactamente este tipo de efecto.

A este respecto, es interesante observar que la norma social monógama en Occidente ha ido acompañada del desarrollo del matrimonio por amor. Una de las particularidades del matrimonio occidental es la tendencia al matrimonio por amor, basado en el afecto y el consentimiento de los cónyuges. Aunque la datación de esta revolución afectiva en los distintos estratos sociales es objeto de controversia, varios historiadores han señalado lo común y psicológicamente importante que ha sido en Occidente el afecto en las relaciones paterno-filiales y conyugales desde la Edad Media, o al menos desde el siglo XVII. Stone señala que, a finales del siglo XVIII, "incluso en las grandes casas de la nobleza, el afecto mutuo se consideraba un requisito esencial del matrimonio" (*The Road to Divorce*, p. 60).

Teniendo en cuenta la animosidad de Freud hacia la cultura occidental en general y la Iglesia católica en particular, es interesante ver que la política eclesiástica respecto al matrimonio ha incluido un esfuerzo ampliamente exitoso para instituir el consentimiento y el afecto entre los cónyuges como características normativas del matrimonio. La oposición al hedonismo y la idealización del amor romántico como base del matrimonio monógamo también han sido llevadas a cabo periódicamente por movimientos intelectuales occidentales no religiosos, como el estoicismo de la antigüedad tardía y el romanticismo del siglo XIX.

Desde una perspectiva evolutiva, el consentimiento libera a los individuos para perseguir sus intereses maritales, que incluyen la compatibilidad y el afecto marital. Aunque el afecto puede existir en los matrimonios concertados (un aspecto en el que hacen hincapié algunos historiadores de la Roma republicana, como Dixon), en igualdad de condiciones, el libre consentimiento para el matrimonio es más probable que haga del afecto un criterio importante.

Estos resultados ilustran vívidamente la diferencia entre el judaísmo como estrategia de grupo colectivista, en la que las decisiones individuales se ven superadas por los intereses del grupo, y las instituciones occidentales basadas en el individualismo. En el capítulo 7 de nuestro mencionado libro, mostramos pruebas de que, incluso después de la Primera Guerra Mundial, los matrimonios concertados eran la norma entre los judíos, porque la base económica del matrimonio era demasiado importante para permitir los caprichos del amor romántico. Aunque la fuerte inversión parental era un aspecto importante del judaísmo como estrategia evolutiva de grupo, el afecto conyugal no se consideraba central en el matrimonio, hasta el punto de que Cuddihy pudo señalar que toda una línea de intelectuales judíos lo consideraba el producto altamente sospechoso de una cultura ajena. Los judíos siguieron practicando el matrimonio consanguíneo -una práctica que pone de manifiesto el carácter fundamentalmente biológico del proyecto judaico- mucho después de 1900, mientras que la Iglesia se oponía a la consanguinidad como base del matrimonio desde la Edad Media. El judaísmo no dejó de hacer hincapié en los mecanismos colectivistas de control social sobre el comportamiento individual, de acuerdo con los intereses familiares y de grupo, siglos después de que el control del matrimonio pasara en Occidente de las familias y el clan a los individuos. En contraste con el énfasis judío en los mecanismos de grupo, la cultura occidental ha enfatizado los mecanismos individuales de atracción personal y libre consentimiento.

En conclusión, las instituciones seculares y religiosas de Occidente han producido un sistema de apareamiento altamente igualitario combinado con una fuerte inversión parental. Estas instituciones han otorgado un papel central al carácter feliz de la pareja y al buen entendimiento en la vida conyugal como base del matrimonio. Sin embargo, cuando estas instituciones cayeron bajo la crítica radical del psicoanálisis, pasaron a ser vistas como neuróticas y la propia sociedad occidental como insana. Los escritos de Freud sobre estos temas están llenos de observaciones sobre la necesidad de una mayor libertad sexual para superar las neurosis debilitantes. Como veremos, las críticas psicoanalíticas posteriores a la gentilidad verán que la represión de la sexualidad conduce al antisemitismo y lleva las semillas de otras enfermedades modernas.

Parte 6

El psicoanálisis y la crítica de la cultura occidental

El psicoanálisis ha demostrado ser un tesoro de ideas que pueden ser utilizadas para la crítica radical de la cultura occidental. Ha dejado su huella en un amplio abanico de disciplinas y campos como la sociología, la educación infantil, la criminología, la antropología, la crítica literaria, el arte, la literatura y los medios de comunicación populares. Kurzweil señala que "se ha establecido algo parecido a una cultura psicoanalítica" (*The Freudians: A Comparative Perspective*, p. 102). Torrey ha detallado el auge del movimiento en Estados Unidos, iniciado por un pequeño grupo de activistas, en su mayoría judíos, que tenían acceso a los medios de comunicación populares, al mundo académico y a las artes, y que acabó ganando un enorme número de seguidores en la década de 1950: "Ha recorrido un largo camino desde una pequeña cabeza de playa entre unos pocos intelectuales de Nueva York hasta esta influencia masiva en casi todos los niveles de la vida estadounidense" (*Freudian Fraud: The Malignant Effects of Freud's Theory on American Thought and Culture*, p. 37). 37), una influencia que califica de "asalto a la cultura americana" (*ibíd.*, p. 127).

Como señala Shapiro, la mayoría de los *intelectuales neoyorquinos* no sólo eran de origen judío, sino que se definían como tales:

> Lo sorprendente de los intelectuales judíos no es la débil expresión de su identidad judía, sino su rechazo a la vía real de la asimilación. Que los intelectuales supuestamente "cosmopolitas" se tomen tan a pecho algo tan provinciano como la identidad judía da una idea de la garra que tiene lo

judío incluso en los elementos más aculturados ("Jewishness and the New York intellectuals", p. 292).

Como veremos en el capítulo 6, los *intelectuales neoyorquinos* eran políticamente de extrema izquierda y estaban profundamente alejados de las instituciones políticas y culturales estadounidenses.

El psicoanálisis era un componente importante de la *Weltanschauung* [visión del mundo] de estos intelectuales. El estudio de Torrey muestra importantes coincidencias entre el psicoanálisis, la izquierda o extrema izquierda política y la identificación judía entre la élite intelectual estadounidense desde los años 30. Se refiere a Dwight Macdonald como "uno de los pocos goyim de la intelligentsia neoyorquina" que participó en el movimiento que se reunió en torno a la *Partisan Review*. Dada esta asociación entre el psicoanálisis y la izquierda, no es sorprendente que la crítica de Frederick Crew al psicoanálisis se interpretara como un ataque a la izquierda. Eli Zaretsky, escribiendo en las columnas de *Tikhun* -una publicación considerada como órgano de los intelectuales de Nueva York, que combina la política de izquierda más o menos extrema con el activismo judío- dijo que ataques como el de Crew "son una continuación de los ataques a la izquierda que comenzaron con la elección de Richard Nixon en 1968... Siguen repudiando las posibilidades utópicas y revolucionarias que se vislumbraron en la década de 1960". Dado que el psicoanálisis formaba parte del movimiento contracultural de los años 60, atacarlo era golpear un pilar de la cultura política de izquierda y de extrema izquierda.

El material de Torrey muestra que la preponderancia de los judíos con inclinaciones psicoanalíticas entre la élite intelectual continuó en la época posterior a la Segunda Guerra Mundial. Torrey examinó a 21 intelectuales estadounidenses de élite previamente identificados por Kadushin como los más influyentes, según las evaluaciones de sus colegas. De estos 21 autores, 15 eran judíos, y los cuestionarios y análisis de sus escritos muestran que 11 de ellos "habían sido francamente influenciados por el freudismo en algún momento de sus carreras" (*ibid.* p. 185). (De ellos, tres estaban más influenciados por los escritos de Wilhelm Reich, el campeón de la izquierda freudiana, que por Freud: Saul Bellow, Peul Goodman y Norman Mailer). Además, 10 de los 11 (la excepción es Saul Bellow) habían mantenido ideas políticas de izquierda o extrema izquierda en algún momento de su carrera.

El vínculo entre la izquierda política y el psicoanálisis, así como el papel crucial de los medios de comunicación controlados por los judíos en la difusión del psicoanálisis, se puso de manifiesto con la protesta por la publicación del estudio de Frederick Crew que criticaba la cultura psicoanalítica. Sus artículos aparecieron originalmente en la *New York Review of Books*, una revista asociada a los intelectuales de Nueva York, como la *Partisan Review* y *Commentary*. Haber sido publicado en el *NYRB*, comentó Crew, "era como dejar a tu periquito descuidado o malintencionado a merced de un gato incansable". Su argumento es que la *NYRB* y otras revistas asociadas a los intelectuales de Nueva York actuaron durante varias décadas como propagadores de la idea de que el psicoanálisis y otras doctrinas de este tipo eran científica e intelectualmente válidas. Su comentario también implica que si hubiera publicado sus artículos en un medio menos expuesto y menos politizado, podrían haber sido cautelosamente ignorados, como es la tradición consagrada del psicoanálisis.

Varios críticos de la cultura de inspiración freudiana se han mantenido relativamente fieles a los principios originales del Dr. Freud. Herbert Marcuse, el gurú de la contracultura de los años sesenta, pertenecía a la primera generación de la Escuela de Fráncfort, de la que hablaremos en detalle en el próximo capítulo. En *Eros y civilización*, hace suya la idea de Freud de que la cultura occidental es patógena por su represión de los impulsos sexuales y rinde homenaje a Freud "que reconoció el papel que desempeña la represión en los valores más elevados de la civilización occidental, que presupone y perpetúa la falta de libertad y el sufrimiento" (p. 240). Marcuse alaba los primeros trabajos de Wilhelm Reich como ejemplo del legado "izquierdista" de Freud. Reich "apreció plenamente que la represión sexual se ejerce en beneficio de la dominación y la explotación y que estos beneficios son a su vez consolidados y reproducidos por la represión sexual" (*ibid*. p. 239). Al igual que Freud, Marcuse señala el camino hacia una civilización utópica no explotadora que surgiría del cese completo de la represión sexual, pero Marcuse va más allá de las ideas de Freud expresadas en *El malestar en la civilización*, pues es aún más optimista sobre los beneficios que cabe esperar del cese de la represión sexual.

De hecho, Marcuse termina el libro defendiendo enérgicamente la idea de la importancia fundamental de la represión sexual, frente a ciertos "revisionistas neofreudianos" como Erich Fromm, Karen Horney y Henry Stack Sullivan. Curiosamente, Marcuse interpreta que el neofreudismo surge de la idea de que la tesis freudiana ortodoxa de la represión sexual implicaría la imposibilidad del socialismo. Por lo tanto, estos revisionistas neofreudianos deben considerarse como continuadores de la crítica de la cultura orientada al psicoanálisis, pero que impugnan la centralidad de la represión sexual. Estos teóricos -especialmente Erich Fromm, que se identificó fuertemente como judío y trató deliberadamente de utilizar el psicoanálisis con fines políticos de extrema izquierda- pueden ser clasificados como optimistas utópicos.

Al igual que Marcuse, Fromm pertenecía a la primera generación de la Escuela de Frankfurt. Su pensamiento se basa en la idea de que la sociedad contemporánea es patógena y que el desarrollo del socialismo debe traer una nueva era de relaciones humanas amorosas. Estos escritores han tenido una gran influencia.

Toda una generación de estadounidenses que pasó por las universidades se vio profundamente influenciada por el argumento de Erich Fromm en *Fuga de la libertad* de que el nacionalsocialismo era el producto del encuentro de una sensibilidad luterana y las contradicciones inherentes al capitalismo. (Rothman & Lichter, *op. cit.* p. 87)

A grandes rasgos, Fromm consideraba que el autoritarismo provenía de un miedo inconsciente a la libertad y, por lo tanto, de la necesidad de buscar una forma de seguridad en los movimientos fascistas, un ejemplo de la inclinación de los intelectuales judíos a formar teorías en las que el antisemitismo expresa una patología individual o social de los gentiles. Al igual que otros miembros de la Escuela de Fráncfort, Fromm desarrolló la opinión de que la salud psicológica la encarnaban mejor los individualistas que alcanzaban su pleno potencial sin depender de la pertenencia a un grupo colectivista:

> Para la democracia, el progreso consiste en el aumento de la libertad real, la iniciativa y la espontaneidad del individuo, no sólo en los asuntos privados y espirituales, sino sobre todo en la actividad que concierne principalmente a su existencia, es decir, su trabajo. (*Escape From Freedom*, p. 272)

Como veremos en el próximo capítulo, prescribir este individualismo radical a los gentiles es una excelente manera de perpetuar el judaísmo como un grupo unido. La ironía (¿o la hipocresía?) de Fromm y de los demás miembros de la Escuela de Frankfurt es que ellos mismos se identificaban fuertemente con un grupo de fuerte contenido colectivista, el judaísmo, mientras promovían el individualismo radical para la sociedad en su conjunto.

John Murray Cuddihy subraya un tema común en la crítica psicoanalítica de la cultura occidental: la idea de que el civismo occidental es un fino barniz sobre el antisemitismo y otras formas de psicopatología. Wilhelm Reich representa bien esta tendencia: "el violento encuentro entre la sociedad 'tribal' del *shtetl* y la sociedad 'vigilada' de Occidente" (*The Ordeal of Civility*, p. 111). En su libro *The Function of the Orgasm: Sex-Economic Problems ob Biological Ernergy*, Reich escribió:

> Las fuerzas que durante tanto tiempo estuvieron cubiertas bajo el barniz superficial de la buena educación y el autocontrol artificial propio de las multitudes que luchaban por la libertad, se liberaron y entraron en acción: en los campos de concentración, en las persecuciones a los judíos (...) En el fascismo, la enfermedad psíquica de las masas se reveló *sin disimulo*. (p. 206-207)

Para Reich, el blindaje del carácter que supone la represión de los orgasmos sexuales comienza con el discurso civilizado y educado y termina en Auschwitz. Cuddihy señala que Reich fue muy influyente en los años 40 a 70, entre el anarquista Paul Goodman, el poeta Karl Shapiro, los novelistas Stanley Elkin, Isaac Rosenfeld y Saul Bellow y los psicoterapeutas "Fritz" Perls, del Instituto Esalen, y Arthur Janov, autor de El *grito primario*.

Goodman, que formó parte del grupo New York Intellectuals con Rosenfeld y Bellow, escribió en *Growing Up Absurd: Problems of Youth in the Organized Society* una poderosa acusación contra la sociedad que frustra las necesidades instintivas, con su énfasis en la conformidad y la represión. El camino hacia una sociedad utópica debía ser allanado por una vanguardia de estudiantes revolucionarios y, de hecho, un estudio realizado en 1965 sobre los líderes del grupo de extrema izquierda *Estudiantes por una Sociedad Democrática* descubrió que más de la mitad había leído a Goodman y Marcuse; los lectores de Marx, Lenin o Trotsky eran muchos menos.

Goodman, en un artículo publicado en un número de 1961 de la revista *Commentary* -hecho que demuestra por sí mismo hasta qué punto la crítica social de inspiración psicoanalítica había penetrado en los círculos intelectuales judíos-, escribió: "¿Y si la censura, que es sólo un aspecto de la antisexualidad represiva en general, es en sí misma la causa del mal y crea la necesidad de una pornografía sádica que obtiene beneficios criminales? Sin aportar ninguna prueba de que los impulsos sádicos se originen en la represión de la sexualidad, Goodman se las arregla para sugerir, en el típico estilo psicoanalítico, que si la sociedad dejara de intentar controlar la sexualidad, todo iría bien.

La desastrosa equiparación del amor con el sexo en los escritos de Freud y sus seguidores es también evidente en la literatura. Cuddihy utiliza el ejemplo de Leslie Fiedler para resaltar la fascinación de los intelectuales judíos por la crítica cultural que proviene de Freud y Marx - cualquiera de ellos puede ser utilizado según la oportunidad. El amor cortés fue desenmascarado como una mera sublimación, un esfuerzo ritualizado para escapar de la vulgaridad del sexo con las mujeres. Como Dickstein señala de Norman Mailer:

> Poco a poco, como otros estadounidenses, se alejó del marxismo y se acercó al freudismo. Al igual que otros radicales de los años 50, fue más eficaz y profético en el ámbito psico-sexual que en el antiguo ámbito político (...) Donde estaba la represión, debía llegar la liberación: éste era el mensaje no sólo de Mailer, sino de todos los defensores de este nuevo radicalismo freudiano (o reichiano), que socavó considerablemente el consenso intelectual del período de la Guerra Fría. (*Gates of Eden: American Culture in the Sixties*, p. 52)

Aunque el trabajo de Marcuse, Goodman, Fiedler y Mailer ilustra la naturaleza profundamente subversiva de la crítica cultural que emana del psicoanálisis, debe entenderse en el contexto de un proyecto increíblemente amplio. Kurzweil ha ofrecido una visión panorámica de la influencia del psicoanálisis en la crítica cultural de todas las sociedades occidentales. En este tipo de literatura, existe una preocupación constante por proponer doctrinas que impliquen críticas radicales a la sociedad. Los seguidores de Jacques Lacan, un crítico literario francés, rechazaban la interpretación biológica de la teoría de las pulsiones, pero, sin embargo, estaban dispuestos a "restaurar la postura radical del psicoanálisis, con tanto celo como sus colegas alemanes" (*op. cit.* p. 78).

Como era de esperar, viniendo de una no-ciencia, la influencia del psicoanálisis llevó a la creación de una verdadera Torre de Babel teórica en el mundo de la crítica literaria: "En América, incluso los que contribuyeron a estos estudios no pudieron ponerse de acuerdo ni en su propósito ni en su objeto; cada uno tenía sus propios prejuicios" (*ibíd.* p. 195). El movimiento lacaniano se dividió en varias capillas tras la muerte del maestro, cada una de las cuales reclamó su propio adoubt. El psicoanálisis lacaniano fue utilizado en las críticas culturales radicales del marxista Louis Althusser y de Michel Foucault y Roland Barthes, dos autores muy influyentes. Todos estos intelectuales, incluido Lacan, fueron discípulos de Claude Levi-Strauss, quien a su vez fue influenciado por Freud (y Marx).

El papel central que desempeña el psicoanálisis en la crítica cultural puede observarse en la Alemania posterior a la Segunda Guerra Mundial. T. W. Adorno, autor de La *personalidad autoritaria*, es bastante representativo de quienes utilizaron el lenguaje de las humanidades para combatir el antisemitismo, patologizar el gentilismo y racionalizar el separatismo judío. Al regresar a Alemania después de la guerra, Adorno expresó su temor de que el psicoanálisis "ya no fuera una belleza capaz de perturbar el sueño de la humanidad" (*en* Kurzweil, *op. cit.* p. 253). El psicoanálisis acabó recibiendo apoyo estatal, y cada ciudadano alemán debía someterse a 300 horas de psicoanálisis (más para los casos graves). En 1983, el gobierno de Hesse pidió que se recopilaran datos empíricos que demostraran el éxito del psicoanálisis como condición para financiar un instituto psicoanalítico. La respuesta de los psicoanalistas indignados revela dos aspectos esenciales del proyecto psicoanalítico: la patologización de los enemigos y la centralidad de la crítica social.

Defendieron el psicoanálisis como crítica social (...) Atacaron las mentiras inconscientes de algunos psicoanalistas (no nombrados pero reconocibles), su desafortunada relación con el poder y su frecuente descuido de la contratransferencia.

Como resultado, la crítica social psicoanalítica tomó un nuevo vigor y se publicó un libro en el que "ningún tema político podía escapar a la crítica" (*ibíd.* p. 315). El psicoanálisis justifica su utilidad sólo por su crítica social, independientemente de los datos sobre sus éxitos clínicos.

En la Alemania posterior a la Segunda Guerra Mundial, el psicoanalista más influyente fue el izquierdista Alexander Mitscherlich, que veía el psicoanálisis como algo necesario para humanizar a los alemanes y "defenderse de las inhumanidades de la civilización" (*en* Kurzweil, *op. cit.* p. 234). En cuanto a la necesidad de transformar a los alemanes tras el periodo nazi, Mitscherlich creía que sólo el psicoanálisis podía proporcionar una esperanza para la redención del pueblo alemán: "Cada alemán debe enfrentarse a su pasado en persona a través de un análisis freudiano más o menos "pragmático"" (*ibíd.* p. 275). Su revista *Psyche* adoptó una posición generalmente opuesta a la cultura alemana, combinando puntos de vista marxistas y psicoanalíticos para elaborar un "pensamiento antifascista" (*ibid.* p. 236). Por su parte, el "Círculo Bernfeld", formado por psicoanalistas de extrema izquierda y activo en Alemania en el mismo período, enfatizaba "los elementos de crítica social presentes en el psicoanálisis" (*ibíd.* p. 234).

Como es habitual en este campo, estos psicoanalistas multiplicaron las teorías del antisemitismo, pero no aportaron ningún criterio para distinguirlas. En 1962, Mitscherlich organizó una conferencia titulada "Formas psicológicas y sociales del antisemitismo: análisis de la dinámica psicológica de un prejuicio", en la que se presentaron varias teorías imaginativas, que en general consideraban el antisemitismo como una patología social e individual que afectaba a los gentiles.

La contribución de Mitscherlich sostenía que los niños desarrollaban hostilidad cuando se les exigía que obedecieran a sus maestros, lo que conducía a la identificación con el agresor y, en última instancia, a la glorificación de la guerra. Mitscherlich creía que el antisemitismo alemán era "una manifestación más del autoritarismo infantil germánico" (*ibid.* p. 296). Béla Grunberger llegó a la conclusión de que "la ambivalencia edípica hacia el padre y las relaciones sádico-anales de la primera infancia forman la herencia irrevocable del antisemita" (*loc. cit*). Martin Wangh interpretó el antisemitismo nazi como el resultado de un agravamiento del complejo de Edipo resultante de la ausencia del padre durante la Primera Guerra Mundial: "El anhelo por el padre (...) los deseos homosexuales infantiles se reforzaron y luego se proyectaron sobre los judíos" (*ibíd.* p. 297).

Parte 7

Conclusión:

Empezamos a comprender que el creador del psicoanálisis era en el fondo un artista visionario y calculador, que intentaba mostrarse como el héroe de una saga de varios volúmenes, manteniéndose en el término medio entre la epopeya, la novela policíaca y la sátira del egoísmo del animal humano. Es esta difícil pero científica toma de conciencia la que debe alcanzar la comunidad freudiana, si es que es capaz de hacerlo. (Crews, *op. cit.* pp. 12-13)

Concluyo que el psicoanálisis ha sido básicamente un movimiento político dominado a lo largo de su historia por individuos con una fuerte identidad judía. Una característica constante de la disciplina es la importancia del compromiso personal. El alto grado de inversión emocional en las doctrinas psicoanalíticas y la fuerte identificación con la persona de Freud y sus descendientes directos indican que la participación en el movimiento psicoanalítico satisfacía profundas necesidades psicológicas entre muchos practicantes, integrándolos en un movimiento muy unido y con autoridad.

Dada la creencia en la superioridad intelectual, moral y, en última instancia, racial de los judíos que dominaba el movimiento en sus inicios, no es de extrañar que los observadores vieran el psicoanálisis no sólo como algo de color religioso, sino también dedicado a la promoción de intereses específicamente judíos. La idea de que el psicoanálisis es una camarilla ha persistido hasta nuestros días.

Siendo así, he señalado que la actividad intelectual judía dirigida a la crítica radical de la gentilidad no debe entenderse necesariamente como dirigida a la consecución directa de objetivos económicos o sociales judíos. Desde nuestro punto de vista, la subversión psicoanalítica de los fundamentos morales e intelectuales de la civilización occidental puede ser simplemente el resultado de procesos de identidad social por los que se valora negativamente la cultura del exogrupo. Sin embargo, una vez dicho esto, no lo hemos dicho todo.

El psicoanálisis ha servido a los intereses específicamente judíos al desarrollar teorías del antisemitismo que, bajo la máscara de la cientificidad, han restado importancia a la lucha de intereses entre judíos y gentiles. Aunque estas teorías varían mucho en detalles entre sí -lo que es típico de las teorías psicoanalíticas en general, en las que no se ofrecen criterios de demarcación empírica-, el corpus teórico en cuestión sigue viendo el antisemitismo como una forma de psicopatología que procede de proyecciones, represiones y formaciones reaccionarias, que en última instancia provienen de una sociedad patógena.

Los psicoanalistas que emigraron de Europa a Estados Unidos durante la época nazi querían hacer del psicoanálisis "el arma definitiva contra el fascismo, el antisemitismo y otros prejuicios antiliberales" (Kurzweil, *op. cit.*, p. 294). El intento más influyente, perteneciente a la serie *Studies in Prejudice*, se analizará en el próximo capítulo, pero las teorías de este tipo reaparecen continuamente. Estudiando dos ejemplares de este tipo, Katz observó que "este tipo de teorías son en la misma medida irrefutables e indemostrables", una caracterización que, como hemos visto, ha sido siempre el sello de la producción teórica psicoanalítica. En los dos casos que examinó, Katz no encontró ninguna conexión entre el antisemitismo históricamente real y la teoría psicoanalítica. Concluyó que "el hecho de que estas analogías [entre el antisemitismo y ciertos casos clínicos de obsesión] sean inverosímiles no parece preocupar a quienes interpretan todos los asuntos humanos en términos psicoanalíticos". ("Misreadings in antisemitsm", *Comentario* 76, p. 41)

Sin embargo, es notable que junto a este intento declarado de patologizar el antisemitismo, la teoría psicoanalítica no considera en ningún momento la identidad judía como un factor explicativo relevante del comportamiento. Al igual que la ideología de la izquierda radical, el psicoanálisis es una ideología mesiánica y universalista que se esfuerza por subvertir las categorías sociales tradicionales de la gentilidad y la propia distinción entre judío y gentil, al tiempo que deja abierta la posibilidad de la perpetuación de la cohesión del grupo judío, a costa de un cambio a un estado críptico o semicríptico. Y al igual que en la ideología de la izquierda radical, las categorizaciones sociales de judíos y gentiles pierden su filo y no tienen relevancia teórica. Si el psicoanálisis se convierte en parte de la cosmovisión gentil, el antisemitismo disminuirá: esto es lo que predice la teoría de la identidad social y lo que afirman las teorías psicoanalíticas del antisemitismo.

Gilman sugiere que Freud, junto con otros estudiosos judíos de la época, desarrolló teorías sobre la histeria como reacción a la idea de que los judíos, como "raza", estaban biológicamente predispuestos a la histeria. Para contrarrestar este argumento basado en la raza, Freud postuló la existencia de una naturaleza humana universal - "la base común de la vida humana"- y luego trató de explicar las diferencias individuales por la influencia del entorno, que en última instancia emanaba de una sociedad represiva e inhumana. Aunque el Dr. Freud estaba convencido de que la superioridad intelectual y moral de los judíos se derivaba de la herencia lamarckiana y, por tanto, se basaba en la genética, el psicoanálisis negaba oficialmente el valor de las diferencias étnicas de base biológica, así como, por supuesto, la primacía teórica de las diferencias étnicas o los conflictos étnicos en general. El conflicto étnico fue interpretado por la teoría psicoanalítica como un fenómeno secundario derivado de represiones irracionales, proyecciones y formaciones reaccionarias; en definitiva, como un indicio de patología en el gentilismo, no como un reflejo del comportamiento judío realmente existente.

He observado que la coincidencia entre el psicoanálisis y las ideas de la izquierda radical es común entre los judíos. Esto no debería ser una sorpresa. Ambos fenómenos son básicamente respuestas judías a la Ilustración y a la posterior denigración de la ideología religiosa como base para el desarrollo de una identidad individual o colectiva intelectualmente legítima. Ambos movimientos son compatibles con un fuerte apego personal a la propia identidad judía y con alguna forma de perpetuación colectiva del judaísmo. En este sentido, Yerushalmi argumenta de forma convincente que Freud se veía a sí mismo como un líder del pueblo judío y que su "ciencia" proporcionaba una interpretación secularizada de los temas religiosos judíos.

De hecho, la similitud entre estos movimientos es aún más profunda. Tanto el psicoanálisis como la ideología de la izquierda radical presentan críticas mediante las cuales se evalúan negativamente las instituciones tradicionales y las categorizaciones socio-religiosas de la gentilidad. Ambos movimientos, y el psicoanálisis en particular, formulan sus críticas en el lenguaje científico y racional que es la *lingua franca* del discurso intelectual posterior a la Ilustración. Esto no impide que estos dos movimientos se desarrollen en un ambiente fuertemente politizado, a pesar del barniz científico. En el caso de la ideología política marxista, esto no es sorprendente, aunque el marxismo haya sido presentado a menudo por sus partidarios como un socialismo "científico". El psicoanálisis, en cambio, se vio obstaculizado en su búsqueda de respetabilidad por la coloración claramente sectaria y política del movimiento, que llevaba la máscara de la cientificidad.

Tanto el psicoanálisis como la ideología de la izquierda radical han promovido a menudo el sentido de una misión mesiánica personal que promete a los gentiles un mundo utópico libre de la lucha de clases, los conflictos étnicos y las neurosis incapacitantes. Ambos movimientos desarrollaron concepciones muy particulares de la identidad colectiva judía, cuyo papel era guiar a los gentiles hacia el utópico mundo futuro. Encontramos el conocido concepto de "luz de las naciones", formulado en términos seculares y "científicos".

Las categorizaciones sociales defendidas por ambos movimientos borraron por completo la distinción entre judío y gentil y ambos movimientos desarrollaron ideologías que hacían del antisemitismo la consecuencia de factores completamente ajenos a la identidad judía, a la continuidad del grupo judío y a la competencia entre judíos y gentiles por los recursos. En las sociedades utópicas del futuro que prometían, las categorías de judío y gentil serían en teoría irrelevantes, pero los judíos podrían seguir reconociéndose como tales y la identidad colectiva judía podría perpetuarse, mientras que una de las fuentes de la identidad gentil, a saber, la religión y con ella el apoyo a una fuerte inversión parental, se interpretaba como una aberración infantil. Las ideologías universalistas del marxismo y del psicoanálisis eran, pues, eminentemente compatibles con la perpetuación del particularismo judío.

Además de estas funciones, no es descabellado pensar que la influencia cultural del psicoanálisis puede haber beneficiado al judaísmo al acentuar el diferencial entre judíos y gentiles en la competencia por los recursos, aunque no hay razón para suponer que esta consecuencia fuera premeditada por los líderes de este movimiento. Dadas las considerables diferencias medias entre judíos y gentiles en cuanto a la inteligencia y a la tendencia a la alta inversión de los padres, hay razones de peso para creer que judíos y gentiles tienen intereses muy diferentes en la construcción de la cultura. Los judíos sufren menos que los gentiles la erosión de los tutores culturales que apoyan la fuerte inversión de los padres, y los judíos se benefician del declive de las creencias religiosas entre los gentiles.

Como confirma Podhoretz, hay muchas pruebas de que los intelectuales judíos y las organizaciones judías como el AJCongress y las organizaciones dominadas por judíos como la American Civil Liberties Union ridiculizaron las creencias religiosas cristianas, intentaron socavar la fuerza social del cristianismo y se pusieron al frente de la lucha para eliminar todas las barreras contra la pornografía. En este capítulo hemos aportado pruebas de que el psicoanálisis fue un movimiento intelectual dominado por los judíos y un componente central en la guerra contra los tutores culturales que apoyaban una fuerte inversión de los padres.

En este sentido, no es baladí que Freud argumentara que el judaísmo como religión ya no era necesario, porque ya había cumplido su función de crear un carácter nacional judío intelectual, espiritual y moralmente superior:

> Habiendo forjado el carácter de los judíos, el judaísmo como religión había cumplido su función vital y, por tanto, podía dejarse de lado (Yerushalmi, *op. cit.* p. 52).

Los datos que hemos sintetizado en este capítulo muestran que Freud consideraba que la superioridad ética, espiritual e intelectual judía estaba determinada genéticamente y que los gentiles estaban genéticamente predispuestos a caer bajo el dominio de los sentidos y a la brutalidad. Según Freud, el carácter nacional judío estaba determinado genéticamente por medio de una herencia lamarckiana que operaba a lo largo de generaciones y que procedía de una experiencia judía única. Las pruebas que revisé en *Un pueblo que habitará solo* indican que hay buenas razones para suponer una base genética para las diferencias en el coeficiente intelectual y la inversión parental entre judíos y gentiles, causadas en última instancia por las prácticas religiosas judías durante largos períodos históricos (mediante prácticas eugenésicas, no la herencia lamarckiana).

Dado que las diferencias entre judíos y gentiles están establecidas genéticamente, el grado de inversión parental en los judíos es menos probable que dependa de la conservación de sus guardianes culturales, como ocurre en los gentiles. Por lo tanto, la guerra de Freud contra el gentilismo, a través de la facilitación de la búsqueda de la gratificación sexual, la disminución de la inversión de los padres y la eliminación de los controles sociales sobre el comportamiento sexual, probablemente afectaría a los judíos y a los gentiles en la misma medida, y esto iba a exacerbar las diferencias de competitividad, ya no insignificantes, entre los judíos y los gentiles, si se tiene en cuenta el material recogido en los capítulos 5 y 7 de *Un pueblo que habitará solo*.

Por ejemplo, hay pruebas de que los adolescentes más dotados, acomodados y educados experimentan una maduración sexual relativamente lenta. Estos adolescentes son más propensos a abstenerse de tener relaciones sexuales, por lo que la libertad sexual y la legitimación de las relaciones sexuales fuera del matrimonio tienen menos probabilidades de conducir al matrimonio prematuro, a las familias monoparentales y a otras formas de baja inversión parental para este grupo. Una mayor inteligencia también se asocia con una edad más tardía en el matrimonio, una menor tasa de hijos naturales y una menor tasa de divorcios. Hyman señala que en la América contemporánea, las familias judías tienen una tasa de divorcio menor que las no judías, una edad media de matrimonio más tardía y un mayor nivel de inversión en la educación de los hijos.

Estudios recientes indican que la edad media de la primera relación sexual es más tardía entre las adolescentes judías que entre las no judías y que la tasa de embarazos no deseados es más baja que entre cualquier otro grupo étnico o religioso de Estados Unidos. Debido a la desproporcionada prosperidad económica de los judíos, las consecuencias negativas del divorcio y la monoparentalidad en los hijos se ven sin duda mitigadas entre los judíos, ya que las tensiones económicas que acompañan a ambos fenómenos se ven amortiguadas.

Estos datos indican que los judíos han estado relativamente aislados de las tendencias de baja inversión de los padres que han caracterizado a la sociedad estadounidense desde la revolución contracultural de la década de 1960. Esta tesis encaja bien con los datos revisados por Herrstein y Murray, que muestran una evidencia abrumadora de que las consecuencias desastrosas de los cambios en las costumbres sexuales y matrimoniales en Occidente en los últimos treinta años se han experimentado de forma desproporcionada en los niveles más bajos de la distribución del coeficiente intelectual y de la riqueza, y por lo tanto han afectado a relativamente pocos judíos.

Por ejemplo, sólo el 2% de las mujeres blancas en el tramo más alto de CI (125 y más) y el 4% de las mujeres blancas en el segundo tramo (entre 110 y 125) tuvieron hijos naturales, frente al 23% en el cuarto tramo (entre 75 y 90) y el 42% en el quinto tramo (CI inferior a 75). Y el papel causal de la pobreza no elimina la influencia del CI. Las mujeres pobres con un coeficiente intelectual alto tienen siete veces menos probabilidades de dar a luz a un hijo natural que las mujeres pobres con un coeficiente intelectual bajo. Además, la tasa de nacimientos naturales entre los negros pasó del 24% en 1960 al 68% en 1991, mientras que el mismo fenómeno entre los blancos pasó del 2% al 18% en el mismo periodo. Dado que el coeficiente intelectual medio de los judíos en EE.UU. es de unos 117 y su coeficiente verbal es aún mayor, esta tesis implica que muy pocas mujeres judías tienen hijos naturales y que las que los tienen tienen más probabilidades de ser más acomodadas, inteligentes y cuidadosas que las típicas madres solteras de las clases cognitivas más bajas.

Así pues, la revolución sexual ha tenido poco efecto en la inversión de los padres entre las clases cognitivas más altas. Estos resultados también son coherentes con los hallazgos de Dunne sobre la heredabilidad de la edad a la primera relación sexual, que ha aumentado desde los años 60. En la cohorte más joven (individuos nacidos entre 1952 y 1965), los factores genéticos explicaron el 49% de la variación entre mujeres y el 72% de la variación entre hombres, sin que hubiera influencias ambientales compartidas entre ambos sexos. En la cohorte más antigua (individuos nacidos entre 1922 y 1952), los factores genéticos explicaban el 32% de la variación entre mujeres y ninguna variación entre hombres, y había un fuerte componente ambiental compartido entre ambos sexos. Estos datos indican que la erosión de los controles tradicionales sobre la sexualidad tuvo un efecto mucho mayor en aquellos que están genéticamente predispuestos a la sexualidad temprana y, por tanto, también indican, al cruzar estos resultados con los datos presentados anteriormente, que los gentiles se vieron mucho más afectados que los judíos.

Aunque no cabe duda de que existen otros factores, no deja de ser llamativo que la creciente tendencia a la baja inversión parental coincida en gran medida con el triunfo de las críticas psicoanalíticas y de extrema izquierda a la cultura estadounidense, encarnadas en el éxito político del movimiento contracultural de los años sesenta. Entre 1970 y 1992, la proporción de familias monoparentales aumentó de una de cada diez a una de cada tres, la actividad sexual de los adolescentes se disparó, al igual que la maternidad temprana fuera del matrimonio. Hay un excelente conjunto de pruebas que relacionan la monoparentalidad adolescente, la pobreza, la falta de educación y la falta de oportunidades de desarrollo infantil.

De hecho, todos estos ominosos fenómenos familiares se han exacerbado desde mediados de la década de 1960, como la tendencia a la baja de las tasas de matrimonio, el aumento "cataclísmico" de las tasas de divorcio y las tasas de nacimientos de hijos naturales. En cuanto al divorcio y los hijos naturales, los datos muestran un fuerte aumento en los años 60 en comparación con las décadas anteriores, que se mantiene hasta la actualidad.

Los años sesenta representan, pues, un punto de inflexión histórico en la historia cultural estadounidense según nuestro diagnóstico, que es coherente con la tesis de Rothman y Lichter de que el cambio de los años sesenta condujo a un "individualismo expresivo" entre las élites culturales y a un declive de los tutores externos del comportamiento, los pilares de la cultura protestante antaño dominante. Estos autores destacan el papel de la Nueva Izquierda en la realización de estos cambios; yo destaco en este libro la estrecha relación entre el psicoanálisis y la Nueva Izquierda. Ambos movimientos estaban dirigidos y dominados por judíos.

La revolución sexual es "el culpable más evidente" de la disminución de la importancia del matrimonio (Herrnstein & Murray, *The*

Bell Curve: Intelligence and Class Structure in American Life, p. 544) y su efecto concomitante, la baja inversión de los padres.

> Lo que llama la atención de la revolución sexual, como bien se dice, es lo revolucionaria que es, tanto en términos de sensibilidad como de realidad. En 1965, el 69% de los hombres y el 65% de las mujeres estadounidenses menores de treinta años decían que el sexo prematrimonial era siempre o casi siempre algo malo; en 1972, estas cifras habían descendido al 24% y al 21% (...) En 1990, sólo el 6% de los hombres y mujeres británicos pensaban que era siempre o casi siempre algo malo. (Himmelfarb, *The De-Moralization of Society: From Victorian Virtues to Modern Values*, p. 236)

Aunque hay pocas razones para suponer que la batalla por la libertad sexual, tan central para el psicoanálisis, se libró con la intención de dar a los judíos una ventaja sobre los gentiles en la competencia por los recursos, el hecho es que la guerra intelectual librada por el psicoanálisis contra el gentilismo ciertamente trajo esta ventaja competitiva, mucho más allá de embotar la agudeza y el significado de la diferencia entre judío y gentil teóricamente y mucho más allá de producir razones "científicas" para la patologización del antisemitismo. Esta guerra también amplió la brecha social entre una "élite cognitiva" con una presencia judía desproporcionada, por un lado, y una masa de individuos intelectualmente incompetentes, irresponsables como padres, dispuestos a solicitar la seguridad social, a mostrar un comportamiento delictivo, a ser enfermos mentales y a abusar de sustancias estupefacientes, por otro.

Aunque el psicoanálisis está en declive en la actualidad, especialmente en Estados Unidos, la experiencia histórica sugiere que otras estructuras ideológicas intentarán alcanzar algunos de los objetivos que el psicoanálisis se propuso. Como ha demostrado a lo largo de su historia, el judaísmo sigue siendo extraordinariamente flexible a la hora de legitimar la perpetuación de la identidad judía colectiva y el separatismo genético. Como se señaló en el capítulo dos, muchos estudiosos judíos siguen dando forma a las ciencias sociales de manera que sirvan a los intereses judíos y desarrollan poderosas críticas a las teorías que se perciben como contrarias a esos intereses. La inutilización del psicoanálisis como arma de combate en estas batallas no tendrá mayor impacto en el esfuerzo bélico.

Kevin B. MacDonald

LA CULTURA DE LA CRÍTICA
Los judíos y la crítica radical de la cultura gentil

Un análisis evolutivo de la participación judía en los movimientos políticos e intelectuales del siglo XX

Kevin B. MacDonald

Kevin MacDonald es un profesor estadounidense de psicología de *la Universidad Estatal de California* y líder del llamado movimiento de psicología evolutiva.

LA CULTURA DE LA CRÍTICA
Los judíos y la crítica radical de la cultura gentil

The Culture of Critique: An Evolutionary Analysis of Jewish Involvement in Twentieth-Century Intellectual and Political Movements (1998), traducido del estadounidense por www.blancheurope.com.

Publicado por Omnia
Veritas Limited

www.omnia-veritas.com

Omnia Veritas Limited - Kevin B. MacDonald - 2020

Todos los derechos reservados. Ninguna parte de esta publicación puede ser reproducida por ningún medio sin la autorización previa del editor. El Código de la Propiedad Intelectual prohíbe las copias o reproducciones para uso colectivo. Toda representación o reproducción total o parcial por cualquier medio sin el consentimiento del editor, del autor o de sus derechohabientes es ilegal y constituye una infracción sancionada por los artículos L-335-2 y siguientes del Código de la Propiedad Intelectual.

Capítulo V

La Escuela de Frankfurt y la patologización de las lealtades no judías

> El odio y la voluntad de sacrificio (...) se alimentan de la imagen de los antepasados esclavizados, no del ideal de los nietos liberados.
>
> Walter Benjamin,
> *Tesis sobre el concepto de historia*, XII
>
> Escribir un poema después de Auschwitz es una barbaridad.
> T. W. Adorno, *Prismas*

Parte 1

La visión política del Instituto de Investigación Social de Frankfurt

En los capítulos II y IV hemos rastreado varias teorías desarrolladas por eruditos judíos, que parecen haber sido influenciadas por intereses políticos específicamente judíos. En este capítulo continuaremos este examen analizando *la personalidad autoritaria*. Esta obra clásica de la psicología social fue patrocinada por el Departamento de Investigación Social del Comité Judío Americano (ahora AJCommittee) como parte de una serie titulada *Studies in Prejudice*. Esta serie de libros estuvo estrechamente vinculada a la llamada Escuela de Frankfurt, formada principalmente por intelectuales judíos asociados al Instituto de Investigación Social, que surgió en Alemania durante la República de Weimar. Los miembros de la primera generación de esta escuela eran todos de etnia judía y el propio Instituto fue fundado por un millonario judío llamado Felix Weil. La ambición de

Weill de "apadrinar a la izquierda" se vio coronada por un éxito extraordinario: a principios de la década de 1930, la Universidad de Fráncfort se había convertido en un bastión de la izquierda académica, "donde se concentraban todas las ideas que importaban en el campo de la teoría social" (Wiggershaus, *The Frankfurt School: Its History, Theories and Political Significance*, p. 121). En aquella época, la sociología se denominaba comúnmente "ciencia judía" y los nazis consideraban a Fráncfort como "la nueva Jerusalén en el Jordán franco" (*ibíd.* p. 112-113).

Los nazis consideraban al Instituto de Investigación Social como una organización comunista. Seis semanas después de la llegada de Hitler al poder, el Instituto fue clausurado por "promover actividades hostiles al Estado". Incluso después de su emigración a los Estados Unidos, el Instituto siguió siendo percibido generalmente como un escaparate comunista debido a sus sesgos marxistas, y porque seguía intentando no traicionar a la izquierda "mientras desafiaba las sospechas de hacerlo" (*ibíd.* p. 251).

Gershom Sholem, teólogo e historiador de la religión israelí, afirmó que la Escuela de Fráncfort era una "secta judía", juicio apoyado por numerosos elementos que muestran una identificación judía muy fuerte entre muchos de sus miembros. La serie *Estudios sobre los prejuicios* estuvo bajo la responsabilidad de Max Horkheimer, uno de los directores del Instituto. Horkheimer era un 'jefe académico' muy carismático que constantemente recordaba a sus asociados que eran una élite elegida, que tenía en sus manos el desarrollo de la 'Teoría'" (*ibid*: 2). Horkheimer se reconocía plenamente como judío, como sus escritos posteriores dejan cada vez más claro. Pero su adhesión al judaísmo, marcada por la presencia de temas religiosos específicamente judíos, puede verse ya en sus escritos de adolescente y joven. En sus últimos años, Horkheimer aceptó plenamente su identidad judía y logró una gran síntesis entre el judaísmo y la teoría crítica (como se denomina el corpus doctrinal de la Escuela de Frankfurt). Como prueba de la profundidad de su apego al judaísmo, escribió en 1947 que el propósito de la filosofía era justificar y vengar la historia judía:

> Los mártires anónimos de los campos de concentración son símbolos de la humanidad que lucha por nacer. La tarea de la filosofía es traducir lo que

han hecho a un lenguaje que pueda ser escuchado, aunque sus voces mortales hayan sido silenciadas por la tiranía. (*El eclipse de la razón*, p. 161)

Tar explicó que la inspiración de Horkheimer surgió de su voluntad de dejar atrás el judaísmo, pero manteniendo su apego a la fe de sus padres. No es de extrañar que estuviera tan alejado de la cultura alemana:

> Tan pronto como llegué de mi tierra natal, Palestina, adquirí los rudimentos de la lengua alemana escrita con una rapidez asombrosa, pero este ensayo fue nada menos que fácil de escribir. Mi estilo no lleva la marca de la facilidad y la genialidad. He intentado comunicarme con la ayuda de lo que he leído y oído, juntando inconscientemente fragmentos de un lenguaje desde una mentalidad extraña. ¿Cómo podría un extraño hacer lo contrario? Pero mi determinación tuvo la última palabra, porque el mensaje merece ser transmitido, sean cuales sean sus debilidades estilísticas. (Horkheimer en Tar: *La Escuela de Frankfurt: las teorías críticas de max Horkheimer y Theodor Adorno*, p. 60)

T. W. Adorno, el principal autor de los estudios sobre la personalidad autoritaria que se examinarán a continuación, fue también director del Instituto. Tenía una relación profesional tan estrecha con Horkheimer que este último escribió que era "difícil discernir qué ideas habían surgido de su mente y cuáles de la mía; nuestra filosofía es una" (*ibíd.*, p. vii). A partir de 1940, los temas judíos adquirieron una importancia creciente en los escritos de Adorno como reacción al antisemitismo nazi. De hecho, gran parte de su obra posterior puede considerarse una reacción al Holocausto, como indica su famoso comentario de que "escribir un poema después de Auschwitz es una barbaridad" y su pregunta "si después de Auschwitz se puede seguir viviendo, si quien por casualidad escapó de él y que normalmente habría sido asesinado tiene todo el derecho a hacerlo". (*Dialéctica negativa*, p. 363)

Tar señala que esta última observación significaba que "ningún tipo de sociología era posible sin la reflexión sobre Auschwitz y sin la preocupación por hacer imposibles nuevos Auschwitz". En otras palabras, "la experiencia de Auschwitz se convirtió en una categoría histórica y sociológica absoluta" (*op. cit.*, p. 165). Está claro que la conciencia judía y el apego al judaísmo eran particularmente fuertes entre los líderes de esta serie de estudios.

En el primer capítulo de este libro hemos mostrado que, desde la Ilustración, muchos intelectuales judíos han realizado una crítica radical de la cultura gentil. Horkheimer, por su parte, percibió con gran agudeza la estrecha relación entre la asimilación judía y la crítica del gentilismo, afirmando en particular que "la asimilación y la crítica no son sino dos momentos del mismo proceso de emancipación" (*Crítica de la razón instrumental*, p. 108). Un tema constante en la Teoría Crítica de Horkheimer y Adorno era la idea de la transformación de la sociedad según principios morales. Desde el principio, rechazaron la exclusión de los juicios de valor en las ciencias humanas ("el fetichismo de los hechos") en favor de la perspectiva moral de que las sociedades existentes, ya sean capitalistas, fascistas o incluso estalinistas, deberían transformarse en utopías donde reinara el pluralismo cultural.

De hecho, mucho antes de que apareciera *Studies in Prejudice*, la Teoría Crítica había desarrollado la idea de que la ciencia social positivista (es decir, orientada a los hechos) estaba vinculada a la dominación y la opresión. Horkheimer escribió en 1937 que "si la ciencia sigue la dirección del empirismo en su conjunto, y si el intelecto abandona su obstinada y confiada tarea de examinar la espesura de las observaciones, para saber más del mundo de lo que nos dice la farisaica prensa diaria, entonces será un participante pasivo en el mantenimiento de la injusticia universal" (*en* Wiggershaus, *op. cit.* p. 184).

El carácter poco científico de esta empresa también se pone de manifiesto en la forma en que se trataron los desacuerdos dentro del Instituto. Adorno escribió lo siguiente sobre la obra de Walter Benjamin: "Llegué a la convicción de que *no había nada* en sus obras que no pudiera defenderse desde el punto de vista del materialismo dialéctico" (*ibid.* p. 161; el subrayado es nuestro). En cuanto a Erich Fromm, fue expulsado del movimiento en los años 30 por su humanismo de izquierdas (que condenaba el autoritarismo de la relación entre psicoanalista y paciente), considerado incompatible con el autoritarismo de izquierdas que formaba parte integrante de la línea defendida entonces por Adorno y Horkheimer: "[Fromm] se siente cómodo con la noción de autoridad, sin la cual, después de todo, no serían concebibles ni la vanguardia leninista ni la dictadura. Le insto a que lea a Lenin (...) Debo decirle que percibo en este artículo una verdadera amenaza a la línea defendida por la revista"

(Adorno, *en* Wiggershaus, *op. cit.* p. 266).

Así, Fromm fue expulsado del Instituto a pesar de encontrarse entre los más radicales de la izquierda del campo psicoanalítico. A lo largo de su carrera, Fromm encarnó la izquierda psicoanalítica, cuya tesis es que la sociedad burguesa-capitalista y el fascismo son el resultado de atroces distorsiones de la naturaleza humana (y que a su vez la sostienen). Del mismo modo, Herbert Marcuse fue excluido cuando sus puntos de vista marxistas ortodoxos ya no se correspondían con las nuevas opciones ideológicas de Adorno y Horkheimer.

Estas tendencias al exclusivismo se hicieron evidentes en los intentos fallidos de restaurar la revista del Instituto en la década de 1950. Se decidió que había muy pocos colaboradores afines a la línea Adorno-Horkheimer para apoyar el esfuerzo periodístico, y el proyecto se terminó. A lo largo de la existencia del Instituto, la afiliación significaba que uno tenía que aceptar someter su trabajo a una fuerte edición e incluso a la censura, con el fin de garantizar su conformidad con una posición ideológica claramente definida.

Como podría sugerir su naturaleza de movimiento político altamente autoritario, la Escuela de Frankfurt produjo un corpus especulativo y filosófico que finalmente no tuvo ninguna influencia en la sociología de orientación empírica, aunque sí tuvo, como veremos, una profunda influencia en la teoría en el mundo de las letras y la filosofía. (Hay que hacer una excepción con *La personalidad autoritaria*, que fue un libro muy influyente y tuvo algún tipo de base empírica). Este cuerpo teórico no puede llamarse ciencia por el rechazo a la experimentación, la cuantificación y la verificación, y por la prioridad que se da a los objetivos políticos y morales sobre el examen de la naturaleza de la psicología humana y social.

Este énfasis en los objetivos políticos y morales de la Teoría Crítica es esencial para entender la Escuela de Frankfurt y su influencia. Horkheimer y Adorno acabaron rechazando el énfasis marxista clásico en la lucha de clases para explicar el ascenso del fascismo, en favor de una perspectiva en la que el fascismo y el capitalismo se entendían a través del prisma de la dominación y el autoritarismo. Además, intentaron explicar que la ruptura de las relaciones entre padres e hijos, que implicaba la represión de la naturaleza humana, era una condición necesaria para la dominación y el autoritarismo.

Obviamente, esta visión encajaba bien con la teoría psicoanalítica, que era uno de los fundamentos de su pensamiento. Casi desde el principio, el psicoanálisis tuvo un estatus respetado en el Instituto de Investigación Social, bajo la influencia de Erich Fromm en particular. Fromm fue miembro del Instituto Psicoanalítico de Fráncfort y del Instituto de Investigación Social; Junto con otros "freudianos de izquierda", como Wilhelm Reich y más tarde Herbert Marcuse, desarrolló teorías que combinaban el marxismo y el psicoanálisis y que establecían vínculos teóricos entre la represión de los instintos en el contexto de las relaciones familiares (para Fromm, se trata del desarrollo de rasgos sadomasoquistas y anales en la familia) y el desarrollo de estructuras sociales y económicas opresivas.

No deja de ser interesante observar que, a pesar de la hostilidad de Horkheimer hacia las ciencias experimentales y la filosofía positivista de la ciencia, no sintieron la necesidad de abandonar el psicoanálisis. De hecho, el psicoanálisis "fue la prueba central para Horkheimer y sus compañeros teóricos de que se podían hacer grandes avances -e incluso mejores- sin caer en la especialización disciplinaria" (Wiggershaus, *op. cit.*, p. 186). Hay que entender que el psicoanálisis, como estructura hermenéutica sin base empírica (pero que se hace pasar por científica), sirvió de instrumento infinitamente maleable en manos de quienes pretendían construir una teoría orientada a objetivos estrictamente políticos.

Para Horkheimer y Adorno, el paso de la sociología a la psicología en la década de 1940 estuvo motivado por el hecho de que en Alemania el proletariado había sucumbido al fascismo y que el socialismo en la Unión Soviética no había impedido el desarrollo de un poder autoritario que no garantizaba ni la autonomía individual ni los intereses del grupo judío. Según este nuevo enfoque, el problema fundamental era el autoritarismo. Sus orígenes se encuentran en las interacciones familiares y, en última instancia, en la represión de la naturaleza humana. Sin embargo, los contornos de esta teoría ya habían sido esbozados en un texto de 1936 titulado *Estudios sobre la autoridad y la familia,* que presentaba la teoría psicoanalítica de Fromm sobre las relaciones familiares "sadomasoquistas" y sus supuestos vínculos con el capitalismo burgués y el fascismo.

Este enfoque filosófico-seculativo del antisemitismo puede encontrarse en su estado refinado en el capítulo de Adorno y Horkheimer sobre el antisemitismo en la *Dialéctica de la Razón* de 1944. Aparte de su abstracción y de la terminología hegeliana, el libro se contenta con afirmaciones: las afirmaciones sobre el antisemitismo son simplemente afirmadas, sin ningún intento de justificarlas empíricamente. Como señala Jacob Katz, la Escuela de Fráncfort "no es conocida por la exactitud de su evaluación de la situación judía, ni antes ni después del advenimiento del nazismo" ('Misreadings of Antisemitism', *Commentary*, 1983). En cualquier caso, muchas de las ideas expuestas en este libro en un lenguaje filosófico prefiguran las teorías del antisemitismo contenidas en *La personalidad autoritaria*. Y de hecho, ambos autores consideraron este capítulo de la *Dialéctica de la Razón* como el marco teórico para una futura investigación empírica del antisemitismo. Por lo tanto, *La personalidad autoritaria* puede verse como la realización de esta ambición de dar una base empírica a la teoría, aunque fue desarrollada *a priori* y no fue vista por sus autores como susceptible de ser verificada o refutada por la experimentación.

> Es como si Horkheimer viera el proyecto sobre la dialéctica y el proyecto sobre el antisemitismo como dos elementos distintos que se relacionan entre sí del mismo modo que una teoría abstracta se relaciona con su aplicación a un campo concreto, o como la lógica hegeliana se relaciona con la filosofía hegeliana de la historia, el derecho y la estética. ¿Esta distinción entre investigación teórica y empírica no iba a conducir a otra distinción, que secretamente daba a la teoría la dignidad de especulación y la desprendía de su anclaje empírico, característico de las ciencias? ¿No se negó así el papel de la investigación empírica, que consiste en cuestionar la experiencia, y se redujo al rango de mera ilustración de la teoría? (...) Otra cuestión abierta sería si su entusiasmo por la teoría y sus comentarios despectivos sobre la especialización disciplinaria en las ciencias no representaban al final algo más que sus valores y estados de ánimo personales; y si éstos, a su vez, no tenían cierta influencia en la forma en que se realizaba su trabajo académico y, por tanto, en sus resultados, especialmente cuando las influencias externas les obligaban a tomar en serio ambos tipos de investigación. (Wiggershaus, *op. cit.* p. 320).

El carácter no empírico de la teoría del antisemitismo era igualmente claro para Adorno: "Nunca hemos considerado la teoría como un mero conjunto de hipótesis, sino en cierto sentido como algo que se sostenía por sí mismo. En consecuencia, no hemos pretendido demostrar o refutar la teoría con datos, sino sólo derivar de ella cuestiones concretas para nuestra investigación, que deben ser juzgadas por su propio mérito y sirven para establecer ciertas estructuras socio-psicológicas imperantes" ("Experiencias científicas de un becario europeo en América"). En realidad, son los datos los que deben ser juzgados por su propio mérito, y como veremos, hay buenas razones para creer que los procedimientos empleados para probar la teoría han sido llevados más allá de los límites de la práctica científica normal.

Básicamente, los estudios presentados en *La personalidad autoritaria* surgieron de la necesidad percibida de desarrollar un proyecto de investigación empírica que sirviera de apoyo a una teoría del antisemitismo política e intelectualmente satisfactoria *para* influir en el público académico estadounidense. Como dijo Horkheimer en 1943

> Cuando nos enteramos de que algunos de nuestros amigos estadounidenses esperaban que un Instituto de Ciencias Sociales se dedicara a estudios de problemas sociales relevantes, experimentos de campo y otras investigaciones empíricas, hicimos todo lo posible, pero por nuestras inclinaciones personales nos apegamos a *las Geisteswissenschaften* [las humanidades] y al análisis filosófico de la cultura. (*en* Wiggershaus, *op. cit.* p. 252).

Cabe señalar que Max Horkheimer justificó a sabiendas la realización de propaganda política mediante métodos científicos sociales. Aprobó con entusiasmo la idea de incorporar a los delincuentes al aparato de investigación social: "La investigación podría así transformarse *directamente* en propaganda. Si pudiéramos establecer de forma creíble que un porcentaje especialmente alto de delincuentes son antisemitas extremos, el resultado ya sería en sí mismo propaganda. También me gustaría intentar examinar a los psicópatas, en los manicomios" (*op. cit.*, p. 375; el subrayado es nuestro). Ambos grupos, presos y enfermos mentales, fueron incluidos en el estudio.

Una de las tesis centrales de la *Dialéctica de la Razón* es que el antisemitismo proviene de una "voluntad de destrucción, nacida de un falso orden social" (p. 168). La ideología que atribuye una variedad de rasgos negativos a los judíos es, según esta tesis, sólo una proyección que da lugar a un autorretrato del antisemita. Los antisemitas acusan a los judíos de querer el poder, cuando en realidad los antisemitas "anhelan la posesión total del poder sin restricciones a cualquier precio". La culpa de esto la transfieren a los judíos" (*Dialéctica de la Ilustración*, p. 169).

Los autores reconocen que el antisemitismo está asociado a los movimientos gentiles de cohesión nacional. Se interpreta que el antisemitismo que acompaña a estos movimientos proviene de un "impulso destructivo que se desata en las multitudes codiciosas", pero que es manipulado por las élites no judías que buscan enmascarar su propia dominación económica. El antisemitismo no tiene otra función que la de servir de desahogo a la ira de quienes se han visto frustrados económica y sexualmente.

Horkheimer y Adorno sostienen que el fascismo moderno es básicamente lo mismo que el cristianismo tradicional, porque ambos implican un deseo de oponerse y subyugar a la naturaleza. Mientras que el judaísmo seguía siendo una "religión natural" preocupada por la preservación de la vida nacional, el cristianismo se ha movido hacia la dominación y el rechazo de todo lo que es natural. Utilizando un argumento que se asemeja mucho al de Freud en *El hombre Moisés y la religión monoteísta*, el antisemitismo religioso se explica como "una cuestión de odio hacia los que no han hecho el oscuro sacrificio de su razón (...) Los seguidores de la religión del Padre son odiados por los que se adhieren a la religión del Hijo (...), odiados como los que saben más. (*ibidem*, p. 179)

Esta interpretación del antisemitismo como derivado fundamentalmente de un rechazo de la naturaleza está en el corazón de *Studies on Prejudice*, y en particular de *The Authoritarian Personality*. Este rechazo de la naturaleza conduce a la proyección de las características del yo en el entorno, y en particular en los judíos. "Los impulsos que el sujeto no reconoce como propios, aunque claramente lo sean, se atribuyen al objeto, a la posible víctima". (*ibid.* p. 187) Los impulsos sexuales son fundamentales en este mecanismo de proyección: "Los impulsos sexuales que la especie humana ha reprimido han sobrevivido y triunfado -tanto en los individuos como en las naciones-

transformando en pensamiento el mundo circundante en un sistema diabólico." (*ibid.*) La negación entre los cristianos en general, y la represión sexual en particular, ha producido una maldición de la que forma parte el antisemitismo por proyección.

Se recurre a la teoría psicoanalítica para explicar este proceso, haciendo hincapié en la represión del odio hacia la figura paterna, argumento que se retomará en *La personalidad autoritaria*. Los impulsos agresivos que se originan en el *id* se proyectan al mundo exterior bajo la égida del *superego*: "La acción prohibida que se convierte en agresión es generalmente de naturaleza homosexual. A través del miedo a la castración, la obediencia al padre toma la delantera hasta el punto de anticiparse a la castración adoptando aproximadamente en su conciencia las emociones de una niña, y así se reprime el odio que actualmente se siente por el padre". (p. 192)

Las acciones ilícitas apoyadas en poderosos instintos se transforman así en agresión, que se proyecta sobre las víctimas pertenecientes al mundo exterior, lo que da lugar a "ataques a otros individuos, por celos o por el simple placer de causar dolor, de la misma manera que quien ha reprimido sus tendencias bestiales caza y tortura a un animal". (p. 192) Poco después, los autores se quejan de la "represión de la naturaleza animal en los métodos científicos de dominación de la naturaleza" (p. 193). La dominación de la naturaleza, considerada central en el cristianismo y en el fascismo, se deriva así, en última instancia, de la represión de nuestra naturaleza animal.

Parte 2

Horkheimer y Adorno trataron de destacar el papel del conformismo en la génesis del fascismo. Sostienen que las estrategias del grupo no judío para su propia cohesión se basan en una distorsión de la naturaleza humana, el leitmotiv de la *Personalidad Autoritaria*. Suponen la existencia de un yo natural, inconformista y reflexivo frente a una sociedad corrompida por el capitalismo o el fascismo. El desarrollo masivo de los intereses industriales y de la industria cultural del capitalismo tardío destruyó en la mayoría de las personas las facultades de autoconciencia reflexiva, que podrían producir una "culpa reflexiva"

(*Dialéctica de la Ilustración*, p. 198) que podría contrarrestar las fuerzas que conducen al antisemitismo. Esta reflexión introspectiva se había "emancipado" de la sociedad e incluso se dirigía contra ella, pero bajo la presión de las fuerzas mencionadas, llegó a conformarse ciegamente con los valores de la sociedad circundante.

En consecuencia, se describe a los seres humanos como intrínsecamente opuestos a la conformidad que les exige una sociedad cerrada. Como veremos, una tesis dominante de la *Personalidad Autoritaria* sostiene que la participación de los gentiles en grupos muy unidos con un alto nivel de conformidad social es un rasgo patológico, mientras que en el caso de los judíos, el mismo tipo de comportamiento relacionado con la cohesión del grupo se barre simplemente bajo la alfombra. En efecto, ya hemos señalado que la *Dialéctica de la Razón* define al judaísmo como superior al cristianismo.

Siendo así, se supone que la élite no judía se aprovecha de la situación proyectando la hostilidad de las masas en antisemitismo. Los judíos son el objetivo ideal para esta proyección de hostilidad, porque representan la antítesis absoluta del totalitarismo:

> Felicidad sin poder, salario sin trabajo, patria sin fronteras, religión sin mito. Estas características son odiadas por los dominantes porque los dominados aspiran secretamente a poseerlas. Los dominantes sólo están seguros si sus súbditos convierten sus aspiraciones en objetos de aborrecimiento. (*ibid.* p. 199)

Hay que concluir que si los dominantes aceptaran que sus súbditos fueran como los judíos, se produciría un punto de ruptura histórica:

> Superando esta enfermedad de la mente que prolifera en el terreno de la autoafirmación que ninguna reflexión puede socavar, la humanidad pasaría de ser un conjunto de razas opuestas a la especie que, como naturaleza, es todo lo mismo más que la mera naturaleza. Emanciparse individual y socialmente de la dominación es oponerse a la falsa proyección, y ningún judío se asemejaría ya a la desgracia ciega que le acontece como a todos los demás perseguidos, sean animales u hombres" (ibíd. p. 200)

El fin del antisemitismo se considera, pues, una condición previa para el desarrollo de una sociedad utópica y la liberación de la humanidad; nunca antes la Escuela de Fráncfort se había acercado tanto a una definición de utopía. La sociedad utópica prevista permitiría que el judaísmo continuara como grupo unido, pero aboliría, como manifestaciones morbosas, los grupos no judíos unidos, nacionalistas y orgánicos basados en la conformidad con las normas colectivas.

Horkheimer y Adorno desarrollaron la idea de que el papel específico del judaísmo en la historia del mundo consistía en mantener el concepto de diferencia frente a las fuerzas de homogeneización consideradas como la esencia de la civilización occidental: "Los judíos se convirtieron en el equivalente metafórico de este residuo social, el guardián de la negación y la no identidad" (Jay, "The Jews and the Frankfort School: Critical Theory's Analysis of Anti-Semitism", *New German Critique # 19*, p. 148). Por tanto, el judaísmo representa la antítesis del universalismo occidental. La perpetuación y aceptación del particularismo judío se convierte en el requisito previo para el desarrollo de la sociedad utópica del futuro.

En estas condiciones, las raíces del antisemitismo deben estar en la psicopatología individual, no en el comportamiento de los judíos. Sin embargo, Horkheimer y Adorno admiten de alguna manera que las características reales de los judíos pueden haber jugado un papel en el antisemitismo histórico, pero explican que estas características les fueron impuestas. Los judíos atraían la ira de las clases bajas porque eran el origen del capitalismo:

> En nombre del progreso económico que hoy en día los hunde, los judíos siempre han sido una piedra en el zapato de los artesanos y campesinos desclasados por el capitalismo. Pero ahora, a su vez, les hacen ver el carácter exclusivo y particularista del capitalismo (*ibid*. p. 175).

Pero esta función se considera impuesta a los judíos, cuyos derechos dependían totalmente de la buena voluntad de las élites no judías, hasta el siglo XIX inclusive. En estas circunstancias, "el comercio no era su vocación, era su destino" (*loc. cit.*). El éxito de los judíos acabó traumatizando a la burguesía no judía, "que tuvo que hacer creer en su creatividad" (*loc. cit*); su antisemitismo es, pues, sólo "el odio a sí mismo, la mala conciencia del parásito" (*ibid*. p. 176).

Hay pruebas de que el plan original de estudios sobre el antisemitismo incluía un examen más elaborado de los "rasgos del carácter judío" que conducían al antisemitismo, junto con propuestas terapéuticas. Desgraciadamente, "el tema nunca se incluyó en el orden del día del Instituto, bien porque sus dirigentes temían ofender la susceptibilidad de la mayoría de los judíos en este punto, bien porque no querían ser acusados de convertir el problema antisemita en uno judío" (Wiggershaus, *op. cit.* p. 366). De hecho, el Instituto era consciente de que el Comité Laboral Judío había realizado una encuesta en 1945 entre los trabajadores estadounidenses, cuyas recriminaciones sobre el comportamiento de los judíos se basaban en las relaciones reales que los miembros de la clase obrera podían tener con los judíos (cf. *Separation And Its Discontents*, capítulo dos). Adorno parecía pensar que estas actitudes eran "menos irracionales" que el antisemitismo manifestado en otras clases sociales.

He señalado que en las ideologías radicales de izquierda y en el psicoanálisis hay una fuerte tendencia a criticar sistemáticamente la gentilidad. En la serie *Studies in Prejudice*, y especialmente en *Authoritarian Personality*, un tema dominante es mostrar que las afiliaciones colectivas gentiles, especialmente la pertenencia a iglesias cristianas, el nacionalismo y las relaciones familiares estrechas, son expresiones de enfermedad mental. En el nivel más profundo, el trabajo de la Escuela de Fráncfort pretende modificar las sociedades occidentales para hacerlas impermeables al antisemitismo, mediante la patologización de las afiliaciones colectivas no judías. Y como este esfuerzo se aleja en última instancia de las soluciones de extrema izquierda que habían atraído a tantos intelectuales judíos del siglo XX, sigue siendo relevante en el contexto intelectual y político contemporáneo, postcomunista.

La oposición de los intelectuales judíos a la cohesión de los grupos no judíos y a la homogeneidad cultural entre los gentiles quizá no se haya destacado lo suficiente. Ya señalé en el primer capítulo de este libro que los judeoconversos estaban sobrerrepresentados entre los humanistas de la España de los siglos XV y XVI que se oponían al carácter organicista de la sociedad española, cuyo centro de gravedad era la religión cristiana. También he señalado que una fuerte tendencia en Freud era identificarse francamente como judío mientras conceptualizaba la afiliación al cristianismo como una satisfacción de necesidades infantiles.

Del mismo modo, la adhesión de los judíos a los movimientos

radicales de izquierda puede explicarse, como se ha comentado en el capítulo tres, por el hecho de que estos movimientos pretendían socavar las afiliaciones colectivas dentro del grupo no judío, como el cristianismo y el nacionalismo, al tiempo que permitían perpetuar la identificación judía. Los judíos comunistas de Polonia, por ejemplo, se opusieron a las aspiraciones nacionalistas polacas y, tras llegar al poder al final de la Segunda Guerra Mundial, liquidaron a los nacionalistas polacos y socavaron el papel de la Iglesia católica, al tiempo que establecieron estructuras económicas y sociales judías secularizadas.

Es históricamente interesante observar que la retórica de los antisemitas alemanes, desde el siglo XIX hasta el periodo de Weimar, insistió en el hecho de que los judíos abrazaban el liberalismo político, que se oponía a la estructuración de la sociedad en un grupo muy unido, mientras que al mismo tiempo abrazaban por su propio bien una cohesión de grupo sin precedentes que les permitía dominar a los alemanes. Durante el periodo de Weimar, el publicista nazi Alfred Rosenberg denunció que los judíos defendían la idea de una sociedad completamente atomizada, al tiempo que evitaban participar en este proceso. Mientras que al resto de la sociedad se le debía impedir participar en grupos estrechos, los judíos "conservaban su cohesión internacional, sus lazos de sangre y su unidad espiritual" (Ascheim, "The Jew Within": The Myth of "Judaization" in Germany, en *The Jewish Response to German Culture: From the Enlightenment to the Second World War*, p. 239)

En *Mi lucha*, Hitler afirmaba claramente que la adopción de actitudes liberales por parte de los judíos era un engaño que encubría su compromiso racialista y su estrategia colectiva fuertemente unitaria: "Mientras parece rebosar de 'ilustración', 'progreso', 'libertad', 'humanidad', se cuida de mantener el estrecho particularismo de su raza" (p. 395 de la edición del N.E.L.). El conflicto entre la defensa de los ideales de la Ilustración por parte de los judíos y su comportamiento cotidiano no pasó desapercibido para Klein:

> Molestos por el parroquialismo de otros pueblos y reacios a abrazar la idea de un Estado pluralista, muchos gentiles veían las expresiones de orgullo judío como una subversión de su igualitarismo "ilustrado". El énfasis judío en el orgullo nacional o racial reforzó la percepción del judío como agente de desestabilización social entre los no judíos. (*Orígenes judíos del*

movimiento psicoanalítico, p. 146).

Ringer, por su parte, señala que entre los componentes del antisemitismo académico en la Alemania de Weimar estaba el sentimiento de que los judíos intentaban socavar los vínculos patrióticos y la cohesión de la sociedad. La idea de que el análisis crítico judío de la sociedad no judía pretendía disolver los lazos de cohesión social era un lugar común entre los alemanes cultos, incluidos los profesores universitarios. Uno de ellos definió el judaísmo como "el partido clásico de la descomposición nacional" (*en* Ringer, "Inflation, antisemitism and the German academic community of the Weimar period", *Leo Baeck Institute Year Book XXVIII*, p. 7).

En estas circunstancias, el nacionalsocialismo desarrolló su propia estrategia de grupo cohesionado en oposición al judaísmo, que rechazaba rotundamente los ideales de la Ilustración de una sociedad atomizada basada en los derechos del individuo en oposición al Estado. Como expliqué en el quinto capítulo de *La separación y sus descontentos*, el nacionalsocialismo puede compararse en este sentido con el judaísmo, que ha sido básicamente, a lo largo de su historia, un fenómeno de grupo en el que las individualidades han quedado sumergidas en los intereses del grupo.

Como deja claro el material revisado aquí y en los capítulos anteriores, hay al menos algunos académicos e intelectuales judíos influyentes que han tratado de subvertir las estrategias de los grupos gentiles, dejando al mismo tiempo abierta la posibilidad de perpetuar el judaísmo como estrategia de grupo cohesionado. Esta tesis es en gran medida compatible con el rechazo constante de la Escuela de Frankfurt a cualquier forma de nacionalismo. De ello se desprende que la ideología de la Escuela de Fráncfort puede definirse como un individualismo radical con desprecio del capitalismo, un individualismo para el que todas las formas de colectivismo no judío son manifestaciones de patología social o individual.

En el ensayo de Horkheimer sobre el judaísmo alemán, los verdaderos enemigos de los judíos son las colectividades gentiles, y específicamente el nacionalismo. Aunque no se menciona el carácter colectivista del judaísmo, el sionismo o el nacionalismo israelí, se deploran las tendencias colectivistas de las sociedades modernas no judías, el fascismo y el comunismo en primer lugar. Max Horkheimer prescribe el individualismo radical y la aceptación del pluralismo al gentilismo, ya que los hombres tendrían un derecho inherente a ser diferentes de los demás y a ser aceptados por los demás en su diferencia. De hecho, ser diferente a los demás es alcanzar las cotas más altas de la humanidad. Finalmente, "ningún partido y ningún movimiento, ni de la Vieja Izquierda ni de la Nueva, ni ningún colectivo de ningún tipo estaba del lado de la verdad (...) Las fuerzas residuales para el cambio real sólo se encontraban en el individuo crítico" (Maier, "Contribución a una crítica de la Teoría Crítica", en *Fundamentos de la Escuela de Investigación Social de Frankfurt*, p. 45).

Como consecuencia de esta tesis, Adorno adoptó la idea de que el papel primordial de la filosofía era negativo y consistía en resistirse a los intentos de dotar al mundo de cualquier "universalidad", "objetividad" o "totalidad", es decir, de suspender el universo social a un único principio organizador que homogeneizara la sociedad, aplicable a todos los hombres (cf. en particular *la Dialéctica Negativa* y las explicaciones del concepto en *Marxism and Totality: The Adventures of a Concept from Lukacs to Habermas* de Jay, pp. 241-275). En *Dialéctica negativa*, el ejemplo que centra el ataque es la idea hegeliana de una historia universal (que también es un caballo de Troya para Jacques Derrida, como veremos), pero el mismo tipo de argumento se aplica a cualquier ideología, como el nacionalismo, que produce una universalidad nacional o panhumana. Por ejemplo, se rechaza el principio de intercambio, característico del capitalismo, porque hace que las personas sean conmensurables entre sí y, por tanto, que pierdan sus particularidades únicas. La ciencia no escapa a la condena por su tendencia a buscar principios universales de la realidad (incluida la naturaleza humana) y diferencias cuantitativas y medibles entre las personas, en lugar de diferencias cualitativas. Cada objeto "debe ser respetado en su singularidad histórica sin generalizar" (Landman, "Crítica de la razón: de Max Weber a Jürgen Habermas", en *Fundamentos de la escuela de investigación social de Franfkurt*, p. 123).

Como escribió Adorno en *Minima Moralia*: "Frente al unísono totalitario que proclama la erradicación de la diferencia como un fin en sí mismo, puede ser que las últimas fuerzas de la liberación deban retirarse temporalmente a la esfera individual" (p. 17). Al final, el único criterio que define a una buena sociedad es que "permite a alguien ser diferente sin tener miedo" (p. 131). Este antiguo comunista llegó a defender el individualismo más radical, al menos para los gentiles. Como vimos en el capítulo anterior, Erich Fromm, miembro de la Escuela de Fráncfort hasta su expulsión, también reconocía la utilidad del individualismo como receta para el gentilismo, al tiempo que permanecía firmemente apegado a su condición de judío.

En consonancia con su insistencia en el individualismo y su glorificación de la diferencia, Adorno defendió un escepticismo filosófico radical, absolutamente incompatible con la empresa de ciencias sociales que es *la Personalidad Autoritaria*. De hecho, rechazaba la posibilidad misma de la ontología ("reificación") porque consideraba que las posiciones opuestas a la suya apoyaban en última instancia el totalitarismo. Dada su preocupación por los asuntos judíos y su reconocimiento abierto de sí mismo como judío, es razonable suponer que estas estructuras ideológicas sirven para justificar el particularismo judío. En esta medida, el judaísmo, como cualquier otra entidad histórica particular, debe permanecer más allá del alcance del concepto, siempre incomprensible en su singularidad y siempre opuesto a cualquier intento de desarrollar estructuras sociales homogéneas en toda la sociedad. Sin embargo, la perpetuación de su existencia está garantizada por un imperativo moral *a priori*.

Esta exigencia de que la sociedad no judía adoptara una organización social basada en el individualismo radical era, en suma, una excelente estrategia para la perpetuación del judaísmo como estrategia de grupo colectivista y cohesionado. La investigación sintetizada por Triandis sobre las diferencias culturales aplicadas a la cuestión del individualismo y el colectivismo, indica que el antisemitismo alcanza los niveles más bajos en las sociedades individualistas, en contraste con las sociedades colectivistas y homogéneas que se mantienen alejadas de los judíos. En el octavo capítulo de *Un pueblo que habitará solo*, vimos que las sociedades europeas (con las notables excepciones del nacionalsocialismo en Alemania y el período medieval bajo la hegemonía religiosa cristiana, ambos períodos de intenso antisemitismo) se diferenciaban de todas las demás sociedades económicamente avanzadas del mundo antiguo o moderno en su compromiso con el individualismo. Pero como expliqué en La *separación y sus descontentos* (capítulos 3-5), la presencia del judaísmo como estrategia de grupo victoriosa y visible provoca respuestas antiindividualistas en el gentilismo.

Las culturas colectivistas (Triandis sitúa explícitamente al judaísmo en este grupo) sitúan los objetivos y necesidades del grupo final muy por encima de los derechos e intereses del individuo. Cultivan un "apego incuestionable" al grupo final, que incluye la sensación de que las normas del grupo final son universalmente válidas (una forma de etnocentrismo), la obediencia automática a las autoridades del grupo final y la voluntad de luchar y morir por el grupo final. Estos rasgos suelen asociarse con "la desconfianza hacia los exogrupos y la falta de disposición a cooperar con ellos" ("Cross-cultural studies of individualism and collectivism", *Nebraska Symposium on Motivation 1989*, p. 55). En las culturas colectivistas, la moral se entiende como aquello que beneficia al grupo; la agresión y la explotación del grupo externo son aceptables (*ibíd.* p. 90).

Las personas de culturas individualistas, en cambio, muestran menos sentimientos de apego a los del grupo interno. Los objetivos personales son primordiales y la socialización hace hincapié en la confianza en uno mismo, la independencia, la responsabilidad individual y la "búsqueda de identidad" (Triandis, "Cross-cultural differences in assertiveness/competition vs. group loyalty/cohesiveness", *Cooperation and Prosocial Behaviour*, p. 82). Los individualistas tienen actitudes más positivas hacia los extraños y los miembros del grupo exterior y son más propensos a comportarse de forma entusiasta y altruista con los extraños. Como son menos conscientes de los límites entre el grupo interno y el externo, los que proceden de culturas individualistas son menos propensos a comportarse negativamente con el grupo externo. A menudo expresan su desacuerdo con las decisiones políticas tomadas en el grupo externo, muestran poca calidez o lealtad hacia él, y no tienen un sentimiento de destino compartido con otros miembros del grupo externo. La oposición a los exogrupos existe en las sociedades individualistas, pero es más "racional", en el sentido de que hay menos tendencia a asumir que todos los miembros del exogrupo son culpables de las fechorías de unos pocos. Los individualistas tienen un débil apego a varios grupos, mientras que los colectivistas tienen un fuerte apego e identificación con unos pocos endogrupos.

Por lo tanto, cabe esperar que los individualistas sean menos propensos al antisemitismo y estén más dispuestos, cuando se enfrentan a un crimen judío, a condenar las transgresiones de los judíos individuales, en lugar de inferirlas estereotipadamente de su raza. Sin embargo, los judíos, como miembros de una subcultura colectivista que vive en una sociedad individualista, son más propensos a ver la división entre judíos y gentiles como algo bastante decisivo y a cultivar opiniones estereotipadas desfavorables de los gentiles.

Para decirlo a la manera de Triandis, la dificultad intelectual fundamental con la *Personalidad Autoritaria* es que el judaísmo es en sí mismo una subcultura altamente colectivista en la que el autoritarismo, la obediencia a las normas del endogrupo y la represión de los intereses individuales en nombre del bien común han sido de vital importancia a lo largo de su historia. Estas mismas características en los gentiles tienden a producir antisemitismo debido a los procesos de identidad social. De este modo, los judíos perciben que su interés vital es defender la causa del individualismo y la atomización social en el gentilismo, mientras mantienen su propia subcultura colectivista altamente desarrollada. Esta es la perspectiva desarrollada por la Escuela de Frankfurt, que aparece a lo largo de *Estudios sobre los prejuicios*.

Dicho esto, veremos que *la Personalidad Autoritaria* va más allá del simple intento de patologizar a los grupos cerrados no judíos, ya que también intenta patologizar el funcionamiento adaptativo gentil en general. La principal dificultad intelectual es que este mismo funcionamiento, que ha sido clave para el éxito del judaísmo como estrategia evolutiva de grupo, se concibe como patológico en los gentiles.

Parte 3

Revisión de la *personalidad autoritaria*

La personalidad autoritaria (Adorno, Frenkel-Brunswik, Levinson y Sanford, 1950) es un clásico en los estudios de psicología social. Ha generado miles de trabajos y sigue citándose en los libros de texto, aunque en los últimos años han aumentado las críticas, sobre todo a las tesis sobre los vínculos entre el carácter personal y los prejuicios y la hostilidad intergrupal. Nathan Glazer ha señalado que "ningún trabajo de psicología social posterior a la Segunda Guerra Mundial ha influido tanto en la dirección de la investigación empírica contemporánea en las universidades". A pesar de su influencia, desde el principio se detectaron problemas técnicos en la construcción de la escala y en la realización e interpretación de las entrevistas, hasta el punto de que *la Personalidad Autoritaria se convirtió en una* especie de maestro negativo por el ejemplo, mostrando cómo *no se debe* llevar a cabo una investigación en ciencias sociales.

Dicho esto, a pesar de sus problemas técnicos en la construcción de la escala de medición original, no hay duda de que existe el autoritarismo psicológico, en el sentido de que es posible construir una escala psicométrica fiable para medir dicho concepto. Como la escala F [que mide el fascismo] de la *Personalidad Autoritaria* estaba cargada de un conjunto de sesgos en su definición de respuestas positivas, las versiones más recientes de esta escala de medición han dado la vuelta a la tortilla, pero sin afectar a las correlaciones con otras escalas. Sin embargo, la validez de esta escala para medir el comportamiento autoritario sigue siendo discutida, a diferencia de otras escalas de medición.

En cualquier caso, mi propio diagnóstico destacará dos aspectos de la *Personalidad Autoritaria* que son centrales en el proyecto político de la Escuela de Frankfurt: 1) Destacaré la duplicidad por la que se interpreta como psicopatológico el comportamiento gentil que se infiere de su elevada posición en la escala F o en las escalas de etnocentrismo, mientras que este mismo comportamiento está en el corazón del judaísmo como estrategia evolutiva de grupo; 2) criticaré la idea de que los mecanismos psicodinámicos que perturban las relaciones entre padres e hijos están en la base del autoritarismo. Estos mecanismos hipotéticos constituyen la esencia subversiva de este libro, que identificamos como propaganda política. No es de extrañar que este aspecto tan cuestionable del proyecto haya sorprendido a menudo a los comentaristas. Altemayer señala que, a pesar de la naturaleza "poco convincente" de las pruebas científicas que la apoyan, la idea de que el antisemitismo proviene de una perturbación en la relación entre padres e hijos se ha "extendido tanto en nuestra cultura que se ha convertido en un estereotipo" (*Enemies of Freedom: Understanding Right-Wing Authoritarianism*, p. 53). Hay que señalar que el increíble éxito de la *Personalidad Autoritaria* tiene mucho que ver con su buena acogida entre los académicos judíos que en los años 50 ocupaban un lugar destacado en el mundo académico estadounidense y estaban muy preocupados por el antisemitismo.

El carácter político de la *Personalidad Autoritaria* no había pasado desapercibido para los psicólogos tradicionales. Roger Brown escribió que

> El estudio titulado Personalidad autoritaria ha afectado a la vida estadounidense: la teoría del prejuicio que establece se ha convertido en parte de la cultura popular y en una fuerza contra la discriminación racial. ¿Es cierto? Juzgue usted mismo (...) Este estudio no deja indiferente a nadie. La fría objetividad no es el sello de esta tradición. La mayoría de los que participaron en este estudio estaban profundamente implicados en los temas sociales que se debatían (*Psicología Social*, pp. 479, 544).

La última afirmación de Brown refleja la impresión del lector de que las opiniones de los autores han sido importantes en el diseño de esta investigación y en la interpretación de sus resultados.

Christopher Lasch es un buen ejemplo de lector, que señaló que

> El propósito y la intención de *Studies in Prejudice* dictaban la conclusión de que el prejuicio, una enfermedad mental arraigada en la estructura de la personalidad "autoritaria", sólo podía extirparse sometiendo a los estadounidenses a lo que equivalía a una psicoterapia de grupo, tratándolos como reclusos de un manicomio. (*El verdadero y único cielo: el progreso y sus críticos*, p. 445)

Desde el principio, se trataba de una ciencia social con un motivo político ulterior: "al identificar la 'personalidad liberal' como la antítesis de la personalidad autoritaria, plantearon un signo de igualdad entre la salud mental en general y una determinada posición política autorizada. Defendieron el liberalismo (...) con el argumento de que las otras posturas estaban arraigadas en una patología del carácter" (*ibid*. p. 453).

La *personalidad autoritaria* comienza con un homenaje a Freud como figura tutelar, especialmente porque hizo que el mundo intelectual fuera "más sensible a la represión de los niños (dentro y fuera del hogar) y a la ingenua ignorancia de la sociedad sobre la dinámica psicológica de la vida infantil y adulta" (p. x). De acuerdo con esta opinión, Adorno y sus colegas "consideran, junto con la mayoría de los científicos sociales, que el antisemitismo tiene más que ver con factores subjetivos que con las características reales de los judíos" (p. 2). Las raíces del antisemitismo se encuentran, pues, en la psicopatología de los individuos - "las capas profundas del carácter" (p. 9)- y no en el comportamiento de los propios judíos.

El segundo capítulo (escrito por R. Nevitt Sanford) consiste en entrevistas con dos personas, una de ellas bastante alta en la escala del antisemitismo (Mack) y la otra bastante baja (Larry). Mack es bastante etnocéntrico y tiende a ver a las personas a través del prisma de las relaciones entre el endogrupo y el exogrupo, donde el exogrupo se ve estereotipadamente de forma negativa. Como cabría esperar de la teoría de la identidad social de Hogg y Abrams, Mack atribuye rasgos positivos a su propio grupo, los irlandeses, mientras que otros grupos son vistos como homogéneos y amenazantes. Mientras que Mack es muy consciente de los grupos como unidades de clasificación social, Larry no piensa en el mundo en términos de grupos en absoluto.

El etnocentrismo de Mack se califica claramente de patológico, pero en ningún momento se menciona en el estudio la posibilidad de que los judíos también sigan caminos de pensamiento similares, como debería deducirse de la extrema importancia dada a la relación entre endogrupo y exogrupo en la socialización judía. De hecho, en el primer capítulo de *La separación y sus males,* señalé que los judíos eran más propensos que los gentiles a mantener estereotipos negativos sobre los exogrupos y a ver el mundo como compuesto básicamente por exogrupos homogéneos, rivales, amenazantes y con estereotipos negativos. Además, hemos reunido en este libro abundantes pruebas de que los judíos ven a los gentiles (el exogrupo) bajo una luz desfavorable. Sin embargo, como veremos, el mensaje de la *Personalidad Autoritaria* es que el mismo tipo de actitudes en los gentiles se debe a influencias patológicas tempranas en el carácter.

En los capítulos 2, 3 y 4, surge un tema principal, común a todos los movimientos intelectuales judíos desde el siglo XIX: construir teorías que resten importancia a las categorías sociales de judío y gentil, permitiendo al mismo tiempo la perpetuación de un fuerte apego a la judeidad. La mentalidad de Larry de no ver el entorno social en términos de grupos está ligada a la ausencia de antisemitismo, mientras que el antisemitismo de Mack está necesariamente ligado a la importancia que atribuye a los grupos como categorías sociales.

La influencia de estos temas en la construcción de las escalas de medición puede verse en los capítulos 3 y 4 (escritos por Daniel J. Levinson). Levinson señala que los antisemitas tienden a ver a los judíos más como miembros de grupos que como individuos, y sugiere que la autenticidad de los encuentros individuales con los judíos "parece depender en gran medida de la *capacidad de individualizar las experiencias*" (p. 95; énfasis en el original). Levinson también señala que los individuos que pertenecen a grupos con un fuerte sentido del yo, como las hermandades de estudiantes, son más propensos al antisemitismo (p. 104). Una vez más, está implícita la idea de que las ideologías fuertes dentro del grupo deben estar reservadas a los judíos y son peligrosas entre los demás. Estos resultados se corresponden bien con la discusión de las sociedades colectivistas e individualistas al principio de este capítulo: los judíos, como grupo estrechamente unido, tienen interés en defender la idea de una sociedad atomizada e individualista en la que las distinciones entre endogrupo y exogrupo no son evidentes para los gentiles.

La escala de etnocentrismo tiene tres subescalas: una que aborda las actitudes hacia los afroamericanos, otra que aborda las actitudes hacia las minorías en general y una tercera que aborda el patriotismo. Aunque la presentación de la escala de etnocentrismo da la impresión de que los investigadores están estudiando el etnocentrismo en general, en realidad los ítems de medición están adaptados para medir únicamente el etnocentrismo entre los causoides cristianos. Los que puntúan alto en esta escala tienen actitudes negativas hacia los afroamericanos y los judíos y positivas hacia la mayoría blanca y cristiana. Uno de los puntos de esta escala es: "A la luz de la actual emergencia nacional [la Segunda Guerra Mundial], es fundamental que los puestos gubernamentales de alto nivel se reserven a estadounidenses blancos y cristianos". Las respuestas de los judíos con conciencia de sí mismos, para quienes la distinción entre endogrupo y exogrupo es clara, arrojarán resultados que disminuyen su puntuación en la escala de etnocentrismo de Levinson.

Los elementos relativos al antisemitismo implican que el antisemitismo es la idea no judía de que los judíos son un grupo distinto. Por ejemplo, uno de los elementos afirma: "Dejar entrar a los judíos en un barrio agradable le daría poco a poco un ambiente claramente judío". comentó Brown:

> ¿Cómo podría ser de otra manera? Los judíos producirán sin duda un ambiente judío. Este será inevitablemente el caso a los ojos de cualquiera que considere a los judíos como un grupo "categóricamente diferente de los no judíos". Pero es precisamente este énfasis en la judeidad el principio del antisemitismo, según los autores del libro. (*op. cit.* p. 483).

La implicación es que el énfasis en las categorías sociales de judío y gentil es un signo de antisemitismo entre los gentiles y, por lo tanto, indica relaciones perturbadas entre padres e hijos. Sin embargo, este proceso de categorización social es vital para la perpetuación del judaísmo como estrategia de grupo evolutiva.

Igualmente irónica es la inclusión de estos ítems en la escala de antisemitismo: "No me imagino casándome con un judío" y "Los judíos y los gentiles no deberían casarse". Estas actitudes se derivarían, pues, de unas relaciones paterno-filiales perturbadas y de la represión de la naturaleza humana, mientras que el rechazo a los matrimonios mixtos es común entre los judíos. De hecho, la "amenaza" de los matrimonios mixtos ha provocado recientemente una crisis en la comunidad judía y ha estimulado los esfuerzos para persuadir a los judíos de que se casen entre sí.

Otros elementos de esta escala reflejan aspectos del judaísmo como estrategia grupal evolutiva que tienen una fuerte base empírica. Por ejemplo, varios artículos se alarman por la percepción del clanismo de los judíos y sus consecuencias en la vivienda y las prácticas comerciales. Otros elementos están alarmados por la idea de que los judíos practican el separatismo cultural y poseen poder, dinero e influencia, sin relación con su tamaño en la población. Otro elemento refleja la sobrerrepresentación de los judíos en los movimientos de izquierda y de extrema izquierda: "Parece haber una corriente revolucionaria en el mundo judío, como demuestra el hecho de que haya tantos agitadores y comunistas judíos". Sin embargo, los datos recogidos en este libro, *La separación y sus malestares* y *Un pueblo que habitará solo* demuestran que hay bastante verdad en estas generalizaciones. Puntuar alto en la escala de antisemitismo podría significar simplemente que uno está mejor informado, no que haya tenido una infancia problemática.

Resulta especialmente interesante la escala para medir el patriotismo. Está diseñado para detectar actitudes de "apego ciego a ciertos valores culturales nacionales, conformidad a-crítica con las costumbres del grupo dominante y rechazo de otras naciones como exogrupos" (p. 107). Una vez más, el fuerte apego a los intereses del propio grupo entre los miembros del grupo mayoritario se considera patológico, mientras que no se menciona el apego al grupo entre los judíos. La exhibición y defensa de la disciplina y el conformismo en el grupo mayoritario es un importante indicio de esta patología. Uno de los puntos dice: "Deben incluirse en el plan de estudios formas menores de formación militar, obediencia y disciplina, como ejercicios, marchas y acciones militares sencillas". Sin embargo, no se menciona la disciplina, la conformidad y la cohesión del grupo de aprendizaje como ideales que guían las estrategias de los grupos minoritarios. Como se señala en el séptimo capítulo de *La separación y sus descontentos*, la socialización judía tradicional hace gran hincapié en la disciplina dentro del grupo y en la inculcación de sus objetivos (es decir, la conformidad).

Los resultados son interesantes porque el principal esfuerzo es patologizar las actitudes positivas entre los gentiles en el sentido de una fuerte estrategia de grupo cohesionada y disciplinada, pero sin censurar el mismo tipo de actitudes entre los judíos. Las personas que puntúan alto en la escala de etnocentrismo y antisemitismo tienen ciertamente un fuerte sentido de pertenencia a un grupo. Se ven a sí mismos como miembros de grupos coherentes, que en algunos casos incluyen su grupo étnico, y en el nivel más alto, la nación. Consideran negativamente a los individuos de otros grupos y a los que se desvían de los objetivos y normas del grupo interno. En el tercer capítulo, Levinson sostiene que los antisemitas quieren que su propio grupo esté en el poder y valoran el espíritu de clan, mientras condenan a los judíos por las mismas razones (p. 97). Así, los datos recogidos en nuestro libro concuerdan claramente con la idea de que muchos judíos quieren que su propio grupo esté en el poder y valoran el clanismo en su propio grupo, mientras lo condenan en los gentiles. De hecho, como hemos mencionado al principio de este capítulo, ésta es precisamente la ideología de la Escuela de Frankfurt, responsable de esta investigación.

El punto de partida de los autores de *Personalidad autoritaria* es que la conciencia de grupo dentro del grupo mayoritario es patológica porque tiende necesariamente a oponerse a los judíos como grupo minoritario cohesionado, no asimilado e inasimilable. Desde este punto de vista, el propósito principal de *la Personalidad Autoritaria* es patologizar las estrategias de los grupos gentiles, dejando abierta la posibilidad del judaísmo como estrategia de un grupo minoritario.

Dentro de este marco, Levinson define el etnocentrismo como el predominio de las percepciones del grupo interno y del grupo externo, una visión que se corresponde con la teoría de la identidad social que considero la mejor candidata para explicar el antisemitismo. Levinson concluye: "*El etnocentrismo se basa en una distinción global y rígida de endogrupo y exogrupo; implica un imaginario negativo y estereotipado y actitudes hostiles hacia los exogrupos y un imaginario positivo y estereotipado y actitudes complacientes hacia los endogrupos, y una visión autoritaria de las interacciones intergrupales en las que el endogrupo es rígidamente dominante, los exogrupos subordinados*" (p. 130; énfasis añadido).

Levinson señala a continuación que

La "necesidad de exogrupo" del etnocentrista impide su identificación con la humanidad en su conjunto, que se encuentra en el antietnocentrismo (p. 148).

Levinson cree claramente que el etnocentrismo es un índice de enfermedad mental y que la identificación con la humanidad es el pináculo de la cordura, sin deducir en ningún momento que los judíos son poco propensos a identificarse con la humanidad, dada la importancia de la distinción entre endogrupo y exogrupo que es tan esencial para el judaísmo. Además, Levinson interpreta la demanda de asimilación judía del antisemita Mack como la exigencia de que "los judíos se liquiden a sí mismos, abandonen completamente su identidad cultural y se adhieran a las costumbres dominantes" (p. 97). Levinson considera que la demanda de asimilación y, por tanto, el abandono de los rígidos procesos de categorización social en endogrupos y exogrupos es un aspecto de la psicopatología antisemita de Mack, mientras que expresa claramente el deseo de que el antisemita se identifique con la humanidad y abandone los procesos de categorización social que distinguen entre endogrupo y exogrupo. Lo más claro es que el etnocentrismo y su concomitante categorización social en endogrupo y exogrupo debe reservarse para los judíos e incriminarse como un rasgo patológico en los gentiles.

El material presentado en este libro indica que una de las principales corrientes de la actividad intelectual judía ha sido la promoción de opiniones políticas de izquierda y extrema izquierda entre los gentiles. En este caso, Levinson vincula el etnocentrismo con el conservadurismo económico y político, dando a entender que estas actitudes forman parte de una patología social más amplia que, en última instancia, se deriva de las relaciones perturbadas entre padres e hijos. Levinson sostiene que existe un vínculo entre el conservadurismo político, el conservadurismo económico (apoyo a la autoridad y a la ideología político-económica) y el etnocentrismo (estigmatización de los exogrupos). Sin embargo, "el desarrollo de los puntos de vista de la izquierda y la extrema izquierda suele ir acompañado del mismo imaginario y las mismas actitudes que subyacen a la ideología etnocéntrica: oposición a la jerarquía y a las relaciones de mando y obediencia, rechazo de las barreras de grupo y de clase, insistencia en la interacción igualitaria, etc." (p. 181).

Así, la superioridad moral de rechazar las barreras intergrupales es afirmada por una publicación oficial del AJCommittee, una organización dedicada a defender un modo de vida en el que las barreras intergrupales *de facto* y la disuasión de los matrimonios mixtos han sido y siguen siendo bastante centrales y tomadas muy a pecho por los activistas judíos. Dada la abrumadora evidencia de que los judíos apoyan proyectos políticos de izquierda y de extrema izquierda mientras siguen identificándose francamente como judíos, hay que concluir que estos datos confirman los análisis presentados hasta ahora: el izquierdismo entre los judíos funciona como un medio para socavar la importancia de la distinción entre judíos y gentiles entre los gentiles, sin dejar de permitir su continuación entre los judíos.

A continuación, Levinson avanza un análisis con considerables implicaciones. Presenta datos que muestran que los individuos que tienen preferencias políticas que no son las de sus padres tienen puntuaciones de etnocentrismo inferiores a la media. Sugiere que la rebelión contra el padre es un predictor de la falta de etnocentrismo: "los etnocentristas tienden a ser dóciles a la autoridad del endogrupo, los antietnocentristas tienden a ser críticos y rebeldes, sin embargo (...) la familia es el primer y más típico endogrupo". (p. 192)

Levinson pide al lector que considere una situación con dos generaciones: la primera tiende a un fuerte etnocentrismo y conservadurismo político, es decir, se identifica con su grupo étnico y sus intereses económicos y políticos percibidos. Para predecir la reproducción de estos rasgos, hay que saber si los hijos se rebelarán contra sus padres. La conclusión de este silogismo, dados los valores que están implícitos en este estudio, es que la rebelión contra los valores de los padres es psicológicamente saludable porque da lugar a puntuaciones más bajas en la escala de etnocentrismo. Por el contrario, la falta de rebeldía contra los padres se considera implícitamente patológica. Estas ideas se desarrollan en los últimos capítulos de *Personalidad Autoritaria* y son un aspecto esencial de todo el proyecto.

Uno se pregunta si estos estudiosos estarían tan interesados en la idea de que los niños judíos deberían rechazar a sus familias como el endogrupo prototípico. La antigua transmisión del judaismo siempre ha exigido que los hijos acepten los valores de sus padres. En el tercer capítulo de este libro, señalamos que los estudiantes judíos de extrema izquierda de los años 60 se identificaban fuertemente con sus padres y con el judaísmo, mientras que sus homólogos no judíos no lo hacían. También examiné las prácticas de socialización por las que los niños judíos aprendieron a poner los intereses de la comunidad por encima de sus intereses individuales. Estas prácticas funcionan para reforzar la lealtad al endogrupo judío. Para decirlo de nuevo, hay aquí una duplicidad implícita: la rebelión contra los padres y el abandono absoluto de toda referencia al endogrupo es un cenit moral para los gentiles, mientras que los judíos son invitados implícitamente a mantener y reforzar su sentido de pertenencia al endogrupo y a seguir los pasos de sus padres.

Parte 4

Informe sobre la *personalidad autoritaria* (continuación)

Del mismo modo, en lo que respecta a la afiliación religiosa, Nevitt Sanford nos informa en el sexto capítulo de que la pertenencia a las distintas iglesias cristianas va unida al etnocentrismo y que los individuos que se rebelaron contra sus padres, abrazaron otra religión o abandonaron cualquier religión, obtuvieron puntuaciones de etnocentrismo relativamente bajas. Esto se debe a que la adhesión a la religión cristiana está positivamente correlacionada con "la conformidad, la falta de originalidad, la sumisión a la autoridad, la disposición a aceptar la coerción, la disposición a pensar en términos de endogrupos y exogrupos, y similares; y negativamente correlacionada con el anticonformismo, la independencia, la internalización moral, etc." (p. 220). Una vez más, los individuos que se identifican fuertemente con la ideología del grupo mayoritario son descritos como enfermos mentales, aunque el judaísmo como religión viable debe ir necesariamente acompañado de rasgos psicológicos similares. Sirkin y Grellong han demostrado que cuando las relaciones entre padres e hijos se degradaban en las familias judías y los adolescentes se rebelaban, los jóvenes judíos tendían a abandonar el judaísmo y unirse a las sectas religiosas. El deterioro de las relaciones entre padres e hijos predice un bajo nivel de aceptación de la afiliación religiosa de los padres, independientemente de la religión en cuestión.

La segunda parte de *Personalidad autoritaria* consta de cinco capítulos escritos por Else Frenkel-Brunswik que presentan los resultados de las entrevistas relacionadas con los temas tratados en la primera parte. Aunque estos resultados son metodológicamente muy problemáticos, ponen de manifiesto de forma coherente y comprensible las diferencias en la vida familiar entre los individuos que se encuentran en la parte inferior de la escala de etnocentrismo y los que obtienen la puntuación más alta en la misma escala. Sin embargo, la imagen que encontramos es bastante diferente de la que los autores de la *Personalidad Autoritaria* querían presentarnos. Como confirman las respuestas a las preguntas abiertas del capítulo 15, los datos recogidos sugieren claramente que los que puntúan alto en la escala de etnocentrismo proceden de familias muy funcionales, adaptables, competentes y atentas. Estos individuos se reconocen en sus familias como el endogrupo prototípico y parecen dispuestos a replicar este modelo familiar en sus propias vidas. Por el contrario, los que puntuaron bajo en esta escala parecen haber tenido una relación ambivalente o rebelde con sus familias y tienen poco reconocimiento de su propia familia como endogrupo.

Frenkel-Brunswik comienza examinando las diferencias en las actitudes hacia los padres y las diferencias en las concepciones de la familia. Los individuos con prejuicios "glorifican" a sus padres y ven a su familia como un endogrupo. En cambio, los individuos situados en la parte inferior de la escala se describen como personas que tienen una visión "objetiva" de sus padres, acompañada de un afecto genuino. Para que estas interpretaciones fueran creíbles, Frenkel-Brunswik tenía que demostrar que las actitudes tan positivas que mostraban los individuos de la cúpula no eran un afecto genuino, sino meras fachadas que enmascaraban una hostilidad reprimida. Sin embargo, como señala Altemeyer

> Como mínimo, es posible que los padres [de los individuos más destacados] fueran un poco mejores que la media y que las estrechas relaciones descritas tengan una explicación basada simplemente en los hechos y no en la dinámica psicológica" (*Right-Wing Authoritarianism*, p. 43).

Yo iría más lejos que este autor al decir que los padres y las familias de los individuos en cuestión eran ciertamente "mejores" que los padres y las familias de los sujetos inferiores.

El único ejemplo de afecto genuino por parte de un sujeto de bajo rango que menciona Frenkel-Brunswik es el de una mujer que relata su desesperación por haber sido abandonada por su padre (parece que los datos que se comentan más adelante muestran que estas situaciones de abandono y ambivalencia se dan con frecuencia en los individuos de bajo rango). Este sujeto, F63, comenta: "Recuerdo que cuando mi padre se fue, mi madre entró en mi habitación y me dijo: 'Nunca más vas a ver a papá'. Me lo dijo así. Estaba loco de tristeza, pensaba que era culpa de mi madre. Tiré cosas, abrí el armario y tiré todo por la ventana, arranqué las sábanas de la cama y tiré todo contra la pared" (p. 346). Este ejemplo muestra ciertamente un fuerte apego entre padre e hija, pero la cuestión es que la relación en cuestión se llama abandono y no afecto. Además, Frenkel-Brunswik afirma que algunos sujetos de nivel inferior "inhiben su afecto" hacia sus padres; es decir, no dan ninguna respuesta emocional cuando se trata de ellos. Esto plantea la cuestión de cómo el autor puede afirmar que estos individuos de rango inferior tendrían relaciones emocionales realmente positivas con sus padres. Como veremos, los datos tomados en su conjunto indican niveles muy altos de hostilidad y ambivalencia en el extremo inferior de la escala.

Por el contrario, las mujeres que se encuentran en la parte superior de la escala se describen como "maltratadas" por sus padres. Este término tiene ecos negativos, pero mi lectura del material publicado sugiere que estos sujetos expresan sentimientos negativos sobre el castigo de los padres o ciertas injusticias, pero en el contexto de una vida familiar globalmente positiva. Las relaciones entre padres e hijos, como todas las demás relaciones, pueden verse desde el punto de vista del niño como si contuvieran elementos positivos y negativos, como un libro de cuentas de doble contabilidad. Las relaciones humanas en general no suelen ser perfectas para todas las partes, debido a los intereses divergentes. De ello se desprende que una relación que es perfecta desde el punto de vista de una de las partes puede considerarse explotadora desde el punto de vista de la otra. Esto no es diferente para la relación entre padres e hijos. Definir una relación perfecta desde el punto de vista del niño sería desequilibrado y sin duda inclinaría la balanza en contra de los padres, lo que suele denominarse una relación padre-hijo permisiva o laxa.

Mi interpretación de los estudios de campo sobre las interacciones entre padres e hijos (esta es la opinión dominante) es que los niños siempre aceptan un alto nivel de control parental si su relación con los padres es positiva en general. La psicología del desarrollo utiliza el término "estilo parental autoritario" para referirse a una crianza en la que el niño acepta el control parental en el contexto de una relación generalmente positiva con los padres. Aunque estos niños no siempre acogen bien esa disciplina y esas restricciones, este estilo de crianza produce niños bien adaptados.

En estas circunstancias, una niña puede perfectamente quejarse de ciertas acciones de sus padres en el contexto de una relación familiar generalmente satisfactoria, y psicológicamente no hay problema en asumir que la niña acepte que ha hecho un trabajo duro o incluso que ha sido menospreciada como hija, sin que esto cambie su opinión sobre la relación con sus padres, que es generalmente muy favorable. Los ejemplos de Frenkel-Brunswik de niñas que tenían una visión muy positiva de sus padres, pero que se quejaban de situaciones en las que se veían obligadas a realizar tareas domésticas, o de que se les trataba peor que a sus hermanos, no tienen por qué interpretarse como expresión de una hostilidad reprimida.

Frenkel-Brunswik afirma que este resentimiento no es "aceptado por el ego" de estas niñas, lo que entiendo como que estas niñas no veían este resentimiento como algo que desafiara completamente su relación con sus padres. Este es el ejemplo de que el resentimiento no es aceptado por el ego. F39: Mi madre era "terriblemente estricta conmigo en cuanto al mantenimiento de la casa (...) Ahora estoy contenta por ello, pero en aquel momento estaba resentida". Estas mujeres sólo pueden ser calificadas de enfermas si se acepta la interpretación psicodinámica de que los resentimientos normales por verse obligadas a trabajar son signos de hostilidad reprimida y mecanismos rígidos. Al final, esta hipotética hostilidad reprimida generada por la disciplina de los padres se convierte en antisemitismo:

> El desplazamiento del antagonismo reprimido hacia la autoridad podría ser una fuente, o quizás la principal, del antagonismo hacia los exogrupos (p. 482).

Mientras que los sentimientos negativos hacia los padres de los que se encuentran en la parte superior de la escala de prejuicios suelen tener su origen en la disciplina o el trabajo pesado que se les ha impuesto en casa, estos mismos sentimientos en los que se encuentran en la parte inferior de la escala de prejuicios tienen su origen en los sentimientos de abandono y pérdida de afecto (p. 349). Pero con respecto a esto último, Frenkel-Brunswik insiste en que el abandono y la pérdida emocional han sido francamente aceptados, una aceptación que, según ella, hace imposible la enfermedad mental. Ya he mencionado a F63, que fue abandonada por su padre; escuchemos a M55, también en la parte baja de la escala: "Por ejemplo, cogía caramelos como si fueran dulces, fingía que nos los iba a dar y luego se los comía todos, estallando en carcajadas (...) Parecía un monstruo, aunque en realidad no lo era" (p. 350). No es de extrañar que estos claros ejemplos de insensibilidad por parte de los padres quedaran en la memoria del sujeto. Sin embargo, en el mundo al revés de la *Personalidad Autoritaria*, el recuerdo de tales episodios se considera un signo de buena salud mental en los sujetos, mientras que la valoración francamente positiva de la vida familiar de los que se encuentran en la parte superior de la escala se considera una expresión de capas profundas e inconscientes de enfermedad mental.

Las investigaciones contemporáneas de psicología del desarrollo sobre la crianza autoritaria y las relaciones cálidas entre padres e hijos indican que los padres autoritarios tienen más éxito en la transmisión de sus valores culturales a sus hijos. Al leer las entrevistas de *Personalidad Autoritaria*, llama la atención la amargura de los que están en la parte baja de la escala hacia sus padres, en contraste con los que están en la parte alta, que expresan opiniones bastante favorables. Es razonable suponer que los de abajo tienden a rebelarse contra los valores de sus padres, como de hecho ocurre.

Sin embargo, parte del engaño de la *Personalidad Autoritaria es que* el resentimiento expresado por los que se encuentran en la parte inferior de la escala hacia sus padres se interpreta como una señal de que la disciplina paterna no es todopoderosa. "Dado que el típico habitante del fondo no ve a sus padres como todopoderosos o temibles, puede permitirse dar rienda suelta a la expresión del resentimiento sin demasiado pudor" (p. 346). En estas condiciones, las señales más tenues de afecto y las más claras de resentimiento en esta categoría son interpretadas por Frenkel-Brunswik como expresión de un afecto genuino, mientras que las opiniones muy favorables de sus padres expresadas por el extremo superior de la escala se atribuyen, en última instancia, a un autoritarismo parental extremo, que ha producido represiones y negaciones de la maldad de los padres.

Estos resultados son una excelente ilustración de los sesgos ideológicos de toda esta serie de estudios. Un psicólogo del desarrollo que analizara estos datos quedaría impresionado por el hecho de que los padres de los que se encuentran en la cima del escalafón fueran capaces de inculcar a sus hijos una noción muy positiva de la vida familiar, al tiempo que los disciplinaban. Como se ha señalado anteriormente, los estudiosos contemporáneos se refieren a este tipo de padres como autoritarios, y sus investigaciones apoyan la opinión de que los hijos de estos padres aceptan bien los valores de los adultos. Los niños criados en este tipo de familias mantienen una estrecha relación con sus padres y aceptan los valores parentales y las identificaciones de grupo. Por lo tanto, si los padres aceptan las identificaciones religiosas, es más probable que los niños criados en esas familias las acepten a su vez. Y si estos padres tienen en alta estima la educación, es más probable que sus hijos acepten la idea de que los logros académicos son algo importante. Estos padres autoritarios modelan el comportamiento de sus hijos y se aseguran de que lo sigan. La calidez de la relación entre padres e hijos motiva a los niños para que se ajusten a estos modelos y para que no se salgan de la línea y violen estas normas de comportamiento del endogrupo (familia).

El proyecto profundamente subversivo de la *Personalidad Autoritaria* es patologizar este tipo de familia en los gentiles. Pero como el afecto de los padres se considera positivo en su teoría, las pruebas de afecto de los padres en los sujetos superiores debían interpretarse como si enmascararan una hostilidad sorda hacia los padres; mientras que los sujetos inferiores debían considerarse como con padres afectuosos a pesar de las apariencias superficiales de lo contrario. Así, la rebelión contra los padres en los grados inferiores se entiende como el resultado natural de una educación afectuosa, una noción cuando menos ridícula.

En resumen, el motivo ulterior de la *Personalidad Autoritaria* no es sólo socavar la estructura familiar entre los gentiles, sino también subvertir las categorías fundamentales que subyacen a la sociedad gentil. Los autores de *Personalidad Autoritaria* estudian la sociedad para captar las variaciones entre las familias: en un polo las que replican las estructuras sociales existentes, en el otro polo las que producen rebelión y cambio en la estructura social. Los primeros están muy unidos, y sus hijos tienen un fuerte apego endogrupal a su familia. Estos niños aceptan básicamente las estructuras de categorización social de sus padres, que se extienden a la iglesia, la comunidad y la nación.

Este apego relativamente fuerte al grupo de pertenencia tiende, como se predice en la investigación sobre la identidad social, a producir actitudes negativas hacia las personas que pertenecen a otras religiones, comunidades y naciones. Desde el punto de vista de los escritores de la *Personalidad Autoritaria*, este tipo de familia debe ser patologizado, a pesar de que es exactamente el tipo de familia que es necesario para la perpetuación de una fuerte identidad judía; los niños judíos deben aceptar el sistema de categorización social de sus padres. Deben ver a sus familias como endogrupos y, en última instancia, aceptar el endogrupo representado por el judaísmo. De nuevo, la dificultad intelectual fundamental que surge en todo el libro es que su proyecto patologiza inevitablemente, en los gentiles, lo que es de primera importancia para la preservación del judaísmo.

El éxito de las familias de los que están en la cima del escalafón, al haber conseguido transmitir los valores paternos, se ilustra por el hecho de que estos sujetos se sienten obligados a sus padres. Nótese aquí la respuesta del sujeto F78, a quien se le dice que "sus padres aprueban plenamente su compromiso". El sujeto nunca saldría con un chico que sus padres no aprobaran" (p. 351). Así que tenemos a una joven que va a casarse con un hombre que sus padres aprueban y que tiene en cuenta la opinión de sus padres sobre estos asuntos: se la considera una enferma mental. Uno se pregunta realmente si Frenkel-Brunswik haría el mismo diagnóstico si se tratara de un sujeto judío.

Otro indicio del carácter francamente positivo de las experiencias familiares entre los que se encuentran en la parte superior de la escala es que suelen comentar que sus padres se preocupan mucho por ellos. En la visión del mundo de Frenkel-Brunswik, esto es un indicio más de la patología del grupo superior, que se califica de "dependencia alienante del ego" (p. 353) y "oportunismo descarado" (p. 354).

Consideremos, por ejemplo, esta respuesta de un sujeto superior, F79: "Siempre digo que mi madre sigue cuidando de mí. Debería ver lo que hay en mis armarios: fruta, jamones, conservas (...) Le encanta ayudar a la gente" (p. 354). Calificar estas expresiones de preocupación de los padres como un síndrome patológico es bastante sorprendente. Del mismo modo, Frenkel-Brunswik considera que el siguiente comentario de una mujer de alto nivel es característico del descarado oportunismo propio de las personas de su categoría: "Mi padre se dedicaba totalmente a su familia, sudaba sangre por nosotros, nunca se entregó a la bebida" (p. 365). Otro sujeto superior (F24) dice que su padre es "maravilloso" y se justifica así: "Nunca te negará un solo servicio" (p. 365).

Un evolucionista interpretaría estas observaciones como una señal de la fuerte inversión familiar de los padres de los mejores sujetos, que hacen del bienestar de su familia una gran prioridad. Insisten en el comportamiento adecuado de sus hijos y no dudan en utilizar el castigo físico para controlar su conducta. Los datos recogidos por nosotros en *Un pueblo que habitará solo* (capítulo 7) muestran que este es exactamente el tipo de crianza que se encuentra entre los judíos orientales en las sociedades tradicionales *de los shtetl*. En estas sociedades, la fuerte inversión de los padres, la conformidad con las prácticas parentales, especialmente las creencias religiosas, era de suma importancia. En estas comunidades, se dice que las madres judías muestran una "preocupación incesante" por sus hijos (Zborowski & Herzog, *La vida es con la gente: la pequeña ciudad judía de Europa del Este*, p. 193). Estos padres judíos orientales "consienten un sufrimiento y un sacrificio sin límites". Se 'matan' por su descendencia" (*ibidem*. p. 294). A cambio, existe un fuerte control de los padres sobre sus hijos, que incluye regaños furiosos y un amplio uso del castigo físico en caso de ira (*ibíd*. p. 336-337). Estos patrones de paternidad autoritaria, altamente intrusiva, exigente y adictiva continúan entre los judíos jasídicos contemporáneos. (Mintz, *Hasidic People: A Place in the New World*, p. 176 ss)

Este estilo de crianza de alta implicación, en el que se combinan altos niveles de cuidado con fuertes controles sobre el comportamiento del niño, da como resultado la identificación del niño con los valores tradicionales de la crianza judía. La aceptación de la religión de los padres y la necesidad de elegir un cónyuge adecuado, evitando específicamente uno de entre los gentiles, es la piedra angular de estos valores. El matrimonio con un gentil es un acontecimiento terrible y desastroso que indica "que hay algo malo en los padres" (Zborowski & Herzog, *op. cit.*: 231). Sin embargo, en opinión de Frenkel-Brunswik, el cuidado de los padres, la aceptación de los valores paternos y la influencia en las elecciones matrimoniales son pruebas de patología, presagios de fascismo. Para los gentiles, pero aparentemente no para los judíos, la rebelión contra los padres es el cenit de la cordura.

Las entrevistas sobre la familia como endogrupo son especialmente interesantes en este sentido. Los sujetos superiores están orgullosos de sus familias, sus logros y sus tradiciones. Utilizando la típica *chutzpah* retórica, Frenkel-Brunswik ve estas expresiones de orgullo familiar como "la afirmación de una familia homogénea y totalitaria contra el resto del mundo" (p. 356). Por ejemplo, el sujeto F68, en la parte superior de la escala, habla así de su padre: "Sus antepasados eran pioneros, buscadores de oro bastante ricos. Todo el mundo conoce la ... de ... condado en esa capacidad" (p. 357). Los sentimientos de orgullo personal y familiar son indicadores de enfermedad psiquiátrica.

Otra prueba de que las relaciones familiares son mejores en la parte superior de la escala proviene de los datos sobre las discusiones de los padres. El siguiente comentario lo hizo M41, un varón en la parte superior de la escala, cuando se le preguntó cómo se llevaban sus padres: "Bien, nunca les he oído discutir". Por el contrario, los conflictos bastante duros entre los padres parecen ser habituales en las familias de los sujetos de menor rango, según sus testimonios. M59: "Bueno, eran argumentos bastante habituales. Tal vez tendía a levantar la voz. (¿Por qué motivos?) Bueno, durante los primeros diez años de matrimonio mi padre se emborrachaba bastante a menudo y pegaba a mi madre, y luego, cuando los niños crecieron, ella se resistió a la influencia de mi padre, a pesar de que contribuía económicamente a la familia (...) Solía venir a vernos dos veces por semana, a veces más" (p. 369).

Esta es ahora la interpretación de Frenkel-Brunswik de este cuadro de conflicto familiar en los grados inferiores:

> Estos testimonios ilustran su franqueza y su visión superior de los conflictos entre los padres (p. 369).

La presuposición parece ser que todas las familias se caracterizan por el alcoholismo, la resignación, el abuso, las discusiones y la búsqueda narcisista del placer personal en lugar de la satisfacción de las necesidades familiares. La salud mental de los que se encuentran en la parte inferior de la escala se mide por su conciencia de la psicopatología familiar, mientras que los que se encuentran en la parte superior de la escala están ciegos a estos problemas y persisten en creer, contra toda evidencia, que sus padres se sacrifican por ellos, les quieren y les proporcionan disciplina.

Podemos ver en este ejemplo la utilidad de la teoría psicodinámica para crear una "realidad" política eficaz. Los comportamientos que no se ajustan a esta teoría siempre pueden remontarse a la represión de conflictos profundamente arraigados, y los comportamientos verdaderamente patológicos se convierten en la encarnación misma de la cordura, simplemente porque se reconocen conscientemente. Frenkel-Brunswik acuñó el término "negación del conflicto" para describir la "patología" de las familias de clase alta. Este término se hace eco de la "dependencia del ego alienante" y del "abuso" mencionados anteriormente. Mi propia lectura de estas entrevistas me llevaría a describir estas relaciones como "no conflictivas", pero en el mundo al revés de la *Personalidad Autoritaria*, la ausencia de conflicto aparente es un signo seguro de la negación de conflictos extremadamente duros.

Parte 5

Revisión de la *personalidad autoritaria* (continuación)

Las relaciones entre hermanos se tratan de la misma manera. Las buenas relaciones entre hermanos descritas por los de alta puntuación se patologizan como "idealización convencional" o "glorificación", mientras que las malas relaciones entre hermanos presentes en los de baja puntuación se caracterizan como "valoraciones objetivas". La descripción que hace M52 de su hermano, un súbdito de alto nivel, ilustra cómo Frenkel-Brunswik patologiza a los gentiles unidos que están dispuestos a sacrificarse por su familia: "Bueno, es un chico fabuloso (...) Ha estado fabuloso con mis padres (...) Tiene 21 años. Siempre ha vivido en casa (...). Da la mayor parte de su sueldo a mis padres" (p. 378). La crítica a este testimonio es que no puede ser cierto y que, por tanto, es una "glorificación del hermano".

Frenkel-Brunswik también intenta patologizar la preocupación por el éxito social expresada por los gentiles. Los sujetos de clase alta son descritos como "sensibles al estatus" y, por lo tanto, sus declaraciones son patológicas: M57 responde cuando se le pregunta por qué sus padres le inculcaron la disciplina: "Bueno, no querían que me juntara con ciertas personas -las mujeres de los barrios bajos-, siempre querían que me juntara con gente de calidad" (p. 383).

La preocupación por el éxito social se considera, por tanto, patológica. El punto de vista evolutivo afirmaría, en contra de la opinión de Frenkel-Brunswik, la gran importancia adaptativa del estatus social.

Un evolucionista diría que la visión de estos padres es bastante adaptativa, ya que quieren que su hijo se tome en serio su propia movilidad ascendente y que su nuera sea una mujer respetable. Un evolucionista señalaría que la preocupación por el éxito social de estos padres ha tenido una importancia evolutiva evidente en todas las sociedades estratificadas desde el comienzo de la historia.

El otro ejemplo de preocupación por el éxito social que presenta Frenkel-Brunswik es el de un individuo en la cima de la escala que se preocupa por sus descendientes: "Quiero una casa y quiero casarme. No quiero tanto una esposa como un hijo. Quiero que este niño transmita lo que yo tengo. De repente me di cuenta de los antecedentes que había olvidado. (¿De qué estás hablando?) Mi origen familiar" (p. 383). Se vuelve a patologizar el funcionamiento biológico adaptativo de los gentiles. Uno se pregunta si los autores considerarían igualmente patológica la preocupación judía, totalmente formal y religiosa, por el éxito reproductivo, la afiliación biológica y el control de los recursos.

En su revisión de las entrevistas sobre la vida familiar, Krenkel-Brunswik ignora los signos obvios de conflicto, hostilidad y ambivalencia en las familias de los sujetos de nivel inferior, describiendo sus relaciones familiares como "enriquecedoras" y "cariñosas" (p. 388), mostrando un "afecto ilimitado" (p. 386). Estas familias producen hijos "con una vida interior más rica y liberada", y que logran "sublimar sus tendencias instintivas" (p. 388). Por otro lado, los signos evidentes de cohesión, afecto, armonía, disciplina y transmisión exitosa de los valores familiares se interpretan en los sujetos superiores como expresión de "una orientación de poder y desprecio por los llamados inferiores" (p. 387). Estos sujetos se caracterizan por su "temerosa sumisión a los padres y la temprana represión de los instintos" (p. 385).

La inversión de la realidad continúa en el capítulo titulado "El género, el yo y los otros de las entrevistas". Los chicos que están en la cima parecen tener más éxito sexual y una elevada idea de la masculinidad; las chicas que están en la cima se describen como favorecidas por los chicos. Los chicos de la parte inferior parecen no tener éxito sexual y sus compañeras parecen no estar interesadas o no ser atractivas para los chicos. Esta característica del extremo inferior de la escala se interpreta entonces como "apertura" a la hora de admitir el fracaso sexual y, por tanto, como signo de salud psicológica. Por lo tanto, la característica común de los mejores sujetos, denominada "orientación al éxito social", es patológica. Se presupone que el ajuste a las normas sociales y la autoestima son rasgos patológicos, y que los sentimientos de inadecuación y las "confesiones de inadecuación" (p. 389) son indicadores de buena salud mental.

A continuación, Frenkel-Brunswik intenta demostrar que los sujetos superiores se caracterizan por un "moralismo opuesto al yo". Las actas de las entrevistas indican que los hombres se sienten atraídos y se enamoran de mujeres que no están especialmente interesadas en el sexo. Por ejemplo, M45: "No nos llevábamos muy bien sexualmente, porque ella era del tipo frígido, pero a pesar de eso yo estaba enamorado de ella y lo sigo estando. Nada me gustaría más en el mundo que tenerla de vuelta" (p. 396). Los hombres de arriba parecen valorar la modestia de las mujeres con las que quieren casarse. M20: "Sí, salí con la misma chica durante todo el instituto (...) muy religiosa (...) Era más o menos lo que buscaba. Muy religioso".

Un evolucionista que observara estas actas quedaría impresionado por el hecho de que los mejores hombres parecen buscar una esposa que les dé un alto grado de certeza sobre la paternidad de sus hijos. Quieren una esposa de alto carácter moral, con pocas probabilidades de sentirse atraída sexualmente por otros hombres, y que se adhiera a los valores morales convencionales. Las mujeres en la cima de la escala tienden a encajar muy bien en este modelo. Dan la imagen de mujeres que tienen en alta estima el decoro sexual y que se preocupan por su reputación de fidelidad.

Además, estas mujeres quieren hombres "trabajadores, emprendedores y enérgicos, "de buen carácter", (convencionalmente) virtuosos, "limpios" y galantes" (p. 401). A un evolucionista no le sorprendería este tipo de comportamiento sexual y de discriminación del marido, ya que caracteriza a los matrimonios de "alta inversión", que se caracterizan por la fidelidad sexual de la esposa y un alto nivel de inversión paterna. Esta tendencia altamente adaptativa de las mujeres de alta inversión a buscar dicha inversión de los maridos es descrita por Frenkel-Brunswik como "oportunista". (p. 401).

Las actitudes convencionales hacia el matrimonio también forman parte de la "patología" de los sujetos superiores. Tienden a enfatizar el estatus socioeconómico, la afiliación religiosa y la conformidad con los valores convencionales" (p. 402). Por ejemplo, F74: "(¿Cuáles son los aspectos más deseables para ti?) Mi novio tiene que tener más o menos el mismo nivel socioeconómico. Le tienen que gustar las mismas cosas que a mí y tenemos que llevarnos bien sin demasiadas discusiones". Esta mujer es muy exigente en la elección de su pareja. Le preocupa elegir un marido responsable y fiable que sea capaz de invertir en una relación a largo plazo. Pero para Frenkel-Brunswik, estas actitudes son una prueba de comportamiento oportunista. A pesar de los claros indicios del fuerte afecto de F78 y de los claros indicios de que F74 busca una relación armoniosa de atracción mutua e intereses comunes, Frenkel-Brunswik hace la siguiente valoración: "falta de individuación y de relaciones de objeto" y "bajo contenido afectivo" (p. 404).

Una vez más, la teoría psicodinámica permite al autor vincular la admiración y el afecto superficiales con la hostilidad subyacente, mientras que los problemas superficiales de los sujetos de nivel inferior son signos de buena salud mental:

> Algunas de las afirmaciones del extremo inferior de la escala identifican francamente sus insuficiencias, inhibiciones y fracasos sexuales. También hay ambivalencia hacia su propio rol sexual y hacia el sexo opuesto, aunque esta ambivalencia está más interiorizada y no se asemeja a la combinación de admiración explícita y falta de respeto implícita que se encuentra entre los de arriba (p. 405)

Esta falta de respeto implícita no aparece y no hay pruebas de su existencia, pero la teoría psicodinámica permite a Frenkel-Brunswik inferir su presencia.

La patologización de las conductas de funcionamiento adaptativo también se refleja en el examen de la imagen de sí mismo. El estudio muestra que el extremo superior de la escala tiene una imagen de sí mismo muy positiva, mientras que el extremo inferior de la escala es "morbosamente" ansioso, se autocondena y se autoinculpa (p. 423 y ss.), resultados que se interpretan como fruto de la represión en el extremo superior de la escala, y de la objetividad en el extremo inferior.

En una parte posterior del mismo capítulo ("La conformidad del yo y el ideal"), Frenkel-Brunswik descubre que en los sujetos superiores no hay mucho margen entre el estado real del yo y su yo ideal. Estos hombres de alto nivel se describen a sí mismos de forma "pseudo-masculina" e idealizan este tipo de comportamiento. Parte de su supuesta patología se expresa en su admiración por los héroes que pretenden emular, ya sea Douglas MacArthur, Andrew Carnegie o George Patton. Por su parte, los sujetos de nivel inferior perciben una brecha entre su yo actual y el ideal, una brecha que Frenkel-Brunswik interpreta así: "Al ser fundamentalmente más seguros de sí mismos, parece que pueden captar más fácilmente la discrepancia entre su yo ideal y la realidad actual" (p. 431). "En la edad adulta, los que se encuentran en la parte inferior siguen mostrando ansiedad y sentimientos depresivos, que están relacionados, al menos en parte, con su mayor capacidad para soportar la inseguridad y el conflicto" (p. 441).

De nuevo, la teoría psicodinámica viene al rescate. En la superficie, los sujetos inferiores parecen ansiosos, inhibidos e insatisfechos con su condición actual. Pero este comportamiento se interpreta como un signo de mayor confianza en sí mismo que el de los sujetos superiores, que a primera vista parecen estar seguros de sí mismos y orgullosos. Invirtiendo de nuevo la realidad, Frenkel-Brunswik hace el siguiente balance de su examen de la imagen propia:

Los individuos sin prejuicios parecen estar en mejores condiciones consigo mismos, probablemente porque han sido más queridos y aceptados por sus padres. En estas condiciones, están más dispuestos a admitir que no están a la altura de sus ideales y del cumplimiento de los deberes que nuestra cultura espera de ellos (p. 441).

También se patologiza la ambición de los gentiles. Además de estar más inclinados a buscar la movilidad ascendente y de tomar como modelos a héroes americanos de gran éxito, los sujetos superiores parecen buscar la riqueza material (pp. 443 y ss.) Mientras que los sujetos inferiores admiten haber sido niños aislados, los sujetos superiores son populares, tenían responsabilidades dentro y fuera de la escuela y tenían muchos amigos. Esta última característica es denominada por Frenkel-Brunswik (p. 439) como "sociabilidad de las bandas", un nuevo recurso retórico destinado a patologizar la conducta de los gentiles bien considerados por sus compañeros.

De ello se deduce que una parte muy significativa de este material está dirigida a patologizar el funcionamiento adaptativo de los gentiles en general. Entre ellos, los que valoran mucho las relaciones matrimoniales y las familias unidas, los que son socialmente elevados y buscan la riqueza material, los que están orgullosos de sus familias y se identifican con sus padres, los que tienen una imagen favorable de sí mismos, los que creen que el cristianismo es una fuerza moral positiva (p. 408) y un consuelo espiritual (p. 450), los que no tienen miedo del mundo y los que no tienen miedo del mundo. 408) y el consuelo espiritual (p. 450), que se identifican fuertemente como hombres o mujeres (¡pero no como ambos a la vez!), que tienen éxito con sus compañeros y que buscan emular a los parangones del éxito social (por ejemplo, los héroes americanos), se considera que sufren una enfermedad psiquiátrica.

Resulta francamente irónico que un libro publicado por una de las mayores organizaciones judías se centre en los signos de la enfermedad mental en los gentiles, como la preocupación por el éxito social y la riqueza material, la crianza de los hijos con mucha inversión, la identificación con los padres y el orgullo familiar, dado el grado en que todas estas características se encuentran en los judíos. De hecho, los autores llegan a esta notable conclusión:

> A partir de los resultados obtenidos en muchos ámbitos, se puede suponer que la movilidad ascendente y la identificación con el orden establecido están positivamente correlacionadas con el etnocentrismo, mientras que la movilidad descendente y el alejamiento del orden establecido acompañan al antietnocentrismo.

Por decirlo de nuevo, los hipotéticos indicadores de patología mental entre los gentiles siguen siendo la clave del éxito del judaísmo como estrategia evolutiva de grupo. Entre los judíos siempre ha habido una fuerte presión, en parte por parte de los padres, para el ascenso social y la adquisición de riqueza, y la experiencia confirma que los judíos han experimentado un extraordinario ascenso social. Herz y Rosen señalan que "el éxito es tan crucial para el ethos de las familias judías que es difícil exagerarlo (...) No podemos esperar entender la familia judía sin comprender el papel que el éxito juega para los hombres (y más recientemente, para las mujeres) en ese sistema" ('Jewish Family', en

Ethnicity and Family Therapy, p. 368) Por nuestra parte, señalamos en el séptimo capítulo de *Un pueblo que habitará solo*, que el estatus social estaba fuertemente vinculado al éxito reproductivo en las comunidades judías de las sociedades tradicionales.

Sin embargo, los gentiles que están socialmente aislados, que tienen actitudes negativas y rebeldes hacia sus familias, que son ambivalentes y están ansiosos por sus identidades sexuales, que tienen una baja autoestima y que están llenos de ansiedades y problemas incapacitantes (ansiedades que también se relacionan con el afecto de los padres), que se rebajan y que tienen actitudes negativas hacia el estatus social y la adquisición de riqueza material, son vistos como dechados de salud psicológica.

En todo el material que leemos, se destaca significativamente el comportamiento de búsqueda de afecto del extremo inferior de la escala. Una interpretación razonable de estos resultados sería que estos individuos tenían una relación mucho más difícil y ambivalente con sus padres que los que se encuentran en la parte superior de la escala, lo que les lleva a buscar esas relaciones cálidas y afectivas con los demás. Las entrevistas publicadas de los que se encuentran en la parte inferior de la escala muestran muchas pruebas de esta ambivalencia y hostilidad en la relación entre padres e hijos, que a menudo está marcada por la resignación o incluso el abuso de los padres. La consecuencia previsible de esta situación es la rebelión contra los padres, la falta de identificación con la familia o, más ampliamente, con las categorías sociales aceptadas por la familia y, finalmente, la búsqueda de afecto.

Por otro lado, las experiencias familiares positivas de los sujetos superiores les proporcionan una fuerte base de seguridad interior en sus relaciones con los demás, lo que explica que se les diagnosticara como "orientados hacia el exterior" (pp. 563-565) en las pruebas proyectivas, y que se centraran más en los valores instrumentales que les permiten alcanzar un alto estatus social y realizar otras tareas socialmente aprobadas, como la "socialización" de sus hijos. Esto explica por qué fueron diagnosticados como "orientados hacia el exterior" (pp. 563-565) en las pruebas proyectivas, y por qué se centran más en los valores instrumentales que les permiten alcanzar un alto estatus social y realizar otras tareas socialmente aprobadas, como acumular riqueza - "trabajoambición-actividad" (p. 575). Levinson patologiza esta orientación al mundo exterior afirmando que "las respuestas que dan estos individuos muestran que tienen miedo de mirar dentro de sí mismos por temor a lo que van a encontrar" (p. 565). Sus preocupaciones giran en torno al miedo a fracasar y abandonar al grupo, especialmente a la familia. Parece que tienen una gran motivación para triunfar y hacer que sus familias se sientan orgullosas.

Esto no quiere decir que el extremo superior de la escala sea incapaz de mantener relaciones afectivas, y que el amor y el afecto no les importen. Ya hemos observado que los que están en la cima buscan relaciones de alta inversión en las que el sexo es una preocupación relativamente menor, ya que estos individuos parecen aceptar la preeminencia de otras cualidades, como el amor y la comunidad de intereses, como base del matrimonio. De hecho, para los que están en la cima de la escala, la búsqueda de la seguridad emocional no es su santo grial, ni la buscan a cada paso. Por su parte, los que están en la parte inferior de la escala parecen estar en las garras de una patética búsqueda del amor, que parece haber faltado en sus experiencias pasadas. Como señala Frenkel-Brunswik en su revisión de las entrevistas sobre orientación sexual: "Entre los que están en el fondo, la ambivalencia hacia el sexo opuesto parece ser la consecuencia de una búsqueda demasiado intensa del amor, que no se satisface fácilmente" (p. 405).

Al igual que los niños que tienen un apego seguro en presencia de un objeto de apego, los que se encuentran en la parte superior de la escala son capaces de explorar el mundo y participar en un funcionamiento adaptativo y orientado al exterior sin preocuparse constantemente por el estado de su apego a la madre. Pero el extremo inferior de la escala, como los niños con apego inseguro, están obviamente muy preocupados por su seguridad y sus necesidades emocionales. Como estas necesidades no han sido satisfechas por sus familias, buscan el afecto en todas sus relaciones con los demás; al mismo tiempo, se preocupan por sus propios fracasos, sienten una hostilidad difusa hacia los demás y se rebelan contra todo lo que sus padres valoran.

Parte 6

Debate

Por lo tanto, nuestra perspectiva invierte la perspectiva psicodinámica de la *Personalidad Autoritaria, ya que* aceptamos los datos presentados por lo que dicen. Los autores de la *Personalidad Autoritaria, debido a* su motivo ulterior fundamentalmente político de condenar a los gentiles y especialmente a los que representan el mayor éxito y respetabilidad en su sociedad, se vieron obligados a adoptar un punto de vista psicodinámico que invierte todas las relaciones. La aparente fragilidad se convierte en un signo de profunda seguridad y apreciación realista de la existencia. La aparente seguridad y confianza en sí mismo se convierte en un signo de profundas fragilidades y hostilidades no resueltas que se expresan en el miedo a "ver el interior".

También es un grave error suponer que toda inhibición de los deseos del niño da lugar a una hostilidad y una agresividad silenciada hacia la entidad parental. El hecho de que los que están en la cima hayan sido disciplinados por sus padres, pero sigan admirándolos y "glorificándolos", sería por lo tanto una clara evidencia, desde la perspectiva intelectual de la *Personalidad Autoritaria, de la* presencia de hostilidad y agresión reprimidas hacia los padres (ver especialmente p. 357).

Sin embargo, debería ser obvio a partir de la reseña anterior que este "abuso" y la hostilidad subyacente es sólo el razonamiento de los autores. Son construcciones teóricas que no se apoyan en ninguna prueba. No hay ninguna razón en el mundo para suponer que el castigo a los niños dé lugar a una hostilidad reprimida cuando se produce en el contexto de unas relaciones positivas en general.

El psicoanálisis fue sin duda el vehículo ideal para fabricar este mundo invertido. Brown y, sobre todo, Altemeyer destacaron la arbitrariedad de las explicaciones psicodinámicas encontradas en la *Personalidad Autoritaria.* Altemeyer señala que cuando un sujeto superior elogia a sus padres, esto es un signo de "sobreglorificación", represión y agresión, mientras que las declaraciones hostiles, en cambio, se toman al pie de la letra. Las declaraciones que mezclan la alabanza y la hostilidad combinarían la glorificación excesiva con los recuerdos adecuados.

El psicoanálisis permitió a los autores disfrazar sus historias a voluntad. Si la vida familiar de los sujetos superiores era en la superficie muy satisfactoria, era muy posible contemplar la idea de que esta felicidad y afecto aparentes enmascaraban profundas hostilidades inconscientes. El más mínimo indicio de aprecio negativo expresado por los que están en la cima de la escala hacia sus padres se utilizó como palanca para crear un mundo imaginario de hostilidad reprimida bajo la máscara del afecto. Sin embargo, cuando Bettelheim y Janowitz nos informan en otro volumen de *Studies in Prejudice* de que los antisemitas admiten haber tenido una mala relación con sus padres, las declaraciones se tomaron literalmente. Estos procedimientos no producen ninguna ciencia, pero inducen efectivamente los resultados políticos deseados.

Es notable que cada uno de los cinco volúmenes de *Studies in Prejudice* utilice el psicoanálisis para producir teorías que atribuyen el antisemitismo al conflicto intrapsíquico, a la represión sexual y a las relaciones problemáticas con los padres, al tiempo que niegan la importancia del separatismo cultural y la realidad de la competencia intergrupal por los recursos. Las interpretaciones psicoanalíticas del antisemitismo están resurgiendo. Las teorías propuestas tienen un cierto parecido de familia, en el sentido de que hacen un amplio uso de las proyecciones y formulan complicados desarrollos psicodinámicos, aunque las dinámicas realmente implicadas no son en absoluto idénticas. También ocurre, como en el volumen de la serie titulado *Antisemitismo y trastorno emocional*, que no aparece ninguna explicación general clara del antisemitismo, sino que se encuentran explicaciones psicodinámicas artificiosas cuyo único punto común es afirmar la proyección de algún conflicto intrapsíquico. Que yo sepa, nadie ha sometido estas teorías psicodinámicas a pruebas y contrapruebas empíricas que nos hubieran permitido ordenarlas.

El cuadro que pinto aquí puede parecer inquietante y difícil de aceptar. Yo sostengo que las familias de los sujetos superiores son adaptativas. En estas familias, la calidez y el afecto se combinan con el sentido de la disciplina y la responsabilidad, y los niños son claramente ambiciosos y están dispuestos a encarnar los valores familiares y nacionales. Como señalaron Frenkel-Brunswik y Levinson, dado que estas familias funcionan como endogrupos, la transmisión de los valores familiares puede ir acompañada de atribuciones negativas hacia otros grupos no familiares. Así, los mejores sujetos aceptaron los prejuicios de sus padres al mismo tiempo que aceptaron otros muchos valores paternos. Los sujetos superiores están así vinculados al colectivo y se sienten obligados por las normas del endogrupo (familia). Para decirlo a la manera de Triandis, estos individuos son "alocéntricos" en una sociedad individualista; es decir, personas socialmente integradas que reciben altos niveles de apoyo social. Se identifican fuertemente con las normas del endogrupo (familia).

La tesis que apoyamos insiste en que los procesos de identificación subyacen a las actitudes familiares. Como señala Aronson, todos los estudios inspirados en la *Personalidad Autoritaria*, que vinculan el prejuicio con las relaciones entre padres e hijos, son correlacionales; por tanto, sus resultados pueden explicarse por la intervención de los procesos de identificación. Del mismo modo, Billig sostiene que las familias competentes pueden albergar prejuicios, y que éstos se transmiten a través de la familia del mismo modo que otras creencias. Pettigrew descubrió altos niveles de prejuicios contra los negros entre los sudafricanos blancos, a pesar de que sus personalidades eran normales y sus puntuaciones en las escalas F, que miden el autoritarismo, no eran especialmente altas.

Los mejores sujetos estudiados en la *Personalidad Autoritaria* aceptan los prejuicios parentales respecto a los endo y exogrupos y otros valores parentales, pero esto no explica el origen de estos valores. Los datos recogidos en este libro muestran lo bien que se las arreglan las familias competentes para garantizar la transmisión de estos valores entre generaciones. La psicología del desarrollo contemporánea no ofrece ninguna razón para suponer que las familias competentes y cariñosas produzcan necesariamente niños sin atribuciones negativas hacia los exogrupos.

Si, para los autores de la *Personalidad Autoritaria*, la lealtad a los endogrupos es un indicador de enfermedad mental entre los gentiles, el *colmo de la cordura lo representa* el individualista que se desprende por completo de cualquier endogrupo, incluida su familia. Como se ha mencionado anteriormente, los estudios sobre el individualismo y el colectivismo muestran que los más individualistas son menos propensos al antisemitismo. Curiosamente, para Adorno, el tipo más admirable entre los sujetos inferiores es el "liberal genuino", cuyas "opiniones sobre las minorías se guían por la idea del individuo" (p. 782). El sujeto F15, el dechado del liberalismo genuino, considera que el antisemitismo proviene de los celos de los judíos más brillantes: "Los demás no buscamos competir con ellos [los judíos]. Pero si quieren hacerlo, se les debe permitir. No sé si son más inteligentes, pero si lo son, deben ser capaces de hacerlo" (p. 782).

Así, según Adorno, a los gentiles psicológicamente sanos no les importa perder frente a los judíos, ni tampoco ser rebajados. Son individualistas absolutos, con un fuerte sentido de independencia y autonomía personal, que ven a los judíos como individuos absolutamente independientes de su afiliación colectiva. Mientras que los gentiles son *vetados por* Adorno por su no individualismo, no se puede decir lo mismo de los judíos, que se identifican fuertemente con un grupo que históricamente ha trabajado para favorecer a los suyos en competencia con los gentiles por los recursos, y que sigue siendo influyente en varias áreas políticas altamente divisivas como la inmigración, la separación de la iglesia y el estado, el derecho al aborto y las libertades civiles (Goldberg, *Jewish Power: Inside the American Jewish Establishment*, p. 5). De hecho, la teoría de la identidad social predice que los judíos son más propensos a hacer valoraciones negativas y estereotipadas de los gentiles que los gentiles de ellos.

La visión caracterológica del prejuicio exogrupal fue criticada en los primeros años tras la publicación de *Personalidad Autoritaria*. Los estudios de identidad social sugieren que las variaciones en la hostilidad hacia los exogrupos son independientes de las variaciones en el carácter o las relaciones entre padres e hijos. Estos estudios indican que, aunque los individuos difieren en su apego a los endogrupos (que es muy fuerte entre los judíos), las actitudes hacia los exogrupos reflejan adaptaciones universales. Desde la perspectiva de la teoría de la identidad social, gran parte de la variación en la hostilidad hacia los exogrupos puede explicarse por variables situacionales, como la permeabilidad percibida de un exogrupo o si el endo y el exogrupo compiten por los recursos.

De acuerdo con esta perspectiva, Billig señala que la atención exclusiva a la caracterología (los rasgos permanentes del carácter individual) no tiene en cuenta el papel del interés propio en el conflicto étnico. Además, estudios como el de Pettigrew demuestran que se puede ser fácilmente racista sin tener una personalidad autoritaria; estos estudios también ponen de relieve el papel de las normas locales, que pueden estar influidas por la percepción de la competencia intergrupal por los recursos.

Por su parte, Altemeyer señala que los regímenes fascistas y autoritarios no son necesariamente hostiles a las minorías, como se ve en el caso de la Italia fascista. De hecho, el papel de las normas tradicionales queda bien ilustrado con este ejemplo. Los judíos ocuparon puestos importantes en los primeros gobiernos fascistas y siguieron siendo activos después (Johnson, *A History of the Jews*, p. 501). Sin embargo, la sociedad italiana de esta época era francamente autoritaria y estaba marcada por una fuerte cohesión corporativa en su conjunto. El gobierno era muy popular, pero el antisemitismo no fue un problema hasta que Hitler forzó la cuestión. Dado que el antisemitismo no era un componente oficial de la estrategia del grupo fascista italiano, el autoritarismo tuvo lugar sin antisemitismo.

Atlemeyer señala que su propia investigación ha identificado un nivel de correlación mucho menor entre el autoritarismo y los prejuicios étnicos que Adorno *et al*. Además, este autor señala que la evidencia es consistente con la noción de que los individuos autoritarios son etnocéntricos sólo en sus relaciones con los grupos que son los objetivos convencionales de los grupos con los que se identifican. Del mismo modo, las personas que son "intrínsecamente" religiosas tienden a ser hostiles a los exogrupos sólo en la medida en que su religión no lo prohíbe. El rasgo característico de los individuos autoritarios, según este punto de vista, no es otro que su adhesión a las normas y convenciones del grupo, que puede incluir actitudes negativas hacia los exogrupos. Esta conclusión es totalmente coherente con nuestros argumentos sobre la identificación del grupo y el conflicto intergrupal.

Además, Billig descubrió que el perfil de muchos fascistas no se ajustaba al estereotipo del Rígido Inhibido, tal y como lo describen los autores de la *Personalidad Autoritaria*. Este retrato está implícito en la teoría psicoanalítica, que enseña que la liberación de los impulsos sexuales acaba con el antisemitismo, pero los fascistas que estudió Billig eran desinhibidos, violentos y antiautoritarios. La teoría caracterológica tampoco explica los cambios bruscos hacia el odio a los judíos, tal y como ha estudiado Massing. Estos retrocesos no pueden haber sido causados por cambios en las relaciones entre padres e hijos o por patrones particulares de represión sexual. Se podrían mencionar los rapidísimos cambios de actitud hacia los japoneses antes, durante y después de la Segunda Guerra Mundial, o el rápido declive del antisemitismo en Estados Unidos después de ella.

Un aspecto muy notable del programa de investigación sobre *la personalidad autoritaria* es la asimilación de dos conceptos bastante separados, a saber, la hostilidad hacia otros grupos étnicos, por un lado, y el autoritarismo, por otro. A este respecto, cabe señalar que en el carácter, el rasgo autoritario parece implicar una inclinación a participar en estrategias de grupo, lo que sólo se relaciona tangencialmente con la hostilidad hacia otros grupos étnicos. Altemeyer define el autoritarismo de derechas con los siguientes tres atributos: sumisión a la autoridad social legítima; agresión a los individuos cuya aversión está permitida; adhesión a las convenciones sociales (*Enemies of Freedom: Understanding Right-Wing Authoritarianism*, p. 2).

Ciertamente, los individuos que presentan estos tres rasgos de forma marcada serían los miembros ideales de las estrategias evolutivas de los grupos humanos cohesionados. Se trata de las mismas actitudes que definían al judío ideal en las sociedades tradicionales: sumisión a las autoridades de la *kehilla*, fuerte adhesión a las convenciones sociales internas, como la observancia de las leyes judías, y cultivo de actitudes negativas hacia el gentilismo, su sociedad y su cultura, vistas como manifestaciones de un grupo ajeno. En línea con este punto, los sujetos que puntúan alto en la escala de autoritarismo de derechas de Altemeyer tienden a estar fuertemente apegados a su religión y a estar entre los más comprometidos y ortodoxos de su iglesia; creen en la cohesión del grupo, en la lealtad al grupo y se identifican fuertemente con los endogrupos. La sociedad judía tradicional y los grupos judíos fundamentalistas y ortodoxos se caracterizan sin duda por un alto nivel de autoritarismo en todos los aspectos. Rubinstein descubrió que los judíos ortodoxos tenían una puntuación más alta en la escala de autoritarismo de derechas que los "judíos tradicionales", y que estos dos grupos juntos tenían una puntuación más alta que los judíos secularizados.

El proyecto básico del grupo de Berkeley era tratar de patologizar este poder de orientación colectiva en los gentiles, es decir, vincular los rasgos de carácter relacionados con la promoción de la unidad del grupo con el antisemitismo de forma ilusoria (o al menos muy contingente). El grupo de Berkeley logró difundir la ideología que postula la presencia de una conexión "profunda" y estructural entre el antisemitismo y este poder de orientación colectiva. Al proporcionar un relato unitario del autoritarismo y la hostilidad hacia los exogrupos, y al localizar el origen de este síndrome en la perturbación de la relación entre padres e hijos, el grupo de Berkeley forjó un arma de primera clase en la guerra contra el antisemitismo.

Los argumentos que defendemos encajan bien con los resultados de las investigaciones que indican la naturaleza exclusivamente tangencial de la relación entre el autoritarismo, por un lado, y la hostilidad étnica y el antisemitismo, por otro. Hemos visto que el autoritarismo se refiere a un conjunto de rasgos que predisponen a los individuos a identificarse fuertemente con grupos muy unidos que imponen normas de comportamiento uniformes a sus miembros. Como estos individuos autoritarios están bastante inclinados a mezclarse con el grupo, a ajustarse a sus convenciones y a aceptar sus objetivos, tenderán al antisemitismo si el propio grupo es antisemita; también tenderán al etnocentrismo si la pertenencia al grupo es étnica.

Esta es la posición de Altemeyer (*Right-Wing Authoritarianism*, p. 238), que explica que los vínculos, normalmente bastante débiles, entre el autoritarismo y la hostilidad hacia grupos exógenos sólo reflejan la hostilidad convencional hacia ellos. En este sentido, estos dos conceptos pueden asociarse empíricamente en determinadas muestras, pero no tienen ninguna conexión estructural entre sí. Esta asociación refleja simplemente la tendencia de los autoritarios a adoptar las convenciones y normas sociales del grupo, incluidas las actitudes negativas hacia determinados grupos externos. Este punto de vista explica las correlaciones reales pero modestas entre el autoritarismo y el etnocentrismo que ha establecido Altemeyer.

Además, desde el punto de vista de la investigación de la identidad social, no hay ninguna necesidad empírica o lógica de que la unidad y la cohesión del grupo se basen en la etnia. Como hemos visto en *La separación y sus descontentos*, el propio antisemitismo de grupo surgió con la doble condición de que los judíos fueran percibidos como un grupo fuertemente reconocible e impermeable dentro de la sociedad más amplia y, en segundo lugar, como poseedores de intereses opuestos a los de los gentiles. Hay pruebas fehacientes de que estas percepciones de competencia colectiva con los judíos rara vez eran ilusorias. La teoría de la identidad social sostiene que cuanto más evidente es la competencia intergrupal, mayor es la tendencia a unirse a grupos cerrados y autoritarios contra los exogrupos percibidos.

Para concluir, no tengo ninguna duda de que los resultados de los estudios sobre el autoritarismo, incluida la *Personalidad Autoritaria*, pueden conciliarse con los datos más contemporáneos. Sin embargo, me gustaría argumentar que la idea de construir un cuerpo de conocimiento científico nunca fue considerada seriamente por esta serie de estudios, ya que el objetivo era construir una ideología de antisemitismo que pudiera tanto aglutinar las lealtades del endogrupo en torno al judaísmo como alterar la cultura gentil en beneficio del judaísmo, al presentar las lealtades grupales de los gentiles (nacionalismo, afiliaciones religiosas, vínculos familiares estrechos, fuerte inversión familiar, preocupación por el éxito material y social) como indicadores de enfermedad psiquiátrica. En su opinión, la naturaleza del judaísmo no tiene nada que ver con el antisemitismo.

En otro volumen de *Studies In Prejudice*, Ackerman y Johoda explican que el judaísmo funciona como un test de Rorschach que revela la patología de los antisemitas. Estas teorías desempeñan el papel que siempre han jugado las ideologías religiosas judías: racionalizar la perpetuación del judaísmo a los ojos de los miembros del grupo interno y de los gentiles, al mismo tiempo que arrojan una luz especialmente desfavorable sobre la cultura de estos últimos.

Al igual que en el caso del psicoanálisis, los resultados de la investigación científica no han contribuido a socavar la idea generalizada y persistente de que el autoritarismo, o ciertos tipos de relaciones entre padres e hijos, están vinculados a la hostilidad hacia otros grupos. Altemeyer, en su visión general de la literatura sobre la *personalidad autoritaria,* señala que estas ideas están arraigadas en la cultura general e incluso en los libros de texto universitarios, aunque carecen de todo apoyo científico.

> Como sabrá el lector que esté familiarizado con estos temas, estas críticas tienen más de un cuarto de siglo y parece que estoy disparando la ambulancia. Pero, por desgracia, hay que disparar a la ambulancia, porque el criminal herido sigue trabajando, por ejemplo, en los libros de texto de introducción y desarrollo de la psicología. Parece que las críticas metodológicas recorren distancias mucho más cortas y mueren mucho más rápido que los "avances científicos". Pero al final, uno puede repetir todo lo que quiera que los investigadores de Berkeley [Adorno et alia] descubrieron los orígenes infantiles del autoritarismo, la evidencia es cualquier cosa menos convincente. (Altermeyer, *Enemies of Freedom: Understanding Right-Wing Authoritarianism*, p. 38)

En este sentido, aparte del hecho de que el hallazgo empírico central del grupo de Berkeley, que existe una fuerte correlación entre el autoritarismo y la hostilidad hacia otros grupos étnicos, no ha sido confirmado por ninguna réplica experimental, la *Personalidad Autoritaria* está cargada de graves defectos metodológicos, algunos de los cuales sugieren que no son involuntarios, sino deliberadamente engañosos. Aparte del problema de las "listas de respuestas posibles" de los cuestionarios que determinan la construcción de las escalas, pero que también podría explicarse por la ingenuidad, Altemeyer señala que la escala F que mide el autoritarismo se construyó reteniendo los ítems que se correspondían bien con el antisemitismo. Señala, por ejemplo, que el ítem: "Los libros y las películas no deberían insistir tanto en lo sórdido y en la sordidez; deberían centrarse en temas entretenidos y edificantes", se incluyó en versiones anteriores de la escala F y se consideró muy discriminatorio. Sin embargo, al no estar necesariamente correlacionado con la escala de antisemitismo, se eliminó en versiones posteriores.

Altemeyer señala lo siguiente:

> *A pesar de la afirmación (...) de que los ítems más discriminatorios de los cuestionarios anteriores se habían mantenido o corregido ligeramente en los modelos posteriores, el ítem "libros y películas" simplemente desapareció, para siempre. No es difícil construir una escala que se correlacione fuertemente con otra, si se eliminan los ítems que están un poco alejados de su objetivo (ibíd., pp. 27-28).*

Parece que, a pesar de las garantías de lo contrario, se eliminaron elementos bastante discriminatorios cuando no se correlacionaban con el antisemitismo. Wiggershaus deja muy claro que Adorno se había propuesto desarrollar la escala F para convertirla en una medida indirecta del antisemitismo; que para ello no prestó mucha atención a los procedimientos científicos normales; y que el procedimiento que siguió fue exactamente el siguiente:

> En Berkeley, desarrollamos entonces la escala F con una libertad alejada de la idea de la ciencia pedante que debe justificar cada paso que da. Ello se debe, sin duda, a la "cultura psicoanalítica" que compartimos los cuatro responsables del proyecto, en particular nuestra familiaridad con el método de asociación libre. Subrayo este punto porque un trabajo como el de la Personalidad Autoritaria (...) se hizo de una manera que no encaja en absoluto con la imagen habitual del positivismo en las ciencias sociales (...) Pasamos horas dejándonos guiar por la inspiración, no sólo en lo que respecta a los aspectos principales del trabajo, las "variables" y los síndromes, sino también en lo que respecta a los elementos particulares del cuestionario. Cuanto menos visible era el vínculo entre ellos y el tema principal, más orgullosos estábamos de ellos, ya que las razones teóricas establecerían de otro modo las correlaciones entre el etnocentrismo, el antisemitismo y las opiniones reaccionarias en política y economía. A continuación, comprobamos estos ítems realizando repetidas "pruebas previas", que sirvieron para reducir el cuestionario a un tamaño razonable, lo que era técnicamente necesario, y también para excluir los ítems que resultaron ser insuficientemente selectivos en su uso. (Adorno, en Wiggershaus, *The Frankfurt School: Its History, Theories and Political Significance*, p. 373)

No es difícil sospechar que todo el proyecto de investigación llamado *Personalidad Autoritaria* estaba plagado de engaños desde la primera línea hasta la última. Tal sospecha se justifica por la claridad de su intención política y su omnipresente tratamiento diferencial, según el cual el etnocentrismo gentil y la incorporación a grupos cohesionados se consideran síntomas de enfermedad mental, mientras que los judíos son vistos en conjunto como víctimas de patologías irracionales gentiles, sin mencionar nunca su propio etnocentrismo o su lealtad a grupos cohesionados. Otra diferencia en el tratamiento ha sido el soberbio desconocimiento del autoritarismo de izquierdas, al mismo tiempo que se ha "descubierto" que el autoritarismo de derechas es una enfermedad psiquiátrica. El engaño también es evidente, como hemos visto, en la negativa a probar empíricamente la teoría filosófica adoptada por los autores de que las relaciones entre padres e hijos son responsables del etnocentrismo y la hostilidad hacia los exogrupos.

De hecho, la línea general de la Escuela de Frankfurt sobre la ciencia rechaza la idea de que la ciencia pueda captar la realidad y adopta la ideología de que la ciencia debe ponerse al servicio de los intereses morales (es decir, políticos). Esto es especialmente evidente ya que las tendencias antidemocráticas de Adorno y Horkheimer y su crítica radical a la cultura de masas del capitalismo no aparecen en este libro, que fue escrito para un público estadounidense (Jay, *The Dialectical Imagination: A History of the Frankfurt School and the Institute of Social Research*, p. 248). (Por cierto, Horkheimer tendía a presentar la Teoría Crítica a sus "amigos marxistas" como una forma de radicalismo, mientras que la presentaba como "una forma de fidelidad a la tradición europea en las humanidades y la filosofía" cuando se dirigía a "representantes del mundo académico" [Wiggershaus, *op. cit.* p. 252].

Por último, nuestro diagnóstico apunta a un cúmulo de dificultades metodológicas: el uso de sujetos no representativos en las entrevistas, la información incompleta y engañosa sobre la fiabilidad de las medidas, y el examen de relaciones insignificantes entre fenómenos haciéndolas pasar por significativas (véase Altemeyer, *Right-Wing Authoritarianism*). Nuestro diagnóstico también ha puesto de manifiesto el carácter extremadamente tendencioso, artificioso y contraintuitivo de las interpretaciones propuestas por este estudio (véase también Lasch, *The True and Only Heaven: Progress and Its Critics*, p. 453). Especialmente llamativo es el uso del pensamiento psicodinámico para producir el resultado deseado de la interpretación en cada caso.

Por supuesto, el engaño aquí puede estar dando paso al autoengaño, una característica que se encuentra con bastante frecuencia en la historia intelectual judía. En cualquier caso, el producto final es una excelente pieza de propaganda política y un arma poderosa en la guerra contra el antisemitismo.

Parte 7

La influencia de la Escuela de Frankfurt

Aunque es difícil evaluar el efecto de libros como La *personalidad autoritaria* en la cultura gentil, es innegable que la idea central de su crítica radical era, al igual que otras obras inspiradas en el psicoanálisis y sus derivados, patologizar la alta inversión paterna y la ambición de ascenso social de los gentiles, junto con los sentimientos de orgullo por la familia, la religión y la patria. Muchas de las actitudes esenciales de la revolución contracultural de los años sesenta, que en general tuvo éxito, encuentran su expresión en la *Personalidad Autoritaria*: la idealización de la rebelión contra los padres, las relaciones eróticas de baja inversión y el desprecio por la ambición del ascenso social y el buen estatus, el desprecio por el orgullo familiar, la religión cristiana y el patriotismo.

Hemos visto que, a pesar de esta intención antagónica hacia el gentilismo, los judíos de extrema izquierda de los años 60 seguían identificándose con sus padres y con el judaísmo. La revolución contracultural fue, en un sentido muy profundo, una misión para los gentiles, para patologizar su funcionamiento adaptativo y sus identificaciones colectivas, mientras que la identificación con el grupo judío y su continuidad conservaba su importancia psicológica y su valoración moral positiva. En este sentido, el comportamiento de estos izquierdistas se correspondía estrechamente con el de los autores de *Personalidad autoritaria* y con el de los judíos implicados en el psicoanálisis y la extrema izquierda en general: la cultura gentil y las estrategias de grupo gentil son fundamentalmente patológicas y deben ser puestas en la picota si se quiere que el mundo sea más seguro para el judaísmo como estrategia evolutiva de grupo.

Al igual que en la extrema izquierda política, sólo una pequeña élite cultural podría alcanzar el altísimo nivel de cordura que encarna el auténtico liberal:

> La sustitución de los argumentos morales y políticos por una psicologización salvaje no sólo permitió a Adorno y a sus colaboradores rechazar ciertas opiniones políticas por considerarlas inaceptables por motivos médicos, sino que también les sirvió para establecer unos estándares imposibles, que sólo podían corresponder a los miembros de una vanguardia cultural autoconstituida. Para que se les reconozca su

"autonomía" emocional, los sujetos de sus exámenes debían exponer las opiniones correctas, pero también creer en ellas profundamente y expresarlas espontáneamente (Lasch, *op. cit.* p. 453)

En el periodo posterior a la Segunda Guerra Mundial, la *Personalidad Autoritaria* se convirtió en un arma ideológica contra los movimientos populistas históricos estadounidenses, el MacCarthyismo en particular. "El pueblo en su conjunto tenía poca comprensión de la democracia liberal y ... las cuestiones políticas importantes tenían que ser decididas por las élites educadas y no por el voto popular" (*ibíd.*, p. 455).

Estas tendencias se ilustran en *The Politics of Unreason (La política de la sinrazón), un* volumen de la serie *Patterns of American Prejudice (Patrones de los prejuicios estadounidenses),* patrocinada por la ADL y escrita por Martin Lipset y Earl Raab en 1970. Este libro fue escrito por Martin Lipset y Earl Raab en 1970 (ambos autores también escribieron *Prejudice and Society,* publicado por ADL en 1959). Al igual que la serie *Studies in Prejudice* [financiada por el AJCommittee], vemos un vínculo entre la investigación académica sobre las relaciones interétnicas, por un lado, y las organizaciones activistas judías, por otro. En su carrera, Raab ha combinado la enseñanza académica con una amplia participación en el activismo judío). Como sugiere el título, *La política de la sinrazón* explica que las expresiones de etnocentrismo político y cultural de los descendientes de europeos son irracionales y no tienen nada que ver con el legítimo interés étnico por mantener el poder político. Los movimientos "extremistas de derecha" buscan retener o restaurar el poder de la mayoría descendiente de europeos en Estados Unidos, pero "la política extremista es la política de la desesperación" (p. 3).

Para ambos autores, la tolerancia del pluralismo cultural y étnico es un rasgo constitutivo de la esencia de la democracia, lo que convierte a los grupos que se oponen a dicho pluralismo en extremistas y antidemocráticos por definición. Citando a Edward A. Shils (*The Torment of Secrecy,* p. 154), argumentan que el pluralismo implica la presencia de múltiples centros de poder, sin el dominio de ningún grupo - una visión que implica que el interés de algunos grupos étnicos en retener y expandir su poder es fundamentalmente antidemocrático. La resistencia de las mayorías al creciente poder e influencia de otros grupos es, por tanto, un ataque al "centro espiritual fijo del proceso político democrático" (p. 5).

"El extremismo *es* antipluralismo (...) y el núcleo operativo del extremismo es la represión de la diferencia y la disidencia" (p. 6; énfasis añadido).

Lipset y Raab condenan el extremismo de derechas por su moralismo, algo extraño dada la centralidad del sentido de superioridad moral que se observa en todos los movimientos intelectuales dominados por los judíos que se estudian en este libro, por no mencionar sus propias afirmaciones de que el extremismo de derechas es "un mal político absoluto" (p. 4), debido a sus vínculos con el autoritarismo y el totalitarismo. También critican su tendencia a abogar por soluciones sencillas a problemas complejos, lo que, como ha señalado Christopher Lasch, equivale a apelar a una élite intelectual para que proponga soluciones a los problemas sociales. Por último, critican su desconfianza en las instituciones que se interponen entre el pueblo y su ejercicio del poder, defendiendo de nuevo el poder de las élites. "El populismo identifica la aspiración del pueblo a la justicia y la moral" (p. 13). Su tesis es, en última instancia, que la democracia no es el poder del pueblo que busca servir a sus intereses percibidos. Por el contrario, la democracia se concibe como aquello que garantiza que las mayorías no se resistan a la expansión del poder de las minorías, aunque esto signifique una disminución de su propio poder.

En el nivel más abstracto, el proyecto fundamental es persuadir a los descendientes de europeos en Estados Unidos de que su preocupación por su eclipse demográfico y cultural es irracional y sintomática de enfermedad mental. El concepto adorniano de "pseudoconservadurismo" fue utilizado por el influyente historiador de Harvard Richard Hofstadter para condenar a quienes se desviaban de la ortodoxia de la izquierda: les diagnosticó una psicopatología que denominó "ansiedad de estatus". Hofstadter desarrolló una perspectiva pro consenso en la historia, que Nugent describió como "gruñendo en principio a los movimientos populares que parecían amenazar la hegemonía de la élite o de la *intelectualidad* urbana y a menudo académica; y aficionado a los conceptos que extraían de las ciencias del comportamiento".

El pseudoconservadurismo fue diagnosticado, en términos derivados totalmente de la *Personalidad Autoritaria*, como una "perturbación en la relación con la autoridad, caracterizada por una incapacidad casi total para encontrar otros modos de relacionarse con los demás que no sean la dominación y la sumisión completas" (Hofstadter, *The Paranoid Style in American Politics and Other Essays*, p. 58). Como ha señalado Nugent, este punto de vista ignora en gran medida "las realidades económicas y políticas concretas que determinan el populismo, que de este modo sólo se capta en términos de psicopatología e irracionalidad". (*The Tolerant Populists: Kansas Populism and Nativism*, p. 26) Este es exactamente el método de la *Personalidad Autoritaria*: los conflictos reales de intereses entre grupos étnicos son vistos como si no representaran más que proyecciones irracionales hechas por personalidades inadecuadas del grupo mayoritario.

Lasch también llama la atención sobre Leslie Freidman, Daniel Bell y Seymour Martin, que expresan las mismas tendencias. (En *The New American Right* [1955], una colección de ensayos editada por Daniel Bell, Hofstadter y Lipset se refieren favorablemente a la *Personalidad Autoritaria como una* obra que nos ayudaría a entender el comportamiento y las actitudes políticas de la derecha). Por su parte, Nugent menciona a un grupo de personas que no eran historiadores y cuyas opiniones se basaban sobre todo en impresiones y no se esforzaban en un examen detallado: Victor Ferkiss, David Riesman, Nathan Glazer, Lipset, Edward A. Shils y Peter Viereck. Sin embargo, este grupo incluía a historiadores que "contaban entre sus filas con algunas antorchas de la profesión" (*op. cit.*, p. 13), como Hofstadter, Oscar Handlin y Max Lerner, todos ellos comprometidos intelectualmente con la política de restricciones migratorias.

Lo que todos tenían en común era el "énfasis impropio", como dice Nugent, en la imagen del populista como antisemita, una imagen que exageraba y simplificaba en exceso el movimiento populista, pero que conseguía que el movimiento fuera moralmente repugnante. Novik es más explícito: sostiene que su identificación judía desempeñó un papel importante en estas afirmaciones, explicando que algunos historiadores judíos estadounidenses (Hofstadter, Bell y Lipset) veían el populismo estadounidense de forma desfavorable porque "sólo una generación les separaba del *shtetl* [pueblo judío], donde cada insurrección campesina de los gentiles implicaba un pogromo". (*That Noble Dream: The "Objectivity Question" and the American Historical Profession*, p. 341)

Puede que haya algo de verdad en esta observación, pero dudo que las interpretaciones propuestas por estos historiadores judíos fueran simplemente restos irracionales del antisemitismo de Europa del Este. Había verdaderos conflictos de intereses. Por un lado, había intelectuales judíos que servían a sus intereses como intelectuales urbanos que buscaban el fin del dominio demográfico y cultural de los anglosajones protestantes. (La lucha entre estos grupos es el tema de la discusión de la participación judía en la formación de la política migratoria estadounidense en el capítulo siete, y también se abordará en la discusión de los *intelectuales de Nueva York* en el capítulo seis. Varios de los intelectuales que mencionamos aquí se consideran miembros del movimiento de *los intelectuales de Nueva York* [Bell, Glazer, Lipset, Riesman y Shils], mientras que otros [Hofstadter y Handlin] son más bien compañeros de viaje).

Como vanguardia de la élite intelectual judía urbana, este grupo de intelectuales despreciaba a la clase media en general. Desde su punto de vista, esta clase

> Estaba ligada a costumbres anticuadas y folclóricas, como su religiosidad convencional, su hogar y su culto sentimental a la maternidad, y a modos de producción obsoletos. Se remontó a una mítica edad de oro en el pasado. Estaba resentida con las clases superiores, al tiempo que interiorizaba sus normas, prefiriendo imponerlas a los pobres en lugar de unirse a ellos en una lucha común contra la opresión. La persigue el miedo a caer más abajo en la escala social y se aferra a los signos de respetabilidad que la distinguen de la clase trabajadora manual. Creyente acérrima de la ética del trabajo, creía que todo el que quisiera un empleo podría conseguirlo y que los que se negaran a trabajar podrían morir de hambre. Al carecer de una cultura liberal, fue presa fácil de todo tipo de charlatanería y modas políticas. (Lasch, *op. cit.* p. 458)

Recordemos las observaciones de Nicholas von Hoffman sobre la hosquedad expresada contra las clases medias por los izquierdistas filocomunistas de la época, como Hofstadter y los periodistas de *The New Republic*: "En la batalla cultural que agitó este periodo, las élites de Hollywood, Cambridge y los think-tanks de izquierdas tenían poca simpatía por los hombres de piernas arqueadas con gorras de la Legión Americana, por sus esposas excesivamente regordetas y por su parloteo sobre Yalta y el bosque de Katyn. Esos católicos kitsch, decorando sus céspedes con flamencos de plástico, esos pequeños burgueses de los estratos inferiores y sus ansias de política exterior, no, era realmente demasiado *barato* para ser tomado en serio" (¿Tenía razón McCarthy sobre la izquierda? *Washington Post*, 14 de abril de 1996).

Fuga de la libertad, de Erich Fromm, autor asociado a la Escuela de Frankfurt, es otro buen ejemplo de este asalto a la clase media. En este libro, se considera que la clase media está muy inclinada a desarrollar formaciones reactivas "sadomasoquistas" (¡participando en grupos autoritarios!) en respuesta a sus frustraciones con su estatus económico y social. No es de extrañar que la pequeña burguesía, objeto de esta embestida ideológica -que abarca también, cabría añadir, el *Mittlestand* de las políticas alemanas inspiradas por Guillermo II-, tendiera con frecuencia a utilizar el antisemitismo para explicar su degradación y su fracaso en el ascenso social. Este grupo también incorporó a menudo a los grupos cerrados y autoritarios para lograr sus objetivos políticos. Pero en el contexto de la *Personalidad Autoritaria*, el deseo de movilidad ascendente y el miedo a la movilidad descendente, característicos de muchos movimientos populistas, son signos de enfermedad psiquiátrica, efectos patéticos de una socialización inadecuada, que desaparecerán en la sociedad utópica del futuro.

Aunque la Teoría Crítica había dejado de ser una guía para los movimientos de protesta de principios de los años 70, su influencia seguía siendo muy fuerte en el mundo intelectual en general. En los años 70, los intelectuales de la Escuela de Fráncfort siguieron disparando contra los conservadores alemanes. Estos últimos los veían como los "padres adoptivos de los terroristas" y como los fomentadores de "la revolución cultural que está trabajando para destruir el Occidente cristiano" (Wiggershaus, *op. cit.*: 657). "La inseparabilidad de los conceptos de Escuela de Frankfurt, Teoría Crítica y Neomarxismo indica que a partir de los años 30, el pensamiento de izquierda teóricamente productivo en los países de habla alemana se centró en Horkheimer, Adorno y el Instituto de Investigación Social" (*ibíd.* p. 658)

Sin embargo, la influencia de la Escuela de Fráncfort ha ido mucho más allá del mundo germanohablante, y no me refiero sólo a la *Personalidad Autoritaria*, los escritos de Erich Fromm y las influyentes obras de Herbert Marcuse, el gurú de la contracultura de la Nueva

Izquierda. En el mundo intelectual contemporáneo, hay varias revistas que continúan este legado, como *New German Critique*, *Cultural Critique* y *Theory, Culture and Society: Explorations in Critical Social Science*. La influencia de la Escuela de Fráncfort ha aumentado enormemente tras el triunfo del movimiento contracultural de la Nueva Izquierda de los años sesenta.

La Escuela de Fráncfort puede afirmar que ha sido la principal fuente de influencia en el coloquio de *la Asociación de Lenguas Modernas*, muy posmoderna, celebrado en diciembre de 1994. Kramer y Kimball han mencionado las numerosas referencias elogiosas a Adorno, Horkheimer y, en particular, a Walter Benjamin, que tuvo el honor de ser el académico más citado en el coloquio. El marxismo y el psicoanálisis no estuvieron ausentes en esta conferencia. El punto álgido llegó cuando el marxista radical Richard Ohmann reconoció que las humanidades habían sido revolucionadas por "el legado crítico de los años 60" (Farewell to the MLA, *The New Criterion* (1995), p. 12). Este punto, señalan los dos autores, es a menudo negado por la izquierda académica, pero es un lugar común en publicaciones conservadoras como *The New Criterion*, y uno de sus temas centrales.

Michel Foucault, autor posmoderno muy influyente, ha destacado la proximidad entre la Escuela de Frankfurt y el posmodernismo contemporáneo: "si hubiera podido conocer la Escuela de Fráncfort, si la hubiera conocido a tiempo, me habría ahorrado mucho trabajo, hay muchas estupideces que no habría dicho y muchos desvíos que no habría hecho al intentar seguir mi propio caminito cuando los caminos habían sido abiertos por la Escuela de Fráncfort" (*en* Wiggershaus, *op. cit.* p. 4; original: *Dits et Écrits IV*, texto 330). Mientras que la estrategia de la Escuela de Fráncfort consistía en deconstruir el pensamiento científico y universalista mediante la "razón crítica", el posmodernismo optó por el relativismo total y la ausencia de normas, con el fin de impedir la aparición de cualquier teoría general de la sociedad o sistema filosófico o moral universalmente válido. (Norris, *La verdad sobre el posmodernismo*, p. 278 y ss)

El postmodernismo contemporáneo y la ideología multiculturalista han adoptado varios principios fundamentales de la Escuela de Frankfurt: la primacía de la ética y de los valores en todos los asuntos de la educación y de las ciencias sociales; la idea de que la ciencia empírica, como aspecto de la dominación social, es opresiva; la negación de la posibilidad de valores compartidos, de cualquier idea universal, de cualquier cultura nacional (véase también la discusión de la "teoría postcolonial" por Jacoby, un descendiente intelectual de la Escuela de Frankfurt [Marginal Returns: The trouble with post-colonial theory, *Lingua Franca*, 1995, p. 35]); la "hermenéutica de la sospecha", por la que se frustra y "deconstruye" cualquier intento de concebir tales universales o una cultura nacional, lo que es básicamente lo mismo que la "dialéctica negativa" de Adorno.

Hay una aceptación implícita de un modelo balcanizado de sociedad, en el que ciertos grupos y sus intereses poseen un valor moral *a priori*, sin que sea posible desarrollar una teoría racional y científica de ningún grupo, y mucho menos una teoría universal de los asuntos panhumanos. Tanto la Escuela de Fráncfort como los posmodernos aceptan implícitamente un modelo en el que reina la competencia entre grupos antagónicos, sin posibilidad de alcanzar el consenso, aunque hay una diferencia de trato en la que las mayorías se consideran patológicas y deben ser sometidas a una crítica radical.

Es una absoluta ironía que este asalto al universalismo occidental reivindique el etnocentrismo de los grupos minoritarios, incluso cuando suprime cualquier base posible para el etnocentrismo. Intelectualmente, uno se pregunta cómo se puede ser postmodernista y judío militante al mismo tiempo. El rigor intelectual dictaría que todas las identificaciones personales deberían estar sujetas a la misma lógica deconstructiva, a menos, claro está, que la propia identidad personal implique profundas ambigüedades, engaños y autoengaños.

Parte 8

Este parece ser el caso de Jacques Derrida, el principal filósofo de la deconstrucción, cuya filosofía manifiesta profundas afinidades con los objetivos intelectuales del posmodernismo y la Escuela de Frankfurt. Derrida tiene una identidad judía compleja y ambigua, aunque es "un intelectual laico, ateo, de la izquierda parisina" (Caputo, *The Prayers and Tears of Jacques Derrida: Religion without Religion*, p. xxiii).

Derrida nació en una familia judía sefardí que se trasladó de España a Argelia en el siglo XIX. Sus antepasados son, por tanto, criptojudíos que conservaron su identidad religiosa y étnica durante 400 años en España durante la Inquisición.

Derrida se define a sí mismo como criptojudío: "Marranos es lo que somos, marranos en todo caso, lo sepamos o no" (Derrida, *Aporías*, p. 81), lo que quizá sea una admisión de la complejidad, la ambivalencia y el autoengaño que suponen las formas que ha adoptado la identidad judía desde la Ilustración.

En sus *Cuadernos*, Derrida afirma la centralidad de los asuntos judíos en su escritura: "La circuncisión, eso es todo lo que he hablado" (Circumfession en *Jacques Derrida*, Geoffrey Bennington & Jacques Derrida, p. 70). En el mismo pasaje, escribe que siempre "hizo hincapié en el hecho, en la anamnesis, de que en mi familia y entre los judíos de Argelia, casi nunca se decía "circuncisión", sino "bautismo", no Bar Mitzvah, sino "primera comunión", lo que dio lugar a un ablandamiento y a un embotamiento por aculturación temeroso, del que siempre sufrí más o menos conscientemente (*ibíd.*, pp. 72-73). Estas palabras aluden claramente a la perpetuación de prácticas criptojudías entre los judíos argelinos e indican no menos claramente que la identificación judía y la necesidad de ocultarla han seguido siendo rasgos psicológicos muy claros en Derrida. No es baladí que equipare a su madre con Ester (*ibíd.* p. 73), la heroína bíblica que "no dio a conocer ni su pueblo ni su nacimiento" (*Ester*, 2:10) y que ha servido de inspiración a generaciones de criptojudíos.

Derrida estaba profundamente apegado a su madre y le dijo, cuando ella estaba a punto de morir: "Estoy seguro de que no entenderá mucho de lo que me ha dictado, de la inspiración que me ha dado, de lo que me ha pedido y ordenado. Al igual que su madre (que hablaba de bautismo y primera comunión en lugar de circuncisión y Bar Mitzvah), Derrida tenía una identidad judía interior, mientras que externamente adoptaba la cultura católica francesa de Argelia. Sin embargo, en el caso de Derrida, hay indicios de ambivalencia dentro de las dos identidades: "Soy uno de esos marranos que ya no admiten ser judíos ni siquiera en el secreto de su propio corazón" (*op. cit.* p. 170).

La experiencia del antisemitismo en Argelia durante la Segunda Guerra Mundial fue traumática para Derrida y le llevó a tomar una profunda conciencia de su condición de judío. Fue expulsado de su escuela a los 13 años en virtud del *numerus clausus del* gobierno de Vichy. Se describe a sí mismo como "un pequeño judío de pelo negro, muy árabe, que no entendía nada de lo que pasaba, que no recibió la más mínima explicación ni de sus padres ni de sus amigos" (*op. cit.* p. 58).

> Las persecuciones, que fueron diferentes a las de Europa, se desataron en ausencia de ocupantes alemanes (...) Es una experiencia que no deja nada sin tocar, una atmósfera que no dejaremos de respirar. Niños judíos expulsados de las escuelas. En la oficina del director: te irás a casa, tus padres te explicarán. Después, los aliados desembarcaron, era la época del gobierno bicéfalo (de Gaulle-Giraud); las leyes raciales se mantuvieron durante unos seis meses, bajo el gobierno francés "libre". Los amigos que ya no te conocían, los insultos, las expulsiones de ciertos profesores judíos del instituto, que no iban acompañadas de ningún murmullo de desaprobación (...) A partir de ese momento, sentí -¿cómo decirlo? - A partir de ese momento, me sentí tan poco a gusto en el lado de la comunidad judía como en el otro (al que llamábamos "los católicos").
>
> En Francia, este sufrimiento persiste. Creía ingenuamente que el antisemitismo había desaparecido (...) Pero durante mi adolescencia, era *la* tragedia, estaba presente en todas partes (...) Efecto paradójico, tal vez, de este embrutecimiento: el deseo de integrarse en la comunidad no judía, un deseo fascinado, doloroso, receloso, nerviosamente vigilante, una capacidad agotadora para detectar los signos del racismo, tanto en sus configuraciones más discretas como en sus desmentidos más ruidosos. (*Puntos... Entrevistas, 1974-1994*, p. 120-121)

Bennington, en su biografía de Derrida, sostiene que su expulsión de la universidad y sus secuelas fueron "sin duda los años en los que se imprimió el sentido de 'pertenencia' de Derrida al judaísmo, tan singular en él : una herida ciertamente, una dolorosa sensibilidad ante el antisemitismo y otros racismos, una respuesta "cruda" a la xenofobia, pero también una impaciencia ante las identificaciones gregarias y el celo militante de la pertenencia en general, incluida la judía (...) Creo que esta dificultad con la pertenencia, casi se podría decir con la identificación, afecta a toda la obra de Jacques Derrida. También me parece que la "deconstrucción de lo propio" es la idea misma, la formulación de este afecto pensante. (*op. cit.* p. 326)

Derrida no dice lo contrario. Recuerda que justo antes de su Bar Mitzvah (repite que se llamaba "primera comunión" en la comunidad judía argelina), el gobierno de Vichy le había excluido de su colegio y le había retirado la ciudadanía:

> Me convertí en el exterior, podían acercarse a mí todo lo que quisieran, no volverían a tocarme (...) Hice mi "primera comunión" escapando de la prisión de todas las lenguas: la lengua sagrada en la que intentaron encerrarme sin darme las llaves [el hebreo] y la lengua profana [el francés]. Se aseguraron de que ninguno de los dos fuera mío. (Circumfession, *op. cit.* p. 289)

Como tantos otros judíos que querían parecer semicrípticos en un entorno no judío, Derrida cambió su nombre de pila por el de Jacques.

> Al elegir este seudónimo, ciertamente muy francés, muy cristiano y muy sencillo, tuve que borrar más cosas de las que puedo decir en pocas palabras (habría que analizar las condiciones en las que una determinada comunidad -la judía en Argelia- elegía a veces nombres de pila americanos en los años treinta) (*Puntos... Entrevistas, 1974-1994*, p. 344).

El cambio de nombre es, por tanto, una forma de encriptación [*crypsis*] practicada por la comunidad judía de Argelia, una manera de conformarse externamente a la cultura francesa y cristiana sin dejar de ser judíos en secreto.

El proyecto político judío de Derrida es el mismo que el de la Escuela de Frankfurt:

> El motivo ulterior de la deconstrucción es deconstruir los mecanismos de los estados-nación fuertes que practican poderosas políticas de inmigración, deconstruir la retórica del nacionalismo, la política del lugar, la metafísica de la tierra natal y la lengua materna (...).Se trata de desactivar las bombas de identidad (...) que los Estados-nación fabrican para defenderse del extranjero, de los judíos, de los árabes y de los inmigrantes (...) que son todos (...) muy diferentes.

> En contra de lo que afirman los críticos descuidados de Derrida, la pasión por la deconstrucción es profundamente política, ya que la deconstrucción es un discurso intransigente, aunque indirecto, sobre la democracia, sobre la democracia por venir. La democracia para Derrida es un régimen radicalmente pluralista que se resiste al terror de una unidad orgánica,

étnica y espiritual, a los vínculos naturales y nativos de la nación (*natus, natio)*, que reducen a polvo todo lo que no se relaciona con el tipo y el género dominante (*Geschlecht)*. Sueña con una nación sin recinto nacionalista o nativista, una comunidad sin identidad, o una comunidad no idéntica que no pueda decir ni yo ni nosotros, pues al fin y al cabo, la idea misma de comunidad es la de fortalecernos (munis, muneris) en común contra el otro.

Su obra está guiada por el sentido del peligro ardiente de la comunidad de identidad, en el espíritu del "nosotros" de la "Europa cristiana" o de la "política cristiana", una mezcla mortal que significa la muerte de árabes y judíos, de africanos y asiáticos, de todo lo que es otro. Este espíritu cristiano y europeo en el que se afanan y suspiran judíos y árabes es un aire mortal para ellos, para todos los *judíos* [judío significa aquí el arquetipo del otro]. Incluso cuando se remontan al patriarca Abraham, es para gasearlos tanto por la letra como por el espíritu. (Caputo, *op. cit.* p. 231-232)

Derrida ha publicado recientemente un panfleto en el que defiende la inmigración de no europeos a Francia. o *De l'Hospitalité*]. Al igual que la Escuela de Fráncfort, el escepticismo radical del movimiento deconstruccionista sirve para impedir el desarrollo de ideologías hegemónicas y universalistas y otros fundamentos de la lealtad colectiva gentilicia en nombre del *otro*.

Caputo vincula la motivación de la deconstrucción derrideana de Hegel con el análisis de Hegel de que el judaísmo es moral y espiritualmente inferior al cristianismo debido a su legalismo y exclusivismo tribalista, mientras que el cristianismo es la religión del amor y la asimilación, un producto de los griegos y no de la mente judía. Estas interpretaciones hegelianas encajan extraordinariamente bien con la antigua concepción cristiana de su propia religión y del judaísmo (cf. La *separación y sus descontentos*, capítulo 3). Esta interpretación también es coherente con el análisis evolutivo que desarrollé en *A People That Shall Dwell Alone*.

Las reinterpretaciones y refutaciones de Hegel eran comunes entre los intelectuales judíos del siglo XIX (cf. *La separación y sus malestares*, cap. 6) y hemos visto que en *Dialéctica negativa* Adorno se preocupó por refutar la idea hegeliana de una historia universal por razones similares. "El retrato de Hegel de los judíos, odioso, marcado (...), parece rondar toda la obra de Derrida; (...) al resumir fiel y literalmente el discurso de Hegel, Derrida muestra (...) que las denuncias de Hegel sobre el judío de corazón escarmentado son una castración del otro, en sí mismo odioso y desalmado (Caputo, *op. cit.* p. 313).

Al igual que la Escuela de Frankfurt, Derrida afirma que el mundo futuro mesiánico es desconocido, pues de lo contrario se haría posible una uniformidad impuesta, "una totalidad sistemática con una garantía infinita" (*ibíd.* p. 246), una verdad triunfante y peligrosa en la que los judíos, como representantes del *otro*, necesariamente sufrirían. La condición humana es vista como "una ceguera sin remedio, una enfermedad estructural y radical en virtud de la cual todos somos ciegos de nacimiento" (*ibid.* p. 313).

Al igual que los autores de la Escuela de Fráncfort, los representantes de la alteridad son titulares de un valor moral *a priori*. "En la deconstrucción, el amor se libera de la polémica contra los judíos [Caputo se refiere a los Primeros Escritos de Hegel, donde el amor simbolizado por Jesús rompe la ley judía], siendo repensado en términos de alteridad, de *judíos* (...) Si esta comunidad hegeliana, cristiano-europea, se define como constituyendo una defensa común (*com*) (*munis*) contra el otro, Derrida plantea la idea de *rendición*, de capitulación ante el otro" (*ibid* p. 248).

Desde este punto de vista, reconocer la posibilidad de la verdad es algo peligroso, por el hecho de que esta posibilidad podría ser utilizada contra el otro. La mejor estrategia, por tanto, es abrir el campo para una "saludable competencia entre interpretaciones, para una cierta saludable hermenéutica radical, en la que soñamos apasionadamente con algo imprevisible e imposible" (*ibid* p. 277). A este hecho de que las opiniones de las diferentes ideologías y religiones entren en conflicto, Derrida opone la idea de "una comunidad, si es que lo es, de ciegos (...), de ciegos que guían a otros ciegos". La ceguera conduce a las buenas comunidades, siempre que todos aceptemos el hecho de que no podemos ver, que en cuestiones cruciales todos somos absolutamente ciegos y sin acceso privilegiado [a la verdad], embarcados en el mismo barco sin luz que nos muestre la otra orilla" (*ibid* p. 313-314).

Este tipo de mundo no es peligroso para el judaísmo, para el otro arquetípico, y no tiene garantías para las tendencias universalizadoras de la civilización occidental, por lo que se podría decir que la deconstrucción es una des-helenización o des-occidentalización. La conciencia de grupo étnico minoritario queda así validada, no porque se base en algún tipo de verdad psicológica, sino porque no se puede demostrar que sea falsa. Por otra parte, los intereses culturales y étnicos de las mayorías son "hermeneutizados" y, por lo tanto, se vuelven impotentes, impotentes porque no pueden servir de base para un movimiento étnico de masas que entre en conflicto con los intereses de otros grupos.

Irónicamente, en el contexto de la teoría del judaísmo que estamos desarrollando en este libro, Derrida (que se tomó la molestia de teorizar su propia circuncisión en *Circuncisión*) reconoce que la circuncisión -que él compara con un *shibboleth* debido a su función como herramienta de demarcación del endogrupo- es un arma de doble filo.

Comentando la obra de Paul Celan, poeta del Holocausto, Derrida escribe

> Marca del pacto, también interviene, prohíbe, significa la sentencia de exclusión, de discriminación, incluso de exterminio. Gracias *al shibboleth*, uno puede reconocerse entre sí, para bien o para mal, en las dos acepciones de la palabra compartir: por un lado para compartir y el anillo de la alianza, pero también, por otro lado, en el otro lado del compartir, el de la exclusión, para rechazar al otro, para negarle el paso o la vida (...)

> A causa del shibboleth y en la medida exacta en que uno lo utiliza, puede volverse contra uno mismo; entonces es el propio circuncidado el que es proscrito o mantenido tras la frontera, excluido de la comunidad, condenado a muerte o reducido a cenizas. (Shibboleth: Para Paul Celan en *Word Traces: Readings of Paul Celan*, p. 67-68)

A pesar de los peligros de la circuncisión como arma de doble filo, Derrida concluye que "debe haber circuncisión", una conclusión que Caputo interpreta como una afirmación de la irreductible e innegable demanda humana de "una marca diferenciadora, una marca de diferencia". En consecuencia, Derrida suscribe la idea de la inevitabilidad (¿por naturaleza innata?) de las demarcaciones entre grupos, pero, de forma divertida y apologética, consigue explicar la circuncisión no como un signo de exclusivismo tribal, sino como "el corte que abre el espacio para el advenimiento de lo *totalmente otro*" (Caputo, *op. cit.*: 250).

La maniobra es notable ya que, como acabamos de ver, Derrida parece ser muy consciente de que la circuncisión conduce al separatismo, a la erección de barreras entre el endogrupo y el exogrupo, a la posibilidad del conflicto intergrupal e incluso al exterminio. Pero según la glosa derridiana, "espiritualmente todos somos judíos, todos estamos llamados a elegir acoger al otro" (*ibíd.* p. 262), de modo que el judaísmo se convierte en una ideología universalista donde las marcas de separatismo se interpretan como una expresión de apertura al otro.

Según Jacques Derrida, "si la circuncisión es judía, es sólo en el sentido de que todos los poetas son judíos (...) Todo el mundo debería tener el corazón circuncidado; esto debería constituir una religión universal" (*ibíd.* p. 262). Asimismo, al examinar la obra de James Joyce, Derrida compara al escritor irlandés con Hegel (el pensador occidental arquetípico), que "cierra el círculo de lo mismo". A esto contrapone la "circuncisión abrahámica [judía] que corta el hilo de lo mismo para abrirse al otro, la circuncisión que consiste en decir sí (...) al otro" (*ibid* p. 257).

Al final, Derrida desarrolla a su manera la antiquísima noción del judaísmo como grupo moralmente superior, mientras que las ideologías de la uniformidad y la universalidad, que podrían sustentar las ideologías de la homogeneidad social y la conciencia de grupo en la gentilidad europea, son deconstruidas y presentadas como moralmente inferiores.

Capítulo VI

La crítica judía a la cultura gentil, un renacimiento

> ¿Recuerdas", preguntó, "lo que dijo Lueger, el alcalde antisemita de Viena, cuando el ayuntamiento discutía una subvención para las ciencias naturales? "¿Ciencia? Eso es lo que los judíos copian de los demás. Esto es lo que pienso de *la Ideengeschichte*, la historia de las ideas.
> (Isaiah Berlin, sobre una conversación con Lewis Namier, en Efron, *Defenders of the Race: Jewish Doctors and Race Science in Fin-de-Siècle Europe*, p. 13)

Parte 1

Los materiales examinados en los cuatro capítulos anteriores indican que los individuos que se identifican fuertemente como judíos han sido los principales impulsores de movimientos intelectuales muy influyentes que han sometido la cultura gentil a una crítica radical al tiempo que han permitido la continuidad de la identificación judía. En conjunto, estos movimientos forman la columna vertebral de la izquierda intelectual y política de este siglo y son los ancestros intelectuales directos de los movimientos intelectuales y políticos de izquierda, especialmente el posmodernismo y el multiculturalismo.

En conjunto, estos movimientos han puesto en tela de juicio los fundamentos morales, políticos y económicos de la sociedad occidental. Uno de los aspectos destacables de estos movimientos es que todos ellos han sido, al menos en Estados Unidos, descendentes, en el sentido de que han sido engendrados y dominados por miembros de grupos altamente educados e inteligentes. Estos movimientos fueron promovidos con gran pasión intelectual y fervor moral, con un alto nivel de sofisticación teórica. Cada uno prometía su propia versión de la utopía, pero con solapamientos y complementariedades entre ellos: una sociedad de personas con el mismo potencial biológico, fácilmente moldeadas por la cultura para convertirse en ciudadanos ideales diseñados por una élite moral e intelectualmente superior; una sociedad sin clases en la que no habría más conflictos de intereses y en la que las personas trabajarían de forma altruista por el bien del grupo; una sociedad en la que desaparecerían la neurosis y la agresión hacia los exogrupos y que ya no interferiría con las necesidades biológicas humanas; un paraíso multicultural en el que los diferentes grupos étnicos y raciales cooperarían en armonía, un sueño utópico que saldrá a la luz cuando examinemos el papel de la participación judía en la formación de la política migratoria estadounidense en el capítulo siete. Cada una de estas utopías es muy problemática desde el punto de vista evolutivo, como veremos en el capítulo ocho.

Los instigadores de estos movimientos estaban todos directamente preocupados por el antisemitismo y todas las utopías previstas por estos movimientos intelectuales y políticos consistían en acabar con el antisemitismo permitiendo al mismo tiempo la perpetuación del grupo judío. Toda una generación de judíos radicales de izquierda había visto a la Unión Soviética como una tierra idílica en la que los judíos podían ascender a puestos de poder, donde el antisemitismo estaba proscrito y la vida nacional judía florecía. El movimiento psicoanalítico y la Escuela de Fráncfort imaginaron el día en que los gentiles serían inoculados contra su antisemitismo por un clero de clínicos que curarían sus deficiencias personales y las frustraciones causadas por su degradación, que proyectaban criminalmente en los judíos. En cuanto a los descendientes de los boasianos y de la Escuela de Fráncfort, impedirían el desarrollo de ideologías antisemitas procedentes del etnocentrismo dominante.

Otra característica palpable de los miembros de estos movimientos es su fuerte sentido de superioridad moral e intelectual. Este tipo de arrogancia intelectual y hostilidad hacia los gentiles y su cultura fue un tema recurrente en nuestro examen de los movimientos de izquierda en el capítulo tres. También he documentado el profundo sentido de superioridad intelectual y el distanciamiento de la cultura gentil que era evidente no sólo en Freud, sino en el movimiento psicoanalítico en su conjunto. La morgue de esta "vanguardia autoconstituida" (Christopher Lasch) de intelectuales judíos hacia las costumbres y actitudes de la clase media se examinó en el quinto capítulo.

Con respecto a este sentido de superioridad moral, hay que tener en cuenta que la orientación fundamental de los intelectuales judíos desde la Ilustración ha sido establecer el judaísmo como un faro moral para el resto de la humanidad. Estos movimientos son ejemplos concretos de la antigua y recurrente autocomprensión judía de que son "la luz de las naciones". Hemos tratado esta noción en detalle en el séptimo capítulo de *La separación y sus descontentos*. La acusación moral de los opositores es una característica destacada en los escritos de los izquierdistas extremos y de los opositores a la visión biológica de las diferencias de CI entre individuos y grupos. El mismo tipo de arrogancia moral impregnó el movimiento psicoanalítico y, en lo que respecta a la Escuela de Fráncfort, adoptó la posición de que la existencia del judaísmo debía considerarse como un absoluto moral *a priori,* mientras que las ciencias sociales debían juzgarse con criterios morales.

Como se señaló en el capítulo uno, la teoría psicológica y los datos contemporáneos apoyan firmemente la idea de que las opiniones de las minorías son capaces de influir en las actitudes de la mayoría, sobre todo cuando esas opiniones contienen un alto grado de consistencia interna y cuando se difunden desde las instituciones académicas y los medios de comunicación más prestigiosos de la sociedad. Aunque la influencia de la participación judía en estos movimientos intelectuales y políticos en las sociedades gentiles no puede medirse con precisión, los materiales que hemos examinado aquí sugieren que la participación judía fue un factor crucial en el triunfo de la izquierda intelectual en las sociedades occidentales de finales del siglo XX.

Estos movimientos intelectuales tienen varias características que pueden considerarse al servicio de los intereses judíos. El mayor peligro para la estrategia de un grupo minoritario es el desarrollo de un grupo mayoritario cerrado y cerrado que vea al grupo minoritario de forma desfavorable. Para contrarrestar esta amenaza, una estrategia ha sido promover activamente ideologías universalistas en la sociedad en general que restan importancia a las categorizaciones sociales de judíos y gentiles. El judaísmo como estrategia de grupo estrechamente unido y de base étnica permanece, pero en un estado críptico o semicríptico. El caso ejemplar de esta estrategia es la ideología política de izquierdas, pero el psicoanálisis e incluso algunas formas de judaísmo que restan importancia a la diferenciación fenotípica entre judíos y gentiles -como el judaísmo reformista- adoptan una estrategia similar.

Los intereses judíos también se sirven fomentando el individualismo radical (atomización social) entre los gentiles, mientras se mantiene el mayor sentido de cohesión de grupo entre los judíos -tal era el proyecto de la Escuela de Frankfurt, para la cual las identificaciones colectivas gentiles son signos de enfermedad mental. Un componente importante de esta estrategia es la deconstrucción de los movimientos intelectuales mayoritarios que son incompatibles con la perpetuación del judaísmo. Estos movimientos intelectuales van desde el asimilacionismo radical (por ejemplo, las conversiones forzadas al cristianismo) hasta las estrategias exclusivistas de grupos mayoritarios basadas en el etnocentrismo de los grupos mayoritarios (por ejemplo, el nacionalsocialismo).

Los intereses judíos también se ven favorecidos por la ideología promovida por la Escuela de Fráncfort de que la preocupación de los gentiles por su decadencia y por ser eclipsados económica, social y demográficamente por otros grupos es un signo de enfermedad mental. Dado que los judíos son un grupo caracterizado por su excepcional ascendencia social, esta ideología sirve a los intereses judíos al desactivar las preocupaciones de los gentiles en declive. Veremos en el capítulo siete que las organizaciones e intelectuales judíos han estado a la vanguardia del movimiento para eclipsar la preponderancia demográfica y cultural de los descendientes de europeos en las sociedades occidentales.

Hay algunas características comunes de estos movimientos intelectuales judíos que vale la pena mencionar. Un aparente hilo común en nuestro examen del psicoanálisis, la antropología boasiana, la Escuela de Frankfurt y los círculos políticos e intelectuales de la extrema izquierda ha sido la medida en que los intelectuales judíos han formado grupos muy unidos cuya influencia se deriva en parte de la cohesión y la solidaridad del grupo. La influencia de las ideologías de esta minoría aumenta cuando los que adoptan la posición minoritaria alcanzan un alto grado de consenso y coherencia intelectual entre ellos. La actividad intelectual no escapa a las leyes que rigen otros emprendimientos humanos: los grupos cohesionados ganan en competencia con las estrategias individualistas. Y, sin duda, esta verdad primordial ha sido una gran clave del éxito del judaísmo a lo largo de su historia (cf. *Un pueblo que habitará solo*, capítulo 5).

En las ciencias, los patrones de asociación entre judíos son aún más pronunciados que en los movimientos intelectuales cercanos que hemos examinado. Greenwald y Schuh demostraron en 1994 la existencia de un patrón repetitivo de discriminación étnica mediante el escaneo de artículos de revistas en busca de referencias bibliográficas. Descubrieron que los autores judíos tenían un 40% más de probabilidades que los no judíos de referirse a autores judíos, y que los autores principales de artículos científicos tenían unas tres veces más probabilidades de tener un coautor judío que los autores principales no judíos. Aunque los métodos utilizados en este estudio no permiten determinar el origen de esta discriminación, los datos recogidos en su artículo (An ethnic bias in scientific citations, en *European Journal of Social Psychology* - 1994) sugieren que una gran parte de esta discriminación procede de científicos judíos. También contribuye a ello la altísima sobrerrepresentación de coautores judíos, probablemente como resultado de los patrones repetitivos de asociación entre colegas y mentores, que son específicos del endogrupo judío. Además, en los casos en los que existen diferencias significativas en el tamaño del grupo, los individuos pertenecientes a grupos minoritarios son más propensos a los prejuicios endogrupales que los miembros del grupo mayoritario, lo que sugiere que los judíos son más propensos a la discriminación étnica que los gentiles.

Entre los académicos, aparecer como referencia bibliográfica en los trabajos de otros científicos es un fuerte indicador de éxito profesional y las referencias bibliográficas suelen desempeñar un papel clave en la asignación de puestos. En estas circunstancias, los sesgos etnocéntricos en la política de citación de autores no son un simple reflejo de prejuicios endogrupales entre los científicos judíos, ya que estos patrones repetitivos tienen el efecto de promover el trabajo y la reputación de otros científicos judíos. Los estudios sobre el tema de los intelectuales estadounidenses en el siglo XX, realizados por Kadushin en 1974, Shapiro en 1989 y 1992, y Torrey en 1992, indican un importante solapamiento entre los orígenes judíos, la identificación étnica judía, el cortejo judío, las ideas políticas de extrema izquierda y la influencia psicoanalítica; también indican un patrón repetitivo de referencia y admiración mutua. En el estudio de Kadushin, aproximadamente la mitad de su muestra de intelectuales estadounidenses de élite eran judíos (*The American Intellectual Elite*, p. 23). Su muestreo se basó en una lista de los colaboradores más frecuentes de las revistas intelectuales más importantes, seguida de entrevistas con intelectuales que "votaron" por otro intelectual que consideraban que había tenido la mayor influencia en su pensamiento. Entre esta selección de intelectuales elegidos como los más influyentes, más del 40% de los judíos habían recibido 6 o más votos, frente al 15% de los no judíos.

La fuerte sobrerrepresentación judía también se aplica al mundo de los editores y periodistas de publicaciones periódicas de izquierda y extrema izquierda como *The Nation*, *The New Republic* y *The Progressive*. *The New Republic* (*TNR*) fue comprada en 1974 por Martin Peretz, hijo de "un activista sionista-laboral y partidario de la derecha de Jabotinsky" (Alterman, *Sound and Fury: The Washington Punditocracy and the Collapse of American Politics*, p. 185), él mismo un antiguo activista estudiantil de izquierdas que se había pasado al neoconservadurismo. Su devoción a las causas judías, y a Israel en particular, fue el único aspecto constante de la carrera de Peretz. Su trayectoria refleja lo que argumentamos en el tercer capítulo, ya que abandonó la Nueva Izquierda cuando el movimiento condenó a Israel por su racismo e imperialismo. Durante la guerra árabe-israelí de 1967, confesó a Henry Kissinger que su "lado de paloma se detuvo en la puerta de una tienda de delicatessen" (*ibid*. p. 185) y muchos colaboradores de su revista temían que todas las cuestiones se trataran sólo sobre la base de la pregunta: "¿Es esto bueno para los judíos? "(*ibid* p. 186). De hecho, uno de los redactores de la revista recibió instrucciones de acudir a la Embajada de Israel para obtener información y utilizarla en los editoriales de *TNR*. "Decir que el propietario de *TNR* está obsesionado con Israel es un leve eufemismo; de hecho, él mismo lo admite. Pero sobre todo, Peretz está obsesionado con los críticos de Israel, con los antiguos críticos de Israel y con la gente que nunca ha oído hablar de Israel pero que algún día podría conocer a alguien que algún día podría convertirse en un crítico" (*ibid* p. 195).

Del mismo modo, en el mundo literario, la influyente revista de izquierdas *Partisan Review* (*PR*) fue el principal escaparate de los "intelectuales de Nueva York", un grupo dominado por editores de revistas de identidad étnica judía y profundamente alejados de las instituciones políticas y culturales estadounidenses. Clement Greenberg, un crítico de arte muy influyente que ayudó a establecer el movimiento expresionista abstracto en la década de 1940, es un arquetipo. Se hizo un nombre sin salir del entorno intelectual judío. Fue editor en *PR* y *Contemporary Jewish Record* (el precursor de *Commentary*), luego editor durante mucho tiempo en *Commentary* bajo la dirección de Elliot Cohen, y simultáneamente crítico de arte en *The Nation*.

Por lo tanto, había un solapamiento entre las publicaciones oficiales judías y las revistas intelectuales secularizadas asociadas a los *intelectuales de Nueva York*. De hecho, *Commentary*, una revista publicada por el Comité Judío Americano, acabó convirtiéndose en el órgano más conocido de los *intelectuales neoyorquinos*, ya que servía para propagar sus ideas a un público más amplio, a la vez que trataba temas específicamente judíos. Además de Greenberg, varios miembros del grupo eran editores de *Commentary*, entre ellos Robert Warshow, Nathan Glazer, Irving Kristol, Sidney Hook y Norman Podhoretz, mientras que Philip Rahv, editor de *PR*, era también editor de *Contemporary Jewish Record*. Dada la coincidencia de editores y colaboradores, se puede considerar que las revistas asociadas a los *New York Intellectuals son las* siguientes: *PR, Commentary, Menorah Journal, Dissent, The Nation, Politics, Encounter, The New Leader, The New York Review of Books, The Public Interest, The New Criterion, The National Interest* y *Tikkun*.

Originalmente, *el PR era* una rama del Partido Comunista y sus principales líderes eran todos marxistas y admiradores de Trotsky. Pero en la década de 1940, la dosis de psicoanálisis cobró cada vez más importancia (Lional Trilling, por ejemplo, explicó que su lealtad era más hacia Freud que hacia Marx [Jumonville, *Critical Crossings: The New*

York Intellectuals in Postwar America p. 126]); además, la Escuela de Fráncfort y *los intelectuales neoyorquinos* se influyeron e inspiraron mutuamente. Con el tiempo, los *intelectuales neo*yorquinos pasaron de abogar por la revolución socialista al antinacionalismo y al cosmopolitismo, defendiendo una "cultura amplia e inclusiva" en la que se valoraran las diferencias culturales (Cooney, *The Rise of the New York Intellectuals:* Partisan Review *and Its Circle*, p. 233). (Como veremos en el capítulo 7, *Commentary* publicó artículos en los años 50 a favor del multiculturalismo y de los altos niveles de inmigración de todos los grupos raciales y nacionales en Estados Unidos). Se veían a sí mismos como marginados y alienados, una recreación moderna de la tradicional alienación y separación judía de la cultura gentil.

"No creían que pertenecieran a América, ni que América les perteneciera a ellos" (Podhoretz, *Breaking Ranks: A Political Memoir*, p. 117; énfasis en el texto). De hecho, un reportero del *New Yorker* le preguntó a Podhoretz en los años 50 si *Partisan Review* tenía máquinas de escribir con la palabra "alienación" escrita en una tecla (Podhoretz, *op. cit.* p. 283). Defendían posturas humanistas y laicas y se oponían a los valores religiosos, al menos en parte debido a las asociaciones pasadas entre el antisemitismo y la ideología religiosa cristiana. En cualquier caso, "el trabajo de los *intelectuales neoyorquinos de los* años 30 y 40 siguió un hilo conductor continuo (...) Se adhirieron a los valores del cosmopolitismo (...) Su lealtad a estos valores se vio reforzada por su conciencia de ser judíos, y esta conciencia contribuyó a hacer de la variedad de cosmopolitismo encarnada por *Partisan Review* una posición intelectual por derecho propio" (Cooney, *op. cit.* p. 245).

Es difícil sobrestimar la influencia de *los intelectuales neoyorquinos* en la alta cultura estadounidense de los años cuarenta y cincuenta, sobre todo en los campos de la crítica literaria, la crítica de arte, la sociología y el "periodismo intelectual" (Jumonville, *op. cit.,* p. 9). Irving Kristol se refiere a la intimidante presencia de *PR* entre sus amigos universitarios. Como escribió el crítico de arte Hilton Kramer:

> Para algunos de los escritores e intelectuales de mi generación (...) atraídos por *PR* a finales de los años 40 y principios de los 50 (...) era más que una revista, era una parte esencial de nuestra educación, una parte mucho más importante que los libros que leíamos, las visitas a museos que hacíamos,

los conciertos a los que asistíamos y los discos que comprábamos. Nos dio acceso a la vida cultural moderna -su gravedad, su complejidad, su combatividad- a un nivel que pocos de nuestros profesores podían igualar (...) Daba a todos los temas que cubría -arte, literatura, política, historia y actualidad- una urgencia intelectual tal que los lectores nos sentíamos implicados y llamados a responder a ellos. ('Reflections on the history of *Partisan Review*' en *The New Criterion* Sept. 1996 p. 43)

Parte 2

Greenberg había crecido en la subcultura neoyorquina de extrema izquierda y de habla yiddish ("Todos en su familia eran socialistas. De niño, creía que *socialista* significaba *judío*" [Rubenfeld, *Clement Greenberg: A Life*, p. 60]). Al igual que otros *intelectuales neoyorquinos*, Greenberg estaba muy apegado a su identidad judía, lo que acabó influyendo en su obra. "Creo que hay un tinte de judaísmo en cada palabra que escribo, como lo hay en cualquier otro escritor judío estadounidense contemporáneo" (*en* Rubenfeld, *op. cit.* p. 89). Como editor del *Contemporary Jewish Record*, Greenberg publicó un artículo en el que se refería abiertamente al antisemitismo de Henry Adams [un gran historiador de la segunda mitad del siglo XIX y representante del elitismo WASP], algo que era tabú en aquella época. También fue uno de los grandes purificadores de la obra de Franz Kafka, cuyas palabras representaban para él la quintaesencia de la palabra judía en la literatura:

> El efecto hipnótico y revolucionario de las obras de Franz Kafka (...) sobre la vanguardia literaria no tiene parangón en la historia (...) Hay muchas razones para creer que Kafka, por sí solo, dio lugar a una nueva era literaria, que apuntaba más allá de las definiciones cardinales en las que se había basado la literatura occidental hasta entonces. Además, es posible que los escritos de Kafka hayan expresado por primera vez una noción singular y esencialmente judía de la realidad, que hasta entonces sólo se había expresado en formas religiosas, pero que bajo su pluma encontró una expresión secularizada (*ibidem*, pp. 92-93).

En la *Partisan Review, con motivo* de una reseña de un libro sionista militante de Arthur Koestler que denigraba a los judíos europeos y elogiaba a los sionistas que colonizaban Palestina, Greenberg expresó su sentido de la superioridad judía de la siguiente manera: "Sugiero que no es imposible adoptar normas de evaluación que no sean las de Europa Occidental. Es posible que, según los estándares 'histórico-mundiales', el judío europeo represente un tipo de excelencia sin parangón en la historia" ('Koestler new novel', *PR 13-1946*, p. 582). En 1949 surgió un conflicto entre la naciente clase intelectual judía y la más antigua, mayoritariamente gentil, *sobre la* cuestión de un premio para Ezra Pound, cuya poesía reflejaba sus simpatías fascistas y su antisemitismo. Greenberg defendió la prioridad de la moral sobre la estética, escribiendo que "la vida abarca y anula el arte, y juzga las cosas por sus consecuencias (...) Como judío, no puedo evitar sentirme indignado por el material de los últimos poemas de Pound. Es más, desde 1943, esas cosas me asustan *físicamente*" ("El premio de la libra", *PR* 16-1949, p. 515; el subrayado es nuestro).

Por su parte, el filósofo Sidney Hook se identificó fuertemente como judío. Era un sionista, un firme defensor de Israel y un promotor de la educación judía para los niños judíos. Hook desempeñó un papel decisivo en la dirección del grupo *New York Intellectuals* y, como hemos visto, fue editor de la revista *Commentary*. En su artículo *Reflexiones sobre la cuestión judía* escribió que "las causas del antisemitismo no residen en el comportamiento de los judíos" (*PR*, 16-1949, p. 465). Por el contrario, se encuentran "en las creencias, los hábitos y la cultura de los no judíos" (*ibid*. p. 468), especialmente en el cristianismo. El antisemitismo es "endémico en todas las culturas cristianas, cuyas religiones han hecho del judío el eterno villano en el drama cristiano de la salvación" (*ibid*. pp. 471-472).

Hook desarrolló una elaborada apología del judaísmo en el mundo moderno. Ser judío ya no es más que una categoría social sin base étnica: "*Un judío es todo aquel que se llama a sí mismo como tal por cualquier razón, o que es llamado así dentro de un grupo en el que es habitual tener en cuenta esta distinción*" (p. 475; énfasis añadido). Según Hook, no existen movimientos intelectuales judíos, aparte de aquellos, como el sionismo o el jasidismo, que puedan explicarse por "las presiones sociales y culturales del cristianismo occidental". Sostiene que los intelectuales judíos están mucho más influenciados por los intelectuales gentiles que por su condición de judíos. De hecho, Hook desarrolla un nominalismo extremo que está en desacuerdo con toda la historia del judaísmo: en su opinión, los judíos no existen en absoluto como grupo. El judaísmo es una concatenación voluntaria de átomos individuales cuyos únicos vínculos biológicos están en el nivel de la familia nuclear: "Sólo existen individuos" (p. 481).

Sin embargo, Hook consideraba que seguir siendo judío era una obligación moral:

> [Para la mayoría de los judíos] escapar [de su judaísmo] era prácticamente imposible, porque en los casos en que era posible, el coste psicológico era demasiado grande y porque desde un punto de vista moral era intrínsecamente degradante capitular ante prejuicios irracionales y negar el parentesco con sus padres y madres que, a menudo contra todo pronóstico, habían preservado valientemente su integridad y su fe, fuera cual fuera. (p. 479)

Como tantos otros izquierdistas, Hook abrazó el sueño del universalismo humano, pero este sueño "pasa por alto el hecho de que los seres humanos viven aquí y ahora como judíos o no judíos, y lo harán durante mucho tiempo; que este sueño se basa en la aceptación de las diferencias humanas, no en la esperanza de una unidad indiferenciada; y que los microbios del antisemitismo infectan incluso a aquellos movimientos que oficialmente prohíben su presencia" (p. 481). (Hook era extremadamente sensible al antisemitismo en la izquierda, a partir del conflicto entre Stalin y Trotsky en los años 20, véase el capítulo 3). Así, los judíos seguirían viviendo como tales mucho después de que se estableciera la utopía democrática y socialista de Hook. En su opinión, el universalismo de izquierdas bien entendido implicaba la aceptación de la diversidad cultural, no sólo en el corazón de la filosofía del judaísmo, sino también en el corazón de la idea de democracia:

> No se requiere ninguna filosofía del judaísmo, excepto ésta, que es idéntica al modo de vida democrático. Permite a los judíos, que por una u otra razón aceptan su existencia judía, llevar una vida digna y vigorosa, una vida en la que luchan colectivamente, con sus compañeros judíos, para mejorar la calidad de las culturas democráticas y secularizadas y, al hacerlo, promover la diversidad cultural, tanto judía como no judía, en la mayor medida posible......] Siempre que se despoje de su utopismo y de su incapacidad para comprender que la ética de la democracia no presupone la igualdad de la semejanza o de la identidad, sino la igualdad de la diferencia, el universalismo es esencialmente una posición válida. (p. 480-481)

Según Hook, la diversidad de experiencias [incluida la diversidad cultural y étnica], ya sea directa o indirecta, es inmediatamente placentera... Nos salva del provincianismo y de la tiranía de lo familiar, cuyo agarre es tan fuerte que a veces nos incapacita para las nuevas respuestas necesarias para la supervivencia... Madurar es aprender a apreciar las diferencias. Así, Hook articula el interés fundamental de los judíos por la diversidad étnica, que examinaremos en detalle en el siguiente capítulo sobre la participación judía en la política migratoria de Estados Unidos.

Entre *los intelectuales de Nueva York* se encontraban las siguientes figuras judías, clasificadas a grandes rasgos según su principal campo de actividad, aunque eran más generalistas que especialistas: Elliot Cohen (editor de *Menorah Journal* y fundador de *Commentary*); Sidney Hook, Hannah Arendt (filosofía política, periodismo político e intelectual); William Phillips y Philip Rahv (editores de *PR*; crítica literaria, periodismo intelectual); Lional Trilling, Leslie Fiedler, Alfred Kazin y Susan Sontag (crítica literaria); Robert Warshow (crítica cinematográfica y cultural); Isaac Rosenfeld, Delmore Schwarz, Paul Goodman, Saul Bellow y Norman Mailer (ficción y poesía, crítica literaria); Irving Howe (periodismo político, crítica literaria) Lasky, Norman Podhoretz e Irving Kristol (periodismo político); Nathan Glazer, Seymour Martin Lipset, Daniel Bell, Edward Shils, David Riesman y Michael Walzer (sociología); Lionel Abel, Clement Greenberg, George L. K. Morris, Meyer Schapiro y Harold Rosenberg (crítica de arte).

Los intelectuales neoyorquinos desarrollaron toda su carrera en un entorno social e intelectual judío. En la lista de Rubenfeld de personalidades que Greenberg había recibido en su piso de Nueva York, el único gentil mencionado es el artista William de Kooning. Reveladoramente, Wrezin llama al trotskista y colaborador *de PR* Dwight Macdonald "el distinguido Goy entre los Partisanskys". El escritor James T. Farrell era otro no judío, pero su diario muestra que había pasado gran parte de su vida en un entorno casi totalmente judío y que se relacionaba continuamente con los *intelectuales de Nueva York*. Podhoretz admite que el grupo era una "familia": cuando eran invitados a una fiesta, llegaban al mismo tiempo y se mantenían al margen.

La crítica cultural fue fundamental en el trabajo de los *intelectuales neoyorquinos*. Philip Rahv escribió que la cultura modernista era importante por la crítica cultural que potencialmente llevaba. El modernismo fomentó "la creación de valores morales y estéticos que contrarrestaran la mentalidad burguesa y que a menudo fueran violentamente críticos con ella". "¿Qué es la literatura moderna sino una querella reivindicativa, neurótica y continuamente renovada contra el mundo moderno? Estas valoraciones del potencial crítico incluso del arte más abstracto reflejaban las opiniones de los teóricos de la Escuela de Fráncfort, Adorno y Horkheimer. Este último había escrito que "un elemento de resistencia es inherente al arte más etéreo" ("Arte y cultura de masas" en *Studies in Philosophy and Social Science*, p. 291).

Los *intelectuales neoyorquinos* ejemplifican esta tendencia, típica de los movimientos que examinamos en este libro, de exudar autojustificación moral e intelectual, combinada con una práctica consumada de *realpolitik* diseñada para promover y consolidar el poder endogrupal. Desde su perspectiva, los *intelectuales neoyorquinos* "asociaban una sincera lealtad a unos valores que estaban siendo asediados, a una determinada imagen, la de una *intelectualidad* remota y alienada, que se mantenía firme en su línea contra las corrupciones de la conciencia y el espíritu" (Cooney, *The Rise of the New York Intellectuals: Partisan Review and Its Circle*, p. 200). Ya he señalado que Clement Greenberg daba primacía a la moral sobre la estética; asimismo, Lionel Trilling consideraba que la crítica literaria debía ocuparse sobre todo de "la calidad que la vida no tiene, pero debería tener" (*en* Jumonville, *op. cit.*, p. 123). En política, las cuestiones se veían como "la lucha entre el bien y el mal... Las posiciones fuertes, emocionales y a menudo moralistas adoptadas por los *intelectuales neoyorquinos*, y su tendencia a equiparar sus propios puntos de vista con la integridad intelectual pura, iban en contra de sus profesiones públicamente proclamadas de fe en la apertura y el libre pensamiento, implícitas en su apego a los valores cosmopolitas" (Cooney, *op. cit.* p. 265).

> El elitismo de su visión del mundo no era del tipo socioeconómico, que está ligado a los privilegios de la clase media alta. No, era un elitismo intelectual, el de una aristocracia jeffersoniana de talento, capacidad, inteligencia y agudeza crítica. Se preocuparon por mantener su vocación intelectual y los valores que la acompañan. Además, eran una élite en el sentido de elegidos

o elegidas. Pero todos estos tipos de elitismo tenían algo en común: eran formas de mantener el poder de un único grupo, lo que conducía a una condescendencia paternalista hacia los estratos inferiores de la sociedad. (Jumonville, *op.cit.* p. 169)

Esta condescendencia y falta de respeto por las ideas de los demás es especialmente evidente cuando se considera la actitud de los *intelectuales neoyorquinos hacia* la cultura estadounidense, y en particular la de la América rural. Hay mucha coincidencia entre *los intelectuales neoyorquinos* y las fuerzas antipopulistas que habían utilizado la *Personalidad Autoritaria*, como vimos en el capítulo cinco, para patologizar el comportamiento de la gentilidad estadounidense y especialmente de la clase media. Los *intelectuales neoyorquinos* eran elitistas culturales que aborrecían la democracia cultural y temían a las masas, sin dejar de ser políticamente de izquierdas. El movimiento era "un izquierdismo elitista -un conservadurismo de izquierdas, podría decirse- que lentamente se transformó en neoconservadurismo" (*ibíd.*, p. 185). *Los intelectuales de Nueva* York asociaban la América rural "con la autoctonía, el antisemitismo, el nacionalismo y el fascismo, así como con el antiintelectualismo y el provincianismo; la América urbana, en cambio, se asociaba con la tolerancia étnica y cultural, el internacionalismo y las ideas avanzadas (...).Los *intelectuales neoyorquinos* simplemente *asumieron* que la ruralidad -que a sus ojos abarcaba la mayor parte de la tradición americana y el territorio americano más allá de Nueva York- tenía poco que aportar a una cultura cosmopolita (...) Al interpretar las cuestiones culturales y políticas a través del prisma de las relaciones urbano-rurales, estos escritores pudieron expresar sentimientos despectivos y antidemocráticos bajo la máscara de la experiencia objetiva" (Cooney, *op. cit.* pp. 267-268; énfasis añadido). En el séptimo capítulo veremos que fue en torno a la cuestión de la inmigración donde se libró la batalla entre la América rural y ese *establishment* intelectual y político urbano, que contaba con el apoyo de todas las organizaciones políticas judías dominantes.

Partisan Review tenía esta mentalidad de separar claramente el grupo final del ex grupo, al igual que los otros movimientos intelectuales judíos que examinamos en este libro. Norman Podhoretz definió a la gente *del PR* como una "familia" cuya unidad provenía de "esa sensación de aislamiento y marginación que los maestros del movimiento modernista también sentían, del elitismo - esa creencia de que *los demás* no eran dignos de consideración, excepto para ser atacados, y no merecían una discusión escrita ; y también otro sentimiento, una especie de desesperación sobre el destino de la cultura americana en general, unido a la convicción de que la integridad moral sólo era posible entre *nosotros*. » Era un mundo insular en el que los únicos que realmente existían eran los miembros del grupo interno: "La familia no tenía en cuenta a nadie fuera de ella, excepto quizás a tal o cual primo... Ser adoptado en la familia era una marca de distinción: significaba que se te reconocía como valioso, que *existías* como escritor e intelectual" (*Making It*, pp. 115-116; el subrayado es nuestro).

Al igual que los otros movimientos intelectuales que examinamos, *PR* tenía una cultura de comunidad y de grupo, "un sentido de propósito común y de solidaridad en torno a la revista"; sobre un escritor, las consideraciones clave giraban en torno a si era "un escritor de nuestra clase" (Cooney, *op. cit.* pp. 225 y 249). Dentro de este grupo, que se veía a sí mismo como alienado y marginado, había una atmósfera de apoyo social que sin duda funcionaba a la manera de la tradicional solidaridad judía dentro del grupo, dando la espalda a un mundo exterior moral e intelectualmente inferior. Se veían a sí mismos como "intelectuales en rebeldía, defendiendo una posición minoritaria y haciendo gala de las mejores tradiciones de la extrema izquierda" (*ibid.* p. 265). *PR* proporcionó a sus miembros "un remanso de paz y apoyo" y una identidad social; la revista "sirvió para asegurar a muchos de sus miembros que no estaban solos en el mundo, que existían intelectuales comprensivos en número suficiente para ayudarles social y profesionalmente" (*ibid* p. 249). Se puede trazar un hilo continuo desde este "grupo coherente y reconocible" de intelectuales "que habían comenzado sus carreras como revolucionarios comunistas en los años 30 hasta convertirse en un componente institucionalizado e incluso hegemónico de la cultura estadounidense durante la década conservadora de los 50, y que, sin embargo, siguieron manteniendo un alto grado de continuidad colectiva" (Wald, *The New York Intellectuals: The Rise and Decline of the Anti-Stalinist Left from the 30s to the 80s,* pp. 12 y 10)

Dadas las múltiples coincidencias y alianzas producidas por este medio intelectual judío, se alzaron voces contra este *establishment* literario judío que tenía el poder de decidir el éxito en el mundo literario y que favorecía las carreras de los escritores judíos. En sus reproches, Truman Capote y Gore Vidal tenían en mente esta cohesión del grupo judío. Capote habló de una "mafia judía" en el mundo literario, una "camarilla de escritores neoyorquinos que controlan el grueso de la escena literaria a través de sus revistas intelectuales". Todas estas publicaciones están dominadas por los judíos y esta camarilla las utiliza para fabricar o romper autores exponiéndolos a la atención o no hablando de ellos" (*en* Podhoretz, 'the hate that dare not speak its name', *Commentary* #82 - 1986, p. 23).

Sospecho que estos patrones repetitivos de asociación se basan no sólo en algunos sentimientos conscientes de judaísmo compartido, sino también en una solidaridad inconsciente que existe entre los judíos y que promueve las alianzas omnímodas y los patrones repetitivos de referencia mutua que hemos observado anteriormente. Greenwald y Schuh consideran que los efectos discriminatorios de su estudio sobre los académicos judíos son inconscientes, en parte porque observaron estos mismos patrones repetitivos de discriminación étnica entre judíos y no judíos entre los académicos que investigaban el tema de los prejuicios y era razonable suponer que estos académicos no adoptarían conscientemente estos patrones repetitivos de discriminación étnica. Y, de hecho, un conjunto considerable de investigaciones indica la presencia de prejuicios inconscientes en personas que se definen a sí mismas como desprejuiciadas, basándose en declaraciones que tienen toda la apariencia de honestidad. Estos resultados encajan bien con la idea de la importancia del autoengaño en el judaísmo (véase *Separation and Its Discontents*, cap. 8): los judíos que se perciben a sí mismos como desprejuiciados favorecen inconscientemente a los miembros del grupo interno.

He dado muchos ejemplos de esta profunda solidaridad judía en el primer capítulo de *La separación y sus malestares*, y estos sentimientos son característicos de Freud, como vimos en el cuarto capítulo de este libro. Lo ilustra este comentario de Robert Reich, Secretario de Trabajo de Bill Clinton, sobre su primera reunión con Alan Greenspan, Presidente de la *Reserva Federal*:

No nos conocíamos, pero le reconocí inmediatamente. Una mirada, una frase, y supe dónde había crecido, cómo había crecido, de dónde sacaba su energía y su sentido del humor. Es de Nueva York. Es judío. Se parece a mi tío Luis, habla como mi tío Sam. Siento que he estado cerca de él muchas veces en bodas, bar mitzvahs y funerales. Conozco su estructura genética. Estoy seguro de que si nos remontamos cinco siglos atrás, o tal vez menos, tenemos un ancestro común (*Locked in the Cabinet*, p. 79).

Como señaló Daniel Bell, miembro de los *intelectuales de Nueva York*: "Nací en el *galut*, y acepto -con alegría ahora, aunque alguna vez con dolor- la doble carga y el doble placer de mi conciencia: vivir exteriormente la vida de un estadounidense y en secreto la vida interior de un judío. Avanzo con la marca de un sello entre mis ojos, que es tan visible para ciertos seres marcados con el mismo secreto, como lo es el suyo para el mío" ('Reflexiones sobre la identidad judía', *Comentario* nº 31 - 1961, p. 477).

El teólogo Eugene Borowitz escribe que en situaciones sociales los judíos se buscan y se sienten "mucho más cómodos" una vez que han descubierto quién es judío (*The Mask Jews Wear: Self-Deceptions of American Jewry*, p. 136). Además, "la mayoría de los judíos dicen estar equipados con un dispositivo sensorial para discriminar a amigos y enemigos que les permite detectar la presencia de otro judío, detrás del más espeso camuflaje". Estos lazos profundos, típicamente inconscientes, de similitud genética y un sentido de destino común como miembros del mismo endogrupo produjeron vínculos muy poderosos dentro de los grupos judíos militantes, intelectuales y políticos, que examinamos en este estudio.

Parte 3

La teoría de las diferencias individuales en el individualismo y el colectivismo, tal y como se expone en *La separación y sus descontentos* (capítulo 1), predice que los judíos, debido a su impulso genético y ambiental relativamente fuerte en la dirección colectivista, se sienten especialmente atraídos por dichos grupos. Sulloway, en *Freud: Biologist of the Mind*, describió el aura religiosa y "cuasi-sectaria" de la que estaba impregnado el psicoanálisis, un aspecto que encaja bien con la idea de que el judaísmo no puede entenderse sin comprender los mecanismos psicológicos que subyacen a la participación en los cultos religiosos. En estas circunstancias, el paralelismo entre el judaísmo tradicional y el psicoanálisis, como endogrupo estrechamente unido y autoritario que inculca una conformidad forzada a sus miembros, va mucho más allá de la mera estructura formal del movimiento. También toca esa implicación personal y profundamente sentida que satisface necesidades psicológicas del mismo tipo. Desde la perspectiva desarrollada en mi libro anterior, no es en absoluto sorprendente que las organizaciones seculares construidas y dominadas por judíos, incluidos los movimientos políticos radicales de izquierda y la antropología boasiana, hayan llegado a apelar a los mismos sistemas psicológicos que el judaísmo tradicional. En un nivel básico, el judaísmo implica un compromiso con un grupo exclusivista que mantiene activamente las barreras entre el grupo interno y el resto del mundo.

Esta cohesión de grupo aparece con especial brillantez en el caso de los intelectuales judíos, que siguieron funcionando como grupos estrechamente unidos incluso después de que el antisemitismo de la época nazi les obligara a emigrar. Tal fue el caso del psicoanálisis y tal fue el caso de la Escuela de Frankfurt. I. L. Horowitz informa que se puede encontrar un patrón similar entre los filósofos muy influyentes del Círculo de Viena.

En el mundo intelectual, la cohesión de estos grupos facilitó la difusión de ciertos puntos de vista dentro de las asociaciones profesionales académicas (por ejemplo, el programa boasiano en la *Asociación Americana de Antropología*, el psicoanálisis en la *Asociación Americana de Psiquiatría*). Rothman y Lichter señalan que los judíos formaron y dominaron subgrupos estrechamente unidos y orientados políticamente en la extrema izquierda dentro de las sociedades académicas en la década de 1960. Ambos autores documentaron su presencia en los ámbitos de las sociedades formales de economía, ciencia política, sociología, historia y en la *Asociación de Lenguas Modernas*. También sugieren la presencia de un proyecto político más amplio entre los estudiosos judíos de este periodo: "Ya hemos señalado las debilidades de algunos de estos estudios [de la participación judía en los movimientos políticos de la izquierda radical]. Sospechamos que muchas de las "verdades" establecidas en otras áreas de las ciencias sociales en este momento sufren de las mismas debilidades. La aceptación de estas tesis

(...) puede haber tenido tanto que ver con un cambio en el carácter étnico e ideológico de quienes dominaban el mundo de las ciencias sociales como con un auténtico avance en el conocimiento" (*Roots of Radicalism: Jew, Christians, and the New Left*, p. 104). Sachar señaló que el *Caucus fot a New Politics* de la *American Political Science Association* era "predominantemente judío" (*A History of Jews in America*, p. 804) y que la *Union of Radical Political Economists* se caracterizó en sus inicios por una representación excesiva de judíos. Además, como nos dice Higham, el increíble éxito de la *Personalidad Autoritaria* facilitó el "extraordinario aumento" de judíos preocupados por el antisemitismo en los departamentos de humanidades en el periodo posterior a la Segunda Guerra Mundial (*Send These to Me: Immigrants in Urban America*, p. 154).

Una vez que una organización está dominada por una perspectiva intelectual, surge una enorme inercia intelectual, provocada por el hecho de que las redes informales que dominan las universidades de élite actúan como guardianes que seleccionan la siguiente generación de profesores. Los aspirantes a estudiantes, ya sean judíos o gentiles, son sometidos a un adoctrinamiento de alta intensidad en los niveles de grado y postgrado, y están sometidos a una considerable presión psicológica para que se adhieran a los principios intelectuales fundamentales que están en el corazón del sistema de poder de la disciplina en cuestión. Como vimos en el capítulo 1, cuando un movimiento intelectual dominado por los judíos alcanza el punto de dominación, no es sorprendente que los gentiles se sientan atraídos por los intelectuales judíos, tanto como miembros de un grupo prestigioso y socialmente dominante, como por dispensadores de recursos preciados.

La cohesión de grupo también se manifiesta en el desarrollo de sectas idolátricas que ensalzan los logros de sus líderes (antropología y psicoanálisis boasianos). Del mismo modo, Whitfield informó sobre una cierta "adulación grotesca" del académico sionista Gershom Scholem (*American Space, Jewish Time*, p. 32). Daniel Bell, sociólogo de Harvard y miembro destacado de los *intelectuales de Nueva York*, calificó *Sabbatai Tsevi: El Mesías Místico* de Scholem como el libro más importante de todo el periodo posterior a la Segunda Guerra Mundial. Y la novelista Cynthia Ozick proclamó: "Hay ciertas obras magistrales sobre la mente humana que alteran su comprensión ordinaria de forma tan inesperada y en dimensiones tan prodigiosas que toda la cultura se pone patas arriba: ni un solo objeto escapa a la extraña iluminación de este nuevo conocimiento... La acumulación de percepciones fundamentales es tan grande que adquiere el poder de una fuerza natural. La obra de Gershom Scholem tiene esa fuerza, y *Sabbatai Tsevi*, su piedra angular, ejerce su presión sobre la conciencia con todo el vigor, no sólo de su invulnerable erudición que te abruma como una marea creciente, sino también de su singular inteligencia de la naturaleza humana. Whitfield comenta aquí: "Nada más terminar de leer el artículo de Ozick, el propio Aristóteles parecía un zoquete, e incluso Freud quedaba reducido a una "mirilla en un pasillo oscuro", mientras que Scholem se convertía en un "radiotelescopio que escaneaba el universo". (Además de esta agresiva promoción étnica, Scholem fue considerado quizás un pensador de importancia universal por su deliberada minimización del particularismo judío en sus obras).

No deja de ser interesante señalar otros ejemplos de grupos de intelectuales judíos muy unidos, además de los presentados en los capítulos anteriores. En la España del siglo XVI, un grupo concentrado de intelectuales judeoconversos se unió para hacer de la Universidad de Alcalá un bastión del nominalismo, una doctrina ampliamente considerada como subversiva desde el punto de vista religioso (cf. González, "La influencia intelectual de los conversos Luis y Antonia Coronel en la España del siglo XVI" en *Grupos marginales en la historia de España y Portugal*). George Mosse, por su parte, describió a un grupo de intelectuales de izquierda, principalmente judíos, en la Alemania de Weimar, que "habían logrado un cierto nivel de cohesión a través de los periódicos de los que se apropiaban" (*Germans and Jews: The Right, the Left, and the Search for a "Third Force" in pre-Nazi Germany*, p. 172). En la misma línea, Irving Louis Horowitz describió un "grupo orgánico" de intelectuales marxistas austriacos del periodo anterior a la Segunda Guerra Mundial, que "compartían, como mínimo, orígenes judíos y, como máximo, orientaciones sionistas" (*op. cit.* p. 123). Añade que este grupo de marxistas austriacos y la Escuela de Fráncfort "tenían raíces étnicas y religiosas comunes (...) por no hablar del solapamiento entre las redes y los partidarios de los dos grupos", que en última instancia procedían de la unidad de la judería alemana de preguerra.

Otro ejemplo interesante es el del grupo de intelectuales judíos neokantianos de la Universidad de Marburgo bajo la dirección de Hermann Cohen a finales del siglo XIX. Cohen (1842-1918), que había terminado su carrera enseñando en un seminario rabínico, había rechazado el historicismo de los pensadores *volkish* y los hegelianos en favor de una versión idealista del racionalismo kantiano. Propuso definir la Alemania ideal en términos morales universales que racionalizaran la perpetuación del particularismo judío: "Un germanismo que me exigiera renunciar a mi religión y a mi herencia religiosa, no lo reconocería como un marco nacional con poder y autoridad estatal (...).Un germanismo que exigiera tal abandono de la conciencia religiosa, o que incluso aprobara la idea de ello, si no lo consiguiera, estaría en contradicción con el impulso histórico-mundial del germanismo" (citado *en* Scwarzchild, "Germanismo y judaísmo" - El paradigma normativo de Hermann Cohen sobre la simbiosis germano-judía", en *Judíos y alemanes de 1860 a 1933*, p. 143).

La Escuela de Marburgo, al igual que la Escuela de Fráncfort, considera la existencia del judaísmo, por un lado, y el rechazo de la definición étnica de la nación alemana, que excluiría a los judíos, por otro, como imperativos morales absolutos. En la utopía filosófica de Cohen, las diferentes "entidades sociohistóricas no se funden en una sola, sino que conviven pacífica y creativamente entre sí" (*ibíd.* p. 140), una expresión que se hace eco del pluralismo cultural de Horace Kallen, que se analizará en el séptimo capítulo. El grupo de Cohen fue visto por los antisemitas como un vehículo para un proyecto étnico, y Schwarzchild señala que "el espíritu del neokantismo de Marburgo estaba, de hecho, fuertemente determinado por la judeidad de sus adherentes" (*ibid.* p. 145). La Escuela de Marburgo fue acusada habitualmente de reinterpretar los textos históricos de forma exagerada, especialmente los textos de autores judíos como Maimónides, cuyo etnocentrismo es bien conocido, pero que fueron interpretados como ilustrativos del imperativo moral universal. Como indicio de engaño o autoengaño, existe una tensión entre el nacionalismo alemán de Cohen y sus declaraciones de gran preocupación por los sufrimientos de los judíos en otros países, acompañadas de llamamientos para que sigan el ejemplo de los judíos alemanes.

Durante los años 20 [en Estados Unidos] había una "camarilla aparte" de intelectuales judíos (Lionel Trilling, Herbert Solow, Henry Rosenthal, Tess Slesinger, Felix Morrow, Clifton Fadiman, Anita Brenner), agrupados en torno al *Menorah Journal*, bajo la dirección de Elliot Cohen (que más tarde fundó la revista *Commentary*). Este grupo, que en gran medida hacía causa común con los *intelectuales neoyorquinos* descritos anteriormente, se dedicaba a promover las ideas del pluralismo cultural. (Horace Kallen, instigador del pluralismo cultural como modelo para Estados Unidos, fue miembro fundador de la *Sociedad Menorah*). Dado su proyecto político inherentemente judío, este grupo gravitó en la década de 1930 hacia el Partido Comunista y sus organizaciones generadas, con la idea de que "la revolución socialista y su extensión es la única esperanza realista que tienen los judíos, entre otros, de escapar a la destrucción" (*en* Wald, *op. cit.* p. 32). Además, sin dejar de adherirse a la ideología del internacionalismo revolucionario, este grupo "era hostil a la asimilación por parte de la cultura dominante, de acuerdo con su pluralismo cultural" (*ibidem* p. 43) - una indicación más de la compatibilidad entre el universalismo de izquierdas y la no asimilación judía, discutida en el capítulo tres.

Tras haber dado sus primeros pasos a principios de los años 50, otro grupo centrado en Irving Howe y que incluía a Stanley Plastrik, Emanuel Geltman y Luis Coser, creó la revista *Dissent* en un momento en el que la camarilla *del PR se* alejaba rápidamente del socialismo revolucionario. Además de sus artículos de crítica social de izquierdas, Howe escribió muchos otros sobre literatura yiddish e historia judía. Su libro *El mundo de nuestros padres* muestra una nostalgia por la subcultura yiddish y socialista de su juventud. La *disidencia* estuvo fuertemente influenciada por la Escuela de Fráncfort en todo lo referente a la crítica cultural, especialmente las obras de Horkheimer y Adorno y los escritos de Erich Fromm y Herbert Marcuse, basados en una síntesis de Freud y Marx. Del mismo modo, en la época de la Nueva Izquierda, el grupo radical *Foundation for Policy Studies* estaba centrado en un grupo de intelectuales judíos.

Hemos visto que entre los izquierdistas, los comunistas judíos tienden a darse mentores judíos e idealizar a otros judíos, sobre todo a Trotsky, como líderes y mártires de la causa. Incluso el movimiento neoconservador buscó la inspiración en Leo Strauss, en lugar de en intelectuales gentiles conservadores como Edmund Burke, Russell Kirk o James Burnham. Para Strauss, que era un judío muy comprometido, el liberalismo es sólo la menos mala de varias opciones aún menos aceptables (es decir, la extrema izquierda o la extrema derecha). Strauss se queja de las tendencias asimilacionistas de la sociedad liberal y de sus tendencias a romper la lealtad de grupo tan fundamental para el judaísmo en favor de la "pertenencia a una sociedad universal inexistente" (*en* Tarcov & Pangle, "Epílogo: Leo Strauss y la historia de la filosofía política", en *Historia de la Filosofía Política*, p. 909). La filosofía política de Leo Strauss, que favorecía el liberalismo democrático, fue concebida como un instrumento para la supervivencia del grupo judío en el mundo político posterior a la Ilustración. J. J. Goldberg señaló que antes de su conversión, los futuros neoconservadores eran discípulos del teórico trotskista Max Shachtman, también judío y miembro importante de los *intelectuales de Nueva York* (véase también *Memorias de un trotskista* de Irving Kristol).

En lo que respecta al psicoanálisis y a la Escuela de Frankfurt, y en menor medida a la antropología boasiana, hemos visto que todos estos grupos cerrados tienen una coloración claramente autoritaria y, al igual que el judaísmo tradicional, eran muy exclusivistas e intolerantes con el desacuerdo. Cuddihy señaló que Wilhelm Reich tuvo el privilegio de haber sido excluido tanto del Partido Comunista de Alemania (por sus ideas "incorrectas" sobre las causas del fascismo) como del psicoanálisis (por fanatismo político): "Reich quiso casarse con dos ideólogos diaspóricos, Freud y Marx, pero sólo consiguió separarse de los dos movimientos que hablaban por ellos" (*The Ordeal of Civility*, p. 106). Recordemos la descripción que hace David Horowitz del mundo de sus padres, que estaban inscritos en una *shul* del PCUSA. Nótese la mentalidad que separa claramente al endogrupo del exogrupo, el sentido de superioridad moral, la idea de que son una minoría perseguida por los goyim, y el poderoso colorido del autoritarismo y el rechazo a la disidencia:

> Lo que mis padres habían hecho al afiliarse al Partido Comunista y mudarse a Sunnyside era volver al gueto. Había el mismo lenguaje privado, el mismo mundo hermético, la misma actitud dual, mostrando una cara al

mundo exterior y otra a la tribu. Y por encima de todo, estaba la certeza de estar en el punto de mira de la persecución y de las leyes especiales y la idea de superioridad moral sobre la multitud de *goyim* del mundo exterior. También existía el mismo temor a la expulsión por herejía, que ataba a los elegidos a su fe.

La clara separación entre endogrupo y exogrupo, como hemos visto en la camarilla *del PR*, era igualmente evidente en los grupos políticos de izquierda, mayoritariamente judíos en aquella época. William Phillips, editor de *PR*, escribió:

> Los comunistas eran maestros en mantener una atmósfera fraternal en la que los de dentro se distinguían claramente de los de fuera. No se podía simplemente dejar el partido; no, se necesitaba una expulsión. Una expulsión de la tribu pone en marcha una maquinaria destinada a convertir al expulsado en un auténtico paria. Se prohibió a los miembros del partido hablar con el ex comunista y se desató una campaña de desprestigio, cuya intensidad variaba en función de la importancia del expulsado. (*Una visión partidista: cinco décadas de vida literaria,* p. 41)

Hemos visto que el psicoanálisis trata los desacuerdos de manera similar.

Estos movimientos solían aglutinarse en torno a un líder carismático (Boas, Freud o Horkheimer) con una poderosa visión moral, intelectual y social, mientras que los seguidores seguían a estos líderes con intensa devoción. Su celo misionero y su fervor moral eran, como hemos visto, rasgos psicológicos profundos. Este fenómeno fue visible en el psicoanálisis y la antropología boasianos y también, de forma francamente irónica, en la Teoría Crítica.

> La teoría que dio a Adorno y Marcuse un sentido de misión, ya sea antes o después de la guerra, era un tipo especial de teoría: en medio de la duda seguía siendo una fuente de inspiración, en medio del pesimismo les señalaba una salvación a través del conocimiento y el descubrimiento. La promesa no se cumplió ni se traicionó; se mantuvo viva (Wiggershaus, *op. cit.*, p. 6).

Al igual que Freud, Horkheimer inspiraba una intensa lealtad que se combinaba con la inseguridad personal (al menos porque tenía el presupuesto del Instituto), de modo que sus vasallos en el Instituto, como Adorno, se obsesionaban con él y se mostraban ferozmente celosos de sus rivales, con la esperanza de ganarse el favor del maestro. "Adorno estaba dispuesto a identificarse por completo con la gran causa del Instituto, midiendo todo con este rasero" (*ibíd.* p. 160). Cuando Leo Lowenthal, también miembro del Instituto, se quejó de que Adorno mostraba "un celo no muy alejado del rencor", Horkheimer respondió que era precisamente esto lo que apreciaba en Adorno: "Para Horkheimer, lo único que importaba era que la celosa agresividad de Adorno -que le ayudaba a detectar concesiones al sistema académico burgués en las obras de Lowenthal, Marcuse, Fromm, y aún más en las de los demás- pudiera ser canalizada en las direcciones correctas, es decir, en aquellas que fueran significativas desde el punto de vista de la teoría social" (*ibíd.* p. 163).

Agruparse en torno a líderes carismáticos (León Trotsky, Rosa Luxemburgo) es un rasgo evidente entre los judíos de extrema izquierda. Los *Intelectuales de Nueva* York serían una excepción a esta regla, ya que el grupo estaba relativamente descentralizado y se caracterizaba por las disputas y competiciones internas, sin que ninguna figura fuera enarbolada en la bandera a la manera de Freud o Boas. Sin embargo, como tantos otros izquierdistas judíos, tendían a idolatrar a Trotsky y, como hemos visto, Sidney Hook desempeñó un papel decisivo en la dirección del grupo. Formaban una peña aparte en torno a las "pequeñas revistas", cuyos editores ejercían un gran poder e influencia sobre las carreras de quienes aspiraban a entrar en su grupo. Elliot Cohen, a pesar de su escasa presencia como editor, ejerció una influencia carismática sobre quienes escribían para él, como editor del *Menorah Journal* y luego de *Commentary*. Lional Trilling lo calificó de "genio atormentado" que influyó en mucha gente, incluido él mismo, en la odisea que supuso pasar del estalinismo al antiestalinismo y llegar a las orillas del neoconservadurismo.

Los miembros del grupo final suelen idolatrar a los miembros del grupo final como iconos culturales. Norman Podhoretz se refirió a esta "adoración fascinada y con ojos de estrella" (*Making It*, p. 147) de la gente *de relaciones públicas* en sus inicios. Los miembros del grupo final prestaban una "atención apasionada" a los demás miembros del grupo (Cooney, *op. cit.*, p. 249). Al igual que en el psicoanálisis, de estas revistas surgieron vástagos disidentes, iniciados por personas con puntos de vista estéticos o políticos algo diferentes, como el círculo en torno a la revista *Dissent* y su fundador Irving Howe.

Esta tendencia a reunirse en torno a un líder carismático es un rasgo característico de los grupos judíos tradicionales. Estos grupos son extremadamente colectivistas en el sentido de Triandis. Llama la atención su carácter autoritario y el papel central del rabino carismático. "Un *haredi* [un judío ortodoxo] (...) consultará a su rabino o a su *rebbe* jasídico sobre cualquier aspecto de su vida. Obedecerá su consejo como si fuera un mandamiento halájico" (Landau, *Piety and Power: The World of Jewish Fundamentalism*, p. 47). "La obediencia ciega de los *haredim* a sus rabinos es una de las características más llamativas del haredismo para un forastero, tanto judío como no judío" (*ibid.* p. 45). Los *rebbes* famosos son venerados como cuasi-divinidades (esto es el *tzadikismo*, o el culto a la personalidad), y de hecho hubo una reciente controversia sobre si el *rebbe* Lubavitcher Schneerson era realmente el mesías. Muchos de sus seguidores le creyeron. Mintz ha señalado que es habitual que los judíos jasídicos confundan a su *rebbe* con el mesías (*Hasidic People: A Place in the New World*, pp. 348 y ss.).

Esta intensidad de sentimiento de grupo, centrada en un líder carismático, recuerda a la que se da entre los judíos tradicionales de Europa del Este, los antepasados inmediatos de estos intelectuales. El líder sionista Arthur Ruppin relata así su visita a una sinagoga en Galicia (Polonia) en 1903.

> No había bancos, y varios centenares de judíos permanecían de pie en grupos muy unidos, balanceándose en la oración como un campo de trigo azotado por el viento. Cuando el rabino apareció, el servicio comenzó. Todos trataron de acercarse a él lo más posible. Dirigió las oraciones con una voz débil y quejumbrosa. Parecía crear una especie de éxtasis entre los oyentes. Cerraron los ojos y se balancearon violentamente. La oración atronadora sonó como una tormenta. Cualquiera que hubiera visto a estos judíos rezando habría concluido que eran las personas más religiosas de la tierra. (*Arthur Ruppin: Memorias, Diarios, Cartas*, p. 69)

En segundo lugar, los más cercanos al rabino tenían un fuerte deseo de comer cualquier alimento que éste tocara, y sus seguidores guardaban las espinas de pescado que dejaba como reliquias.

Como sugiere la teoría de la identidad social, todos estos

movimientos manifestaban un sentimiento de pertenencia a un endogrupo que se consideraba intelectual y moralmente superior, luchando contra los exogrupos que se consideraban moralmente depravados e intelectualmente inferiores (por ejemplo, Horkheimer recordaba constantemente a su grupo que eran los "pocos elegidos" destinados a desarrollar la Teoría Crítica). Dentro del endogrupo, los desacuerdos se canalizaban en un espacio intelectual estrechamente confinado, y los que se pasaban de la raya eran simplemente apartados del movimiento. Merece la pena volver a citar las observaciones de Eugen Bleuler a Freud al abandonar el movimiento psicoanalítico en 1911, ya que describen un aspecto central del psicoanálisis y de los demás movimientos que examinamos en este libro: "el 'quien no está con nosotros está contra nosotros' y el 'todo o nada' son necesarios para las comunidades religiosas y útiles para los partidos políticos. Así que puedo entender este principio, pero en las ciencias lo considero perjudicial. (*en* Gay, *A Godless Jew*, pp. 144-145). Todos estos aspectos son también centrales en el judaísmo tradicional y son consistentes con la idea de que uno de los rasgos básicos de todas las manifestaciones del judaísmo es la inclinación a desarrollar estructuras sociales altamente colectivistas con un fuerte sentido de separación entre endogrupo y exogrupo.

Parte 4

También es importante apreciar que tanto el psicoanálisis como la serie de estudios de los que forma parte *la Personalidad Autoritaria* tendían al adoctrinamiento: desarrollaron teorías que identificaban el comportamiento que no se ajustaba a las normas políticamente aceptables como manifestaciones de enfermedad mental. Esto es evidente en la tendencia del psicoanálisis a atribuir el rechazo de este último a diversas formas de psicopatología, en su visión general de que la cultura gentil patológicamente predispuesta era la fuente oculta de todos los diagnósticos psiquiátricos, y en la tesis de que el antisemitismo era un signo de perturbación de la personalidad. La serie a la que pertenecía la *Personalidad Autoritaria procedía de* la misma tradición, en el sentido de que proponía el "descubrimiento" de que la incapacidad o la falta de voluntad para desarrollar una "personalidad liberal" y adoptar opiniones políticas profunda y sinceramente izquierdistas eran signos de enfermedad mental.

Un rasgo común y verdaderamente notable de todos estos movimientos de crítica cultural es afirmar el carácter patógeno de las estructuras sociales dominadas por los gentiles. Desde el punto de vista del psicoanálisis, incluida la Escuela de Frankfurt, las sociedades humanas no satisfacen las necesidades humanas arraigadas en la naturaleza humana, por lo que los seres humanos desarrollan una serie de trastornos psiquiátricos, que son respuestas a nuestro alejamiento del equilibrio de nuestra naturaleza y de la armonía con ella. O bien, los humanos son vistos como páginas en blanco en las que la cultura capitalista occidental ha escrito su rapacidad, su etnocentrismo no judío y otros tipos de supuestos trastornos psiquiátricos (esta es la tesis del marxismo y de la antropología boasiana).

En cuanto a la cohesión del grupo, ésta puede identificarse observando el apoyo que estos movimientos han recibido de la comunidad judía en general. En el quinto capítulo señalé que los judíos de la extrema izquierda estaban muy preocupados por mantener sus vínculos con la comunidad judía en general. Estos últimos, a su vez, habían apoyado económicamente al psicoanálisis, su psicoterapia preferida; por otra parte, sus fundaciones filantrópicas apoyaban a los institutos psicoanalíticos. Fueron los judíos quienes proporcionaron la mayor parte del apoyo financiero a la Universidad de Fráncfort, que había sido el refugio de los intelectuales judíos alemanes desde la época de Guillermo II. El Instituto de Investigación Social de la Universidad de Fráncfort fue creado por Felix Weil, un millonario judío, que le dio una determinada misión intelectual y política, que acabaría desembocando en la Teoría Crítica. En Estados Unidos, fundaciones como la Stern Family Fund, la Rabinowitz Fund y la Rubin Foundation financiaron publicaciones de izquierda radical durante la década de 1960. Anteriormente, capitalistas judíos estadounidenses como Jacob Schiff habían financiado movimientos rusos de extrema izquierda que pretendían derrocar al zar y que podían tener un impacto considerable.

Además, la influencia judía en los medios de comunicación populares fue decisiva para arrojar una luz favorable sobre los movimientos intelectuales judíos, en particular el psicoanálisis y los movimientos políticos radicales de la década de 1960. Las representaciones positivas del psicoanálisis fueron habituales durante la década de 1950, y alcanzaron su punto álgido a mediados de la década de 1960, cuando el psicoanálisis estaba en el punto álgido de su influencia en Estados Unidos. "Las imágenes populares de Freud lo mostraban como un observador cuidadoso, un trabajador incansable, un gran sanador, un explorador verdaderamente original, un dechado de virtudes, un descubridor de las fuentes de energía personal y un genio genuino" (N. G. Hale, *The Rise and Crisis of Psychoanalysis in the United States: Freud y los americanos, 1917-1985*, p. 289). En las películas, los psiquiatras eran presentados como "eficaces y humanos". Las estrellas de Hollywood, los directores y los productores "en análisis" eran legión" (*loc. cit.*). En este proceso, no hay que perder de vista el papel de la creación de revistas que no sólo estaban destinadas a un grupo restringido de especialistas académicos, sino también a un público más amplio de lectores cultos y otros consumidores de esta contracultura.

En cuanto al apoyo de la comunidad judía en general, puede verse en las alianzas entre estos movimientos intelectuales y las editoriales de propiedad judía: la Escuela de Fráncfort, por ejemplo, unió fuerzas con la *editorial Hirschfeld*. Del mismo modo, el movimiento neoconservador straussiano fue capaz de abrir una vía de acceso a los medios intelectuales dominantes. Los seguidores de Leo Strauss habían desarrollado su propia red de publicación de libros y revistas, como la neoconservadora *Basic Books*, así como las prensas de la Universidad de Cornell, Johns Hopkins y la Universidad de Chicago.

Estas ideologías fueron promovidas por las instituciones más prestigiosas de la sociedad, especialmente por las universidades de élite y los principales medios de comunicación, como si encarnaran la esencia de la objetividad científica. *Los intelectuales neoyorquinos* forjaron vínculos con universidades de élite como Harvard, Columbia, la Universidad de Chicago y la Universidad de California en Berkeley, mientras que la antropología boasiana se mantuvo firme en sus posiciones en el mundo académico más amplio. La élite moral e intelectual establecida por estos movimientos dominó el discurso intelectual en el período crucial posterior al final de la Segunda Guerra Mundial, que condujo a la revolución contracultural de los años sesenta. Estos movimientos dominaron el discurso intelectual en el momento de un cambio tan trascendental en las leyes de inmigración. Por lo tanto, es importante entender que los individuos que pasaron por la universidad en este período fueron fuertemente alentados a adoptar puntos de vista culturales y políticos de izquierda o de extrema izquierda. La ideología de que el etnocentrismo era una forma de psicopatología fue promovida por un grupo que en su larga historia puede considerarse razonablemente como la más etnocéntrica de todas las civilizaciones de la historia. Esta ideología fue promovida por miembros fuertemente identificados con un grupo cuyo derecho a perpetuarse como un grupo estrechamente unido y genéticamente impermeable -por lo tanto, idealmente adecuado para obtener el máximo poder político, económico y cultural- nunca estuvo abierto a la duda. Sin embargo, la no adopción de estos puntos de vista por parte de los gentiles se consideraba una admisión de insuficiencia personal y una prueba de que el individuo en cuestión se encontraba en un estado tal que se beneficiaría de una visita al psiquiatra.

La respetabilidad científica e intelectual era, pues, una característica que definía a los movimientos examinados en este libro. Sin embargo, estos movimientos intelectuales eran fundamentalmente irracionales, una irracionalidad que se refleja en toda la conducta del psicoanálisis como una empresa autoritaria y pseudocientífica y en la descripción explícita de la Escuela de Frankfurt de la ciencia como un instrumento de dominación social. Esta irracionalidad también puede observarse en la estructura del psicoanálisis y de la ideología radical de izquierdas, que, al igual que la ideología religiosa judía tradicional, consisten en teorías esencialmente hermenéuticas, en el sentido de que la teoría se deriva de principios *a priori* y se diseña de tal manera que todo acontecimiento es interpretable. En lugar de la perspectiva científica que hace hincapié en la retención selectiva de las variables teóricas, la teoría se convierte en un ejercicio hermenéutico mediante el cual se puede interpretar cualquier acontecimiento dentro de su marco. En el caso de la Teoría Crítica y, en gran medida, del psicoanálisis, el contenido de la teoría cambiaba continuamente y surgían divergencias entre sus practicantes, sin que la finalidad de la teoría -servir de instrumento de crítica social de izquierdas- se viera afectada en modo alguno.

A pesar de la irracionalidad fundamental de estos movimientos, a menudo han llevado la máscara de la objetividad científica o filosófica por excelencia. Todos ellos han tratado de adornarse con el aura de la ciencia. Hollinger, describiendo "una *intelectualidad* secular, cada vez más judía y decididamente de izquierdas, basada en gran parte, pero no exclusivamente, en los departamentos de filosofía y humanidades", señala que "la ciencia les parecía a Hofstadter y a muchos de sus contemporáneos un recurso ideológico inestimable. O, para decirlo con más precisión, estos hombres y mujeres extrajeron del acervo de imágenes de la ciencia las que les resultaban más útiles, las que les permitían atribuir el adjetivo *científico* al conocimiento público y no al privado, a los discursos abiertos y no a los cerrados, a las normas de validez universales y no a las locales, a los modelos de autoridad democrática y no a los aristocráticos". (*Science, Jews and Secular Culture: Studies in Mid-Twentieth Century American Intellectual History*, p. 160)

Nathan Glazer, sociólogo de Harvard, escribió que "la sociología sigue consistiendo para muchos socialistas y sociólogos en la persecución de objetivos políticos por medios académicos" (citado *en* Jumonville, *op. cit.*, p. 90), incluyéndose a sí mismo, junto con los demás *intelectuales de Nueva York*, en esta afirmación. Jumonville comentó: "La fuerza de percusión del grupo neoyorquino en la vida intelectual norteamericana provenía en parte del hecho de que habían conseguido elevar esta politización a una dignidad muy alta. No les avergüenza admitir la naturaleza política de su trabajo. De hecho, lograron pasar a la doxa intelectual la idea de que toda obra con cierta fuerza poseía necesariamente una coloración ideológica y política. (*ibid* p. 90)

Incluso la Escuela de Fráncfort, cuya ideología amalgamaba sistemáticamente la ciencia, la política y la moral, presentó *la Personalidad Autoritaria* como un estudio de base científica enraizado en el empirismo debido a la necesidad percibida de complacer a un público estadounidense de científicos sociales con inclinación empírica. Además, en el halo retórico construido en torno al Instituto de Investigación Social, nunca se perdió el carácter científico de la empresa. Así, Carl Grünberg, el primer director del instituto, intentó deliberadamente disipar las sospechas sobre su compromiso con una forma dogmática y política de marxismo. El instituto suscribía, decía, una metodología de investigación científica claramente articulada: "No hace falta que insista en que cuando hablo de marxismo no lo hago en el sentido de un partido político, sino en un sentido puramente científico, como término para un sistema económico completo, una ideología y una metodología de investigación claramente definida" (citado en Wiggershaus, *op. cit.*, p. 26). Del mismo modo, el grupo *Partisan Review* afirmaba ser el partido de la ciencia, como se ve en las palabras de William Phillips, editor de *PR*, que incluía los nombres de Marx, Lenin y Trotsky en su lista de "científicos".

Un aspecto especialmente importante de este esfuerzo general ha sido el uso del escepticismo filosófico razonado para combatir el universalismo científico. Este uso del escepticismo como arma contra tal o cual teoría científica que a alguien le desagrada por razones más profundas fue una característica importante de la actividad intelectual judía a lo largo del siglo XX. Fue uno de los rasgos esenciales de la antropología boasiana, pero también de la mayoría de los trabajos teóricos opuestos a la escuela evolucionista y favorables a las explicaciones dinámicas y contextualistas del desarrollo del comportamiento, que examinamos en el segundo capítulo. En general, este escepticismo pretendía impedir el desarrollo de teorías generales del comportamiento humano en las que la variación genética desempeñara un papel causal en la producción de la variación conductual o psicológica, o en las que los procesos adaptativos desempeñaran un papel importante en el desarrollo de la mente humana. La apoteosis del escepticismo radical aparece en la "dialéctica negativa" de la Escuela de Fráncfort y en la filosofía de la deconstrucción de Jacques Derrida, que pretendían deconstruir las teorías universalistas y asimilacionistas de la sociedad como un todo homogéneo y armonioso. Su deseo de deconstrucción se basaba en la idea de que esa sociedad sería incompatible con la perpetuación del judaísmo. Al igual que el activismo político descrito en el siguiente capítulo, este esfuerzo tenía como objetivo evitar la aparición de movimientos de masas que unieran a los grupos gentiles y la recreación del Holocausto.

La idea fundamental de la Escuela de Fráncfort y de sus recientes avatares posmodernos, así como de la escuela boasiana de antropología y de la mayoría de los críticos de la visión evolucionista en las humanidades y las ciencias sociales que examinamos en el segundo capítulo, es que el escepticismo de largo alcance y la fragmentación del discurso intelectual que provoca en la sociedad, son excelentes recetas para la perpetuación de las estrategias colectivistas y de grupos minoritarios. En el mundo intelectual, la mayor amenaza para una estrategia de grupo minoritario colectivista es la idea de que la propia ciencia, como empresa individual llevada a cabo en un universo discursivo atomístico, podría aglutinarse en torno a un conjunto de afirmaciones universalistas sobre el comportamiento humano que tuvieran la capacidad de desafiar cualquier sesgo moral que emanara de estrategias de grupos minoritarios colectivistas como el judaísmo. Una forma de evitar esta posibilidad es problematizar el estatus de la propia ciencia y sustituirlo por un escepticismo abarcador sobre la estructura de la realidad en general.

El resultado que estos movimientos esperaban (y en gran medida lograron) era imponer una ortodoxia anticientífica de estilo medieval en la mayor parte del mundo intelectual contemporáneo. Pero a diferencia de la ortodoxia cristiana medieval que era intrínsecamente antisemita, es una ortodoxia que favorece la perpetuación del judaísmo como estrategia de grupo evolutiva, que resta importancia al judaísmo como categoría intelectual o social, y que deconstruye la base intelectual para el desarrollo de las estrategias de grupo mayoritario gentil.

Nada de esto debería sorprender a un evolucionista. La actividad intelectual al servicio de objetivos evolutivos ha sido una característica del judaísmo desde la antigüedad. En este sentido, sostengo que no es casualidad que la ciencia se haya desarrollado sólo en las sociedades individualistas de Occidente. La ciencia es fundamentalmente un fenómeno individualista, incompatible con el agudo modo de pensamiento endogrupo/exogrupo que es la firma de los movimientos intelectuales judíos examinados en estas páginas, y que ha llegado a ser la firma de los discursos que generalmente pasan por intelectuales en Occidente - especialmente el posmodernismo y el movimiento multicultural en boga hoy en día.

Los grupos científicos no tienen una esencia en el sentido de que no hay miembros esenciales de un grupo, ni declaraciones esenciales a las que uno tendría que adherirse para ser miembro, aunque en los movimientos que hemos revisado ambos puntos están presentes. Hull escribe que incluso Darwin podría haber abandonado o haber sido excluido de su grupo sin que el programa evolutivo perdiera su identidad. Sin embargo, dudo mucho que Freud pudiera haber sido excluido del movimiento psicoanalítico sin cambiar toda la orientación del movimiento. Hull, destacando el carácter intrínsecamente individualista de las comunidades científicas, señaló que, si bien cada científico individual tiene su propia idea de la naturaleza esencial del sistema conceptual que está considerando, la adopción de esa visión esencialista por parte de la comunidad en su conjunto no haría sino cortar de raíz el crecimiento conceptual característico de la ciencia genuina.

Esta conceptualización de la ciencia como una actividad individualista está muy en consonancia con los trabajos recientes de la filosofía de la ciencia. Una cuestión fundamental en este campo es cómo describir el tipo de discurso social que es capaz de promover el pensamiento científico en cualquier ámbito. Como escribe Donald Campbell, la cuestión es "qué sistema social de revisión o retención de creencias tendría más probabilidades de mejorar el contenido de significado real de esas creencias" ('Plausible coselection of belief by referent: Toda la "objetividad" posible, en *Perpectives on Science*, p. 97). Sostengo que el prerrequisito mínimo de un sistema social científico es que la actividad científica no se realice desde una perspectiva que oponga endogrupos y exogrupos. El progreso científico (el "contenido de los significados verdaderos" de Campbell) depende de un universo discursivo individualista y atomista en el que el individuo se ve a sí mismo no como miembro de una entidad cultural o política más amplia dispuesta a ponerse al servicio de sus puntos de vista particulares, sino como un agente independiente que se esfuerza por evaluar las pruebas y descubrir la estructura de la realidad.

Como ha señalado Campbell, la ciencia, tal como evolucionó en el siglo XVII, tenía como criterio la posibilidad de que agentes independientes reprodujeran por sí mismos los descubrimientos científicos que llegaban a su conocimiento. La opinión científica se aglutina sin duda en torno a ciertas afirmaciones pertenecientes a las ciencias auténticas (como la estructura del ADN o los mecanismos de refuerzo), pero este consenso científico se rompe fácilmente, en cuanto nuevos datos ponen en duda las teorías predominantes. En este contexto,

Barker y Gholson han demostrado que la antigua rivalidad entre las posiciones cognitiva y conductista en psicología ha dependido de los resultados de unos pocos experimentos clave, que han determinado los cambios de una posición a otra entre los investigadores del campo. Arthur Jensen resumió bien este punto cuando señaló que "cuando muchos científicos individuales... son capaces de pensar como les parece y de investigar sin ser obstruidos por restricciones colectivistas o totalitarias, la ciencia es un proceso que corrige sus propios errores". ("El desmentido de los fósiles científicos y las personas de paja" en *Contemporary Education Review* #1, 1982, p. 124)

Cada participante en la ciencia auténtica debe verse a sí mismo como un agente libre que evalúa continuamente los datos disponibles para llegar a la mejor comprensión posible de la realidad. Diversas influencias extracientíficas pueden afectar a los científicos a la hora de realizar sus investigaciones o evaluar sus resultados, como la necesidad de no ofender a su supervisor o de alimentar a un grupo de investigación rival. Un verdadero científico, sin embargo, debe tratar de descartar conscientemente al menos la influencia de las relaciones personales, los vínculos de grupo, el género, la clase, las agendas morales o políticas e incluso las oportunidades de ascenso. Los verdaderos científicos modifican sus creencias en función de los datos y las pruebas, y están dispuestos a abandonar las creencias adquiridas en la medida en que unas entren en conflicto con otras.

Parte 5

Impulsado por el esfuerzo honesto de eliminar estas influencias, el consenso científico llega a coagularse cada vez más en torno a afirmaciones que pueden desglosarse en subafirmaciones científicas cuyo contenido de verdad desempeña un papel importante a la hora de establecerlas como creencias firmes entre los científicos. D. C. Stove, en *Popper and After: Four Modern Irrationalists*, señala que, a pesar de las protestas en contra de gran parte del mundo intelectual, el conocimiento ha crecido enormemente en los últimos cuatro siglos. Sin embargo, este mismo progreso del conocimiento consensuado no se ha producido en las humanidades, y dudo que lo haga mientras la investigación siga realizándose bajo la égida del pensamiento endogrupo/exogrupo.

En los movimientos que estamos examinando, el trabajo intelectual se caracterizaba por la solidaridad de grupo, ya que los colaboradores individuales siempre podían contar con otros para defender ideas similares y presentar un frente unido ante cualquier información embarazosa. En la Península Ibérica, durante el periodo de la Inquisición, el conflicto entre grupos hacía imposible la práctica de la ciencia. La ideología que sustentaba la inquisición, incluidas las opiniones teológicas sobre la naturaleza de la realidad física, entró en la composición de una cosmovisión colectivista en la que cualquier desviación de la ideología establecida se consideraba una traición al grupo. Ahora bien, la ciencia ordena que este tipo de traición es algo posible e incluso intelectualmente respetable, o para ser más precisos, ordena la imposibilidad de cualquier traición, bajo el presupuesto de que la visión de la realidad de uno no deriva de ninguna lealtad a un grupo, sino del propio juicio independiente (individualista) derivado de los datos de los que uno dispone.

En una ciencia genuina, la estructura fundamental de la realidad no puede decidirse *a priori* y hacerse impermeable a las negaciones de la experiencia, como ocurre cuando un grupo toma partido por una determinada interpretación de la realidad. Sin embargo, este fue el caso durante la Inquisición y el período de la ortodoxia cristiana medieval, y es el caso en todos los movimientos intelectuales que estamos revisando (y en la mayor parte de la historiografía judía, cf. *SAID*, cap. 7). Dado que estos movimientos contenían un proyecto político judío subyacente, los puntos doctrinales clave y la dirección de la investigación fueron diseñados *a priori* para ser coherentes con los intereses en cuestión. Y debido a la irracionalidad inherente a las ideologías así producidas, estos movimientos no podían adoptar otra forma que la de endogrupos autoritarios que eliminaban de sus filas a los disidentes. Dentro de estos grupos, la consecución del éxito profesional implicaba necesariamente la sumisión autoritaria a sus amplias definiciones.

La situación es a veces más complicada, porque la participación en la cultura científica real puede servir también a los intereses étnicos judíos. En el segundo capítulo señalamos que R.C. Lewontin, biólogo de poblaciones de Harvard, empleó en sus investigaciones empíricas métodos condenados por el extremo purismo metodológico que oponía a los estudios evolutivos y biológicos del comportamiento humano. Cabe señalar que Lewontin era claramente consciente de que la participación en una cultura auténticamente científica crea "una cuenta bancaria de legitimidad de la que podemos sacar para perseguir nuestros objetivos políticos y humanistas". ('Women versus the biologists' *New York Reviw of Books* # 41 - 1994). Así, Lewontin se hizo primero un nombre en una comunidad científica real, antes de utilizar su reputación al servicio de su proyecto étnico, por ejemplo exigiendo a las ciencias sociales un rigor metodológico que no podían cumplir. Incluso la ciencia real para ser convertida en caja chica política.

Más profundamente, me parece que un aspecto esencial de la historia intelectual judía es la idea de que no hay una diferencia demostrable entre la verdad y el consenso. En el discurso religioso judío tradicional, la "verdad" era el dominio de una élite de intérpretes, que formaban la clase educada de la comunidad judía. Dentro de la comunidad judía, la "verdad" y la "realidad" no eran (y no se pensaba que lo fueran) más que el consenso de una parte suficientemente amplia de la comunidad interpretativa.

> Sin comunidad, no podemos dar ningún sentido a nociones como "palabra divina" o "santidad". La canonización de las escrituras sólo existe en el contexto de la comprensión de las mismas por parte de una comunidad. La santidad de la escritura depende de que su significado esté "realmente ahí" en el texto. Sólo la lectura y la comprensión comunitaria de los textos los hace significativos, un significado que los hace aptos para ser llamados santos, una santidad que es tan real como la propia comunidad (Agus, *The Binding of Isaac and Messiahs: Law, Martyrdom and Deliverance in Early Rabbinic Religiosity*, p. 34).

Como hemos visto en el séptimo capítulo de *SAID, la* ideología religiosa judía es un conjunto de enunciados muy plásticos, capaces de racionalizar e interpretar cualquier acontecimiento de forma que convenga a los intereses de la comunidad. En la comunidad intelectual judía, la autoridad siempre se basó por completo en la jurisprudencia de los doctores reconocidos (por consenso). A los miembros de esta comunidad discursiva nunca se les ocurrió buscar la confirmación de sus opiniones en otra comunidad discursiva (entre los gentiles), o en el intento de comprender la naturaleza de la propia realidad. La realidad era lo que el grupo decidía que fuera y cualquier desviación de esta realidad construida socialmente sólo podía producirse dentro de un estrecho espacio intelectual, para no poner en peligro los objetivos fundamentales del grupo.

La aceptación del canon judío, como la pertenencia a los movimientos intelectuales que estamos examinando, era fundamentalmente un acto de sumisión autoritaria. El golpe de genio de la acción intelectual judía contemporánea fue comprender que era posible formar comunidades hermenéuticas basadas únicamente en el consenso intelectual dentro de un grupo, incluso dentro del mundo discursivo de la Ilustración, y que incluso era posible difundirlas con éxito en la comunidad no judía más amplia para servir mejor a los intereses políticos específicamente judíos.

Por supuesto, la diferencia con el mundo anterior a la Ilustración era que estos discursos intelectuales debían adornarse con una fachada científica para atraer a los gentiles. O, como fue el caso de la filosofía de la deconstrucción de Derrida o de la Escuela de Frankfurt (además de sus implicaciones en obras como *Personalidad Autoritaria*), había que defender la viabilidad del escepticismo filosófico. La aplicación de un barniz científico y de respetabilidad filosófica permitió a estos movimientos presentarse como el resultado de decisiones libres e individualistas, basadas en una apreciación razonada de las pruebas y los datos. Tal afirmación implicaba que en estos movimientos se hacían grandes esfuerzos para ocultar la participación y el dominio judíos, así como el alcance y el contenido de sus ambiciones al servicio de intereses políticos específicamente judíos.

Este esfuerzo por socavar la participación de los judíos fue claramente evidente en los movimientos políticos de extrema izquierda y en el psicoanálisis, pero también fue visible en la antropología boasiana. Aunque los objetivos políticos judíos de la Escuela de Fráncfort estaban mucho menos camuflados, gran parte de su proyecto consistía en desarrollar un corpus teórico aplicable a cualquier concepción universalista de la sociedad e independiente de la formulación de un proyecto político específicamente judío. En consecuencia, su perspectiva ideológica y sus avatares posmodernos fueron acogidos con agrado y entusiasmo por intelectuales de grupos minoritarios no judíos con sus propios objetivos políticos.

Este fenómeno es un buen ejemplo de la susceptibilidad de las sociedades individualistas occidentales a la invasión de cualquier grupo colectivista cohesionado. He señalado la fuerte tendencia histórica del judaísmo a prosperar en las sociedades individualistas occidentales y a declinar en las sociedades orientales o colectivistas y occidentales (cf. *SAID*, capítulos 3-5 y *PTSDA*, capítulo 8). Los judíos se benefician enormemente de las sociedades abiertas e individualistas, en las que se eliminan las barreras a la movilidad ascendente y las normas del discurso intelectual no están prescritas por instituciones dominadas por los gentiles, como la Iglesia católica. Pero, como ha escrito Charles Liebman, "si los judíos se pusieron del lado de la Ilustración, rechazaron sus consecuencias" (*The Ambivalent American Jew: Politics, Religion and Family in American Jewish Life*, p. 157). En otras palabras, conservaban un fuerte sentido de identidad de grupo en una sociedad cuya orientación oficial era individualista. Las sociedades individualistas desarrollan instituciones políticas republicanas e instituciones de investigación científica que se basan en que los grupos son muy permeables entre sí y que los individuos pueden abandonarlos muy fácilmente si no se satisfacen sus necesidades. En estas sociedades, los individuos tienen poca lealtad a los endogrupos y tienden a no ver el mundo en términos de endogrupos y exogrupos. Existe una fuerte tendencia a ver a los demás como individuos y a juzgarlos como tales, incluso cuando actúan como miembros de un grupo colectivista.

Por lo tanto, en estas sociedades, los movimientos intelectuales altamente colectivistas pueden ser vistos por otros como el resultado de elecciones individualistas y racionales hechas por agentes libres. El estudio de los hechos sugiere que los judíos se preocuparon por presentar los movimientos intelectuales judíos como el resultado de elecciones libres e informadas. Los autores judíos se han esforzado en presentar la participación de los judíos en causas políticas de extrema izquierda como la expresión de la "libre elección de una minoría bien dotada" (Rothman & Lichter, *op. cit.* p. 118) y he señalado el papel de los medios de comunicación en la presentación de Freud como un buscador implacable de la verdad. En virtud de su naturaleza colectiva y del despliegue concentrado de sus energías, la actividad de estos grupos puede ejercer una influencia mucho mayor que la de los individuos atomizados y fragmentados. El trabajo de los individualistas puede ser fácilmente ignorado, marginado o anatematizado; por el contrario, el colectivo sigue dominando el discurso intelectual gracias a su fuerza de cohesión y al control de los medios de producción intelectual. Sin embargo, a largo plazo, no es descabellado suponer que la orientación individualista de Occidente depende de la ausencia de grupos fuertes y cohesionados que operen dentro de la sociedad (cf. *SAID*, capítulos 3 a 5).

Hay otro hecho que no carece de importancia sobre estos movimientos intelectuales posteriores a la Ilustración: ninguno de ellos ha desarrollado una justificación particular y positiva para la perpetuación de la identificación judía. El material que hemos reunido aquí indica que tal intento no habría sido bienvenido, ya que en un sentido muy fundamental el judaísmo representa la antítesis del individualismo de la Ilustración y el tipo de discurso científico e intelectual que implica. En el ámbito económico y social, el judaísmo representa la posibilidad de que una estrategia de grupo étnico muy unido provoque reacciones antiindividualistas en los exogrupos no judíos y amenace la viabilidad de las instituciones políticas y sociales individualistas. En el ámbito intelectual, el judaísmo ha producido empresas colectivistas que han desbaratado sistemáticamente la investigación en humanidades en favor del desarrollo y la difusión de teorías diseñadas para servir a determinados intereses políticos y sociales.

En estas circunstancias, no es de extrañar que, aunque estas teorías pretendieran manipular la cultura al servicio de ciertos intereses específicamente judíos, no pudieran "hacer honor a su nombre"; es decir, debían abstenerse en lo posible de mencionar abiertamente que la identidad colectiva judía o los intereses colectivos judíos estaban en juego, ni podían desarrollar una defensa específica del judaísmo que fuera aceptable en el contexto intelectual de la época posterior a la Ilustración. En el segundo capítulo de *SAID*, señalé que la contribución judía a la cultura no judía en la Alemania del siglo XIX se hizo desde un punto de vista extremadamente particularista, según el cual la identidad del grupo judío tenía una importancia subjetiva primordial, a pesar de su "invisibilidad". Del mismo modo, debido a esta necesidad de invisibilidad, las teorías y los movimientos que estamos examinando se vieron obligados a restar importancia al judaísmo como categoría social, logrando así la encriptación ["crypsis"] que analizamos en detalle en el sexto capítulo de SAID, identificándola como la técnica común entre los judíos para combatir el antisemitismo. Con respecto a la Escuela de Fráncfort, "lo que sorprende al observador es la intensidad con la que tantos miembros del Instituto negaban, y en algunos casos siguen negando, que su identidad judía importara en absoluto" (Jay, *The Dialectical Imagination: A History of the Frankfurt School and the Institute of Social Research*, p. 32).

Los instigadores y practicantes de estas teorías intentaron ocultar su identidad judía, como hizo Freud, y practicar un autoengaño masivo, a la manera de los judíos de extrema izquierda entre los que esto era claramente habitual. Recuerden a aquellos izquierdistas judíos que creían en su propia invisibilidad como judíos, mientras aparecían ante los demás como judíos por excelencia, y mientras siempre se aseguraban de que los gentiles ocuparan posiciones visibles de poder dentro del movimiento. Esta técnica de colocar a los gentiles en la posición de representantes ejemplares de un movimiento dominado por los judíos fue utilizada comúnmente por grupos judíos que buscaban complacer a los gentiles en una serie de cuestiones judías. Esto quedará claro cuando veamos el esfuerzo judío por influir en la política de inmigración en el próximo capítulo. Como ejemplo y confirmación, Irving Louis Horowitz contrasta las nuevas minorías étnicas y sexuales que defienden su causa particular poniéndose "muy en primer plano" en el mundo de la sociología, con la tendencia de los judíos a ponerse poco en primer plano como tales (*The Decomposition of Sociology*, p. 91). Aunque los judíos habían dominado la sociología estadounidense desde la década de 1930, nunca se destacaron los intereses y proyectos políticos específicamente judíos.

Teniendo en cuenta estos hechos, resulta francamente irónico que los intelectuales judíos neoconservadores hayan estado a la vanguardia de la exigencia de que las humanidades adopten un paradigma científico y no las ideologías anticientíficas subjetivistas y racialistas típicas de los recientes ideólogos multiculturales. Así, Horowitz, en el libro mencionado, muestra que los judíos han dominado la sociología desde los años 30 y fueron los artífices del declive de los paradigmas darwinistas y de la aparición de modelos conflictivos de sociedad basados en la teoría política de la izquierda radical. Sin embargo, Horowitz señala que el dominio judío de la sociología se ve ahora amenazado por las políticas de contratación de acción afirmativa que limitan el número de judíos que entran en la profesión, y por el antisemitismo y las agendas de investigación políticamente motivadas de las nuevas minorías étnicas que influyen cada vez más en la profesión. Ante tal estado de cosas, Horowitz abogó por una sociología científica e individualista: "El crecimiento y la supervivencia de los judíos se sirven mejor en un régimen democrático y en una comunidad científica". (*op. cit.* p. 92)

Los materiales que presentamos serían de gran relevancia si se quisiera teorizar sobre cómo la psicología humana evolucionada interactúa con los mensajes culturales. Los evolucionistas han mostrado un gran interés por la evolución cultural y su relación con la evolución orgánica. Dawkins, en *El gen egoísta,* desarrolló la idea de los "memes", unidades culturales replicativas que se transmiten en las sociedades. Los memes pueden tener un valor adaptativo o desadaptativo para los individuos o las sociedades que los adoptan. En relación con el tema de este libro, los movimientos intelectuales y culturales judíos pueden verse como memes diseñados para promover la perpetuación del judaísmo como estrategia evolutiva de grupo. Su contenido adaptativo para los gentiles que los adoptan es, sin embargo, muy cuestionable; de hecho, un gentil que cree, por ejemplo, que el antisemitismo es necesariamente un signo de enfermedad mental es poco probable que se comporte de forma adaptativa.

La pregunta es: ¿cuáles son las características evolutivas de la mente humana que explican la inclinación de algunas personas a adoptar memes hostiles a sus intereses? A partir de las pruebas que hemos reunido en este estudio, parece que uno de los componentes clave es que estos memes son propagados por fuentes de gran prestigio, lo que sugiere que uno de los rasgos de nuestra psicología evolucionada es una fuerte inclinación a adoptar mensajes culturales que provienen de quienes tienen un alto estatus social. La teoría del aprendizaje social sabe desde hace tiempo que los modelos de conducta son más eficaces cuando poseen prestigio y un alto estatus social, y que esta tendencia encaja bien con la visión evolutiva de que la búsqueda de un alto estatus social es un rasgo universal de la mente humana. Al igual que otras influencias de patrones, entonces, los memes inadaptados son mejor propagados por individuos e instituciones de alto estatus social, y hemos visto que los movimientos intelectuales judíos han tenido constantemente como portavoces a individuos que representan a las instituciones intelectuales y mediáticas más prestigiosas. También intentaron cubrirse con el manto de la ciencia, en virtud de su elevado estatus. Individuos como Freud se convirtieron en iconos culturales, en verdaderos héroes culturales. Por lo tanto, es probable que los memes culturales que emanan de su pensamiento arraiguen en el conjunto de la cultura.

También hay que señalar que todos los movimientos que hemos examinado se desarrollaron en una atmósfera de encriptación o semiencriptación, en el sentido de que el proyecto político judío no estaba en el programa teórico propuesto y las propias teorías no tenían un contenido judío explícito. Por ello, los intelectuales no judíos que se acercaron a ellos se resistieron a verlos como expresiones de la competencia cultural entre judíos y gentiles, o de un proyecto político específicamente judío. En cambio, estaban mucho más dispuestos a ver a los defensores de estas doctrinas como "gente como tú y yo", como individualistas que buscan científicamente las verdades sobre los seres humanos y su sociedad. La psicología social sabe desde hace tiempo que la similitud conduce poderosamente a la amistad, un fenómeno que es susceptible de análisis evolutivo (realizado por Rushton en 'Genetic Similarity, human altruism and group selection' en *Behavioral and Brain Science* # 12 - 1989). En otras palabras, si estas doctrinas hubieran sido sostenidas por los judíos ortodoxos tradicionales, con sus diferentes formas de vestir y hablar, nunca habrían tenido el impacto cultural que tuvieron. Desde este punto de vista, la codificación y la semicodificación judías son cruciales para el éxito del judaísmo en las sociedades posteriores a la Ilustración, un tema que abordamos en el noveno capítulo de *SAID*.

Sin embargo, al hablar de los mecanismos evolutivos que promueven la aceptación de ideologías inadaptadas entre los gentiles, no lo hemos dicho todo. En el octavo capítulo de *SAID*, señalé la tendencia general al autoengaño entre los judíos, un patrón robusto y repetitivo que se manifiesta en diferentes periodos históricos y toca una amplia gama de temas, como la identidad personal, las causas y el alcance del antisemitismo, las características de los judíos (por ejemplo, el éxito económico) y el papel de los judíos en los procesos culturales y políticos de las sociedades tradicionales y contemporáneas. El autoengaño puede ser importante para promover la participación de los judíos en los movimientos que estamos examinando. He encontrado pruebas de ello en el caso de los izquierdistas judíos, y Greenwald y Schuh han demostrado de forma convincente que los prejuicios étnicos a favor del grupo interno, manifestados en los académicos que estudian los prejuicios, no eran conscientes. Muchos de los judíos que participan en los movimientos en cuestión pueden creer realmente que han roto con la idea de defender los intereses específicamente judíos, o que están defendiendo los intereses de otros grupos tanto como los de los judíos. Puede que crean sinceramente que no son parciales en sus patrones repetitivos de asociación o en las citas de autores en los artículos académicos, pero, como explicó R. Trivers en *Social Evolution*, los mejores engañadores son los que se engañan a sí mismos.

Por último, las teorías de la influencia social derivadas de la psicología social también son pertinentes y susceptibles de análisis evolutivo. He sugerido que los memes generados por estos movimientos intelectuales judíos adquieren su influencia, al menos inicialmente, debido a procesos de influencia de grupos minoritarios. La cuestión de si este aspecto de la psicología social puede considerarse como rasgos evolutivos de la mente humana sigue siendo una cuestión abierta.

Capítulo VII

La participación de los judíos en el desarrollo de la política migratoria estadounidense

[Para entender este capítulo, es necesario saber que en Estados Unidos, las leyes de inmigración de 1924 exigían que los inmigrantes reflejaran el país; las proporciones de inmigrantes de diferentes etnias debían corresponder a las proporciones de esas etnias en el cuerpo nacional. Los europeos, especialmente los del noroeste de nuestro continente, fueron así "favorecidos", algo que la judería no pudo soportar y contra lo que luchó hasta 1965, abriendo el acceso a la inmigración legal a ellos mismos primero, y luego al Tercer Mundo].

Hoy en día (...) los inmigrantes -especialmente los judíos- parecen más americanos [que los WASP]. Nos muestran rostros, voces e inflexiones de pensamiento que nos parecen en todo sentido familiares, como una segunda naturaleza. [El WASP] es el pájaro raro, el extranjero, el fósil. Lo miramos, un poco asombrados, y nos preguntamos: "¿Dónde diablos está? Le recordamos: pálido, aplomado, bien vestido, alerta, seguro de sí mismo. Y ahora lo vemos como un intruso, un extraño, una especie noble en vías de extinción (...) Ha dejado de ser representativo, y hasta esta hora no habíamos reparado en él. O, al menos, no tan claramente.

Lo que ha sucedido desde la Segunda Guerra Mundial es que la sensibilidad estadounidense se ha vuelto parcialmente judía, probablemente más judía que cualquier otra cosa... Las mentes de los estadounidenses educados han llegado a pensar hasta cierto punto de forma judía. Se les enseñó a hacerlo, pero estaban dispuestos a hacerlo. Después de los showmen y los novelistas vinieron los críticos, políticos y teólogos judíos. Ahora bien, los críticos,

> los políticos y los teólogos son todos formadores: forman las maneras de ver las cosas.
>
> Walter Kerr, 'Skin deep is not good enough',
> *The New York Times*, 14 de abril de 1968.

Parte 1

La política de inmigración es el ejemplo paradigmático de los conflictos de intereses entre grupos étnicos, ya que determina la futura composición étnica de la nación. Los grupos étnicos que no pueden influir en la política migratoria en su beneficio acaban cediendo el paso a los que sí pueden hacerlo. La política migratoria es, por tanto, de crucial interés para un evolucionista.

Este capítulo examinará el conflicto étnico entre judíos y gentiles en el ámbito de la política de inmigración. Pero éste es sólo un aspecto del conflicto de intereses entre judíos y gentiles en Estados Unidos. Las primeras escaramuzas entre los judíos y la estructura estatal gentil se remontan a finales del siglo XIX y siempre han estado marcadas por un fuerte tinte antisemita. Lo que estaba en juego en estas batallas eran las posibilidades de movilidad ascendente de los judíos y las cuotas de judíos en las instituciones educativas de élite, una batalla que comenzó en el siglo XIX y alcanzó su punto álgido en las décadas de 1920 y 1930. Este conflicto apuntaló las cruzadas anticomunistas posteriores a la Segunda Guerra Mundial, así como el cuestionamiento de la influencia cultural de los grandes medios de comunicación, que comenzó con los escritos de Henry Ford en la década de 1920, se manifestó durante las actividades inquisitoriales contra Hollywood en la era McCarthy, y ha continuado hasta nuestros días. La presencia del antisemitismo en estos enfrentamientos se pone de manifiesto en el hecho de que historiadores del judaísmo como Sachar en *A History of Jews in America* (p. 620 y ss.) se sienten obligados a dar cuenta de estos acontecimientos como significativos en la historia del judaísmo estadounidense, debido a las declaraciones antisemitas de muchos de los protagonistas no judíos, y a la conciencia de su judaísmo entre los protagonistas judíos, que no pasó desapercibida para los observadores.

El esfuerzo judío por influir en la política migratoria de Estados Unidos es especialmente significativo por la presencia de un conflicto étnico. Su participación en esta labor de influencia reveló algunos rasgos singulares que distinguían los intereses judíos de los de otros grupos que abogaban por la liberalización de las políticas migratorias. Durante la mayor parte del período comprendido entre 1881 y 1965, su defensa de dicha liberalización se derivó del deseo de proporcionar refugio a los judíos que huían de la persecución antisemita en Europa y otros lugares. La persecución antisemita fue un fenómeno recurrente en el mundo moderno, que comenzó con los pogromos rusos de 1881 y continuó en el periodo posterior a la Segunda Guerra Mundial en la Unión Soviética y Europa del Este. Por lo tanto, la liberalización de la inmigración beneficiaba a los judíos, ya que "los imperativos de la supervivencia obligaban a los judíos a encontrar refugio en otras tierras" (Cohen, *Not Free to Desist: The American Jewish Committee, 1906-1966*, p. 341). Por una razón similar, los judíos abogaban sistemáticamente por una política exterior internacionalista, porque "una América con mentalidad internacional era más probable que fuera sensible a los problemas de los judíos en el extranjero" (*ibid.* p. 342).

También hay pruebas de que los judíos estadounidenses, mucho más que cualquier otro grupo de ascendencia europea, veían las políticas migratorias liberalizadas como un mecanismo para garantizar que Estados Unidos fuera una sociedad pluralista y no unitaria y homogénea. El pluralismo sirve a los intereses judíos, tanto internos (dentro del grupo) como externos (en relación con otros). El pluralismo sirve a los intereses judíos internos porque da legitimidad al interés judío interno de justificar y defender públicamente el propio interés, condición que permite que la participación colectiva judía y la no asimilación ya no se produzcan de forma medio críptica. Howard Sachar define esta utilidad como "la legitimación de la conservación de una cultura minoritaria en medio de una sociedad de acogida mayoritaria".

Neusner y Ellman sugieren que el reciente aumento de la conciencia étnica en los círculos judíos se ha visto influido por la tendencia general de la sociedad estadounidense a aceptar el pluralismo cultural y el etnocentrismo de los grupos minoritarios.

Esta transformación del judaísmo desde formas semicrípticas, como las adoptadas en las sociedades occidentales del siglo XX, a formas más manifiestas es considerada como esencial para la perpetuación del judaísmo por muchos autores judíos como E. Abrams en *Faith or Fear: How Jews Can Suvive in Christian America* y A. Dershowitz en The Vanishing American Jew: In Search of a Jewish Identity for the Next Century (véase. Dershowitz en *The Vanishing American Jew: In Search of a Jewish Identity for the Next Century* (véase *SAID*, capítulo 8). El judaísmo reformista, la forma menos abierta de judaísmo, está dando grandes pasos hacia el judaísmo tradicional, insistiendo incluso en la importancia de los rituales religiosos y la prevención de los matrimonios mixtos. A este respecto, una reunión de rabinos reformistas ha recordado recientemente que el auge del tradicionalismo es en parte resultado de la mayor legitimidad de la conciencia étnica en general (*Los Angeles Times*, 20 de junio de 1998).

El pluralismo étnico y religioso también sirve a los intereses judíos externos, ya que produce una situación en la que los judíos se convierten en un grupo entre muchos. Esto da lugar a una cierta disgregación de la influencia política y cultural entre los diferentes grupos étnicos y religiosos, lo que hace difícil o imposible el desarrollo de grupos gentiles unificados en su oposición al judaísmo. Históricamente, los grandes movimientos antisemitas han tendido a surgir en sociedades que, aparte de la presencia judía, eran religiosa y étnicamente homogéneas. En comparación con Europa, el antisemitismo era relativamente bajo en Estados Unidos, ya que "los judíos no aparecían como un grupo aislado de inconformistas [religiosos]" (Higham, *op. cit.*, p. 156). Aunque el pluralismo étnico y cultural ciertamente no garantiza la satisfacción de los intereses judíos, no es menos cierto que las sociedades étnica y religiosamente pluralistas eran percibidas por los judíos como más propensas a servir a sus intereses que las sociedades gentiles étnica y religiosamente homogéneas.

De hecho, la motivación subyacente de toda la actividad política e intelectual judía examinada en este libro está íntimamente relacionada con el miedo al antisemitismo. Svonkin ha señalado que la ansiedad y la angustia eran generalizadas en la judería estadounidense tras la Segunda Guerra Mundial, incluso ante el declive del antisemitismo, que se había convertido en un fenómeno bastante marginal. En estas circunstancias, "la prioridad de la Agencia de Relaciones Intergrupales [AJCommittee, AJCongress y ADL] después de 1945 fue ... evitar la erupción de un movimiento reaccionario antisemita de masas en los Estados Unidos" (*Jews Against Prejudice: American Jews and the Fight for Civil Liberties*, p. 8).

En la década de 1970, S.D. Isaacs había descrito la ansiedad generalizada entre los judíos estadounidenses y su hipersensibilidad a cualquier cosa que se parezca al antisemitismo. Hablando con "considerables figuras públicas" sobre el antisemitismo a principios de los años 70, Isaacs les preguntó: "¿Creen que podría ocurrir aquí?

> Nunca tuve que especificar lo que quería decir con "eso". La respuesta era casi siempre la misma: "si sabes algo de historia, no deberías pensar que podría suceder, pero probablemente lo hará"; o "no es una cuestión de posibilidad, es una cuestión de tiempo" (*Jews and American Politics*, p. 15).

Isaacs relaciona este miedo al antisemitismo con la intensidad de la participación judía en el mundo político de una forma que me parece relevante. El activismo judío en materia de inmigración es sólo una rama de un movimiento polifacético para evitar la aparición de un movimiento antisemita masivo en las sociedades occidentales. A continuación se comentan brevemente otros aspectos de este proyecto.

Se pueden encontrar declaraciones de eruditos judíos en humanidades y de activistas políticos judíos que vinculan explícitamente la cuestión de la política migratoria con el beneficio que el pluralismo cultural proporciona a los judíos. Joseph L. Blau, al informar sobre *Cultural Pluralism and the American Idea* (1956) de Horace Kallen para *el Congress Weekly* (publicado por AJCongress), señaló que "el punto de vista de Kallen es útil para la causa de los grupos y culturas minoritarios en esta nación, sin una mayoría permanente", lo que significa que la ideología del multiculturalismo de Kallen se oponía a la dominación de cualquier grupo étnico sobre los Estados Unidos. Maurice Samuel, un famoso autor y destacado sionista, que atacaba, entre otras cosas, la Ley de Inmigración de 1924, escribió ese mismo año: "Si la lucha entre nosotros [judíos y gentiles] ha de elevarse alguna vez por encima de la confrontación física, vuestras democracias tendrán que modificar sus exigencias de homogeneidad racial, espiritual y cultural dentro de un

Estado. Pero sería una tontería considerar esta posibilidad, ya que la tendencia de esta civilización va en dirección contraria. El gobierno tiende cada vez más a identificarse con la raza, no con el estado político. (*Vosotros los gentiles*, p. 215)

Samuel lamentó que las leyes de 1924 contradijeran su idea de los Estados Unidos como una entidad puramente política sin ningún contenido étnico:

> Acabamos de asistir, en América, a la repetición, bajo la forma particular adaptada a este país, de la siniestra farsa a la que no podemos acostumbrarnos, aunque haya durado varios siglos. Si América tiene algún significado, reside en este intento de superar la corriente de nuestra civilización actual, a saber, la identificación del Estado con la raza (...) América era, pues, el Nuevo Mundo, en el sentido de que el Estado era un ideal puro y la nacionalidad era idéntica a la aceptación de este ideal. Pero ahora parece que esta opinión era errónea, pues América no pudo superar sus propios orígenes y esta apariencia de nacionalismo ideal sólo fue un paso en el camino hacia el espíritu universal de la gentilidad (...)
>
> Hoy, con el triunfo de la raza sobre los ideales, el antisemitismo vuelve a mostrar sus colmillos, y la fría denegación del derecho de asilo, reconocido como un derecho humano básico, es un insulto cobarde más. No sólo se nos excluye, sino que además se nos dice en el lenguaje particularmente claro de las leyes de inmigración que somos un pueblo "inferior". A falta de valor para enfrentarse con firmeza a sus malos instintos, el país había sido preparado por sus periodistas para un largo período de desprestigio judío, y una vez condicionado por estas pócimas populares y "científicas", finalmente dio a luz estas leyes. (*ibidem* p. 218-220)

Earl Raab, un destacado científico social y activista étnico judío, expresó opiniones similares cuando se refirió muy positivamente a la alteración de la composición étnica de Estados Unidos como prueba del éxito de la nueva política de inmigración desde 1965. Raab señala el papel protagonista de la comunidad judía en la eliminación del sesgo pro europeo del noroeste en la política de inmigración (*Jewish Bulletin* 23 de julio de 1993, p. 17). También explica que el antisemitismo se ve inhibido en los Estados Unidos de hoy por el hecho de que "el crecimiento de la heterogeneidad étnica, producto de la inmigración, ha hecho aún más difícil el desarrollo de un partido político nacionalista o de un movimiento de masas" ("¿Puede desaparecer el antisemitismo?" en

Antisemitism in America Today: Outspoken Experts Expose the Myths, p. 91). Lo expresa de forma más colorida en un artículo del *Jewish Bulletin* del 19 de febrero de 1993, p. 23:

> La Oficina del Censo acaba de anunciar que casi la mitad de la población de Estados Unidos no será blanca ni europea. Y todos ellos serán ciudadanos estadounidenses. Acabamos de pasar el punto en el que es imposible que un partido nazi-ario triunfe en este país.
>
> Durante medio siglo, nosotros [los judíos] hemos alimentado la atmósfera estadounidense de antinacionalismo. El ambiente aún no es perfecto, pero la heterogeneidad de nuestra población tiende a hacerlo irreversible, y hace que nuestras disposiciones legales contra el nacionalismo sean más viables que nunca.

En las declaraciones de otros autores y líderes judíos se encuentran disposiciones igualmente favorables a la diversidad cultural. Charles Silberman afirma:

> Los judíos estadounidenses están comprometidos con la tolerancia cultural debido a su creencia -firmemente arraigada en la historia- de que los judíos sólo están seguros en una sociedad que acepte una amplia variedad de actitudes y comportamientos, y una variedad de religiones y grupos étnicos. Es esta creencia, por ejemplo, y no la aprobación de la homosexualidad, lo que ha llevado a una abrumadora mayoría de judíos estadounidenses a apoyar los "derechos de los homosexuales" y a adoptar una postura liberal en la mayoría de las llamadas cuestiones "sociales". (*A Certain People: American Jews and Their Lives Today*, p. 350).

Del mismo modo, el director de la rama de Washington del *Consejo de Federaciones Judías*, al enumerar los beneficios de la inmigración, afirmó que "aporta diversidad, enriquecimiento cultural y oportunidades económicas para los inmigrantes" (en *Forward*, 8 de marzo de 1996, p. 5). Resumiendo la participación judía en las batallas legislativas de 1996 sobre la inmigración, un artículo de periódico informaba de que "los grupos judíos no consiguieron acabar con algunas disposiciones que expresaban el tipo de conveniencia política que consideran directamente contraria al pluralismo americano" (*Detroit Jewish News*, 10 de mayo de 1996).

Dado que la liberalización de la política migratoria es un interés judío clave, no es de extrañar que esta línea política sea apoyada por todo el espectro político judío. Hemos visto que Sidney Hook, que puede considerarse un precursor del neoconservadurismo junto a otros *intelectuales neoyorquinos,* veía la democracia como la igualdad de las diferencias con la máxima diversidad cultural. Los neoconservadores eran firmes partidarios de las políticas migratorias liberalizadas, lo que provocó un conflicto entre los neoconservadores, principalmente judíos, y los paleoconservadores, principalmente no judíos, sobre la cuestión de la inmigración del tercer mundo a Estados Unidos. Los neoconservadores Norman Podhoretz y Richard John Neuhaus habían reaccionado muy negativamente a un artículo escrito por un paleoconservador que expresaba su preocupación por que esa inmigración condujera a la dominación de Estados Unidos por sus descendientes (véase Judis, "The conservative crack-up", en el número de otoño de 1990 de *The American Prospect,* p. 33).

Otros neoconservadores, como Julian Simon y Ben Wattenberg, se han manifestado a favor de altos niveles de inmigración de todo el mundo, para que Estados Unidos se convierta en la primera "nación universal" del mundo, como escribe este último. Basándose en los datos más recientes, J. S. Fetzer llegó a la conclusión de que los judíos siguen siendo mucho más partidarios de la inmigración a Estados Unidos que cualquier otro grupo étnico o religioso ('Anti-immigration sentiment and nativist political movements in the United States, France and Germany: Marginality or economic self-interest?' Documento presentado en la conferencia anual de la *American Political Science* Association, agosto-septiembre de 1996).

Como observación general, cabe añadir que la eficacia de las organizaciones judías a la hora de influir en la política migratoria de Estados Unidos se ha visto favorecida por ciertas características de los judíos estadounidenses que están directamente relacionadas con el judaísmo como estrategia evolutiva de grupo, en particular su coeficiente intelectual, que se sitúa una desviación estándar por encima del coeficiente intelectual caucásico (cf. *PTSDA,* capítulo 7). En las sociedades contemporáneas, un coeficiente intelectual elevado se asocia con el éxito en una amplia gama de actividades, especialmente la riqueza y el estatus social. Como señala Neuringer en *American Jewry and United States Immigration Policy, 1881-1953* (p. 87), la influencia judía en la política migratoria se vio favorecida por la riqueza, la educación y el estatus social de los judíos. Las organizaciones judías, que reflejan la sobrerrepresentación de los judíos en los grupos económicamente exitosos y políticamente influyentes, pudieron ejercer una influencia, desproporcionada al tamaño de su comunidad, en la política de inmigración. Los judíos, como grupo, están muy organizados, son muy inteligentes y políticamente astutos, y han sido capaces de movilizar inmensos recursos financieros, políticos e intelectuales para lograr sus objetivos políticos.

En la misma línea, D. A. Hollinger señala que el declive de la homogeneidad cultural cristiana y protestante se debe menos a la influencia de los católicos que a la de los judíos, por su mayor riqueza, mejor posición y mayor capacidad técnica en el terreno intelectual. En el ámbito de la política migratoria, la organización activista judía más influyente era el AJCommittee, que se caracterizaba por "su fuerte liderazgo [Louis Marshall en particular], su cohesión interna, su poder de financiación, sus sofisticados métodos de *presión, su* astuta elección de aliados no judíos y su sentido de la oportunidad" (Goldstein, *The Politics of Ethnic Pressure: The American Jewish Committee Fight against Immigration Restriction*, p. 333). Por su parte, J.J. Goldberg informa de que actualmente hay unas 300 organizaciones judías nacionales en Estados Unidos, con un presupuesto combinado estimado en 6.000 millones de dólares, una suma que -señala Goldberg- supera el producto interior bruto de la mitad de los países miembros de las Naciones Unidas.

Parte 2

El esfuerzo judío por transformar Estados Unidos en una sociedad pluralista se llevó a cabo en varios frentes. Además de las actividades legislativas y de presión relacionadas con la política de inmigración, mencionaremos también el esfuerzo judío en la esfera intelectual y académica, en la relación Iglesia-Estado y, finalmente, su esfuerzo por organizar a los afroamericanos como fuerza política y cultural.

1. Esfuerzos intelectuales y académicos.

D. A. Hollinger ha señalado "la transformación étnico-confesional de la demografía del mundo académico estadounidense" en el período comprendido entre los años 30 y los 60 (*Science, Jews, and Secular Culture: Studies in Mid-Twentieth-Century American Intellectual History*, p. 4). También señaló el papel de la influencia judía en el avance de la sociedad estadounidense hacia la secularización y la promoción de un ideal cosmopolita. El aumento de esta influencia se debió probablemente a las luchas políticas de la década de 1920 sobre la inmigración. Hollinger señala que "la influencia del antiguo *establishment* protestante persistió hasta los años 60, un fenómeno relacionado en gran medida con la Ley de Inmigración de 1924. Si la inmigración masiva de católicos y judíos hubiera mantenido las tasas anteriores a 1924, la historia de Estados Unidos habría cambiado, debido al probable rápido declive de la hegemonía cultural protestante, como es razonable suponer. La política de restricción migratoria ha dado vida y oxígeno a esta hegemonía" (*ibíd.*, p. 22). No es descabellado afirmar que las batallas de la inmigración del periodo 1881-1965 desempeñaron un papel crucial en la configuración de la cultura estadounidense de finales del siglo XX.

En este contexto, resulta especialmente interesante la ideología de Estados Unidos como sociedad étnica y culturalmente pluralista. Liderados por Horace Kallen, los intelectuales judíos han estado a la vanguardia de la formulación de modelos de Estados Unidos como sociedad étnica y culturalmente pluralista. El propio Kallen expresaba el valor del pluralismo cultural desde el punto de vista del interés judío en preservar su separatismo cultural: esta ideología del pluralismo cultural se combinaba con una profunda inmersión en la historia y la literatura judías y con una defensa del sionismo y la actividad política en nombre de los judíos de Europa del Este.

Kallen desarrolló un ideal "policéntrico" para gobernar las relaciones étnicas en América. Definió la etnicidad como algo que surge de la dotación biológica de los individuos, lo que implicaba que los judíos podían seguir siendo un grupo cohesionado genética y culturalmente y participar en las instituciones democráticas estadounidenses. Esta visión de Estados Unidos como un conjunto de grupos etnoculturales separados iba acompañada de la ideología de que la relación entre estos grupos debía ser cooperativa y amable. "Kallen, rodeado de una vorágine de conflictos, miraba a ese reino ideal donde coexistían la diversidad y la armonía" (Higham, *op. cit.* p.209). Del mismo modo, en Alemania, el líder judío Moritz Lazarus defendió la idea, frente al intelectual alemán Heinrich von Treitschke, de que el mantenimiento de la separación entre diversos grupos étnicos contribuía a la riqueza de la cultura alemana. Lazarus había desarrollado una doctrina de doble lealtad, que se convirtió en la piedra angular del movimiento sionista. Ya en 1862, Moses Hess había desarrollado la idea de que el judaísmo llevaría al mundo a una era de armonía universal, en la que cada grupo étnico conservaría su existencia separada, sin que ningún grupo pudiera dominar ningún pedazo de tierra. (cf. *SAID*, cap. 5)

Kallen escribió su libro de 1915 en oposición a las ideas de Edward A. Ross, entre otros. Ross era un sociólogo darwiniano que creía que la existencia de grupos claramente delimitados tendía a provocar la competencia entre grupos por los recursos, una opinión que es totalmente coherente con los datos y las teorías que he presentado en *SAID*. El punto de Higham es interesante, ya que muestra que las ideas románticas de Kallen sobre la coexistencia de los grupos se veían abrumadoramente contradichas por la realidad de la competencia intergrupal tal y como existía en su propia época. Cabe señalar aquí que Kallen era miembro de la dirección del AJCongress. Durante las décadas de 1920 y 1930, el AJCongress defendió los derechos económicos y políticos del grupo judío en Europa del Este, en una época de grandes tensiones étnicas y persecución de los judíos, y a pesar del temor generalizado de que tales demandas exacerbaran las tensiones existentes. El AJCongress exigió que los judíos tuvieran una representación política proporcional a su número y que se protegiera la autonomía de su cultura nacional. Los tratados entre los países de Europa del Este y Turquía incluían disposiciones que obligaban a los Estados a proporcionar educación en las lenguas de las minorías y a conceder a los judíos el derecho a negarse a acudir a los tribunales o a participar en cualquier otra reunión pública en sábado. (cf. M. Frommer, *The American Jewish Congress: A History, 1914-1950*, p. 162)

La idea del pluralismo cultural como modelo para Estados Unidos fue popularizada en la gentilidad intelectual por John Dewey, quien a su vez fue promovido por intelectuales judíos: "Si los congregacionalistas caídos como Dewey no necesitaban que los inmigrantes les instaran a traspasar los límites de las sensibilidades protestantes más izquierdistas, personas como Dewey fueron rotundamente alentadas a hacerlo por los intelectuales judíos que frecuentaban en los círculos académicos y literarios" (Hollinger, *op. cit. cit.* p. 24). "Entre las fuerzas que actuaban [en la guerra cultural de los años 40] había una intelectualidad de izquierdas, basada en gran medida (...) en los departamentos de filosofía y humanidades (...). Su líder era el viejo John Dewey, que contribuyó con algunos discursos y artículos a la causa" (*loc. cit.* p. 160). (Los editores de *Partisan Review*, la principal revista de los *intelectuales de Nueva York*, publicaron obras de Dewey y lo llamaron "el principal filósofo de Estados Unidos" [*PR* #13, 1946]; Sidney Hook, antiguo alumno de Dewey, fue efusivo en sus elogios, llamándolo "el líder intelectual de la izquierda en Estados Unidos" y "una especie de tribuno intelectual de las causas progresistas").

Como líder secularista, Dewey se había aliado con un grupo de intelectuales judíos que se oponían a "las formulaciones específicamente cristianas de la democracia estadounidense" (Hollinger, *op. cit.* p. 158). Estaba estrechamente vinculado a los *intelectuales de Nueva York*, muchos de los cuales eran trotskistas. Así, presidió la Comisión Dewey que absolvió a Trotsky de los cargos presentados contra él durante los juicios de Moscú de 1936. Dewey tuvo una gran influencia en el público en general. Henry Commager definió a Dewey como "el guía, el mentor y la conciencia del pueblo estadounidense; no es casi exagerado afirmar que durante toda una generación ninguna cuestión fue verdaderamente ilustrada hasta que Dewey habló" (*en* Sandel, 'Dewey rides again' *New York Review of Books*, mayo de 1996).

Dewey defendió la "educación progresista" y ayudó a fundar la *Nueva Escuela de Investigación Social* y la *Unión Americana de Libertades Civiles*, ambas organizaciones predominantemente judías (Goldberg, *Jewish Power: Inside the American Jewish Establishment*, p. 131). Dewey, cuya "falta de presencia como autor y orador y la falibilidad de su personalidad hicieron de su popularidad algo misterioso", encarnó ante el público un movimiento dominado por intelectuales judíos, al igual que otros gentiles que hemos examinado en este libro.

Las ideas de Kallen contribuyeron en gran medida al desarrollo de las ideas judías sobre su condición en América. Su influencia ya era evidente en 1915 entre los sionistas estadounidenses como Louis D. Brandeis. Consideraba que los Estados Unidos estaban compuestos por diferentes nacionalidades cuyo libre desarrollo "enriquecería espiritualmente a los Estados Unidos y los convertiría en una democracia por excelencia" (*en* Gal, 'Brandeis, Judaism, and Zionism' *en Brandeis in America*, p. 70). Estas ideas se convirtieron en "el sello de la corriente principal del sionismo estadounidense, tanto secular como religioso" (*loc. cit.* p. 70). El pluralismo cultural fue también el sello del movimiento de relaciones interétnicas dominado por los judíos después de la segunda guerra mundial. Sin embargo, los intelectuales en cuestión lo enmarcaron en términos de "unidad en la diversidad" o "democracia cultural", con el fin de eliminar las connotaciones de la idea de que Estados Unidos estaba realmente destinado a ser una federación de diferentes grupos nacionales, una posición defendida por el AJCongress con respecto a los países de Europa del Este, entre otros.

La influencia de Kallen se extendió a todos los judíos cultos:

> El pluralismo, que legitima la conservación de una cultura minoritaria en medio de una sociedad de acogida mayoritaria, funcionó como punto de unión para los judíos educados de segunda generación. Alimentó su sentido de la cohesión y sostuvo sus tenaces esfuerzos comunitarios durante los rigores de la Gran Depresión, marcados por el resurgimiento del antisemitismo, y durante la conmoción del nazismo y el Holocausto. Esto siguió siendo así hasta el final de la Segunda Guerra Mundial, cuando la aparición del sionismo extendió un pico de fervor en la judería estadounidense, ligado a su idea de redención. (Sachar, *op.cit.* p. 427)

Como dijo David Petergorsky, Director Ejecutivo del AJCongress, en su discurso en la Convención Bienal del AJCongress de 1948:

> Estamos profundamente convencidos de que la supervivencia judía dependerá de su salvación en Palestina, por un lado, y de la existencia de una *comunidad* judía creativa, consciente y bien integrada en ese país, por otro. Una comunidad creativa de este tipo sólo puede existir en el marco de una sociedad democrática en expansión, en la que las instituciones y las orientaciones políticas den todo su sentido al concepto de pluralismo cultural. (en Svonkin, *op. cit.* p. 82)

Junto con la ideología del pluralismo étnico y cultural, el éxito final de las formas de pensar judías sobre la inmigración fue fomentado por los movimientos intelectuales analizados en los capítulos 2 a 6. Estos movimientos, y especialmente la obra de Franz Boas, provocaron la caída del pensamiento evolutivo y biológico en el mundo académico. Aunque no tuvieron casi ninguna repercusión en la posición restrictiva sobre la inmigración en los debates del Congreso (el principal argumento de los restriccionistas era que, en interés de la justicia, debía mantenerse el *statu quo* étnico), las teorías evolutivas sobre la raza y la etnia, especialmente las de Madison Grant en *The Passing of the Great Race* (1921), formaron parte del zeitgeist. Grant argumentaba que, dado que el acervo genético de los colonos americanos originales procedía de elementos raciales nórdicos y superiores, la inmigración de individuos de otras razas rebajaría el nivel de competencia de toda la sociedad y pondría en peligro las instituciones democráticas y republicanas. Las ideas de Grant se popularizaron en los medios de comunicación en la época de los debates sobre la inmigración y fueron criticadas en publicaciones judías como *The American Hebrew*.

La carta de Grant al *Comité de Inmigración y Naturalización de la Cámara de Representantes* enfatizaba el argumento principal de los restriccionistas de que era justo y equitativo para todos los grupos étnicos del país utilizar el censo de 1890 de los nacidos en el extranjero como base para la ley de inmigración; mientras que el uso del censo de 1910 infringiría los derechos de los "estadounidenses nacidos en el país cuyos antepasados estaban en este país antes de su independencia". También defendió las cuotas para restringir la inmigración procedente del Nuevo Mundo, porque "estos países suministran en algunos casos inmigrantes muy indeseables". Los mexicanos que llegan a Estados Unidos son, en su inmensa mayoría, de sangre india, y recientes pruebas de inteligencia han demostrado su bajísimo nivel intelectual. Ya tenemos demasiada gente de este tipo en nuestros estados del suroeste; deberíamos limitar su crecimiento.

A Grant le preocupaba que los nuevos inmigrantes no fueran asimilables. Añadió a la carta un editorial del *Chicago Tribune*, que se refería a la situación en Hamtramck (Michigan), donde, al parecer, los inmigrantes recientes exigían el "poder polaco", la expulsión de los no polacos y el uso exclusivo de la lengua polaca por parte de las autoridades federales. Grant también explicó que las diferencias en las tasas de fecundidad entre las etnias conducirían a la sustitución de los grupos en los que los matrimonios eran más tardíos y menos fértiles, una observación que refleja las diferencias étnicas en las estrategias de la *historia de* la vida (cf. J. P. Rushton, *Race, Evolution, and Behavior: A Life-History Perspective*). Le preocupaba explícitamente la posibilidad de que su grupo étnico fuera sustituido por otros grupos étnicos con mayor crecimiento demográfico.

Confirmando su preocupación por la inmigración procedente de México, datos recientes muestran que las mujeres jóvenes de origen mexicano tienen la tasa de fertilidad más alta de Estados Unidos, por lo que las personas de origen mexicano serán mayoría en California en 2040. En 1995, las mujeres de 15 a 19 años de origen mexicano tenían una tasa de fecundidad de 125 por 1.000, en comparación con 39 por 1.000 para los blancos no hispanos y 99 por 1.000 para los negros no hispanos. Hay 3,3 hijos por mujer entre los hispanos, 2,2 hijos por mujer entre los negros no hispanos y 1,8 hijos por mujer entre los blancos no hispanos (*Los Angeles Times*, 13 de febrero de 1998). Además, los activistas latinos tienen un plan explícito para "recuperar" Estados Unidos mediante la inmigración y el crecimiento de la población.

En el segundo capítulo, explicamos que Stephen Jay Gould y Leon Kamin presentaron una imagen muy exagerada y en gran medida falsa del papel de los debates sobre el coeficiente intelectual en los años 20 que tuvieron lugar durante los debates sobre las leyes de restricción de la inmigración. También es muy fácil exagerar la importancia de las teorías de la superioridad del Norte como componente del sentimiento restrictivo entre el hombre común y los parlamentarios. Como señala Singerman: el "antisemitismo racial" sólo se daba entre "un puñado de autores" y el "problema judío" (...) era una preocupación menor incluso entre autores de éxito como Madison Grant o T. Lothrop Stoddard. Lothrop Stoddard. Ninguno de los individuos examinados [en el estudio de Singerman] puede ser considerado como un cazador de judíos profesional o un propagandista antijudío a tiempo completo" ("The Jew as a racial alien" en *Antisemitism in American History*, pp. 118-119).

Como se ha señalado, los argumentos sobre la superioridad del Norte, incluida su superioridad intelectual real o percibida, desempeñaron un papel notablemente débil en los debates del Congreso sobre la inmigración durante la década de 1920: el argumento común entre los restriccionistas era que la política migratoria debía reflejar equitativamente los intereses de todos los grupos étnicos del país. Incluso hay pruebas de que el argumento de la superioridad del norte no era realmente del agrado del público: un miembro de la *Liga de Restricción de la Inmigración* declaró en 1924 que "el país está cansado de oír esas historias pedantes de la superioridad del norte" (*en* Samelson, 'On the science and politics of the IQ', *Social Research* # 42, 1979).

Así las cosas, el declive de las teorías evolutivas y biológicas de la raza y la etnia probablemente facilitó el cambio total de la política migratoria que supuso la Ley de 1965. Como ha señalado Higham, en el momento de la victoria final de la Ley de 1965, que eliminó el doble criterio de origen nacional y racial de la selección de inmigrantes y abrió la inmigración a todos los grupos de personas, la visión boasiana del determinismo cultural y el antibiologismo ya se había convertido en un pensamiento común en la universidad. En consecuencia, "se ha puesto de moda intelectualmente rechazar la existencia misma de las diferencias étnicas persistentes. Esta reacción global privó a los sentimientos raciales del pueblo de una poderosa arma ideológica" (Higham, *op. cit.*, pp. 58-59).

Los intelectuales judíos fueron, con mucho, los más comprometidos en la lucha por erradicar las ideas racialistas de Grant y otros. De hecho, incluso durante los primeros debates que condujeron a las leyes de 1921 y 1924, los restriccionistas percibieron que estaban siendo atacados por los intelectuales judíos. En 1918, Prescott F. Hall, secretario de la *Liga de Restricción de la Inmigración*, escribió a Grant: "Lo que me gustaría... son los nombres de algunos de los principales antropólogos que se han declarado a favor de la idea de la desigualdad racial .... Como me encuentro en constante batalla con los judíos sobre el argumento de la igualdad, pensé que tal vez podría darme algunos nombres de eruditos que podría citar en apoyo de mi caso" (*en* Samelson, *op. cit.* p. 467)

Grant también creía que los judíos estaban trabajando para desacreditar la investigación racial. En su introducción a la edición de 1921 de *The Passing of the Great Race (El paso de la gran raza)*, se lamentaba de que fuera "prácticamente imposible publicar en un periódico estadounidense cualquier reflexión sobre ciertas religiones o razas que son histéricamente cosquillosas, incluso cuando uno se limita a decir sus nombres". La idea subyacente parece ser que si se censura la publicación, los propios hechos desaparecerán. En el extranjero, la situación es igual de mala. En Francia, uno de los más eminentes antropólogos informa de que las mediciones antropológicas de los soldados al inicio de la Gran Guerra fueron impedidas por la influencia de los judíos, que pretendían censurar cualquier idea de diferenciación racial en Francia.

Por su parte, Boas estaba muy motivado por el tema de la inmigración, tal como existía a principios del siglo XX. Carl Degler informa de que su correspondencia profesional "revela que un fuerte interés personal por mantener la diversidad de la población de los Estados Unidos fue una de las principales razones de su famoso proyecto de medición de cráneos de 1910" (*In Search of Human Nature: The Decline and Revival of Darwinism in American Social Thought*, p. 74). El estudio de Boas, cuyas conclusiones fueron citadas en el Congressional Record por el representante Emanuel Celler durante el debate sobre la restricción de la inmigración (*Congressional Record*, 8 de abril de 1924, pp. 5915-5916), afirmaba que eran las diferencias ambientales derivadas de la inmigración las que causaban las diferencias craneales. (En aquella época, la determinación del "índice cefálico" era la principal medida utilizada por los científicos dedicados a la investigación racial).

Boas explicó que su estudio demostró que todos los grupos extranjeros que gozaban de circunstancias sociales favorables se asimilaban a los Estados Unidos, siempre que sus medidas físicas coincidieran con las del tipo americano. Aunque fue mucho más circunspecto en sus conclusiones en el cuerpo de su informe, Boas escribió en su introducción que "todos los temores de una influencia adversa de la inmigración del sur de Europa en el cuerpo de nuestro pueblo deben ser descartados" (*Reports of the Immigration Commission*, 'Changes in Bodily Form of Descendants of Immigrants' - 1911, p. 5). Degler confirma la realidad de la implicación de Boas en la cuestión de los inmigrantes, que se puso de manifiesto en sus explicaciones ecologistas sobre las difrencias mentales entre los niños inmigrantes y los nativos, al señalar: "Es difícil entender por qué Boas había propuesto una interpretación tan artificiosa, siempre que no se detecte su deseo de poner el manifiesto retraso mental de los niños inmigrantes bajo una luz favorable" (*op. cit.* p. 75).

La ideología de la igualdad racial fue un arma de elección para los defensores de los derechos de inmigración abiertos para todos los grupos humanos. El AJCongress, por ejemplo, hizo esta declaración al Congreso en 1951:

> Los descubrimientos de la ciencia deben obligar incluso a los más prejuiciosos de entre nosotros a reconocer, como hacemos con la ley de la gravedad, que la inteligencia, la moral y el carácter no tienen relación alguna con la geografía o el lugar de nacimiento.

La declaración citaba los populares escritos de Boas sobre el tema, así como a su protegido Ashley Montagu, que fue el más destacado opositor al concepto de raza en este periodo. Montagu, cuyo verdadero nombre era Israel Ehrenberg, explicó justo después de la Segunda Guerra Mundial que los seres humanos tienen una tendencia innata a cooperar, pero ninguna a ser agresivos, y que existe una hermandad universal entre los seres humanos.

En 1952, Margaret Mead, también protegida de Boas, declaró ante *la Comisión Presidencial de Inmigración y Naturalización* que "todos los grupos humanos tienen las mismas potencialidades… Hasta la fecha, las mejores pruebas antropológicas sugieren que los individuos de todos los grupos experimentan aproximadamente la misma distribución de potencialidades. (*PCIN* 1953, p. 92). Otro testigo afirmó que la junta ejecutiva de la *Asociación Americana de Antropología* había respaldado unánimemente la proposición de que "todos los datos científicos indican que todos los pueblos son intrínsecamente capaces de adquirir o adaptarse a nuestra civilización" (*PCIN* 1953, p. 93) (véase el capítulo 2, en el que se examina el exitoso esfuerzo boasiano por dominar la AAA).

En 1965, el senador Jacob Javits pudo anunciar con serenidad durante el debate sobre el proyecto de ley de inmigración que "la voz imperativa de la conciencia, así como los preceptos de los sociólogos, nos dicen que la inmigración, tal como existe bajo el sistema de cuotas, es una cosa mala que no tiene ninguna base en la razón ni en los hechos, porque hemos pasado la etapa en la que se puede decir que un hombre es mejor que otro por el color de su piel." (*Actas del Congreso, III*, 1965, p. 24469). La revolución intelectual y su traducción política eran completas.

Parte 3

2. Relación entre las iglesias y el Estado.

Si los judíos encuentran una ventaja en el pluralismo cultural, es también porque les conviene que Estados Unidos no se defina como una cultura cristiana homogénea. Como señala Ivers, "las organizaciones judías de derechos civiles desempeñaron un papel histórico en el desarrollo de la legislación sobre Iglesia y Estado en Estados Unidos" (*To Build a Wall: American Jews and the Separation of Church and State*, p. 2). El esfuerzo judío por hacerlo comenzó después de la Segunda Guerra Mundial, pero los judíos se habían opuesto a la vinculación del Estado y la religión protestante durante mucho más tiempo. Por ejemplo, las publicaciones judías se opusieron unánimemente a una ley del estado de Tennessee que condujo al juicio de Scopes en 1925, escenario del enfrentamiento entre el darwinismo y el fundamentalismo religioso.

No importa si la evolución es una idea verdadera o falsa. Lo que importa es que hay ciertas fuerzas en este país que insisten en que nada de lo que entra en la instrucción puede poner en duda la infalibilidad de la Biblia. De eso, en pocas palabras, se trata este caso. Es, en otras palabras, un intento deliberado y antiamericano de unión Iglesia-Estado... Iremos más allá y diremos que es un intento de unión Estado-Protestante. (*Criterio Judío* # 66 del 10 de julio de 1925)

El esfuerzo judío estuvo bien financiado en este caso judicial, que fue el centro de la actividad de organizaciones civiles judías muy motivadas y organizadas, como AJCommitte, AJCongress y ADL. Ofrecieron los servicios de sus expertos jurídicos que intervinieron en el curso del juicio y también influyeron en la opinión pública escribiendo artículos en revistas de derecho y otros foros de debate intelectual, pero también en los medios de comunicación populares. Su esfuerzo fue apoyado por un liderazgo carismático y eficaz, en particular Leo Pfeffer de AJCongress:

Ningún abogado ha ejercido nunca tal dominio intelectual en todo un campo del derecho y durante tanto tiempo. Como autor, como profesor, como ciudadano y, sobre todo, como abogado que combinó sus muchos y formidables talentos en una sola fuerza capaz de satisfacer todas las necesidades de una institución que pretendía impulsar un movimiento de reforma constitucional...El hecho de que Pfeffer, gracias a una envidiable combinación de talento, determinación y perseverancia, fuera capaz en tan poco tiempo de convertir la reforma de la Iglesia-Estado en una causa importante, a cuyo destino las organizaciones rivales vincularon el AJCongress, muestra cómo los abogados individuales de capacidad excepcional pueden determinar el curso y el carácter de las organizaciones para las que trabajan (...)

Como para confirmar la importancia del trabajo de Pfeffer en el desarrollo constitucional posterior a Everson [es decir, posterior a 1946], incluso los críticos más acérrimos de la nueva jurisprudencia Iglesia-Estado de la época y de la doctrina moderna de la separación Iglesia-Estado rara vez dejan de referirse a Pfeffer como el principal culpable de su dolor. (Ivers, *op. cit.* pp. 222-224)

Del mismo modo, los judíos de Francia y Alemania intentaron en el siglo XIX privar a las iglesias, católica y luterana respectivamente, de su control sobre las escuelas, mientras que para muchos gentiles el cristianismo era una parte importante de la identidad nacional. Como resultado de estas acciones, los antisemitas solían ver a los judíos como destructores del cuerpo social.

3. La organización de los afroamericanos y el movimiento de relaciones raciales posterior a la Segunda Guerra Mundial.

Por último, los judíos desempeñaron un papel decisivo en la movilización política de los afroamericanos, que sirvió a los intereses judíos al disolver la hegemonía política y cultural de los estadounidenses europeos y no judíos. Los judíos desempeñaron un papel destacado en la movilización de los negros, a partir de la fundación de la *Asociación Nacional para el Avance de las Personas de Color* (NAACP) en 1909, que sigue en pie, a pesar del crecimiento del antisemitismo negro.

A mediados de la década [1915], la NAACP se asemejaba a una fuerza auxiliar de B'nai B'rith y del Comité Judío Americano: los hermanos Joel Spingarn presidían su junta directiva y su hermano Arthur

Spingarn era su asesor principal; Herbert Lehman formaba parte del comité ejecutivo; Lillian Wald y Walter Sachs formaban parte de la junta directiva (pero no al mismo tiempo); Jacob Schiff y Paul Warburg eran sus tutores financieros. En 1920, Herbert Seligman era su director de relaciones públicas y Martha Greuning su asistente (...) No es de extrañar que Marcus Garvey diera un portazo a la NAACP en 1917, quejándose de que era una organización de blancos. (Levering-Lewis, "Shortcuts to the mainstream: Afro-americans and Jewish Notables in the 1920s and 1930s", en *Jews in Black Perspective: A Dialogue*, p. 85)

Los judíos adinerados también contribuyeron de forma importante a la *Liga Urbana Nacional*: "la presidencia de Edwin Seligman, la presencia en el consejo de administración de Felix Adler, Lillian Wald, Abraham Lefkowitz y, poco después, Julius Rosenwald, y la presencia del director Sears, accionista de la empresa Roebuck, sugerían una fuerte contribución judía a la Liga" (*loc. cit*). Además de aportar fondos y líderes con talento (los presidentes de la NAACP fueron todos judíos hasta 1975), los judíos aportaron sus contingentes de defensores de las causas afroamericanas. Louis Marshall, un ejemplo de intervención judía en cuestiones de inmigración, fue uno de los principales abogados de la NAACP en la década de 1920. Los afroamericanos desempeñaron un papel muy reducido en estas iniciativas: por ejemplo, hasta 1933 no hubo abogados afroamericanos en la rama judicial de la NAACP (véase Friedman, *¿Qué fue mal? The Creation and Collapse of the Black-Jewish Alliance*, p. 106).

Los historiadores revisionistas reseñados por Friedman demuestran que, al crear estas organizaciones, los judíos tenían en mente sus propios intereses, no los de los afroamericanos. En el período posterior a la Segunda Guerra Mundial, la totalidad de las organizaciones civiles judías se involucraron en los asuntos de los negros, incluidos el AJCommittee, el AJCongress y la ADL: "Con su personal profesional y competente, sus oficinas bien equipadas y su capacidad de comunicación, fueron capaces de marcar la diferencia" (Friedman, *op. cit.* p. 135). Los judíos aportaron entre dos tercios y tres cuartos del presupuesto de los grupos de derechos civiles durante la década de 1960 (Kaufman, "Blacks and Jews: The struggle in the cities" en *Struggles in the Promised Land: Toward a History of Black-Jewish Relations in the United States*, p. 110).

Los grupos judíos, en particular el AJCongress, desempeñaron un papel destacado en la elaboración de planes para la futura legislación sobre derechos civiles y en los litigios sobre derechos civiles, principalmente en beneficio de los negros (Svonkin, *op. cit.*: 79-112).

> El apoyo judío, legal y financiero, permitió que el movimiento de los derechos civiles obtuviera una victoria tras otra (...) No era muy exagerado el comentario de un abogado *del Congreso Judío Americano*: "Muchas de estas leyes fueron escritas por empleados judíos en las oficinas de las agencias judías, fueron propuestas por legisladores judíos y fueron presionadas por los electores judíos" (Levering-Lewis, *op. cit.*, p 94).

Harold Cruse desarrolla un análisis especialmente mordaz de la coalición negro-judía, que enlaza con muchos de los temas de este libro. En primer lugar, señala que "los judíos *saben exactamente lo que quieren en América*" (Negroes and Jews The Two Nationalisms and the Bloc(ked) plurality, en *Bridges and Boudaries: African Americans and American Jews*, p. 121; énfasis en el original). Los judíos quieren el pluralismo cultural debido a su política a largo plazo de no asimilación y solidaridad de grupo. Cruse señala que la experiencia judía en Europa les demostró que podían "jugar a este juego *con dos personas*" (es decir, desarrollar solidaridades altamente nacionalistas), y luego "ay de los menos numerosos" (*ibid.* p. 122). Cruse se refiere aquí a la posibilidad de estrategias grupales antagónicas (y también procesos reaccionarios, supongo) que he tratado en *SAID* en los capítulos 3 a 5.

Cruse señala que las organizaciones judías consideraban que el nacionalismo anglosajón (léase caucásico) era el más amenazante para ellas y tendían a apoyar las líneas políticas que favorecían la integración de los negros en América (es decir, las líneas asimilacionistas e individualistas), presumiblemente porque éstas disolvían el poder caucásico y reducían el riesgo de una mayoría caucásica cohesionada, nacionalista y antisemita. Al mismo tiempo, las organizaciones judías se opusieron a la posición nacionalista negra, que optó por una estrategia nacionalista colectiva y antiasimiladora para su propio grupo.

Cruse también señala la asimetría de la relación entre negros y judíos. Estos últimos ocupaban los puestos clave en las organizaciones de derechos civiles de los negros, eran sus grandes pagadores, formulaban sus programas y los aplicaban. Pero a la inversa, los negros estaban completamente excluidos de la vida interna y de los órganos de gobierno de las organizaciones judías. En gran medida, y hasta hace poco, la estructuración y los objetivos del movimiento negro en Estados Unidos deben considerarse como un instrumento de la estrategia judía, que sirve a fines muy similares a los que se persiguen en el ámbito de la legislación sobre inmigración.

Sin embargo, el papel de los judíos en los asuntos afroamericanos debe entenderse en el contexto general de lo que los activistas implicados llamaron el "movimiento de relaciones intergrupales" posterior a la Segunda Guerra Mundial, cuyo objetivo era "eliminar los prejuicios y la discriminación contra las minorías raciales, étnicas y religiosas". Al igual que en otros movimientos en los que los judíos estaban muy implicados, las organizaciones judías, en particular el AJCommittee, el AJCongress y la ADL, habían tomado la iniciativa. Estas organizaciones fueron la principal fuente de financiación del movimiento, desarrollando sus tácticas y definiendo sus objetivos. Al igual que el movimiento para dar forma a la política migratoria, el objetivo de éste era igualmente interesado, ya que se trataba de evitar el desarrollo de un movimiento antisemita de masas en los Estados Unidos. Los activistas judíos "veían su participación en el movimiento de relaciones de grupo como una medida preventiva para asegurar que 'eso' -la guerra de exterminio nazi contra los judíos europeos- nunca ocurriera en América" (Svokin, *op. cit.*: 10).

Se trata de un esfuerzo global, que lucha mediante demandas contra los prejuicios en el sector inmobiliario, en las escuelas y en la administración pública; mediante propuestas legislativas y acciones para que sean aprobadas por las autoridades estatales y federales; mediante acciones para dar forma a los mensajes de los medios de comunicación; mediante sesiones de formación para estudiantes y profesores; y mediante el trabajo en el mundo académico para remodelar el discurso intelectual. Esta participación judía en el movimiento por las relaciones intergrupales se hizo a menudo de forma no reconocida como tal. Así ocurrió en el movimiento para cambiar la política migratoria y en tantos otros casos, antiguos y modernos, de actividad intelectual y política judía.

Al igual que en la Alemania del siglo XIX, donde los judíos trataban de definir sus intereses en términos de ideales germánicos, la retórica del movimiento de relaciones de grupo insistía en que sus objetivos estaban en consonancia con las propias ideas de Estados Unidos sobre sí mismo. De este modo, se enfatizaba el legado de la Ilustración en materia de derechos individuales, al tiempo que se ignoraba la vertiente republicana de la identidad estadounidense que la definía como una sociedad muy unida y socialmente homogénea, así como la vertiente "etnocultural" que destacaba la importancia de la etnia anglosajona en el desarrollo y la preservación de las formas culturales estadounidenses.

El cosmopolitismo liberal y los derechos individuales también se consideraban coherentes con los ideales judíos derivados de los profetas, pero esta interpretación dejaba de lado las representaciones negativas de los endogrupos, las medidas discriminatorias contra ellos y la pronunciada tendencia colectivista que está en el corazón del judaísmo como estrategia de evolución grupal. Como ha señalado Svonkin, la retórica judía de este periodo se basaba en una visión ilusoria del pasado judío, que se adaptaba a los propósitos judíos en el mundo moderno, en el que la retórica ilustrada del universalismo y los derechos individuales conservaba un considerable prestigio intelectual.

Por ello, los movimientos intelectuales de este periodo, aquí examinados, tuvieron una importancia crucial en la racionalización de los intereses judíos, en particular la antropología boasiana, el psicoanálisis y la Escuela de Frankfurt. Como hemos visto en el capítulo cinco, las organizaciones judías financiaron la investigación en las ciencias humanas (especialmente la psicología social), donde un núcleo de académicos judíos militantes trabajó estrechamente con las organizaciones judías.

Después de la Segunda Guerra Mundial, la antropología boasiana se movilizó en los materiales de propaganda distribuidos y promovidos por el AJCommittee, el AJCongress y la ADL, como se vio en la película *Brotherhood of Man, que pintaba una* imagen de la humanidad en la que todos los grupos humanos tenían las mismas capacidades. Durante la década de 1930, el AJCommittee apoyó financieramente las investigaciones de Boas, y en la posguerra, la ideología boasiana de la ausencia de diferencias raciales y la ideología boasiana del relativismo cultural, así como la idea de Horace Kallen de que las diferencias culturales debían respetarse y preservarse, fueron elementos notables de los proyectos educativos patrocinados por las organizaciones activistas judías, que distribuyeron ampliamente en forma de panfletos por todo el sistema escolar estadounidense.

A principios de la década de 1960, un funcionario de la ADL estimó que un tercio de los profesores estadounidenses había recibido material educativo basado en sus ideas (Svonkin, *op. cit.*, p. 69). La ADL se implicó mucho en esta labor, reuniendo equipos, redactando folletos y financiando talleres para profesores y administradores escolares. La Liga contó a menudo con la ayuda de profesores universitarios de humanidades y ciencias sociales en sus actividades, una asociación que sin duda contribuyó a la credibilidad científica de estos ejercicios. Es quizás irónico que estas actividades dentro del sistema escolar fueran llevadas a cabo por los mismos grupos que en su día lucharon con ahínco para eliminar las influencias cristianas abiertas de las escuelas públicas.

La ideología de la animosidad intergrupal, tal y como la desarrolló el movimiento de relaciones intergrupales, se derivó de la serie de *estudios sobre los prejuicios, de la* que hablamos en el capítulo 5. El movimiento consideraba explícitamente que las manifestaciones de etnocentrismo entre los gentiles o la discriminación contra los exogrupos eran enfermedades mentales y, por tanto, un problema de salud pública. Su ataque a la animosidad intergrupal se interpretó como un ataque a las enfermedades infecciosas. Los portadores de estas enfermedades fueron definidos por los activistas como "infectados" (Svonkin, *op. cit.*: 30 y 59).

Los defensores de este activismo étnico subrayaron constantemente el beneficio que supondría ganar en armonía intergrupal -un elemento de idealismo inherente a la noción de multiculturalismo según Horace Kallen-, pero sin mencionar nunca el hecho de que algunos grupos, especialmente los de ascendencia europea no judía, perderían su poder económico y político y su influencia cultural. Las actitudes negativas hacia otros grupos no se consideraban derivadas de diferencias en los intereses colectivos, sino producto de la psicopatología individual. Por último, mientras el etnocentrismo se consideraba un problema de salud pública, el AJCongress luchaba contra la asimilación judía. El Congreso de la AJC "abogó explícitamente por una visión pluralista que respetaba los derechos de los grupos y su carácter distintivo como una libertad civil fundamental" (Svonkin, *op. cit.* p. 81)

Parte 4

Actividad política judía antirrestrictiva
Actividad judía antirrestrictiva en Estados Unidos hasta 1924

La alteración judía del debate intelectual sobre la raza y la etnia tuvo claramente un impacto a largo plazo en la política migratoria de Estados Unidos, pero la participación política judía fue mucho más allá. Los judíos fueron "el único grupo que presionó sistemáticamente a favor de una liberalización de la política de inmigración" en Estados Unidos a lo largo de este debate, que comenzó en 1881 (Neuringer, *American Jewry and United States Immigration Policy, 1881-1953*, p. 392).

En sus esfuerzos por impulsar la política de inmigración en la dirección de la liberalización, los portavoces judíos y sus organizaciones han mostrado un nivel de implicación que no tiene parangón con otros grupos de presión relevantes. El tema de la inmigración ha sido la principal preocupación de casi todas las organizaciones de defensa y diálogo de la comunidad judía. A lo largo de los años, sus portavoces han participado activamente en los comités del Congreso y el esfuerzo judío ha sido decisivo para establecer y financiar grupos activistas no confesionales como la *Liga Nacional de Inmigración Liberal* y el *Comité de Ciudadanos para Personas Desplazadas*.

Como informa Nathan C. Belth en su historia de la ADL: "En el Congreso, a lo largo de los años de las batallas por la inmigración, fueron los nombres de los legisladores judíos los que estuvieron al frente de las fuerzas liberales: Adolph Sabathh, Samuel Dickstein y Emanuel Celler en la Cámara de Representantes y Herbert H. Lehman y Jacob Javits en el Senado. Cada uno de ellos había sido en su momento dirigentes de la *Liga Antidifamación* y de otras organizaciones comprometidas con el progreso democrático. En otras palabras, los parlamentarios judíos más estrechamente asociados con el esfuerzo antirrestriccionista en el Congreso eran también líderes del grupo más estrechamente asociado con el activismo etnopolítico judío y la autodefensa judía.

En el período de casi cien años anterior a la victoria de la Ley de Inmigración de 1965, los grupos judíos formaron alianzas de oportunidad con otros grupos, cuyos intereses convergían temporalmente con los intereses judíos (es decir, el enjambre siempre cambiante de grupos étnicos, grupos religiosos, procomunistas, anticomunistas ; los intereses diplomáticos de los distintos presidentes, el deseo de los presidentes de ganarse el favor de los grupos influyentes de los estados populosos para ser elegidos a nivel nacional, etc.).

Esta línea política de liberalización de la inmigración contó con el apoyo de los intereses industriales que buscaban mano de obra barata, al menos en el periodo anterior al triunfo temporal del restriccionismo en 1924. En medio de estas alianzas siempre cambiantes, las organizaciones judías perseguían obstinadamente su objetivo: aumentar al máximo el número de inmigrantes judíos y abrir las compuertas de la inmigración a todos los pueblos del mundo. De los documentos del expediente se desprende que la idea de transformar Estados Unidos en una sociedad multicultural ha sido uno de los principales objetivos judíos desde el siglo XIX.

El triunfo judío en la cuestión de la inmigración es notable, ya que su lucha se libró en muchos ámbitos y contra una coalición muy poderosa de opositores. A finales del siglo XIX, el liderazgo del movimiento restriccionista incluía a patricios de la Costa Este como el senador Henry Cabot Lodge. Sin embargo, la base política esencial del restriccionismo en el periodo 1910-1952 era (además del relativamente ineficaz movimiento obrero) la "gente común del Sur y del Oeste" (Higham, *op. cit.* p. 84) y sus representantes en el Congreso. Básicamente, las batallas entre judíos y gentiles en el período 1900-1965 se reducen a un conflicto entre los judíos y este grupo geográficamente definido. "Los judíos, en virtud de su energía intelectual y sus recursos económicos, eran la vanguardia de los recién llegados que no tenían vínculos con las tradiciones de la América rural" (*ibíd.* p. 168-169). Ya hemos encontrado este tema entre los *intelectuales de Nueva York* en el capítulo seis y entre la extrema izquierda judía en el capítulo tres.

A pesar de que a menudo les preocupaba que la inmigración judía reavivara la llama del antisemitismo en Estados Unidos, los líderes judíos libraron una prolongada y, en general, exitosa batalla dilatoria contra las restricciones migratorias en el período 1881-1924, en particular porque afectaban a la capacidad de los judíos para inmigrar. Este esfuerzo no se interrumpió cuando en 1905 "surgió una polaridad entre los judíos y la opinión pública estadounidense sobre la cuestión de la inmigración" (Neuringer, *op. cit.*, p. 83). Mientras que otros grupos religiosos, como los católicos, y otros grupos étnicos, como los irlandeses, estaban divididos, eran ambivalentes respecto a la inmigración, estaban poco organizados y no podían influir en la política migratoria, y mientras que, por otro lado, los sindicatos se oponían a la inmigración porque querían reducir la oferta de mano de obra de bajo coste, los grupos judíos ejercían un esfuerzo intenso y sostenido contra las políticas de restricción de la inmigración.

N. W. Cohen señala en su libro sobre el AJCommittee que su labor de oposición a las restricciones migratorias a principios del siglo XX representa un ejemplo notable de la capacidad judía para influir en la política. De todos los grupos afectados por la Ley de Inmigración de 1907, los judíos fueron los que menos ganaron en cuanto al número de posibles inmigrantes, pero fueron los que más contribuyeron a dar forma a la Ley. En el período siguiente, que condujo a la relativamente ineficaz Ley de Restricción de 1917, durante el cual los restriccionistas lucharon en el Congreso, "sólo los bancos judíos se hicieron oír" (Cohen, *Not Free to Desist: The American Jewish Committee, 1906-1966*, p. 92).

Sin embargo, para no reavivar el antisemitismo, se intentó evitar que la participación judía en la campaña antirrestriccionista fuera demasiado visible. En 1906, los líderes políticos judíos del movimiento antirrestricción recibieron instrucciones de no mencionar su afiliación al AJCommittee cuando presionaban a los miembros del parlamento, debido al "peligro de que los judíos pudieran ser acusados de organizarse con fines políticos" (observación de Herbert Friedenwald, secretario del AJCommittee, citada *en* Goldstein, *The Politics of Ethnic Pressure: The American Jewish Committee Fight Against Immigration Restriction, 1906-1917*, p. 125) Los argumentos antirrestriccionistas, a finales del siglo XIX, se expresaban uniformemente en el lenguaje de los ideales humanitarios universalistas. Como parte de esta labor universalizadora, se reclutaron algunos gentiles de antiguo linaje protestante para la galería, y grupos judíos como el AJCommittee financiaron grupos pro-inmigración compuestos por no judíos (Neuringer, *op. cit.* p. 92).

Gran parte de esta actividad consistía en intervenciones personales entre bastidores con los políticos, un esfuerzo constante por socavar el papel de los judíos ante la opinión pública, para no provocar la oposición. Los políticos que se oponían a ellas, como Henry Cabot Lodge, y organizaciones como la *Liga de Restricción de la Inmigración* fueron vigilados de cerca y presionados por los agentes de la persuasión.

En Washington, los persuasores tomaban notas diarias de las votaciones del Congreso a medida que los proyectos de ley avanzaban y retrocedían en el Congreso, y se esforzaban por persuadir a los presidentes Taft y Wilson para que *vetaran las* restricciones legales a la inmigración. Se reclutó a prelados católicos para que se pronunciaran contra los efectos de las restricciones a la inmigración italiana y húngara. Cuando los medios de comunicación esgrimieron argumentos restrictivos, el Comité AJ elaboró respuestas sofisticadas basadas en pruebas académicas y redactadas en un lenguaje universalista para demostrar que sus propuestas beneficiarían a toda la sociedad. Se publicaron artículos a favor de la inmigración en revistas nacionales y aparecieron cartas abiertas en los periódicos. Se intentó disipar los juicios negativos sobre la inmigración distribuyendo a los inmigrantes judíos por todo el país y asegurando que no dependieran de la generosidad pública. Se emprendieron acciones legales para evitar la deportación de extranjeros judíos. Como último recurso, se celebraron concentraciones de protesta.

El sociólogo Edward A. Ross escribió en 1914 que la liberalización de la inmigración era una causa exclusivamente judía. Citó a Israel Zangwill, el famoso autor y pionero del sionismo, que sostenía que Estados Unidos era el lugar ideal para satisfacer los intereses judíos:

> En Estados Unidos hay espacio de sobra para albergar a los seis millones de personas de la Zona [la *Zona de Residencia*, el área de donde procedía la mayoría de los judíos de Rusia]; cualquiera de sus cincuenta Estados puede absorberlos. Junto a la posesión de su propia patria, no pueden encontrar mejor destino que en una tierra de libertad civil y religiosa, donde el cristianismo constitucional no entre en la ecuación y donde el sistema electoral les proteja de futuras persecuciones. (Israel Zangwill, citado *en* Ross, *The Old World and the New: The Significance of Past and Present Immigration to the American People*, p. 144)

El interés de los judíos por la política de inmigración obedecía, pues, a poderosos motivos:

De ahí el esfuerzo liderado por los judíos para tomar el control de la política de inmigración de Estados Unidos. Aunque los suyos son sólo una séptima parte del total de inmigrantes, fueron ellos quienes lideraron la lucha contra el proyecto de ley de la comisión de inmigración. Un millón de judíos neoyorquinos se movilizaron detrás de sus representantes en el Congreso para oponerse enérgicamente a la prueba de idioma para los solicitantes de inmigración. La campaña sistemática en periódicos y revistas para derribar todos los argumentos restrictivos y calmar los temores nacionalistas está dirigida por y para una raza. El dinero hebreo alimenta la *Liga Nacional Liberal de Inmigración* y sus numerosas publicaciones. Ya sea el artículo comunicado a una institución comercial o a una asociación científica, o el grueso tratado elaborado bajo los auspicios de la fundación del barón de Hirsch, la literatura que demuestra los beneficios de la inmigración para todas las clases de América emana de sutiles cerebros hebreos. (*loc. cit*)

Israel Zangwill, inventor del "crisol de culturas

Ross informa en la página 140 de su libro que los funcionarios de inmigración "llegaron a resentir el aluvión de falsas acusaciones que les lanzaban la prensa y las sociedades judías. En el momento álgido de la lucha por el proyecto de ley de inmigración, los senadores se quejaron de que estaban siendo inundados por un torrente de estadísticas erróneas y declaraciones engañosas enviadas por los hebreos que se oponían a la prueba de competencia lingüística. En 1924, las opiniones de Zangwill eran bien conocidas por los restriccionistas en los debates previos a la Ley de Inmigración. En un discurso publicado en *The American Hebrew* del 19 de octubre de 1923, Zangwill afirmó:

Sólo hay un camino hacia la Paz Mundial, y es la abolición total de pasaportes, visados, fronteras, barreras aduaneras y otros dispositivos que aseguran que la población de nuestro planeta no forme una civilización de cooperación, sino una sociedad de irritación mutua.

Su famosa obra *The Melting Pot*, dedicada a Theodore Roosevelt, representaba a los inmigrantes judíos deseosos de asimilarse y casarse. El protagonista describe Estados Unidos como un crisol de razas en el que se mezclan todas las razas, incluidas "la amarilla y la negra". Sin embargo, las opiniones de Zangwill sobre los matrimonios mixtos entre judíos y gentiles eran, como mínimo, ambiguas, y no le gustaba el proselitismo cristiano hacia los judíos. Era un ferviente sionista y admiraba la ortodoxia religiosa de su padre como modelo para la preservación del judaísmo. Creía que los judíos eran una raza moralmente superior, cuya visión moral había dado forma a las sociedades cristianas y musulmanas y acabaría dando forma al mundo, aunque el cristianismo seguía siendo moralmente inferior al judaísmo. Los judíos conservarían su pureza racial siempre que practicaran su religión: "Mientras el judaísmo florezca entre los judíos, no hay necesidad de discutir sobre la preservación de la raza o la nacionalidad; ambas se preservan automáticamente por la religión" (citado *en* Leftwich, *Israel Zangwill*, p. 161).

Aunque afirmaban que el movimiento proinmigración tenía una amplia base de masas, los activistas judíos sabían que otros grupos carecían de entusiasmo. Durante las disputas sobre la legislación restrictiva al final del mandato del presidente William Howard Taft, Herbert Friedenwald, secretario del Comité del AJ, escribió que era "muy difícil movilizar a nadie en esta lucha excepto a los judíos" (citado *en* Goldstein, *op. cit.* p. 203). El AJCommittee desempeñó un papel decisivo en la organización de concentraciones antirrestriccionistas en las principales ciudades estadounidenses, dejando que otros grupos étnicos se llevaran el mérito. También organizó grupos no judíos para presionar al presidente Taft para que *vetara la* legislación restrictiva. Durante el gobierno de Wilson, Louis Marshall declaró: "Somos prácticamente los únicos que luchamos [contra los exámenes de aptitud lingüística], porque la 'mayoría' [de la gente] es 'indiferente a la cuestión'" (*ibid.* p. 249).

Las fuerzas a favor de la restricción de la inmigración tuvieron éxitos temporales cuando se aprobaron las Leyes de Inmigración de 1921 y

1924, a pesar de la intensa oposición de los grupos judíos. A este respecto, R. A. Divine señala: "Los únicos que se enfrentaron a las fuerzas restrictivas en 1921 fueron los defensores de la inmigración del sur y del este de Europa, principalmente los líderes judíos. Pero sus protestas fueron ahogadas por la demanda general de restricción de la inmigración. (*American Immigration Policy, 1924-1952*, p. 8). Del mismo modo, durante las comisiones parlamentarias de 1924 sobre inmigración, "el mayor grupo de testigos que se oponía a la Ley eran representantes de los inmigrantes del sur y del este de Europa, líderes judíos en particular" (*ibid.* p. 16).

La oposición judía a estas leyes se debió tanto a la idea de que estaban motivadas por el antisemitismo y diseñadas para favorecer a los europeos del noroeste como a su temor de que redujeran la inmigración judía, una opinión implícitamente opuesta al *statu quo* étnico que favorecía a los europeos del noroeste. Esta oposición a la preferencia migratoria por los europeos noroccidentales se mantuvo constante en años posteriores, pero la oposición a cualquier restricción migratoria basada en la raza o la etnia se remonta al siglo XIX.

En 1882, la prensa judía condenó unánimemente la Ley de Exclusión China, a pesar de que no tenía ningún impacto directo sobre la inmigración judía. A principios del siglo XX, el AJCommittee luchó contra todos los proyectos de ley que reservaban el derecho a la inmigración sólo a los blancos o a los no asiáticos, y sólo se contenía si consideraba que su activismo podía poner en peligro la inmigración judía. En 1920, la Conferencia Central de Rabinos Estadounidenses aprobó una resolución en la que exigía que "la Nación... dejara abiertas las puertas de nuestra amada República... a los oprimidos y afligidos de toda la humanidad, en consonancia con su papel histórico de refugio para todos los que juran lealtad a sus leyes" (*The American Hebrew*, 17 de febrero de 1922). *El American Hebrew, una* publicación fundada en 1867 y destinada a defender los puntos de vista del *establishment* judío-alemán de la época, fue fiel a su línea política tradicional, reiterando que "siempre ha abogado por la admisión de inmigrantes dignos de todas las clases, independientemente de su nacionalidad".

En 1924, Louis Marshall, jefe del AJCommittee, declaró ante el Comité de Inmigración y Naturalización de la Cámara de Representantes que el proyecto de ley en cuestión se hacía eco de los sentimientos del Ku Klux Klan, y lo definió como inspirado en las teorías racialistas de Houston Stewart Chamberlain. En una época en la que ya había más de 100 millones de personas en Estados Unidos, Marshall dijo: "En este país hay espacio para diez veces ese número". Abogó por permitir la inmigración de personas de todo el mundo sin cuotas, con la única excepción de "los deficientes mentales, morales y físicos, los enemigos de todo gobierno organizado y los que puedan ser una carga para el erario público". Asimismo, el rabino Stephen S. Wise, que representa al AJCongress y a otras organizaciones judías en las comisiones parlamentarias, reivindicó "el derecho de todo hombre fuera de América a ser considerado con justicia, equidad y sin discriminación".

Dado que la Ley de 1924 exigía que la proporción de inmigrantes se limitara al 3% de la población total determinada por el Censo de 1890, impuso el *statu quo* étnico determinado por el Censo de 1920. El informe de la mayoría de la Cámara de Representantes señalaba que, antes de esta legislación, la inmigración había favorecido en gran medida a los europeos del sur y del este, y que este desequilibrio se había mantenido con la legislación de 1921, que basaba el cálculo de las cuotas en el número de personas nacidas en el extranjero registradas en el censo de 1910. La intención explícita de la ley de 1924 era contrarrestar el interés de otros grupos en aumentar su porcentaje de población teniendo en cuenta el interés étnico de la mayoría en mantener su cuota de población.

La Ley de 1921 concedía a los inmigrantes del sur y del este de Europa una cuota combinada del 46%, mientras que las personas procedentes de estas regiones sólo representaban el 11,7% de la población estadounidense según el censo de 1920. La Ley de 1924 redujo la cuota al 15,3%, que era superior a su porcentaje de población. "El uso del censo de 1890 no es discriminatorio. Sirve para preservar con la mayor precisión posible el *statu quo* racial en Estados Unidos. Su objetivo es garantizar en la medida de lo posible la homogeneidad racial de los Estados Unidos en esta hora tardía. Utilizar un censo posterior habría sido discriminar a los que fundaron la nación y mantuvieron sus instituciones" (*Boletín de la Cámara de Representantes nº 350*, 1924, p. 16). Tres años más tarde, las cuotas de nacionalidad se calcularon a partir de los datos del censo de 1920 para la población total, no para los nacidos en el extranjero. Aunque no cabe duda de que esta legislación supuso una victoria para los descendientes de europeos del noroeste, no se intentó invertir la tendencia de la composición étnica; al contrario, todo tendió a mantener el *statu quo* étnico.

A pesar de esta motivación étnicamente conservadora, estas leyes también pueden haber estado motivadas por el antisemitismo, ya que en aquella época la defensa de la posición liberal de la inmigración se consideraba un asunto principalmente judío. Y los observadores judíos eran obviamente muy conscientes de ello: Maurice Samuel, un destacado escritor judío, escribió tras la Ley de 1924 que "es principalmente contra los judíos por lo que se aprueban leyes antiinmigración aquí en Estados Unidos, al igual que en Inglaterra y Alemania" (*You Gentiles*, p. 217), una opinión que siguen compartiendo los historiadores especializados en la época. Esta interpretación no sólo fue sostenida por los judíos. El senador Reed de Missouri, perteneciente al bando antirrestriccionista, comentó: "Los judíos fueron atacados por llegar a nuestras costas en masa. El espíritu de intolerancia ha sido particularmente virulento contra ellos" (*Actas del Congreso*, 19 de febrero de 1921, p. 3463). Durante la Segunda Guerra Mundial, Henry L. Stimson, Secretario de Guerra, había afirmado que, efectivamente, la inmigración ilimitada de judíos había sido la causa de la legislación restrictiva de 1924.

Además, el informe elaborado por la mayoría del Comité de Inmigración de la Cámara de Representantes señalaba que "el grupo de inmigrantes más numeroso es, con diferencia, el de las personas de origen judío" (*House Bulletin #109*, 6 de diciembre de 1920, p. 4) y sugería que se trataba de judíos polacos. El informe "confirmó la declaración publicada por un miembro de la *Sociedad de Ayuda y Refugio Hebrea de América*, basada en una encuesta en persona en Polonia, de que 'si hubiera un barco lo suficientemente grande como para albergar a tres millones de seres humanos, los tres millones de judíos de Polonia lo tomarían para escapar a América'" (*ibídem* p. 6).

El mismo informe incluía un relato de Wilbur S. Carr, jefe del *Servicio Consular de los Estados Unidos*, que explicaba que los judíos polacos estaban "anormalmente perturbados, debido a (a) reacciones a las privaciones de la guerra, (b) choques por los disturbios revolucionarios, (c) un embrutecimiento provocado por años de opresión y malos tratos

(...) Entre el 85% y el 90% de ellos no tienen la menor idea de lo que es el espíritu patriótico o nacional. Y de este lote, la mayoría es incapaz de adquirirlo" (*ibid* p. 9). (En Inglaterra, muchos inmigrantes judíos recientes se negaron a ser reclutados para luchar contra el zar en la Primera Guerra Mundial). El informe también advertía que había "muchos simpatizantes bolcheviques en Polonia" (p. 11).

En el Senado, el senador McKellar también citó el informe según el cual, si hubiera un barco lo suficientemente grande, emigrarían tres millones de polacos. Señaló que "el *Comité de Distribución Conjunta*, un comité estadounidense que proporciona ayuda a los hebreos en Polonia, distribuye cada mes más de un millón de dólares de dinero estadounidense sólo en ese país. Se ha demostrado que este millón de dólares es una estimación baja de todo el dinero que se envía a Polonia desde América por correo, transferencia bancaria y a través de sociedades de ayuda. Este flujo de oro de América a Polonia hace que prácticamente todos los polacos se vuelvan locos con el deseo de ir al país del que proviene tan maravillosa riqueza" (*Registros del Congreso*, 19 de febrero de 1921, p. 3456).

Parte 5

Actividad judía antirrestrictiva en Estados Unidos hasta 1924 (continuación)

Lo que confirma el hecho de que la cuestión de la inmigración polaco-judía sobresalía por encima del resto es que la carta sobre visados para extranjeros, escrita por el Departamento de Estado a Albert Johnson, presidente del Comité de Inmigración y Naturalización, dedicaba cuatro veces más tiempo a describir la situación de Polonia que la de cualquier otro país. Este relato hace hincapié en las actividades del periódico judío polaco *Der Emigrant*, que promovía la emigración de los judíos polacos a los Estados Unidos, así como en las actividades de la *Sociedad Hebrea de Acogida e Inmigración* y de los particulares estadounidenses adinerados que facilitaban la inmigración distribuyendo dinero y ocupándose del papeleo. (Existía una amplia red de agentes judíos en Europa del Este que "impulsaban y promovían la máxima inmigración" contraviniendo la legislación estadounidense [Nadell, "From shtetl to border: Easter European Jewish immigrants and the 'agents' system, 1869-1914", en *Studies in the American Jewish Experience II*, p. 56].

Este informe presentaba a estos aspirantes a inmigrantes de forma desfavorable: "En la actualidad, es obvio que estas personas están por debajo de lo normal y que su estado normal es de un nivel muy bajo. Seis años de guerra, confusión, hambre y calamidades han dañado sus cuerpos y deformado su mentalidad. Sus mayores están considerablemente deteriorados. En cuanto a los jóvenes, todo este periodo les ha impedido pasar adecuadamente a la edad adulta, y han abrazado con demasiada frecuencia las ideas perversas que han arrasado Europa desde 1914 [una probable referencia a las ideas de extrema izquierda que prevalecían en este grupo]". (*Actas del Congreso* del 20 de abril de 1921, p. 498).

El documento también menciona artículos de la prensa de Varsovia que informaban de que se estaba haciendo "propaganda de la inmigración ilimitada", destacando las ceremonias en Nueva York que mostraban las contribuciones de los inmigrantes al desarrollo de los Estados Unidos. Los párrafos de la ponencia dedicados a la situación en Bélgica (donde los aspirantes a inmigrantes en EE.UU. procedían de Polonia y Checoslovaquia) y Rumanía, destacaban la importancia numérica de los judíos entre los aspirantes a inmigrantes. En respuesta a la evaluación del informe, el diputado Isaac Siegel dijo que había sido "adulterado por algunos funcionarios" y que no mencionaba a ciertos países que aportaban un contingente de inmigrantes mayor que el de Polonia. (Por ejemplo, el informe no dice nada sobre Italia). Sin decirlo por su nombre ("Dejo a cada parlamentario la libertad de hacer sus propias deducciones a partir de estos hechos" [*Cong. Rec.* de 20 de abril de 1921, p. 504]), la implicación era que el énfasis del documento en el caso polaco estaba motivado por el antisemitismo.

Las actas de la mayoría del comité *ad hoc de* la Cámara de Representantes (firmadas por 15 de sus 17 miembros, a excepción de los republicanos Dickstein y Sabath) también destacaban que los judíos habían intentado definir el debate intelectual sobre las restricciones migratorias en términos de superioridad del Norte y de "ideales americanos" y no en términos de *statu quo* étnico, como hizo el Comité de Inmigración y Naturalización.

La comisión opina que las denuncias de discriminación han sido fabricadas y propagadas por representantes especiales de ciertos grupos raciales, con el apoyo de extranjeros que ahora viven fuera de nuestras fronteras. A los miembros del comité se les mostró un artículo del *Jewish Tribune* (Nueva York) del 8 de febrero de 1924, el informe de una cena de despedida para el Sr. Israel Zangwill, que decía: "El Sr. Zangwill habló principalmente sobre la cuestión de la inmigración, declarando que si los judíos persistían en oponerse con uñas y dientes a las restricciones migratorias, no habría más restricciones. "Si siguen haciendo suficiente ruido contra esta tontería nórdica", dijo, "derrotarán esta legislación". Hay que luchar contra esta legislación; decirles que están destruyendo los ideales americanos. La mayoría de las fortificaciones están hechas de cartón; si presionas lo suficiente, se caerán".

El Comité no cree que la restricción que proponemos en esta ley vaya dirigida contra los judíos, ya que pueden entrar en las cuotas reservadas a los distintos países en los que han nacido. El Comité no se basó en la conveniencia de los "nórdicos" o de cualquier otro tipo de inmigrantes, sino que se mantuvo firme en su objetivo de garantizar una restricción neta, con el fin de reducir la parte de la inmigración procedente de los países que aportaron el grueso de las cifras en las dos décadas anteriores a la Guerra Mundial, y restablecer el equilibrio de su población. La constante acusación de que la comisión hizo el artículo sobre la raza "del norte" y dirigió sus audiencias a ese fin es un ataque deliberadamente fabricado, por la sencilla razón de que la comisión no hizo tal cosa. (*Boletín de la Cámara de Representantes nº 350*, 1924, p. 16)

En efecto, lo que llama la atención del lector de los debates de estas sesiones parlamentarias de 1924 es la escasa frecuencia de las referencias a la superioridad del Norte en apoyo del proyecto de ley, cuando casi todos los antirrestriccionistas luchaban por este punto. Después de escuchar un comentario especialmente pintoresco dirigido a denigrar la teoría de la superioridad racial nórdica, el líder restriccionista Albert Johnson respondió: "Quiero decir en nombre del comité que, en vista del poco tiempo de que disponemos para llevar a cabo estas audiencias, el comité ha decidido no discutir la tesis nórdica ni ningún tema racial" (*Cong. Rec.* del 8 de abril de 1924, p. 5911).

En una audiencia anterior, el mismo Johnson había respondido al rabino Stephen S. Wise, que representaba al AJCongress: "No me gusta que me pongan en la picota como una persona con prejuicios raciales, porque hay una cosa que he intentado hacer durante los últimos 11 años. Wise, que representaba al AJCongress: "No me gusta que me pongan como portador de prejuicios raciales, porque hay una cosa que he intentado hacer durante los últimos once años, y es liberarme de esos prejuicios, si es que los tenía." Varios restriccionistas habían denunciado explícitamente la teoría de la superioridad del Norte, entre ellos los senadores Bruce (p. 5955) y Jones (p. 6614), y los representantes Bacon (p. 5902), Byrnes (p. 5653), Johnson (p. 5648), McLoed (pp. 5675-5676), McReynolds (p. 5855), Michener (p. 5909), Miller (p. 5883), Newton (p. 6240), Rosenbloom (p. 5851), Vaile (p. 5922), Vincent (p. 6240), White (p. 5898) y Wilson (p. 5671) (todas las referencias son del *Rec. del Congreso de* abril de 1924)

Además, hay pruebas de que durante los debates parlamentarios, los representantes del Salvaje Oeste expresaron su preocupación por la competencia de los inmigrantes japoneses y la peligrosa competencia que representaban. Su retórica sugería que veían a los japoneses como racialmente iguales o superiores, no inferiores. El senador Jones, por ejemplo, dijo: "Reconocemos que [los japoneses] son tan capaces, tan avanzados, tan honestos y tan cerebrales como el resto de nosotros. Son nuestros iguales en todo lo que hace a un gran pueblo y a una gran nación" (*Cong. Rec.*, 18 de abril de 1924, p. 6614). El representante MacLafferty explicó que los japoneses dominaban ciertos mercados agrícolas (*Cong. Rec.*, 5 de abril de 1924, p. 5681), y el representante Lea señaló su capacidad para suplantar a "sus competidores estadounidenses" (*Cong. Rec.*, 5 de abril de 1924, p. 5697). El representante Miller describió a los japoneses como "un competidor implacable e imbatible de nuestro pueblo dondequiera que entren en liza con nosotros" (*Cong. Rec. del 8 de abril de 1924, p.* 5884); véanse también las observaciones de los representantes Gilbert (*Cong. Rec.* del 12 de abril de 1924, p. 6261), Raker (*Cong. Rec.* del 8 de abril de 1924, p. 5892) y Free (*ibid.*, pp. 5924 *y ss.*).

Además, aunque la cuestión de la competencia entre judíos y gentiles por los recursos no se planteó durante los debates parlamentarios, el tema de las cuotas judías en las universidades de *la Ivy League* preocupaba mucho a los judíos de la época. La cuestión de las cuotas se enfatizó mucho en los medios de comunicación judíos, que hicieron una crónica de las actividades de las organizaciones judías de autoayuda como la ADL (véase, por ejemplo, la declaración de la ADL en *The American Hebrew* del 29 de septiembre de 1922, p. 536). Por tanto, no es imposible que algunos legisladores tuvieran en mente esta cuestión de la competencia por los recursos entre judíos y gentiles. A este respecto, cabe señalar que el presidente de la Universidad de Harvard, A. Lawrence Lowell, era también el vicepresidente nacional de la *Liga de Restricción de la Inmigración* y partidario de las cuotas judías en su universidad, lo que sugiere que la competencia por los recursos con los judíos, un grupo de inteligencia superior, era un problema, al menos entre algunos restriccionistas destacados.

Es probable que la animosidad contra los judíos, derivada de los diversos puntos de fricción relacionados con la competencia por los recursos, fuera generalizada. Higham habla de la intensa presión que los judíos, como pueblo inmigrante excepcionalmente ambicioso, ejercían en los peldaños más concurridos de la escala social" (*op. cit.* p. 141). A partir del siglo XIX se desarrolló un antisemitismo abierto y encubierto en los círculos patricios, de intensidad bastante elevada. Se derivó del rapidísimo ascenso social de los judíos y de su sed de competencia.

Antes de la Primera Guerra Mundial, la reacción de los círculos dirigentes fue elaborar directorios para uso interno y hacer hincapié en la genealogía con fines de exclusión. Se trata de "criterios que el dinero no puede comprar" (*ibid.* p. 104 *y ss*; p. 127). En esta época, Edward A. Ross describió el resentimiento del gentil, "que se veía obligado a luchar de forma indigna y humillante para mantener su negocio o sus clientes, contra el invasor judío" (*The Old World and the New: The Significance of Past and Present Immigration to the American People*, p. 164). Esta observación sugiere que la competencia de los judíos era una preocupación relativamente a gran escala. Los intentos de desalojarlos de muchas ramas de la economía aumentaron en la década de 1920 y alcanzaron su punto máximo durante los años de escasez de la Gran Depresión.

En los debates parlamentarios de 1924, sólo encontré un comentario que apuntaba a la competencia por los recursos entre judíos y gentiles (también se preocupaba de que los inmigrantes judíos no compartieran las tradiciones culturales de Estados Unidos y fueran una influencia nociva). La entregó el diputado Wefald:

Para ser sincero, no me asustan las ideas radicales que traen algunos. Al fin y al cabo, las ideas no pueden detenerse en la frontera. Lo que sí me molesta es que la dirección de nuestra vida intelectual, en muchas de sus vertientes, haya pasado a manos de estos inteligentes recién llegados que no sienten ninguna simpatía por nuestros viejos ideales americanos, ni por los del norte de Europa. Detectan nuestras debilidades, las fomentan de forma vil y se enriquecen con el mal servicio que nos hacen.

Todo nuestro sistema de entretenimiento ha sido tomado por hombres que se han dejado llevar por la ola de inmigración del sur y el este de Europa. Producen esas horribles historias en las películas, componen y nos sirven música de jazz, escriben muchos de los libros que leemos y editan nuestras revistas y periódicos. (*Rec. del Congreso* del 12 de abril de 1942, p. 6272)

El debate sobre la inmigración también entró en las discusiones de los medios de comunicación judíos en torno al famoso ensayo de Thorsten Veblen *La preeminencia intelectual de los judíos en la Europa moderna*, que *The American Hebrew* publicó en forma de serie a partir del 10 de septiembre de 1920. En su editorial del 13 de julio de 1923, *The American Hebrew*, señalando que, según el estudio de Louis Terman, los judíos estaban sobrerrepresentados entre los niños bien formados, añadía que "este hecho debería dar lugar a una reflexión desagradable, aunque innecesaria, por parte de los llamados nórdicos". El editorial también afirmaba que los judíos estaban sobrerrepresentados entre los ganadores de los concursos académicos patrocinados por el Estado de Nueva York. Señaló, de forma acerba, que "quizás los nórdicos son demasiado orgullosos para presentarse a estos concursos. En cualquier caso, la lista de ganadores de estos codiciados premios que acaba de anunciar el Departamento de Educación en Albany no es en absoluto nórdica. Parece una lista de pequeños comulgantes en el templo".

Hay pruebas de que los judíos, al igual que los asiáticos orientales, tienen un coeficiente intelectual más alto que los caucásicos (cf. Lynn, "The intelligence of the Mongoloids: A psychometric, evolutionary and neurological theory" en *Personality and Indiviual Differences* - 1987; Rushton, *Race, Evolution and Behavior: A Life-History Perspective*; *PTSDA*, capítulo 7). Terman descubrió que los chinos tenían un coeficiente intelectual igual al de los caucásicos, lo que indicaba que "sus puntuaciones de coeficiente intelectual no se utilizaban como excusa para su discriminación" que habría sido la legislación de 1924 (Carl Degler,

In Search of Human Nature: The Decline and Revival of Darwinism in American Social Thought, p. 52) Como se ha señalado anteriormente, una gran cantidad de pruebas procedentes de los debates parlamentarios demuestran que la exclusión de los asiáticos estuvo motivada, al menos en parte, por el miedo a tener que competir con un grupo talentoso e inteligente, y no por sentimientos de superioridad racial.

El argumento más común de los defensores del proyecto de ley, tal y como se refleja en las actas de la mayoría de la comisión *ad hoc*, era que, para respetar los intereses de los diferentes grupos étnicos de forma justa, las cuotas debían reflejar la parte de cada uno de ellos en la composición étnica de todo el país. Los restriccionistas señalan que la elección del censo de 1890 es necesaria por la sencilla razón de que las proporciones de personas nacidas en diversos países extranjeros en ese año se corresponden con bastante exactitud con las proporciones de esos grupos étnicos registradas en 1920. El senador Reed, de Pensilvania, y el representante Rogers, de Massachusetts, propusieron alcanzar el mismo resultado calculando las cuotas directamente a partir de los registros del censo de 1920 sobre el origen nacional de todos los habitantes del país. Su propuesta se incorporó a la ley.

El representante Rogers explicó: "Señores, no pueden apartarse de este principio, porque es justo. No discrimina, ni a favor de unos ni en contra de otros" (*Cong. Rec.*, 8 de abril de 1924, p. 5847). Por su parte, el senador Reed declaró: "El objetivo de la mayoría de nosotros al cambiar la base de cálculo de las cuotas es poner fin a una discriminación que afecta negativamente a los nativos que han nacido aquí y al grupo de nuestros ciudadanos que proceden del norte y del este de Europa. Creo que el sistema actual es discriminatorio y favorece al sur y al este de Europa" (*Cong. Rec.* de 16 de abril de 1924, p. 6457). (De hecho, con la ley de 1921, el 46% de los inmigrantes procedían del sur y del este de Europa, mientras que los grupos étnicos correspondientes representaban el 12% de la población).

Considere la siguiente declaración del representante de Colorado William N. Vaile, uno de los principales restriccionistas, como ilustración de este argumento fundamental que hace hincapié en un interés étnico legítimo, sin ninguna pretensión de superioridad racial Vaile, uno de los más destacados restriccionistas, como ilustración de este argumento fundamental que plantea un interés étnico legítimo, sin ninguna pretensión de superioridad racial:

> Señalaré que los restriccionistas del Congreso no afirman que la raza "nórdica", o incluso la "anglosajona", sean las mejores razas del mundo. Concedemos de buen grado que el checo es un trabajador más duro, con índices muy bajos de delincuencia y locura, que el judío es el mejor hombre de negocios del mundo y que el italiano tiene una calidad espiritual y un arte que ha enriquecido mucho al mundo y sin duda también a nosotros. Los nórdicos rara vez logran esta exaltación espiritual y creatividad artística. Los nórdicos no deberían enorgullecerse de sus propias capacidades. Deben seguir siendo humildes.
>
> Lo que sostenemos es que fueron los europeos del norte, los anglosajones en particular, quienes hicieron este país. Claro, los otros ayudaron. Pero no podemos decir más que eso. Llegaron a este país porque ya estaba hecho, era un lugar común anglosajón. Le añadieron, a menudo lo enriquecieron, pero no lo hicieron y no lo cambiaron mucho. Estamos decididos a que eso no ocurra. Es un buen país. Nos conviene. Lo que decimos es que no tenemos intención de cederla a nadie ni de permitir que otras personas, sean cuales sean sus méritos, hagan algo diferente con ella. Si hay que hacer algún cambio, lo haremos nosotros mismos. (*Rec. del Congreso de* 8 de abril de 1924, p. 5922)

En el debate en la Cámara de Representantes, los legisladores judíos desempeñaron un papel destacado en la lucha contra el restriccionismo. La diputada Robison veía al diputado Sabath como el principal antirrestriccionista. Sin mencionar otros nombres de antirrestriccionistas, apuntó a los representantes Jabobstein, Celler y Perlman por su oposición a las restricciones migratorias (*Cong. Rec.* del 5 de abril de 1924, p. 5666). El representante Blanton, quejándose de que la legislación restrictiva era difícil de aprobar en el Congreso, dijo: "Cuando el 65% del sentimiento de esta Cámara, en mi opinión, está a favor de excluir a todos los extranjeros durante un periodo de cinco años, ¿por qué no ponemos ese requisito en la ley? ¿Tiene el hermano Sabath tanta influencia sobre el resto de nosotros que nos impide aprobar esta propuesta? (*Rec. del Congreso de* 5 de abril de 1924, p. 5685). El diputado Sabath respondió: "Lo que usted dice es cierto.

Las siguientes observaciones del representante Leavitt muestran claramente la importancia de los parlamentarios judíos para sus oponentes durante los debates:

> No hay que condenar el instinto de conservación nacional y racial, como se nos ordena en esta Cámara. Nadie entiende mejor el deseo de los estadounidenses de preservar una América americana que este caballero de Illinois [el Sr. Sabath] que lidera el ataque a esta medida, o estos caballeros de Nueva York, el Sr. Dickstein, el Sr. Jacobstein, el Sr. Celler y el Sr. Perlman. Forman parte de un gran pueblo histórico que ha mantenido su identidad racial durante siglos, porque creen sinceramente que son un pueblo elegido, que tiene unos ideales que preservar, sabiendo perfectamente que la pérdida de la identidad racial supone un cambio de ideales.
>
> Sólo este hecho debería facilitarles a ellos y a la mayoría de los opositores más activos a este proyecto de ley la comprensión de nuestro punto de vista. Deberían admitir y simpatizar con nuestro punto de vista, que no es tan extremo como el de su propia raza, pues sólo requiere que la adición de elementos de otros pueblos sea de un contenido, cantidades y proporciones tales que no alteren las características raciales más rápidamente de lo necesario para permitir la asimilación de las ideas políticas, así como de la sangre. (*Rec. del Congreso de* 12 de abril de 1924, pp. 6265-6266)

La idea de que los judíos tenían una fuerte tendencia a rechazar la asimilación genética de los grupos circundantes fue expresada por otros observadores y fue un componente del antisemitismo de la época. La idea de que los judíos rechazan la exogamia tiene una base innegable en la realidad (véase *PTSDA*, capítulos 2 y 3) y conviene recordar que el rechazo a los matrimonios mixtos era fuerte incluso en los sectores más liberales del judaísmo estadounidense a principios del siglo XX, por no hablar de los sectores menos liberales, que representaban la gran mayoría de los inmigrantes judíos ortodoxos procedentes de Europa del Este, que finalmente constituyeron la gran mayoría del judaísmo estadounidense.

David Einhorn, un gran líder judío reformista del siglo XIX, se oponía firmemente a los matrimonios mixtos y se negaba a realizarlos, incluso cuando se le presionaba. También se opuso a la conversión de gentiles al judaísmo por su efecto sobre la "pureza racial" del judaísmo (Levenson, "Reform Attitudes, in the past, toward intermarriage", *Judaism* - 38, 1989, p. 331). Kaufman Kohler, un intelectual influyente en el judaísmo reformista, era también un ardiente opositor a los matrimonios mixtos. En una línea de pensamiento muy congruente con el multiculturalismo de Horace Kallen, Kohler llegó a la conclusión de que Israel debe permanecer separado y evitar los matrimonios mixtos hasta que haya llevado a la humanidad a una era de paz universal y hermandad entre las razas (*Jewish Theology*, pp. 445-446).

Esta hostilidad hacia los matrimonios mixtos fue confirmada por algunas encuestas. Una encuesta de 1912 indicaba que sólo 7 de cada 100 rabinos habían realizado alguna vez matrimonios mixtos, y una resolución de 1909 del *Consejo Central de Rabinos Americanos*, el principal grupo del judaísmo reformista, declaraba que "los matrimonios mixtos son contrarios a las tradiciones de la religión judía y deben ser desaconsejados por el rabinato americano". Por lo tanto, las percepciones gentiles de las actitudes judías hacia los matrimonios mixtos estaban firmemente arraigadas en la realidad.

Sin embargo, hubo dos temas principales que generaron animosidad antijudía en la época de los debates parlamentarios de 1924, mucho más allá de la tendencia endogámica de los judíos: la idea de que los inmigrantes judíos de Europa del Este eran inasimilables y conservarían su cultura distintiva, y en segundo lugar, la idea de que demasiados de ellos estaban comprometidos con la extrema izquierda (véase el capítulo tres).

Esta idea de la impregnación izquierdista de los inmigrantes judíos fue un tema recurrente en las publicaciones judías y no judías. *El American Hebrew* afirmaba en un editorial: "No debemos olvidar que los inmigrantes de Rusia y Austria vendrán de países infestados de bolchevismo, y hará falta algo más que un trabajo superficial para convertirlos en buenos ciudadanos" (*en* Neuringer, *American Jewry and United States Immigration Policy, 1881-1953*, p. 165). El hecho de que se les considerara "infectados de bolchevismo, antipatriotas, extranjeros e inasimilables" provocó una oleada de antisemitismo en la década de 1920 y contribuyó a la ley de restricción de la inmigración de ese periodo. El estudio de Sorin sobre los activistas de izquierda de origen inmigrante judío mostró que más de la mitad de ellos ya estaban involucrados en la extrema izquierda en Europa antes de emigrar, y entre los que emigraron después de 1900, la proporción era del 69%. Las publicaciones judías advertían del riesgo de antisemitismo acentuado por el izquierdismo de los inmigrantes judíos, y los responsables de la comunidad judía hacían "esfuerzos casi desesperados (...) para presentar al judío como cien por cien americano". Por ejemplo, organizaron actuaciones patrióticas en días festivos e intentaron que los inmigrantes aprendieran inglés.

Para entender el contexto de estos debates sobre la inmigración, hay que recordar que en la década de 1920 la mayoría de los miembros del Partido Socialista eran inmigrantes y que una parte "abrumadora" de los miembros del PCUSA estaba formada por inmigrantes recientes, incluida una parte considerable de judíos (Glazer, *The Social Basis of American Communism*, pp. 38-40). En junio de 1933, el 70% de los miembros de la PCUSA habían nacido en el extranjero. En Filadelfia, en 1929, el 90% de los miembros del Partido Comunista eran nacidos en el extranjero, y el 72,2% del total de los miembros del PCUSA en esa ciudad eran hijos de inmigrantes judíos que habían llegado a Estados Unidos a finales del siglo XIX y principios del XX.

Parte 6

Actividad judía antirrestrictiva, 1924-1945

La notable implicación de los judíos en la política migratoria estadounidense continuó tras la promulgación de la Ley de 1924. Los grupos judíos consideraron que el sistema de cuotas por origen nacional era especialmente objetable. Un editor del *Jewish Tribune* declaró en 1927: "Consideramos que todas las medidas de regulación de la inmigración por nacionalidad son ilógicas, injustas y antiamericanas" (citado *en* Neuringer, *op. cit.* p. 205). Durante la década de 1930, el crítico más destacado de las nuevas restricciones a la inmigración (motivadas principalmente por la preocupación de que la inmigración agravara los problemas de la Gran Depresión) fue el diputado Samuel Dickstein. Llegó a presidir la Comisión de Inmigración de la Cámara de Representantes en 1931, año en el que los restriccionistas ya no podían añadir nuevas restricciones a la inmigración.

En la década de 1930, los grupos judíos formaban la vanguardia que se oponía a las restricciones a la inmigración y favorecía su liberalización, mientras que en el otro lado del espectro se señalaban las desafortunadas consecuencias económicas de la inmigración en un contexto de alto desempleo. Entre 1933 y 1938, el diputado Dickstein hizo varias propuestas legislativas, apoyadas principalmente por organizaciones judías, para admitir más refugiados de la Alemania nazi, pero los restriccionistas se impusieron.

Durante la década de 1930, la preocupación por el izquierdismo extremo de los inmigrantes judíos y su incapacidad para asimilarse, así como el temor a la posible subversión nazi, fue lo que hizo que no se modificaran las leyes de inmigración. Además, "la acusación de que los judíos eran más leales a su tribu que a su país era un lugar común en Estados Unidos en la década de 1930" (Breitman & Kraut, *American Refugee Policy and European Jewry, 1933-1945*, p. 87). Todos los implicados eran muy conscientes de que la opinión pública estaba en contra de cualquier cambio en la política de inmigración y que se oponía especialmente a la inmigración judía. En estas condiciones, durante las audiencias de la propuesta de ley sobre la admisión de veinte mil hijos de refugiados alemanes en 1939, el interés judío fue minimizado. El proyecto de ley se refería a las personas "de todas las razas y credos, que sufrieron tales condiciones de vida que se vieron obligadas a buscar refugio en otras tierras". El proyecto de ley no menciona que los judíos sean los principales beneficiarios, y los testigos que argumentaron a favor durante las audiencias subrayaron que la proporción de niños judíos no superaría el 60% del total. Durante las audiencias, el único testigo a favor del proyecto de ley que se presentó como "miembro de la raza judía", era "una cuarta parte católica y tres cuartas partes judía", tenía sobrinos que eran tanto protestantes como católicos, y procedía del sur del país, un bastión de la opinión antiinmigración.

Los opositores al proyecto de ley, por otra parte, amenazaron con revelar el altísimo porcentaje de judíos ya admitidos en virtud del sistema de cuotas, lo que parece indicar la fuerza del antisemitismo "virulento y generalizado" entre el público estadounidense (*ibíd.*, p. 80). Señalaron que la ley propuesta traería una inmigración "que sería en su mayor parte de raza judía"; un testigo afirmó que "los judíos serían los primeros beneficiarios de esta ley, no hace falta decirlo". Los restriccionistas también adoptaron un argumento económico, citando a menudo al presidente Roosevelt, que había dicho en su segundo discurso inaugural que "un tercio de la nación está mal alojada, mal vestida y mal alimentada", y señalando que ya había un gran número de niños necesitados en Estados Unidos. Sin embargo, la principal preocupación de los restriccionistas era que ese proyecto de ley era un eslabón de una cadena de esfuerzos antirrestriccionistas para crear precedentes que socavaran la Ley de 1924. Francis Kinnecutt, por ejemplo, presidente de las *Sociedades Patrióticas Aliadas*, explicó que la Ley de 1924 se basaba en la idea de que la representación de los inmigrantes debía ser proporcional a la composición étnica del país. Por lo tanto, la ley propuesta sentaría un precedente de "legislación no científica y favorecida por el país, aprobada para satisfacer la presión de grupos extranjeros, nacionalistas o raciales, y no para satisfacer las necesidades y deseos del pueblo estadounidense".

Durante la década de 1930, Wilbur S. Carr y otros funcionarios del Departamento de Estado desempeñaron un importante papel para minimizar la entrada de refugiados judíos procedentes de Alemania. El subsecretario de Estado William Philips era un antisemita que tuvo una gran influencia en la política migratoria en el periodo 1933-1936. A lo largo de este periodo y hasta el final de la Segunda Guerra Mundial, los intentos de promover la inmigración judía fueron en general infructuosos, a pesar de que se sabía que los nazis perseguían a los judíos, porque el Congreso no cumplió, ni tampoco los funcionarios del Ministerio de Asuntos Exteriores. Periódicos como *The Nation* (19 de noviembre de 1938) y *The New Republic* (23 de noviembre de 1938) acusaron al restriccionismo de estar motivado por el antisemitismo, pero los opositores a la inmigración masiva de judíos argumentaron que exacerbaría aún más el antisemitismo.

Henry Pratt Fairchild, un restriccionista y muy escéptico de los judíos en general, explicó que "una poderosa corriente antiextranjera y antisemita corre cerca de la superficie de la conciencia pública estadounidense, dispuesta a estallar violentamente con el pretexto de una provocación incluso menor. La opinión pública se oponía decididamente a un aumento de las cuotas de refugiados europeos: una encuesta publicada en el número de abril de 1939 de la revista *Fortune* mostraba que el 83% de los encuestados respondía "no" a la pregunta: "Si usted fuera miembro del Congreso, ¿votaría 'sí' o 'no' a la legislación propuesta para abrir las puertas de Estados Unidos a más refugiados europeos de los que permiten nuestras cuotas de inmigración? Menos del 9% de los encuestados respondieron "sí" y el resto no tenía opinión.

Actividad judía antirrestrictiva, 1946-1952

A pesar de que los intereses judíos se habían visto frustrados por la Ley de 1924, "el carácter discriminatorio de la Ley Reed-Johnson seguía siendo un punto delicado con todos los sectores de la opinión judía estadounidense" (Neuringer, *op. cit.* p. 196). Un artículo publicado en *el Congress Weekly* por Will Maslow en 1950 reiteraba la idea de que la legislación migratoria se dirigía deliberadamente a los judíos: "De todas las leyes, sólo las relativas a la inmigración de extranjeros no están sujetas a las garantías constitucionales. Pero incluso aquí, la hostilidad a la inmigración judía tuvo que enmascararse bajo un complicado sistema de cuotas que definía la elegibilidad para la inmigración en función del país de nacimiento, no de la religión."

Que los judíos estaban preocupados por alterar el equilibrio étnico de Estados Unidos queda claro en los debates parlamentarios sobre la inmigración en el periodo posterior a la Segunda Guerra Mundial. En 1948, el AJCommittee presentó un informe a un subcomité del Senado en el que se negaban los intereses materiales de Estados Unidos y se afirmaba el compromiso de traer inmigrantes de todas las razas: "El americanismo no se mide por la obediencia a la ley, ni por el celo en la educación, ni por el grado de ésta, ni por ninguna de esas cualidades en las que, por cierto, los inmigrantes pueden suplantar a los nativos. No, el americanismo es el espíritu que subyace en la tradicional acogida de Estados Unidos a personas de toda raza, religión y nacionalidad" (citado en N. W. Cohen, *Not Free to Desist: The American Jewish Committee, 1906-1966*, p. 369).

En 1945, el diputado Emanuel Celler propuso una ley para abolir la retención de la inmigración china, a la que sólo se le asignaron cuotas simbólicas; en 1948, el AJCommittee condenó el principio de las cuotas para los asiáticos. Por otra parte, en el mismo periodo, los grupos judíos mostraron indiferencia u hostilidad ante el principio de la inmigración de europeos no judíos (incluso del sur de Europa). Así, los portavoces judíos no participaron en absoluto en las audiencias sobre las futuras leyes de inmigración para un número limitado de alemanes, italianos, griegos y holandeses, para los supervivientes del comunismo y para un pequeño número de polacos, asiáticos y árabes. Cuando los portavoces participaron finalmente en las audiencias (en parte porque algunos de los supervivientes del comunismo eran judíos), aprovecharon la oportunidad para centrarse en la referencia al origen nacional en la ley de 1924.

En este periodo, los judíos se opusieron a las restricciones migratorias con el fin de sentar precedentes que permitieran eludir el sistema de cuotas y aumentar la inmigración judía procedente de Europa del Este. El *Comité de Ciudadanos sobre Personas Desplazadas*, que abogaba por la admisión de 400.000 refugiados sin cuota durante un periodo de cuatro años y que contaba con 65 empleados permanentes, fue financiado principalmente por el AJCommittee y otros contribuyentes judíos (véase *Cong. Rec.* de 15 de octubre de 1949, pp. 14647-14654). Cuando se propuso la Ley de Inmigración de Personas Desplazadas, los testigos que se oponían a ella se quejaron en las audiencias de que pretendía subvertir el equilibrio étnico de Estados Unidos establecido por la Ley de 1924.

El proyecto de ley que surgió de este subcomité no satisfizo los intereses judíos, porque establecía una fecha límite que excluía a los judíos que abandonaron Europa del Este después de la Segunda Guerra Mundial, incluidos los judíos que huían del antisemitismo polaco. El subcomité del Senado "consideró que la migración de judíos y otros refugiados de Europa del Este después de 1945 quedaba fuera del espectro del problema principal y sugirió que este éxodo era una migración planificada y organizada por las agencias judías de Estados Unidos y Europa" (*Senate Rep. # 950* [1948] p. 15-16).

Los representantes judíos se lanzaron al asalto del proyecto de ley. El diputado Emanuel Celler dijo que hubiera preferido que no hubiera "ningún proyecto de ley". Lo único que propone es excluir a los judíos" (citado *en* Neuringer, *op. cit.* p. 298). Cuando el presidente Truman firmó a regañadientes el proyecto de ley, explicó que el plazo de 1945 "era tajantemente discriminatorio para los desplazados de fe judía" (*Interpreter Releases 25* [21 de julio de 1948], pp. 252-254). Por el contrario, el senador Chapman Revercomb explicó que no había "ninguna distinción y, desde luego, ninguna discriminación contra nadie por motivos de religión o raza, sino que se habían establecido diferencias entre los desplazados para dar un trato preferente a los que habían permanecido más tiempo en los campos" (*Cong. Rec.* de 26 de mayo de 1948, p. 6793). Tras analizar esta secuencia, R. A. Divine concluye lo siguiente

> El motivo explícito de los restriccionistas, que era limitar este programa a las personas que habían sido desplazadas en el curso de la guerra, parece ser la razón suficiente para las disposiciones de esta ley. La tendencia de los grupos judíos a relacionar la exclusión de muchos de sus correligionarios con el sesgo antisemita es comprensible; sin embargo, las acusaciones de discriminación formuladas en la campaña presidencial de 1948 sugieren que el ala norte del Partido Demócrata estaba utilizando el tema para atraer los votos de los miembros de los grupos minoritarios. El hecho de que Truman afirmara que la ley de 1948 era anticatólica, mientras que los propios católicos lo negaban, demuestra que se estaba haciendo hincapié en la cuestión de la discriminación por razones de conveniencia política. (*Política de inmigración estadounidense, 1924-1952*, p. 143)

Cuando se presentó el proyecto de ley, el *Comité Ciudadano de Desplazados* emitió una declaración en la que afirmaba que el proyecto era "odioso y racista" y que las organizaciones judías lo denunciaban unánimemente. Cuando las elecciones de 1948 dieron una mayoría demócrata al Congreso, bajo el presidente pro-judío Truman, el representante Celler presentó un nuevo proyecto de ley que eliminaba la fecha límite de 1945. La Cámara de Representantes la aceptó, pero no el Senado, debido a la oposición del senador Pat McCarran. McCarran señaló que el *Comité de Ciudadanos* había gastado más de 800.000 dólares para aprobar el proyecto de ley en cuestión, con el fin de llevar a cabo "una campaña a nivel nacional, difundiendo conceptos erróneos y engaños para confundir el juicio de un gran número de organizaciones y ciudadanos de buena fe e inspirados por el bien público" (*Cong. Rec.* del 26 de abril de 1949, pp. 5042-5043).

Tras su derrota, el *Comité de Ciudadanos* subió la apuesta y gastó un millón de dólares; esta vez consiguió aprobar un nuevo proyecto de ley, presentado por el diputado Celler, que fijaba la fecha límite en 1949, una fecha que no afectaba a los judíos, pero que excluía en gran medida a los alemanes étnicos que habían sido expulsados de Europa del Este. El debate dio un giro inesperado, ya que los restriccionistas acusaron a los antirrestriccionistas de parcialidad étnica (véanse las intervenciones del senador Eastland, *Cong. Rec.* del 5 de abril de 1950, p. 2737 y Senador McCarran, *ibidem* p. 4743).

En aquella época no había ningún brote de antisemitismo en el mundo que determinara la necesidad urgente de la inmigración judía, y había un refugio seguro para los judíos: el Estado de Israel. Sin embargo, las organizaciones judías perseveraron en su enérgica oposición al principio de las cuotas por origen nacional, previsto en la Ley de 1924 y mantenido en la Ley McCarran-Walter de 1952. De hecho, cuando Simon H. Rifkind, un juez del Tribunal de Apelaciones, testificó contra el proyecto de ley McCarran-Walter en una audiencia en nombre de una serie de organizaciones judías, hizo una observación digna de mención. Como la situación internacional ha cambiado, explicó, mencionando en particular la existencia de Israel como refugio seguro para los judíos, la opinión judía sobre las leyes de inmigración ya no se basa en "la desafortunada situación de nuestros correligionarios, sino en el impacto que las leyes de inmigración y naturalización tienen sobre el carácter nacional y la calidad de la vida americana aquí en Estados Unidos".

Su argumento se basaba en los "principios democráticos y la causa de la amistad internacional" (citado *en* N. W. Cohen, *op. cit.* p. 386). La teoría implícita era que los principios de la democracia exigían la diversidad étnica (una opinión propagada por intelectuales judíos militantes como Sydney Hook en aquella época [véase el capítulo 6]). Otra teoría implícita era que la buena voluntad de otros países dependía de la aceptación de sus nacionales como inmigrantes en Estados Unidos. "Su aprobación [del proyecto de ley McCarran-Walter] obstaculizaría gravemente el esfuerzo nacional que estamos realizando. Porque estamos comprometidos en una guerra para ganar los corazones y las mentes de los hombres. Las naciones libres buscan en nosotros refuerzos morales y espirituales en una época en la que la fe que guía a los hombres es tan importante como la fuerza que poseen.

La Ley McCarran-Walter hacía referencia explícita a la herencia racial en sus criterios de admisión, por ejemplo en su disposición de cuotas de orientales, que no tenía en cuenta su país de nacimiento. Herbert Lehman, senador de Nueva York y el mayor opositor de su cámara a las restricciones migratorias en la década de 1950, explicó durante las deliberaciones sobre el proyecto de ley McCarran-Walter que los inmigrantes jamaicanos de origen africano debían contabilizarse en las cuotas de inmigrantes de Inglaterra. También afirmó que el proyecto de ley causaría resentimiento entre los asiáticos. Los representantes Celler y Javits, líderes de los antirrestriccionistas en la Cámara de Representantes, utilizaron argumentos similares (*Cong. Rec.* de 23 de abril de 1952, pp. 4306 y 4219). Al igual que en las batallas del siglo anterior, la oposición a las leyes de restricción de la inmigración basadas en el origen nacional tenía un alcance que iba más allá de sus efectos sobre la inmigración judía, ya que los partidarios de esta postura defendían el principio de una inmigración abierta a grupos raciales y étnicos de todo el mundo.

El informe del subcomité que revisó el proyecto de ley de inmigración McCarran, en su preocupación por mantener el *statu quo* étnico y destacar los asuntos judíos, señaló que "la población total de los Estados Unidos se ha triplicado desde 1877, pero la población judía se ha multiplicado por veintiuno desde esa fecha" (*Senate Rep. # 1515* [1950] en 2-4). El proyecto de ley en cuestión estipula que los ciudadanos naturalizados perderán automáticamente su ciudadanía si residen en el extranjero durante cinco años consecutivos. Esta disposición fue considerada por las organizaciones judías como una manifestación de tendencias antisionistas: "Los testimonios ofrecidos por los funcionarios del gobierno en las audiencias dejan claro que esta disposición surge del deseo de disuadir a los judíos estadounidenses naturalizados de abrazar un ideal profundamente arraigado que algunos funcionarios consideran indeseable, violando así la línea política estadounidense.

Siguiendo la lógica de los restriccionistas de 1924, el informe de la subcomisión subrayaba que el objetivo de la Ley de 1924 era "restringir la inmigración procedente del sur y del este de Europa para preservar la preponderancia de las personas del norte y del oeste de Europa en la composición de la población total", pero sin adoptar "ninguna teoría de la superioridad del norte" (*ibíd.* pp. 442, 445-446). Se esperaba que los futuros inmigrantes tuvieran una "similitud de antecedentes culturales", lo que implicaba el rechazo de las teorías del pluralismo cultural. Al igual que en 1924, se rechazan las teorías de la superioridad nórdica, pero, al contrario de lo que se afirmaba entonces, ha desaparecido toda mención a los legítimos intereses étnicos de los pueblos del norte y del oeste de Europa, señal de que el asalto boasiano a esta idea probablemente haya tenido éxito.

> Sin dar crédito a ninguna teoría de la superioridad nórdica, el subcomité cree que la adopción de la fórmula de los orígenes nacionales es el método racional y lógico de restringir numéricamente la inmigración para preservar mejor el equilibrio sociológico y cultural de la población de Estados Unidos. Sin duda, esta fórmula ha favorecido a las personas del norte y del oeste de Europa en detrimento de las personas del sur y del este; Sin embargo, la subcomisión sostiene que quienes han contribuido en mayor medida al desarrollo de este país estaban absolutamente en su derecho cuando decidieron que el país ya no era un campo abierto para la colonización y que, en consecuencia, la inmigración debía no sólo restringirse, sino reservarse a quienes serían más fácilmente asimilables en virtud de la similitud de antecedentes culturales entre ellos y los principales componentes de nuestra población. (*Sen. Rep. # 1515*, 81° Cong, 2° Sess. 1950, p. 455)

A este respecto, cabe señalar que cuando los portavoces judíos se oponían a las restricciones migratorias en aquella época, no tenían los mismos motivos que otros grupos de izquierda. En las siguientes observaciones destacaré el testimonio del juez Simon H. Rifkind, que representó a una serie de organismos judíos en las audiencias parlamentarias sobre el proyecto de ley MacCarran-Walter en 1951.

1. La inmigración debía incluir a todos los grupos étnicos y raciales:

> Consideramos que el americanismo es el espíritu que subyace a la tradicional acogida de Estados Unidos a personas de todas las razas, religiones y nacionalidades. El americanismo es una forma de vida tolerante que fue concebida por hombres que diferían mucho en religión, raza, educación y linaje, pero que acordaron dejar todo eso de lado y ya no preguntar a su vecino de dónde venía, sino sólo lo que podía aportar y lo que sentía por su vecino. (*ibidem*. p. 566)

2. El número total de inmigrantes debe ser lo más amplio posible, dentro de unas limitaciones económicas y políticas muy poco definidas. "La regulación [de la inmigración] es la regulación de un recurso, no de una desventaja" (*ibid*, p. 567). Rifkind señaló en varias ocasiones que el hecho de que no se cubrieran todos los cupos reducía el número de

inmigrantes, lo que consideraba muy negativo.

3. Los inmigrantes no debían ser vistos como recursos económicos e importados sólo para servir a las necesidades actuales de los Estados Unidos.

> Consideramos [la inmigración selectiva] desde el punto de vista de los Estados Unidos, nunca desde el punto de vista del inmigrante. Creo que deberíamos acomodar nuestras necesidades circunstanciales, pero sobre todo, no hacer del tema de la inmigración una variable de ajuste que afecte al empleo. Cuando dejamos entrar a los inmigrantes, no creo que estemos comprando bienes económicos. Estamos admitiendo a seres humanos que formarán familias y criarán hijos, y cuyos nietos llegarán a lo más alto, al menos eso es lo que esperamos y rezamos. En cuanto a un pequeño segmento del flujo de inmigrantes, creo que tenemos derecho a decirnos que como nos falta tal o cual talento, debemos ir a buscarlo si es necesario, pero no dejemos que esta forma de pensar abarque a todos los demás. (*ibid.* p. 570)

Al oponerse a la idea de que la necesidad de talento era la base de la inmigración, Rifkind siguió los pasos de sus predecesores, que llevaban intentando desde finales del siglo XIX posponer el requisito legal de un examen de alfabetización para los inmigrantes hasta que se convirtió en ley en 1917.

Parte 7

Actividad judía antirrestrictiva, 1946-1952 (continuación)

Aunque el testimonio de Rifkind no acusaba a la política de inmigración de estar basada en la teoría de la superioridad nórdica, este tema seguía siendo muy actual en otros grupos judíos, en particular en el AJCongress, que abogaba por abrir la inmigración a todos los grupos étnicos. Este grupo afirmaba que la legislación de 1924 se basaba en gran medida en la teoría de la supremacía nórdica. En contraste con la sorprendente afirmación de Rifkind de que existía una tradición estadounidense de apertura a todos los grupos étnicos, el AJCongress emitió una declaración en la que destacaba la larga historia de exclusión étnica en Estados Unidos, anterior al desarrollo de estas teorías. El grupo judío señaló la Ley de Exclusión China de 1882, el Pacto de Honor con

Japón de 1907 que limitaba la inmigración de trabajadores japoneses, y la exclusión de otros asiáticos en 1917.

El AJCongress señaló que la legislación de 1924 había logrado preservar el equilibrio étnico de los Estados Unidos en el momento del censo de 1920, pero añadió la siguiente observación: "Este objetivo es completamente inútil. No hay nada sacrosanto en la composición étnica de 1920. Sólo un tonto creería que ese año alcanzamos el cenit de la perfección étnica. El AJCongress adoptó el ideal multicultural de Horace Kallen, es decir, "la tesis de la democracia cultural, que garantiza a cada grupo, "mayoritario o minoritario... el derecho a ser diferente y la responsabilidad de garantizar que sus diferencias no entren en conflicto con el bienestar del pueblo estadounidense en su conjunto".

Durante este periodo, el Congreso de los Estados Unidos atacó regularmente las disposiciones de origen nacional de las leyes de inmigración por estar basadas en "el mito de los orígenes raciales superiores e inferiores" (*Congress Weekly*, 17 de octubre de 1955, p. 3). El órgano del grupo abogaba por una inmigración basada en "la necesidad y otros criterios no relacionados con la raza o el origen nacional" (*Congress Weekly*, 4 de mayo de 1953, p. 3). Lo más objetable, desde el punto de vista del AJCongress, era la idea de la inviolabilidad del *statu quo* étnico, prescrita por la legislación de 1924. El sistema de cuotas de origen nacional "es hoy vergonzoso... porque nuestra experiencia nacional ha confirmado sin lugar a dudas que nuestra fuerza reside en la diversidad de nuestros pueblos" (Israel Goldstein, "The racist immigration law", *Congress Weekly*, 17 de marzo de 1952).

Como hemos visto, hay indicios de que la Ley de 1924 y el restriccionismo de los años 30 estaban motivados en parte por orientaciones antisemitas. En los años 50, en los debates previos y posteriores a la Ley McCarran-Walter, el antisemitismo se manifestó en relación con el anticomunismo. Los restriccionistas solían señalar el hecho de que más del 90% de los comunistas estadounidenses tenían raíces en Europa del Este. Los restriccionistas trataron de impedir la inmigración y facilitar las deportaciones de personas de esa parte del mundo para evitar la subversión comunista. Sin embargo, la mayoría de los judíos procedían de Europa del Este, y los judíos estaban desproporcionadamente representados entre los comunistas estadounidenses, por lo que todos estos hechos estaban relacionados y la situación produjo un florecimiento de teorías conspirativas antisemitas sobre el papel de los judíos en la política estadounidense. En el Congreso, el representante John Rankin, un notorio antisemita, declaró lo siguiente, sin mencionar explícitamente a los judíos

> Se quejan de la discriminación. Pero, ¿sabe quién está realmente discriminado? Los cristianos blancos de Estados Unidos, los que crearon esta nación (...) Me refiero a los cristianos blancos tanto del Norte como del Sur (...) El comunismo es racial. Una minoría racial se apoderó de Rusia y de todos sus satélites, como Polonia, Checoslovaquia y muchos otros países que podría nombrar. Han sido expulsados de casi todos los países de Europa en el transcurso del tiempo, y si continúan fomentando el malestar racial en este país, si intentan imponer su programa comunista a los cristianos blancos de América, no puedo prever lo que puede ocurrirles (*Cong. Rec.* del 23 de abril de 1952).

Durante estos años, las principales organizaciones judías se preocuparon por erradicar el estereotipo del judío-comunista y desarrollar la imagen del judío liberal y anticomunista. "En toda América, la lucha contra el estereotipo del judío-comunista se convirtió casi en una obsesión entre los líderes y los creadores de opinión judíos" (Liebman, *Jews and the Left*, p. 515). [Para dar una idea del alcance de este estereotipo: cuando el FBI llevó a cabo una investigación de vecindad sobre Eleanor Leacock, una antropóloga no judía que solicitaba una determinada autorización de seguridad, se preguntó a sus amigos si se relacionaba con judíos, para hacerse una idea de sus conexiones con la extrema izquierda (cf. G. Frank, 'Jews, multiculturalism and boasian anthropology' *American Anthropologist* # 99 - 1997)].

El AJCommittee hizo todo lo posible por cambiar la opinión de la comunidad judía demostrando que los intereses judíos eran más compatibles con la democracia estadounidense que con el comunismo soviético (por ejemplo, destacando el antisemitismo soviético y el apoyo de la URSS a los países opuestos a Israel en la época posterior a la Segunda Guerra Mundial). Aunque el AJCongress reconocía que el comunismo era un peligro, el grupo adoptó una postura "anticomunista" que repudiaba las infracciones de las libertades civiles contenidas en la legislación anticomunista de la época.

Esta organización fue "un participante reacio" en el esfuerzo judío por construir una sólida reputación de anticomunismo (Svonkin, *Jews Against Prejudice: American Jews and the Fight for Civil Liberties*, p. 132). Esta posición reflejaba las simpatías de muchos de sus miembros, que eran en su mayoría inmigrantes de segunda o tercera generación procedentes de Europa del Este.

Esta cultura judía de extrema izquierda y sus vínculos con el comunismo fueron más evidentes en los disturbios de Peekskill, en el estado de Nueva York, en 1949. Peekskill fue el lugar de veraneo de unos 30.000 judíos, en su mayoría ejecutivos urbanos, que se congregaban en campamentos de verano socialistas, anarquistas y comunistas establecidos en la década de 1930. La causa inmediata de los disturbios fue un recital ofrecido por Paul Robeson, autoproclamado comunista, bajo el patrocinio del Civil Right Congress, un grupo procomunista calificado de subversivo por el Departamento de Justicia. Los alborotadores hicieron declaraciones antisemitas, en este contexto en el que el vínculo entre los judíos y el comunismo era muy evidente. A continuación, el Comité del AJ se esforzó por restar importancia al carácter antisemita del suceso, ilustrando así el método de la cuarentena, que a menudo forma parte de la estrategia política judía (cf. *SAID*, cap. 6, nota 14). Esta estrategia entraba en conflicto con la de otros grupos, como el AJCongress y la ACLU, que firmaron un documento en el que atribuían la violencia a prejuicios antisemitas y señalaban que las víctimas habían sido privadas de sus libertades civiles por sus simpatías comunistas.

El arresto y la condena por espionaje de Julius y Ethel Rosenberg preocuparon especialmente a los líderes judíos estadounidenses. Los partidarios izquierdistas de los Rosenberg, muchos de los cuales eran judíos, interpretaron este caso como un caso ejemplar de antisemitismo. Como dijo un famoso publicista de la época: "Si el pueblo estadounidense no pone fin a esto, el linchamiento de estos dos inocentes judíos estadounidenses servirá de señal para ataques genocidas al estilo de Hitler contra los judíos de todo Estados Unidos" (*en* Svonkin *op. cit.* p. 155). Estas organizaciones de izquierda intentaron ganarse al grueso de la opinión judía para su interpretación, pero al hacerlo hicieron aún más evidente la identidad judía de los individuos en cuestión y su conexión con el comunismo. Los representantes oficiales de la comunidad judía hicieron todo lo posible por cambiar el estereotipo común de subversión y deslealtad judía.

En su esfuerzo por incriminar al comunismo, el AJCommittee aprovechó el juicio de Rudolph Slansky y sus colegas judíos en Checoslovaquia. Este juicio formó parte de la ola de purgas antisemitas de las élites comunistas judías en Europa del Este tras la Segunda Guerra Mundial. La situación era similar a los acontecimientos en Polonia, narrados por Schatz y examinados por nosotros en el tercer capítulo de este libro. El AJCommittee declaró: "El juicio del judío renegado Rudolph Slansky y sus compinches, que traicionaron al judaísmo sirviendo a la causa del comunismo, debería hacernos conscientes de que el antisemitismo se ha convertido en parte de la política comunista. Es paradójico que estos hombres que desertaron de las filas del judaísmo, que se opone al comunismo, sean utilizados por los comunistas como pretexto en su campaña antisemita" (citado *en* Svonkin, *op. cit.* p.282).

Las organizaciones judías cooperaron plenamente con el comité parlamentario de actividades antiamericanas y los defensores de los Rosenberg y otros comunistas fueron perseguidos y excluidos de las principales organizaciones judías, donde antes eran bienvenidos. El caso más llamativo es el de la *Orden Fraternal de los Pueblos Judíos* (JPFO), con 50.000 miembros. Era una escisión de la *International Workers Order* (IWO), que estaba en la lista de organizaciones subversivas del Departamento de Justicia. El AJCommittee excluyó, para consternación de las organizaciones judías locales, a la JPFO, que luchó con uñas y dientes contra esta medida. A su vez, el AJCongress disolvió la membresía de la JPFO y de otra organización dominada por los comunistas, el *American Jewish Labor Council*. Las organizaciones judías dominantes también se desvincularon del Social Service Employees Union, un sindicato judío que organizaba a los empleados de las organizaciones judías. Este sindicato ya había sido expulsado del *Congreso de Organizaciones Industriales* por su filocomunismo.

Las organizaciones judías habían conseguido importantes puestos para los judíos en la fiscalía durante el juicio de Rosenberg. Tras el veredicto, el AJCommittee y la American Civil Liberties Union se esforzaron por defender a los judíos. La revista *Commentary* del AJCommittee "ejerció un estricto control editorial sobre sus artículos, para no revelar nada remotamente procomunista" y la revista, en contra de su práctica habitual, publicó artículos extremadamente antisoviéticos (Liebman, *Jews and the Left*, p. 516).

Sin embargo, en la cuestión de la inmigración, las principales organizaciones judías adoptaron una posición que a menudo coincidía con la del PCUSA, como el AJCommittee, que se oponía al comunismo. Junto con la PCUSA, el AJCommittee condenó la Ley McCarran-Walter; al mismo tiempo, el AJCommittee tenía el oído de la Comisión de Inmigración y Naturalización (PCIN) del presidente Truman y les dio sus instrucciones para flexibilizar las disposiciones de seguridad de la Ley McCarran-Walter. Estas recomendaciones fueron muy bien acogidas por el PCUSA, en un contexto en el que el principal objetivo del refuerzo de la seguridad era excluir a los comunistas. (El juez Julius Rifkind también condenó las disposiciones de seguridad del proyecto de ley McCarran-Walter en las audiencias).

Los judíos estaban sobrerrepresentados en el PCIN y en las organizaciones dedicadas a cuestiones de migración, que el congreso consideraba un escaparate comunista. El presidente del PCIN era Philip B. Perlman. Perlman y su personal incluían una alta proporción de judíos: Harry N. Rosenfled era el administrador, Elliot Shirk su administrador adjunto. Sus actas fueron aprobadas con entusiasmo por el Congreso de la AJC (véase *el Semanario del Congreso*, 12 de enero de 1952, p. 3). Sus actas fueron publicadas, al igual que el informe titulado *A quién debemos acoger*, con la colaboración del diputado Emanuel Celler.

En el Congreso, el senador McCarran acusó al PCIN de albergar a simpatizantes comunistas y el Comité de Actividades Antiamericanas de la Cámara de Representantes (HUAC) publicó un documento en el que se afirmaba que "dos docenas de comunistas, y muchos más con afiliaciones de larga data con conocidas empresas comunistas, pueden haber testificado en las audiencias del Congreso o se les han leído declaraciones escritas... Sin embargo, en el registro del Congreso, no hay ni una sola mención de las responsabilidades reales de los individuos en cuestión". # 1182, 85th Cong. 1st Session, p. 47). Este documento estaba dirigido específicamente a los comunistas vinculados al *Comité Americano para la Protección de los Nacidos en el Extranjero* (ACPFB), dirigido por Abner Green. Este individuo, un judío, había sido muy destacado en las audiencias parlamentarias. Los judíos estaban sobrerrepresentados entre los ejecutivos y patrocinadores de la ACPFB, que se destacaban en el documento. El HUAC aportó pruebas de que la ACPFB tenía estrechos vínculos con el PCUSA y señaló que 24 personas vinculadas a la ACPFB habían firmado declaraciones incorporadas a los archivos publicados del PCIN.

La Comisión de Asuntos Jurídicos también estuvo muy involucrada en los procedimientos del PCIN. Sus activistas no sólo testificaron directamente, sino que también compartieron su documentación -cifras y otros materiales- con otras personas y organizaciones que testificaron ante el PCIN. Todas las recomendaciones del Comité de Asuntos Jurídicos se incorporaron al informe final de la RIPC, incluyendo la reducción del criterio de empleabilidad en los criterios de inmigración, la erosión de la legislación sobre los orígenes nacionales y la apertura de las compuertas migratorias a todos los pueblos del mundo por orden de llegada. La única excepción fue el número total de inmigrantes recomendado por el informe, que fue inferior al recomendado por el AJCommittee y otros grupos judíos. Así, el AJCommittee fue más allá de abogar por el principio de abrir la inmigración a todos los grupos étnicos y raciales (la Ley McCarran-Walter ya había concedido cuotas simbólicas a asiáticos y africanos), ya que este grupo trató de aumentar al máximo el número total de inmigrantes de todo el mundo, a pesar del ambiente político de la época.

La Comisión Presidencial sobre Inmigración y Naturalización señaló claramente que la legislación de 1924 había logrado mantener el *statu quo* racial y que el mayor obstáculo para cambiarlo no era el sistema de cuotas por orígenes nacionales, porque ya existía una elevada proporción de inmigrantes por encima de la cuota y las cuotas para los inmigrantes de los países del Norte y Europa Occidental no se cubrían (Informe de la PCIN de 1943, p. 106). El informe subraya que el verdadero obstáculo para cambiar el *statu quo racial* es la cantidad de inmigrantes. Por lo tanto, la comisión consideraba que el cambio de la composición racial de los Estados Unidos era un objetivo deseable y sostenía que era muy conveniente aumentar el número total de inmigrantes (*ibid.* p. 42). Como escribe Bennett, la Ley de 1924, que redujo el número total de inmigrantes, fue a los ojos del PCIN "algo muy malo, ya que la Comisión consideraba que una raza era tan adecuada como otra para la ciudadanía estadounidense como para cualquier otro empleo" (*American Immigration Policies: A History*, p. 185).

Por su parte, los partidarios de la legislación de 1952 consideraron el caso como un episodio de guerra étnica. El senador McCarran declaró que la subversión del sistema de cuotas de origen nacional "tiene el potencial de cambiar la composición étnica y cultural de esta nación en una sola generación" (*en* Bennett, *op. cit.*, p. 185). Como señala R. A. Divine, los intereses étnicos eran primordiales en ambos bandos. Los restriccionistas defendían implícitamente el *statu quo* étnico, mientras que los antirrestriccionistas tenían un deseo más explícito de modificarlo de acuerdo con sus intereses étnicos, aunque su retórica se inscribía en un molde universalista y moralista.

Durante este periodo, la implicación de los judíos en las cuestiones migratorias se manifestó con fuerza en varios otros incidentes. En 1950, el representante de AJCongress, al testificar ante una comisión parlamentaria, explicó que el mantenimiento del sistema de cuotas por origen nacional sería "un desastre político y moral" ('Revision of Immigration Laws', *Joint Hearings*, 1950, pp. 336-337). El principio de las cuotas por origen nacional implica que "las personas que buscan la oportunidad de vivir en esta tierra deben ser juzgadas según su linaje, como el ganado con cuernos en un mercado de ganado, y no sobre la base de sus habilidades de personalidad" (*Semanario del Congreso* # 21, 1952, pp. 3-4). R.A. Divine consideraba que el AJCongress era "el ala más militante" de la oposición, por su rechazo de principio a cualquier forma de cuota por nacionalidad, mientras que los demás opositores se limitaban a exigir la redistribución de las cuotas no cubiertas a los inmigrantes del sur y el este de Europa.

El representante Francis Walter señaló que "algunos miembros del Congreso Judío Americano, opuestos al Código de Inmigración y Nacionalidad, se agitan en este momento con un impulso propagandístico" (*Cong. Rec.* del 13 de marzo de 1952, p. 2283). En particular, se refería a las actividades del Dr. Israel Goldstein, presidente del AJCongress, quien fue citado en el *New York Times* diciendo que la Ley de Inmigración y Nacionalidad "marcaría como inferior a cualquiera que no sea de ascendencia anglosajona". El representante Walter señaló el papel especial de las organizaciones judías en la presión para que los derechos de inmigración se basen en la reagrupación familiar y no en la capacidad laboral individual. Cuando el diputado Jabob Javits dijo que la oposición al proyecto de ley en cuestión "no se limitaba a un grupo, como dice el caballero", Walter respondió:

> Podría llamar su atención sobre el hecho de que el Sr. Harry N. Rosenfield, miembro de la Comisión de Personas Desplazadas [y también administrador del PCIN, véase más arriba] también resulta ser el cuñado de cierto abogado que fomentó toda esta agitación y que dijo en un discurso reciente que "la legislación que se está debatiendo en el Parlamento es el Tribunal de Nuremberg de Estados Unidos". Es "racista" y arcaico, y se basa en la idea de que las personas con diferentes tipos de nariz no deben ser tratadas de la misma manera. (*Rec. del Congreso del* 13 de marzo de 1952, p. 2284)

El representante Walter señaló entonces que las únicas organizaciones que se oponían al proyecto de ley en su totalidad eran AJCongress y la Asociación de Abogados de Inmigración y Nacionalidad, que está "representada por un abogado que también es asesor del Congreso Judío Americano". (El propio Israel Goldstein había admitido que "en el momento de las audiencias parlamentarias sobre el proyecto de ley McCarran-Walter, el Congreso Judío Americano fue el único grupo que se atrevió a oponerse al principio de las cuotas de inmigración por nacionalidad" ['An American immigration policy', *Congress Weekly*, Nov. 1952]).

El representante Emanuel Celler respondió a Walter que "no debería haber señalado como lo hizo a un grupo religioso que se opone al proyecto de ley" (*Cong. Rec.* del 13 de marzo de 1952, p. 2285). El diputado Walter se mostró de acuerdo con la observación de Celler, añadiendo que había "buenos judíos que están de acuerdo con la legislación propuesta". Sin embargo, las principales organizaciones judías, como el AJCongress, el AJCommittee, la ADL, el National Council of Jewish Women y la Hebrew Immigrant Aid Society, estaban en contra del proyecto de ley (*Cong. Rec.* de 23 de abril de 1952, p. 4247). Cuando el juez Simon Rifkind testificó en contra en las audiencias parlamentarias, subrayó que representaba un espectro muy amplio de grupos judíos, "todo el espectro de la opinión religiosa y secular del grupo judío definido desde un punto de vista confesional, desde la extrema derecha hasta la extrema izquierda" (*ibid.* p. 563). Rifkind hablaba en nombre de una larga lista de grupos judíos locales y nacionales, entre los que se encuentran, además de los ya mencionados, el Synagogue Council of America, el Jewish Labor Committee, el Jewish War Veterans of the United States y 27 comités judíos locales de todo el país. Además, la lucha contra el proyecto de ley fue liderada por congresistas judíos, como Celler, Jevits y Lehman, todos ellos miembros destacados de la ADL.

Aunque no era su intención, el representante Walter llamó claramente la atención sobre el papel especial de los judíos en el conflicto de la inmigración de 1952. El activismo particular de AJCongress contra el proyecto de ley McCarran-Walter fue un punto de orgullo dentro del grupo. Justo antes de su victoria en 1965, un editorial del *quincenal Congress* explicaba que estaban "orgullosos" de que el rabino Israel Goldstein, presidente del AJCongress, hubiera sido "el blanco del ataque del representante Walter como figura principal en la lucha contra las medidas que patrocinó" (1 de febrero de 1965, p. 3).

La idea de que la oposición a la Ley MacCarran-Walter tenía un fuerte componente judío queda patente en el siguiente intercambio entre los representantes Celler y Walter. Celler dijo: "La teoría del origen nacional, en la que se basa nuestra ley de inmigración... insulta nuestros agravios, que se basan en la igualdad de oportunidades para todas las personas, independientemente de su raza, color o credo. El representante Walter respondió: "Hay un gran peligro que amenaza a Estados Unidos: todos esos burgueses, incluidos los burgueses judíos, que derraman lágrimas de cocodrilo sin razón alguna" (*Cong. Rec.* del 13 de enero de 1953, p. 372).

Richard Arens, al estudiar las peculiaridades de los intereses judíos en la cuestión de la inmigración, señala lo siguiente: "Lo curioso de quienes más ruido hicieron sobre que la ley de 1952 era 'discriminatoria' y no daba suficiente espacio a los llamados refugiados es que se opusieron a cualquier admisión de un solo refugiado árabe, de entre el millón de árabes que estaban refugiados en campos donde vivían en condiciones deplorables tras ser expulsados de Israel" (citado *en* Bennett, *op. cit.* p. 181).

Así, la Ley McCarran-Walter se promulgó a pesar del *veto de* Truman, cuya "supuesta simpatía por los judíos solía ser el blanco de los antisemitas" (N. W. Cohen, *op. cit.* p. 377). Antes del *veto*, Truman había sido instado por "sociedades judías en particular" a oponerse al proyecto de ley (Divine, *op. cit.* p. 184). Sin embargo, voces gubernamentales, como la del Departamento de Estado, instaron a Truman a firmar el proyecto de ley (a pesar del argumento antirrestrictivo de que sus consecuencias serían desastrosas desde el punto de vista de la política exterior). Además, personas abiertamente antisemitas como John Beaty, autor de *The Iron Curtain Over America* (1951), se refirieron a menudo a la participación judía en estas batallas de la inmigración.

Parte 8

Actividad judía antirrestrictiva, 1953-1965

Durante este periodo, *el Congress Weekly* destacó regularmente el hecho de que las organizaciones judías estaban a la vanguardia de la liberalización de las leyes de inmigración. El editorial del número del 20 de febrero de 1956, página 3, elogiaba al presidente Eisenhower por "oponerse inequívocamente al sistema de cuotas, que ha despertado, más que cualquier otro aspecto de nuestra política migratoria, una aversión poderosa y generalizada entre el público estadounidense". Al proponer "renovar los criterios y las directrices" de admisión, el presidente Eisenhower adoptó una postura valiente y más avanzada que la de muchos defensores de una política migratoria liberalizada. Su posición fue defendida por primera vez por el Congreso Judío Americano y otras agencias judías.

Por su parte, el AJCommittee hizo todo lo posible por mantener viva la cuestión de la inmigración en el periodo de apatía general entre la aprobación de la Ley McCarran-Walter y los primeros años de la década de 1960. Como N. W. Cohen y S. M. Neuringer, las organizaciones judías habían intensificado sus esfuerzos durante este periodo. El AJCommittee ha contribuido a la creación de dos organizaciones de inmigración -la *Joint Conference on Alien Legislation* y la *American Immigration* Conference- a las que ha aportado la mayor parte de la financiación y ha realizado la mayor parte del trabajo. En 1955, el AJCommittee formó una *Comisión Nacional sobre Inmigración y Ciudadanía*, que reunió a ciudadanos influyentes, "para dar prestigio a su campaña" (N. W. Cohen, *op. cit.*, p. 373).

> Todos estos grupos estudiaron las leyes de inmigración, difundieron información al público, testificaron en audiencias parlamentarias y llevaron a cabo otros proyectos relacionados... No hubo resultados inmediatos o dramáticos, pero la campaña del AJC, en concierto con otros grupos de ideas afines, fue tan persistente que finalmente estimuló a las administraciones de Kennedy y luego de Johnson a actuar. (*loc. cit.*)

Oscar Handlin, un destacado historiador de la inmigración en Harvard, escribió un artículo en 1952 que presenta un fascinante microcosmos de la perspectiva judía sobre la inmigración en este periodo. Handlin lo escribió para *Commentary* (la revista del AJCommittee) casi treinta años después de la derrota de 1924 y tras la Ley *McCarran-Walter*, y lo tituló *The Fight for Immigration Is Just Beginning: Lessons from the Defeat Named McCarran-Walter*. Este título es una señal notable de la tenacidad y la obstinación características de la participación judía en este asunto. El artículo pide a los lectores que no se desanimen por esta reciente derrota, que se ha producido "a pesar de nuestros esfuerzos por hacer revisar nuestras leyes de inmigración".

Handlin intenta enmarcar su posición en términos universalistas, explicando que es una ventaja para los estadounidenses y está en consonancia con sus ideales que "todos los hombres, siendo hermanos, sean capaces de ser estadounidenses". La actual legislación migratoria refleja una "xenofobia racista", como demuestran las cuotas puramente simbólicas para los asiáticos y la negativa a que los negros de las Antillas se beneficien de las cuotas británicas. Handlin relaciona las opiniones restrictivas de Pat MacCarran con "el odio a los extranjeros que impregnaba su juventud y la reminiscencia de un miedo difuso a ser considerado uno de ellos", reiterando así el argumento psicoanalítico de la identificación con el delincuente (McCarran era católico).

En su artículo, Handlin utilizó la palabra "nosotros", como en este comentario: "Si no podemos derrotar a McCarran y a sus partidarios con sus propias armas, podemos intentar destruir la eficacia de esas armas". Handlin expresó así su convicción de que existía un interés judío unificado en la liberalización de la política migratoria y anunció el próximo debilitamiento de la Ley de 1952. Su estrategia antirrestrictiva consistía en alterar la idea entre los estudiosos de las humanidades de que era "posible y necesario hacer distinciones entre las "razas" de inmigrantes que clamaban por ser admitidos en Estados Unidos". Su idea de reclutar a estudiosos de las humanidades para la batalla de la inmigración era totalmente coherente con el proyecto de la escuela boasiana de antropología, que examinamos en el capítulo dos. Como ha visto Higham, el ascenso de este cuerpo de pensamiento desempeñó un papel importante en la eventual derrota de los restriccionistas.

Handlin presentó la lógica de preservar el *statu quo* étnico que sustentó la posición restriccionista desde 1921 hasta 1952 de una manera muy sesgada:

> Estas leyes son malas porque se basan en la premisa racista de que la humanidad está dividida en diferentes tipos fijos, biológica y culturalmente separados entre sí. En este marco, se sostiene que los estadounidenses son anglosajones y deben seguir siéndolo. En cuanto a todos los demás, la ley dice que los Estados Unidos los clasifica según lo cerca que estén de nuestro "tipo" superior, y entre los millones y millones de estadounidenses que no descienden de anglosajones, las leyes clasifican según el grado de inferioridad.

Hendlin lamentó la apatía de los "estadounidenses naturalizados" que no participaron en el entusiasmo del esfuerzo judío. "Muchos grupos no entendieron que el proyecto de ley McCarran-Walter se refería a sus propias posiciones. Sugiere que actúen como grupos para hacer valer sus intereses: "El italoamericano tiene derecho a pronunciarse sobre estas cuestiones precisamente *como* italoamericano. La presuposición aquí es que los Estados Unidos deben estar formados por subgrupos estrechamente unidos impulsados por la idea de sus intereses colectivos, que deben hacerse valer frente a las personas de origen europeo del Norte y del Oeste o frente a los Estados Unidos en su conjunto. También existe la idea de que los italoamericanos tendrían interés en promover la inmigración africana y asiática y dar forma a una sociedad tan multirracial y multicultural.

Handlin desarrolló estas opiniones en un libro publicado en 1957, *Race and Nationality in American Life*. Se trata de un popurrí de "explicaciones" psicoanalíticas de los conflictos étnicos y de clase basadas en la ideología de *la personalidad autoritaria*, combinada con la teoría boasiana de que no hay diferencias biológicas entre las razas que puedan influir en el comportamiento. También se insiste mucho en la idea de que los hombres pueden perfeccionarse cambiando las instituciones humanas defectuosas. Handlin defiende el principio de la inmigración de todas las partes del mundo como un deber moral. Sin embargo, cuando se aborda la cuestión israelí en el duodécimo capítulo, no se indica que también Israel deba tender a considerar la apertura de la inmigración a todo el mundo como un deber moral, ni que los judíos no deban sentirse obligados a conservar el poder político en Israel. En lugar de estas consideraciones, el autor aborda la cuestión de la coherencia moral de la doble lealtad a Estados Unidos e Israel. Esta ceguera moral con respecto a las cuestiones judías fue señalada por Albert Lindemann, quien señala que la obra de Handlin *Three Hundred Years of Jewish Life in America* no menciona a los traficantes de esclavos ni a los judíos propietarios de esclavos "ni siquiera cuando nombra a los 'grandes comerciantes judíos' que hicieron su fortuna con el comercio de esclavos". (*Las lágrimas de Esaú: el antisemitismo moderno y el ascenso de los judíos*, p. xx).

Algún tiempo después del artículo de Handlin, en 1955, William Peterson escribió, también en *Commentary*, que las fuerzas inmigracionistas debían defender explícitamente la idea de una sociedad multicultural en EE.UU., y que este objetivo tenía más peso que cualquier otro objetivo de interés propio, como obtener los trabajadores cualificados necesarios o mejorar las relaciones diplomáticas. En apoyo de su tesis citó a un conjunto de estudiosos de las humanidades, casi todos ellos judíos, cuya labor, iniciada por Horace Kallen y su defensa de una sociedad multicultural y pluralista, "proporciona los inicios de una legitimación académica de una política migratoria alternativa, que algún día podría convertirse en ley". La lista de nombres incluía, además de Kallen, a Melville Herskovits (un antropólogo boasiano), Geoffrey Gorer, Samuel Lubell, David Riesman (un *intelectual neoyorquino*), Thorsten Sellin y Milton Konvitz.

Estos estudiosos de las humanidades han cruzado espadas en el tema de la inmigración. La siguiente cita de un libro sobre política migratoria de Milton Konvitz, de la Universidad de Cornell (publicado por Cornell

University Press), rechaza la idea del interés nacional como componente de la política migratoria de Estados Unidos, lo que refleja un aspecto distintivo de la perspectiva judía sobre la inmigración.

> Poner tanto énfasis en las cualificaciones tecnológicas y profesionales es eliminar cualquier rastro de humanitarismo de nuestra política migratoria. Mereceríamos poco agradecimiento de los que traemos aquí si sólo los aceptamos porque su presencia resulta ser urgentemente necesaria, por su formación y experiencia, para satisfacer nuestros intereses nacionales. No se trata de inmigración, sino de importar habilidades, lo que no es tan diferente de importar café o caucho. Difícilmente reconocemos el espíritu de los ideales estadounidenses cuando descuidamos el carácter y la promesa de un hombre y nos fijamos únicamente en su educación y en las habilidades profesionales que tiene la suerte de poseer. (Konvitz, *Civil Rights in Immigration*, p. 26)

Otros famosos científicos sociales que ilustraron la visión antirrestriccionista a través de sus escritos fueron Richard Hofstadter y Max Lerner. Hofstadter, que tanto hizo por retratar a los populistas occidentales y sureños como antisemitas irracionales, también condenó a estos mismos populistas por pretender "mantener la homogeneidad de la civilización yanqui" (*The Age of Reform: From Bryan to FDR*, p. 34). Vinculó el populismo a la cuestión de la inmigración: en su opinión, el populismo "recibió gran parte de su colorido de la reacción a esta corriente inmigratoria entre los elementos nativos de la población" (*ibid.* p. 11).

En el aclamado libro *America as a Civilization*, Max Lerner vincula explícitamente gran parte de la tradición intelectual analizada en los capítulos anteriores con la cuestión de la inmigración. Leerner ve a Estados Unidos como una nación tribalista que "rechaza al extranjero con pasión" (p. 502). Sostiene que "con la aprobación de las leyes de cuotas [de inmigrantes] en 1924, el racismo llegó a su máxima expresión en Estados Unidos". Lerner lamenta que estas leyes "racistas" sigan en vigor, debido al sentimiento popular, "digan lo que digan los intelectuales". Critica sin tapujos a los estadounidenses por no seguir el ejemplo de la élite intelectual urbana, predominantemente judía, representada por el autor, en la cuestión de la inmigración. Esta observación refleja el elemento antidemocrático y antipopulista de la actividad intelectual judía, que examinamos en los capítulos quinto y sexto.

Lerner considera que la obra de Horace Kallen proporciona un modelo para una América multicultural y pluralista (p. 93), explicando, por ejemplo, que aprueba la idea de "comunidades étnicas que existen dentro de la comunidad americana más amplia, cada una de las cuales se esfuerza por mantener elementos de su identidad de grupo y, al hacerlo, enriquece el patrón cultural general" (p. 506). Aunque admite que los judíos se han resistido enérgicamente a la exogamia, explica que la inmigración y el mestizaje sólo producen efectos benignos: "Aunque algunos historiadores de la civilización sostienen que la dilución del acervo genético autóctono debe causar la decadencia de la civilización, los ejemplos de las ciudades-estado italianas, España, Holanda, Gran Bretaña y ahora Rusia e India, así como América, demuestran que la fase más vigorosa puede surgir de la mezcla de varios acervos genéticos. El mayor peligro es levantar los puentes levadizos" (p. 82).

Lerner cita favorablemente a Franz Boas y su trabajo sobre la plasticidad del tamaño del cráneo, pero argumenta que se trata de un paradigma que muestra la inmensa importancia de las influencias ambientales. Sobre esta base, sostiene que las diferencias intelectuales y biológicas entre los grupos étnicos son totalmente producto de las diferencias ambientales. En estas circunstancias, "se puede entender el temor a que las minorías tengan tasas de fecundidad más elevadas, pero dado que son en gran medida el producto de un bajo nivel de vida, la estrategia de encerrar a las minorías en una casta parece contraproducente" (p. 506). Por último, Lerner utiliza *la personalidad autoritaria* para interpretar el conflicto étnico y el antisemitismo (p. 509).

Handlin escribió que la Ley McCarran-Walter era sólo una derrota temporal, y tenía razón. Treinta años después del triunfo del restriccionismo, sólo los grupos judíos seguían defendiendo amargamente una América multicultural. Cuarenta y un años después del triunfo restrictivo de 1924 y de las cuotas de nacionalidad, y sólo trece años después de su reafirmación por la Ley McCarran-Walter de 1952, en un clima intelectual y político radicalmente cambiado, las organizaciones judías acogieron con satisfacción el fin de los criterios geográficos y nacionales en la ley de migración, que estaban diseñados para mantener el *statu quo* étnico.

Una disposición especialmente importante de la Ley de Inmigración de 1965 aumentó el número de inmigrantes sin cuota. Los portavoces judíos, a partir de las audiencias de testigos de 1924, habían estado al frente de los esfuerzos para que se admitiera a los miembros de la familia fuera de la cuota. Durante los debates parlamentarios sobre la Ley McCarran-Walter, el representante Walter había señalado que las organizaciones judías no se centraban en las competencias profesionales, sino en la reagrupación familiar. En respuesta al representante Javits, que se quejó de que la ley propuesta implicaba que el 50% de las cuotas de negros en las colonias antillanas británicas se reservaría para personas con habilidades específicas, Walter dijo: "Me gustaría llamar la atención del caballero sobre el hecho de que el principio es que el 50% de la cuota se utilice para personas que se necesitan en los Estados Unidos. Pero si la primera categoría no llega al 50%, el resto puede ir a la otra categoría, lo que responde a las objeciones de las organizaciones judías, de que las familias están separadas. (*Cong. Rec.* de 13 de marzo de 1952, p. 2284).

Antes de la Ley de 1965, Bennett, en un análisis de la reagrupación familiar en el marco de la Ley de 1961, señaló que "los lazos de sangre o matrimonio y el principio de la unificación familiar se han convertido en el 'Ábrete Sésamo' de las barreras migratorias" (*American Immigration Policies: A History*, p. 244). Además, a pesar de las repetidas negaciones de los antirrestriccionistas de que sus planes no afectarían al equilibrio étnico del país, Bennett señaló en este libro de 1963 que "la repetida y persistente ampliación del estatus de sobrecuota a los inmigrantes de países que superaban sus cuotas y que eran discriminados [por la Ley McCarran-Walter], junto con las exenciones administrativas de inelegibilidad, los ajustes de estatus y los contratos privados, contribuyen a la aceleración y a la inevitabilidad de un cambio en el rostro étnico de la nación", (*ibid*. p. 257). 257). Se refería a este "debilitamiento" de la ley de 1952, que el artículo de Handlin recomendaba estratégicamente. De hecho, uno de los principales argumentos esgrimidos durante los debates sobre la Ley de 1965 fue que la Ley de 1952 se había debilitado tanto que, en general, había quedado obsoleta y que, por lo tanto, era necesaria una refundición de la legislación sobre migración para legitimar la situación de hecho.

Bennett también señaló que "la insistencia en la cuestión de la inmigración procede de quienes ven las cuotas no como techos, sino como suelos [los opositores a la restricción de la inmigración suelen decir que el hecho de no cubrir algunas cuotas es un "despilfarro", pensando en los permisos de residencia que podrían haberse dado a los no europeos]. Quieren rehacer América a imagen y semejanza de los países con cuotas bajas, no les gusta nuestra ideología, ni nuestras orientaciones culturales, ni nuestra herencia. Repiten que el deber de Estados Unidos es aceptar a los inmigrantes sin tener en cuenta su capacidad de asimilación, ni nuestros problemas etnodemográficos. Quieren seguir siendo estadounidenses naturalizados a toda costa" (*op. cit.*, p. 295) [el texto dice "estadounidenses con guión": se refiere a afroamericanos, italoamericanos, judeoamericanos, etc. Se trata de afroamericanos, italoamericanos, judeoamericanos, etc. [NdT].

La nueva normativa de cuotas impuesta por la Ley de 1965 hacía hincapié en la reagrupación familiar: el 24% de la cuota de cada zona geográfica debía reservarse para los hermanos de quienes ya eran ciudadanos estadounidenses. El efecto multiplicador de esta disposición acabó por subvertir el sistema de cuotas al permitir un fenómeno de "cadena", por el que se admitieron interminables eslabones de parientes cercanos de parientes cercanos al margen del sistema de cuotas.

> Supongamos que un inmigrante, por ejemplo un estudiante de ingeniería, estudia en Estados Unidos en la década de 1960. Si lograba encontrar un trabajo después de su graduación, podía traer a su esposa [como esposa de un extranjero residente] y seis años más tarde, después de convertirse en ciudadano naturalizado, podía traer a sus hermanos [como hermanos de un ciudadano estadounidense]. Ellas, a su vez, podían traer a sus esposas, maridos e hijos. En un plazo de doce años, un inmigrante que entrara como trabajador cualificado podría generar fácilmente 25 visados para cuñados, sobrinos y demás. (Scott McConnell, "The new battle over immigration", *Fortune* - 1988).

La ley de 1965 también rebajó el criterio de exigencia de competencias profesionales específicas. (En 1986, menos del 4% de los inmigrantes fueron admitidos por aptitud profesional, mientras que el 74% lo fueron por reagrupación familiar). Como hemos visto, el rechazo a la prueba de aptitudes profesionales y de otro tipo en favor de los "fines humanitarios" y la reunificación familiar había formado parte de la política de inmigración judía al menos desde el debate McCarran-Walter a principios de la década de 1950, y antes aún, desde su constante oposición a las pruebas de alfabetización desde finales del siglo XIX.

El senador Jacob Jarvits desempeñó un papel destacado en las audiencias parlamentarias relacionadas con el proyecto de ley de 1965 y Emanuel Celler, que había luchado contra las restricciones migratorias durante 40 años en la Cámara de Representantes, aprobó finalmente una legislación que le satisfizo. Las organizaciones judías (*American Council for Judaism Philanthropic Fund, Council of Jewish Federations & Welfare Funds* y *B'nai B'rith Women*) enviaron declaraciones a los subcomités *ad hoc* del Senado, al igual que otras organizaciones como la *ACLU* y *Americans for Democratic Action*, que contaba con muchos judíos en sus filas.

Cabe señalar aquí que, mucho antes de la victoria final de la línea de política de inmigración judía, Jarvits había redactado en 1951 un informe titulado *Abramos las puertas*, que proponía la entrada de 500.000 inmigrantes al año durante 20 años, sin ninguna restricción en cuanto a su origen nacional. En 1961, Jarvits propuso un proyecto de ley que "pretendía destruir [el sistema de cuotas de origen nacional] mediante un ataque de flanco, así como aumentar las cuotas de inmigración y la inmigración sin cuotas" (Bennett, *op. cit.*, p. 250). Este proyecto de ley, además de incluir disposiciones para eliminar las barreras basadas en la raza, la etnia y el origen nacional, también estipulaba que los hermanos, hermanas e hijas e hijos casados de ciudadanos estadounidenses, junto con sus cónyuges e hijos, que ya habían sido declarados elegibles para la inmigración en virtud de los sistemas de cuotas de la Ley de 1957, serían admitidos como inmigrantes sin cuota. Esta versión era aún más radical que la disposición incorporada en la Ley de 1965 que facilitaba la inmigración no europea a los Estados Unidos. Aunque el proyecto de ley de Jarvits no fue aprobado en su momento, sí lo fueron algunas de sus propuestas, como la flexibilización de las restricciones a la inmigración asiática y negra, la eliminación de la clasificación racial de los visados (que permitía una inmigración ilimitada y por encima de las cuotas de asiáticos y negros nacidos en países occidentales).

Cabe destacar que, en 1965, la mayor victoria de los restriccionistas fue la inclusión de los países occidentales en el nuevo sistema de cuotas, lo que puso fin a la posibilidad de una inmigración sin restricciones desde estos países. El senador Jarvits se opuso amargamente a esta ampliación del sistema de cuotas en sus intervenciones en el Senado, argumentando que cualquier limitación de la inmigración procedente de países occidentales tendría consecuencias nefastas para la diplomacia estadounidense. En los reveladores debates del Senado sobre el proyecto de ley, el senador Sam Ervin dijo: "Los que no están de acuerdo conmigo no se ofenden porque Gran Bretaña nos envíe 10.000 inmigrantes menos al año que en el pasado. Su único motivo de alarma es que la Guayana Británica no podrá enviarnos todos los inmigrantes que quieran establecerse con nosotros" (*Cong. Rec.* 89th Cong. 1St Sess., 1965, 24446-51). Las fuerzas favorables a la liberalización de la inmigración querían claramente llevar una inmigración ilimitada a Estados Unidos.

En 1965, los inmigracionistas no pudieron evitar que el Secretario de Trabajo impusiera dos condiciones a la inmigración: que no hubiera suficientes estadounidenses capaces y dispuestos a realizar las tareas que los extranjeros decían estar dispuestos a hacer, y que el empleo de estos extranjeros no afectara a los salarios y las condiciones laborales de los trabajadores estadounidenses. S. Liskovsky señaló que los grupos de inmigración estaban en contra de estos requisitos, pero que, sin embargo, habían optado por aceptarlos por cálculo, siempre que se aprobara el proyecto de ley que suprime las cuotas por origen nacional. Pero cuando se aprobó la disposición propuesta por el Ministro de Trabajo, "estaban muy preocupados. Expresaron públicamente su temor de que el engorroso nuevo procedimiento paralizara el grueso de la inmigración cualificada y no cualificada, así como la de otros inmigrantes" ('United States immigration policy', *American Jewish Year Book* - 1966).

No es descabellado suponer que la Ley de 1965 tuvo el efecto que sus defensores judíos siempre habían buscado. Las proyecciones de la Oficina del Censo sugieren que en el año 2050 los descendientes de europeos dejarán de ser mayoría en la población estadounidense. Además, el multiculturalismo se ha convertido ya en una poderosa realidad ideológica y política. Aunque los defensores de la ley propuesta en 1965 insistieron en que no afectaría al equilibrio étnico de Estados Unidos ni a su cultura, es difícil creer que se pudieran encontrar defensores de esta ley que no fueran conscientes de sus implicaciones.

Los opositores al proyecto de ley estaban muy convencidos de que afectaría al equilibrio étnico de Estados Unidos. En el caso de organizaciones como el AJCommittee y el AJCongress, no sería razonable suponer que no eran conscientes de la falsedad del pronóstico realizado por los proponentes de esta legislación, dado su celo militante respecto a las minucias de la ley de inmigración, su hostilidad al sesgo pro-norteño y europeo-occidental de la política migratoria anterior a 1965, y su disgusto por la idea de un *statu quo* étnico, como se manifiesta, por ejemplo, en el documento del PCIN *Whom We Shall Welcome*.

Además, teniendo en cuenta su ambición de acabar con el *statu quo étnico, que se pone de manifiesto* en el argumento antirrestrictivo desde 1924 hasta 1965, la ley de 1965 no habría sido percibida por sus defensores como una victoria si no la hubieran considerado como destinada a romper el *statu quo* étnico. Como hemos visto, los defensores de la inmigración se preocuparon, inmediatamente después de la aprobación de la ley, de modificar los efectos limitadores de los procedimientos administrativos que regulan el número de inmigrantes. Por lo tanto, es revelador que los antirrestriccionistas vieran la ley de 1965 como una victoria. Después de condenar regularmente las leyes migratorias estadounidenses y de abogar por la erradicación de las cuotas de nacionalidad precisamente porque producían un *statu quo* étnico, el *quincenal Congress* dejó de publicar artículos sobre el tema.

Además, Auster muestra que los partidarios de la ley trataron de difuminar la distinción entre inmigración de cuota y de no cuota y no hablaron de los efectos de la ley sobre la inmigración de no cuota. Las expectativas sobre el número de nuevos inmigrantes no tuvieron en cuenta el hecho, bien conocido y muy discutido, de que no se llenaron las antiguas cuotas que favorecían a los países de Europa Occidental. La retórica inmigracionista, fiel a una tradición de más de cuarenta años, presentó las leyes de 1924 y 1952 como basadas en teorías de superioridad racial y no como intentos de mantener un *statu quo* étnico.

Ya en 1952, el senador McCarran era consciente de los riesgos de la política migratoria. Haciéndose eco de las palabras de N. Vaile durante los debates de los años 20, McCarran dijo

> Creo que esta nación es la última esperanza de la civilización occidental y que si este oasis se sumerge, se pervierte, se contamina o se destruye, se

habrá apagado la última llama vacilante de la humanidad. No tengo nada en contra de los que alaban las contribuciones hechas a nuestra sociedad por personas de diferentes razas y religiones. América es, en efecto, la confluencia de muchos arroyos que llegan a formar un río caudaloso que llamamos el *camino americano*. Sin embargo, hoy vemos que en Estados Unidos se han formado bloques indigestos y fundidos que no se han integrado con el modo de vida americano, sino que son sus enemigos irreconciliables. Hoy, como nunca antes, millones y millones de personas se lanzan a nuestras puertas para ser admitidas, y esas puertas ceden bajo presión. La solución a los problemas de Europa y Asia no vendrá del trasplante de estos problemas en masa a los Estados Unidos... No quiero profetizar, pero si los enemigos de esta ley consiguen hacerla pedazos, o modificarla para hacerla irreconocible, habrán hecho más para provocar la caída de esta nación que cualquier otro grupo desde que obtuvimos la independencia como nación. (*Cong. Rec.* de 2 de marzo de 1953, p. 1518)

Parte 9

Apéndice: El esfuerzo inmigratorio judío en otros países occidentales

El propósito de este apéndice es mostrar que las organizaciones judías han seguido políticas similares con respecto a la inmigración en otras sociedades occidentales. En Francia, la representación oficial de la comunidad judía ha apoyado siempre el principio de la inmigración de los no europeos. Recientemente, la comunidad judía francesa se pronunció enérgicamente contra un comentario de la actriz Brigitte Bardot, que dijo: "mi país, Francia, ha sido invadido de nuevo por extranjeros, especialmente musulmanes" (*Forward*, 3 de mayo de 1996, p. 4). Haïm Musicant, director general del CRIF -la organización que agrupa a los judíos franceses- respondió que la declaración de Bardot "se acercaba mucho al racismo".

En Alemania, la mentalidad judía hacia el sentimiento antiinmigrante queda bien ilustrada por el siguiente incidente. Según la opinión común y probablemente autoengañada de los judíos contemporáneos, la sociedad israelí es étnica y culturalmente diversa en virtud de la inmigración a gran escala de judíos de diversas partes del mundo, hasta el punto de que debería ser considerada un modelo para el resto del mundo en cuanto a la regulación de las relaciones étnicas y la acogida de inmigrantes. Recientemente, B'nai B'rith, en respuesta al sentimiento antiinmigrante y al percibido resurgimiento del neonazismo, recibió una subvención de la UNESCO para invitar a diputados alemanes a Israel, "porque esta sociedad diversa y formativa, tensionada por la guerra, el terrorismo y una afluencia masiva de inmigrantes pobres, ha luchado, sin embargo, por construir una sociedad justa, democrática y tolerante" (*Toleration and Pluralism: A Comparative Study; UNESCO Evaluation Report Request* # 9926). "Creemos que la sociedad democrática, multicultural, multiétnica y multiconfesional de Israel, con sus numerosas líneas de fractura (...) podría constituir un punto de comparación creíble y válido para otros procedentes de sociedades igualmente problemáticas.

En Inglaterra, al igual que en Estados Unidos, tuvo lugar una batalla étnica, que comenzó alrededor de 1900, con la afluencia de judíos de Europa del Este que huían del antisemitismo zarista. En 1904, la intervención judía contribuyó a frustrar un proyecto de ley del gobierno británico que pretendía restringir la inmigración. En este caso, el Comité de Diputados Judíos Británicos -las autoridades institucionales del judaísmo británico- adoptó una posición moderada, probablemente en la creencia de que un mayor número de inmigrantes judíos procedentes del Este alimentaría la llama del antisemitismo. Sin embargo, en aquella época la mayoría de la comunidad judía británica estaba formada por inmigrantes recientes, por lo que el *Jewish Chronicle*, principal órgano de la comunidad, hizo una enérgica campaña contra el proyecto de ley. Las fuerzas antirrestriccionistas se impusieron cuando Nathan Laski, presidente de la *Antigua Congregación Hebrea de Manchester*, consiguió que Winston Churchill se pusiera de su lado.

> Churchill admitió más tarde que había "destrozado el proyecto de ley" durante su examen en la comisión de la Cámara de los Comunes. Los liberales liderados por Churchill habían "ahogado [el proyecto de ley] en un torrente de palabras, hasta agotar el tiempo permitido" (...) Laski, eufórico, escribió a Churchill: "Tengo dos décadas de experiencia electoral en Manchester, y sin pretender adularle, puedo decirle que ningún otro hombre ha sido capaz de despertar el interés como usted lo ha hecho. Por lo tanto, estoy seguro de su futuro éxito" (G. Alderman, *The Jewish Community in British Politics*, p. 71).

Un mes después, Churchill fue elegido diputado por Manchester Oeste, una circunscripción con un fuerte electorado judío.

Alderman demuestra que la legislación restrictiva era popular, excepto entre los inmigrantes recientes, que se habían convertido rápidamente en mayoría en la comunidad judía y que, como hemos visto, pudieron ejercer una influencia decisiva en la legislación sobre migración. Cuando se aprobó un proyecto de ley más moderado en 1905, a pesar de la oposición judía, los judíos presionaron para conseguir cláusulas de excepción para los potenciales inmigrantes que fueran víctimas de "persecución" por motivos religiosos o políticos, pero para las víctimas de "persecución" no tuvieron éxito. El Comité de Parlamentarios Judíos Británicos hizo poco para oponerse al proyecto de ley, y los parlamentarios judíos que también eran ministros no se opusieron.

Pero entre los inmigrantes recientes, muchos de los cuales se registraron fraudulentamente para votar, esta cuestión era crucial, hasta el punto de que "en las elecciones generales de enero de 1906, este electorado se vengó terriblemente de los diputados que habían apoyado la aprobación de la Ley de Inmigración de Extranjeros" (*ibíd.*, p. 74). Los judíos apoyaron abrumadoramente a los candidatos que se habían opuesto a la Ley, y en al menos dos circunscripciones su voto fue decisivo, incluyendo Manchester Oeste, donde Churchill fue reelegido. El nuevo gobierno liberal no derogó la ley, sino que la aplicó sin prisas.

Como la Ley estaba dirigida a los "indeseables", es dudoso que haya impedido la inmigración de muchos judíos, aunque debe haber animado a algunos a emigrar a Estados Unidos en lugar de a Inglaterra. Curiosamente, Churchill perdió su escaño como diputado por Manchester en 1908, tras las deserciones de sus partidarios judíos, que le criticaron por no haber hecho nada como ministro putativo para abolir la Ley, y por unirse a la posición conservadora en la cuestión de las escuelas religiosas. Sin embargo, Churchill siguió siendo un firme defensor de los intereses judíos, "hasta julio de 1910, cuando Churchill, una vez más independiente del voto judío, cantó las alabanzas de la legislación de 1905".

Hay pruebas de que el inmigracionismo judío, al igual que el de Estados Unidos, fue más allá de la simple promoción de la inmigración judía a Inglaterra. Por ejemplo, el editorial del *Jewish Chronicle* del 20 de octubre de 1961 se oponía a la restricción de la inmigración procedente de la Commonwealth. Explicaba que los judíos se sentían atacados por la legislación de 1905, afirmando: "Todas las restricciones a la migración son, en principio, un paso atrás, sobre todo para este país, y un motivo de molestia para todos aquellos que en el mundo desearían que las limitaciones a la libertad de circulación se redujeran, no que aumentaran. Es una cuestión moral, una cuestión de principios.

Durante la década de 1970, el Partido Conservador se opuso a la inmigración porque, como dijo la Primera Ministra Margaret Thatcher, Gran Bretaña amenazaba con verse "inundada" por personas que carecían de "características británicas fundamentales" (citado *en* Alderman, *ibíd.*, p. 148).

Los conservadores trataron de conseguir el apoyo judío en esta cuestión, pero las organizaciones judías oficiales, incluida la Junta de Diputados Judíos Británicos, repudiaron esta línea antiinmigración con el argumento de que "dado que todos los judíos británicos son inmigrantes o descendientes de inmigrantes, es reprobable e incluso inmoral que un judío defienda el control de la inmigración, o al menos el endurecimiento de dicho control" (*ibid.* pp. 148-149). (En su editorial del 24 de febrero de 1978, el *Jewish Chronicle se pronunció a* favor de una inmigración no restrictiva, aunque se abstuvo de hacer de ello una línea específicamente judía, probablemente porque Keith Joseph, un parlamentario y ministro judío del partido conservador, había solicitado el apoyo de los judíos como judíos, a favor de la restricción de la inmigración. Para la *Crónica*, la prioridad era negar la existencia del voto judío). Los judíos que apoyaban la línea política del gobierno creían que el aumento de la inmigración podía provocar una reacción fascista y, por tanto, un aumento del antisemitismo.

En cuanto al caso canadiense, I. Abella destacó la importancia del papel de los judíos en el advenimiento del multiculturalismo en Canadá, especialmente a través de la actividad de ciertos grupos de presión a favor de la liberalización de las políticas migratorias. Arthur Roebuck, fiscal general de Ontario, recibió un "atronador aplauso" en la conferencia de la Organización Sionista de Canadá de 1935 cuando explicó que "esperaba el momento en que las circunstancias económicas fueran menos duras que las actuales y pudiéramos abrir las puertas, abolir las restricciones y hacer de Canadá la Meca de todos los pueblos oprimidos del mundo" (*en* M. Brown, *¿Judío o judío? Jews, French Canadians, and Anglo-Canadians, 1759-1914*, p. 256).

En el Canadá de principios del siglo XX, los conflictos entre judíos y gentiles por la inmigración eran similares a los de Estados Unidos e Inglaterra, incluida la motivación antisemita de quienes querían restringir la inmigración. Al igual que en Estados Unidos, los judíos se opusieron firmemente a los movimientos nacionalistas y etnocéntricos de la mayoría blanca, como el Parti Québécois, sin dejar de ser firmes partidarios del sionismo. En el sondeo electoral de 1995 sobre el separatismo de Quebec, que dio una estrecha victoria a los partidarios de la unión con Canadá, la abrumadora mayoría de los judíos y otras minorías abogaron por seguir vinculados a Canadá, lo que el líder separatista Jacques Parizeau consideró la clave de la derrota de su bando.

Dos hechos son especialmente dignos de mención: la inversión de la política de inmigración en el mundo occidental se produjo en la misma época (1962-1973) y en todos estos países reflejó las orientaciones de las élites, no las de la gran masa de ciudadanos. En Estados Unidos, Gran Bretaña, Canadá y Australia, las encuestas de opinión de personas de origen europeo han mostrado sistemáticamente un rechazo masivo a la inmigración de personas de origen no europeo. Ambos K. Betts, en *Ideology and Immigration: Australia 1976 to 1987*, y Z. Layton-Henry en *The Politics of Immigration: Immigration, 'Race' and 'Race Relations' in Post-War Britain*, muestran que la política migratoria fue conducida por los líderes políticos de todos los partidos gobernantes de tal manera que el miedo a la inmigración fue excluido del debate político.

En Canadá, la decisión de repudiar la idea del "Canadá blanco" la tomaron los dignatarios del Estado, no los políticos elegidos. La política del Canadá Blanco murió con las leyes anunciadas en 1962, sobre las que Hawkins escribió "Este cambio trascendental no se produjo por iniciativa parlamentaria o popular, sino porque algunos altos funcionarios, como el Dr. [George] Davidson [Secretario de Estado de Nacionalidad e Inmigración, que más tarde obtuvo un puesto en las Naciones Unidas], vieron que Canadá no podía seguir operando en las Naciones Unidas, ni en la multirracial Commonwealth, con la bola y la cadena de una política migratoria racialmente discriminatoria alrededor del cuello. Ni en Australia ni en Canadá hubo una aspiración popular de romper con la antigua preferencia europea en materia de inmigración.

> El motivo principal, y en ambos casos idéntico, de los líderes canadienses y australianos para excluir primero a los chinos, luego a otros inmigrantes asiáticos y, finalmente, a todos los potenciales inmigrantes no blancos, fue el deseo de construir y mantener sociedades y sistemas políticos lo más parecidos al Reino Unido, en sus remotas y duras tierras. También querían establecer la autoridad indiscutible de sus pueblos fundadores, de origen europeo (...) Se consideraba que la propiedad indiscutible de estos territorios, tan grandes como continentes, era suya para siempre, no sólo en virtud de su posesión, sino en virtud del trabajo y los peligros soportados por los primeros exploradores y colonos; en virtud de esos años de duro trabajo que llevaron a la construcción de la vida urbana y rural (...).La idea de que otros, que no habían tomado parte en los esfuerzos de los pioneros, pudieran simplemente llegar en gran número para explotar los extensos recursos locales, o para beneficiarse de los esfuerzos de los primeros colonos, era totalmente intolerable para ellos. (F. Hawkins, *Critical Years of Immigration: Canada and Australia Compared*, p. 23)

Dado que la política favorable a la inmigración no europea en este periodo y en todo Occidente provino de las élites y se llevó a cabo a pesar de la oposición popular, es de gran interés observar que algunos acontecimientos cruciales recibieron muy poca publicidad. En Canadá, el *Informe del Comité Mixto Especial de* 1975 fue un punto de inflexión crucial que daría forma a la parte de la Ley de Inmigración de 1978 relativa a la inmigración no europea, pero "hay que decir que el informe recibió poca cobertura de la prensa, al igual que los medios de comunicación electrónicos, por lo que el público canadiense no oyó hablar mucho de él" (*ibíd.*, pp. 59-60).

> Al recordar el debate nacional sobre inmigración y población, que duró al menos seis meses, puede decirse que fue una consulta ad hoc con la comunidad de inmigrantes y con las instituciones y organizaciones canadienses para las que la inmigración es importante. Esta consulta no llegó al "canadiense medio" por la siguiente razón: el ministro y el gobierno no pensaron que el canadiense medio respondería positivamente, y que preguntarle causaría más problemas de los necesarios. En consecuencia, no consideraron oportuno asignar fondos para grandes movilizaciones públicas e hicieron poco por involucrar a los medios de comunicación en

un debate nacional significativo. Como resultado, la tan esperada nueva ley de inmigración se introdujo sólo un poco más tarde de lo previsto originalmente por Robert Andreas [Ministro de Mano de Obra e Inmigración] y sus colegas [el autor destaca el papel del Secretario de Estado Alan Gotlieb, mano derecha de Andreas en este asunto]. Algunos lamentan que se haya perdido una oportunidad de oro que podría haber reunido a muchos canadienses para debatir el futuro de su extenso y despoblado país. (*ibid*, p. 63).

Sólo después de la aprobación de la Ley de 1978, el gobierno canadiense emprendió una campaña de información sobre su nueva política de inmigración. F. Hawkins y K. Betts observa lo mismo sobre la política migratoria canadiense y australiana. En Australia, la iniciativa de cambio en este ámbito la tomaron pequeños grupos de reformistas que surgieron en algunas universidades durante la década de 1960. En particular, Betts subraya la idea de que ciertas élites intelectuales, académicas y mediáticas, "formadas en la escuela de las humanidades y las ciencias sociales", desarrollaron la opinión de que formaban parte de un endogrupo moral e intelectualmente superior, que luchaba contra el exogrupo de los no intelectuales australianos de mentalidad interna. Al igual que en Estados Unidos, existe la idea de que una sociedad multicultural es un baluarte contra el antisemitismo. Miriam Faine, miembro del consejo de redacción del *Australian Jewish Democrat*, declaró: "Reforzar el multiculturalismo o la diversidad en Australia es nuestra póliza de seguro más eficaz contra el antisemitismo. El día que Australia tenga un Gobernador General chino-australiano, me sentiré mejor conmigo mismo y más seguro de mi libertad como judío-australiano" (citado *en* D. McCormack, "Immigration and multiculturalism", *Censorship, Immigration and Multiculturalism*, p. 11).

Al igual que en Estados Unidos, la reagrupación familiar se convirtió en el centro de la política migratoria en Canadá y Australia, lo que provocó los efectos "en cadena" mencionados anteriormente. Hawkins muestra que en Canadá, la reagrupación familiar fue la política favorecida por los ministros de izquierda que querían aumentar el número de inmigrantes del Tercer Mundo. En Australia, la reagrupación familiar cobró importancia en la década de los ochenta, de forma concomitante a la disminución de la importancia del criterio de desarrollo de Australia para la admisión de inmigrantes. En este contexto, el Consejo Ejecutivo de la Judería Australiana aprobó una resolución en su reunión del 1 de diciembre de 1996, en la que expresaba su "apoyo a la opinión de que los intereses de Australia a largo plazo están mejor servidos por una política migratoria no discriminatoria que adopte una actitud benévola hacia los refugiados y la reagrupación familiar y dé prioridad a las consideraciones humanitarias".

La principal publicación judía, *Australia/Israel Review*, ha defendido sistemáticamente altos niveles de inmigración de todos los grupos raciales y étnicos. La revista publicó retratos condenatorios de los restriccionistas y también publicó, con fines de intimidación y castigo, una lista de 200 personas asociadas al partido antiinmigración de Pauline Hanson, *One Nation* ("Gotcha! One Nation's Secret Membership List", 8 de agosto de 1998).

No es injusto concluir que las organizaciones judías han defendido uniformemente altos niveles de inmigración, de toda extracción racial y étnica, en las sociedades occidentales y también han promovido un modelo multicultural.

Capítulo VIII

Conclusión: ¿Hacia dónde se dirigen el judaísmo y Occidente?

Parte 1

En conclusión de este libro, podemos decir que el papel de los judíos ha sido decisivo, ya que han desarrollado movimientos intelectuales y políticos extremadamente influyentes que sirven a sus intereses en las sociedades occidentales contemporáneas. Sin embargo, estos movimientos no lo son todo. La influencia y el poder de los judíos han crecido prodigiosamente en las sociedades occidentales en general, y en Estados Unidos en particular. Ginsberg señala que el estatus económico y la influencia cultural de los judíos han aumentado drásticamente en Estados Unidos desde la década de 1960. Shapiro muestra que los judíos tienen un coeficiente de sobrerrepresentación de más de 9 en términos de riqueza, aunque se trata de una estimación baja, ya que los activos judíos son en gran parte bienes inmuebles, que son difíciles de identificar y fáciles de ocultar. Los judíos, que representan alrededor del 2,4% de la población estadounidense, representan la mitad de los 100 principales ejecutivos de Wall Street y alrededor del 40% de los admitidos en las universidades de *la Ivy League*. Lipset y Raab señalan que los judíos aportan entre una cuarta y una tercera parte de todas las contribuciones políticas, incluyendo la mitad de las contribuciones al Partido Demócrata y una cuarta parte de las contribuciones al Partido Republicano.

El libro de J. J. Goldberg, *Jewish Power: Inside the Amercian Jewish Establishment*, sostiene que el judaísmo estadounidense está muy organizado y bien dotado. Ha adquirido fuertes posiciones de poder y ha podido hacer valer sus intereses. Existe un claro consenso sobre los asuntos judíos en el sentido más amplio, especialmente sobre Israel y el bienestar de los judíos en el extranjero, sobre la inmigración y la cuestión de los refugiados, sobre la separación de la Iglesia y el Estado, sobre la cuestión del derecho al aborto y las libertades civiles. La unanimidad en estas cuestiones es preocupante, dado el grado de desacuerdo en otras cuestiones entre las organizaciones activistas judías y los movimientos intelectuales judíos que hemos examinado. Los principales retrocesos políticos en todas estas cuestiones, a partir de la revolución contracultural de la década de 1960, son contemporáneos al período de creciente influencia y poder de los judíos en Estados Unidos.

Desde la década de 1950, los estudios empíricos sobre las jerarquías étnicas han seguido los cambios en los recursos de los distintos grupos étnicos, incluida su representación en la élite. Estos estudios han destacado a menudo la sobrerrepresentación de los protestantes blancos en los niveles más altos de las empresas y el ejército, pero han tenido la culpa de descuidar las diferencias de grupo en el compromiso y la organización. Basándose en el modelo de Blalock del poder de grupo como recursos multiplicados por la movilización, Salter propuso una estimación teórica de la influencia judía en comparación con la de los afroamericanos y los blancos en *Ethnic Infrastructures U.S.A.: An Evolutionary Analysis of Ethnic Hierarchy in a Liberal Democracy* en 1998. Los judíos están mucho más movilizados que estas otras dos poblaciones étnicas (uno duda en llamar "grupo" a los estadounidenses blancos). Salter señala que las organizaciones étnicas específicas dedicadas a defender los intereses étnicos de los estadounidenses blancos son fundamentalmente grupos políticos marginales, con escasos recursos y poca influencia en la corriente política.

También señala que el *Comité de Asuntos Públicos América-Israel* ocupa el segundo lugar entre los 120 grupos de presión más poderosos, según una clasificación realizada por los propios parlamentarios y grupos de presión; Salter añade que ninguna otra organización étnica llega a los 25 primeros puestos de esta clasificación. Además, el AIPAC es uno de los pocos grupos de presión que recauda fondos para ganar aliados para su causa. Acabamos de ver que los judíos contribuyen con entre un tercio y la mitad de toda la financiación de las campañas electorales federales, y que las contribuciones están motivadas por "Israel y la agenda judía más amplia" (J. J. Goldberg, *op.cit.* p. 275). Así, se puede calcular que los judíos están sobrerrepresentados en las contribuciones a las campañas con un coeficiente de 13 en función de su proporción en la población, y de 6,5 si se ajusta a su elevada renta media. En cuanto a las donaciones de dinero a países extranjeros, los judíos están claramente a la cabeza. En la década de 1920, mucho antes de la explosión de la ayuda judía a Israel después de la Segunda Guerra Mundial, los judíos estadounidenses parecen haber donado 24 veces más per cápita a los judíos en el extranjero de lo que los estadounidenses irlandeses hicieron para ayudar a la lucha de Irlanda por la independencia de Gran Bretaña, un período que corresponde al pico de la filantropía étnica irlandesa. Esta disparidad se ha acentuado aún más desde la Segunda Guerra Mundial. Salter ofrece una estimación baja de que la movilización étnica judía es cuatro veces mayor que la de los blancos no judíos, basándose en una comparación de las donaciones de dinero per cápita a causas étnicas no confesionales.

Según el modelo de Blalock, la influencia no se mide sólo por el nivel de movilización, sino también por el nivel de recursos que posee el grupo. Salter calcula que los judíos poseen el 26% de los "recursos cibernéticos" de Estados Unidos (con lo que se refiere a la riqueza medible por la representación en el gobierno, los medios de comunicación, las finanzas, el mundo académico, los negocios y el entretenimiento). Este nivel de control de los recursos es un promedio que oculta la disparidad entre algunas áreas de alta representación judía (> 40%) como los medios de comunicación, las altas finanzas, las profesiones, la élite intelectual y el entretenimiento, y otras áreas de baja representación judía (≤ 10%), como los legisladores, la élite empresarial y el liderazgo militar y religioso. La estimación global de Salter es comparable a la de R. Lerner y sus coautores en *American Elites*, basada en datos recogidos en las décadas de 1970 y 1980. Llegaron a la conclusión de que los judíos constituían el 23% de las élites estadounidenses. Estos resultados son paralelos a los niveles de sobrerrepresentación judía en otras sociedades, como la Alemania de principios del siglo XX, en la que los judíos constituían alrededor del uno por ciento de la población, pero tenían cerca del 20 por ciento de la economía (según W. E. Moss en *Jews in the German Economy: The German-Jewish Economic Elite 1820-1935*), y tenían una influencia dominante en los medios de comunicación y la producción cultural (según I. Deak, *Weimar's Germany Left-Wing Intellectuals*, p. 28, y W. Laqueur, *Weimar: A Cultural History 1918-1933*, p. 73).

Colocando los valores de estos recursos y niveles de movilización en la ecuación de Blalock, se puede estimar que la influencia judía en la política étnica (inmigración, política racial, política exterior) es tres veces superior a la de los blancos estadounidenses no judíos. Este resultado se mantiene independientemente de cómo se midan los recursos, con la excepción del método "neomarxista extremo", que sólo incluye en la ponderación de los recursos a la élite empresarial, al poder legislativo, a la élite militar, a las fundaciones [instituciones de utilidad social] y a las rentas colectivas agregadas. Este método lleva a la conclusión de que la influencia judía es aproximadamente igual a la influencia de los blancos americanos no judíos.

Como hemos visto, existe un claro consenso entre los judíos respecto a Israel y el bienestar de los judíos en el extranjero, la inmigración y la cuestión de los refugiados, la separación de la Iglesia y el Estado, la cuestión del derecho al aborto y las libertades civiles. Esto implica que la influencia y los intereses judíos son preponderantes en estas áreas. Esta conclusión es totalmente coherente con nuestro análisis de la influencia judía en la política migratoria en el capítulo siete, y con el hecho de que todas estas áreas han sido objeto de cambios de política que se han ajustado a los intereses judíos y coinciden con el aumento de la influencia judía en Estados Unidos.

La estimación de Salter de que la movilización judía es varias veces mayor que la de los blancos estadounidenses no judíos queda bien ilustrada por la historia de la participación judía en la política migratoria: todas las principales organizaciones judías se comprometieron intensamente en la batalla contra las restricciones migratorias, durante un período de un siglo y a pesar de lo que podrían haber parecido derrotas devastadoras. Este esfuerzo continúa en la época contemporánea. Como vimos en el capítulo 7, la oposición de la gran mayoría de la población de ascendencia europea a la inmigración masiva de individuos de todos los grupos étnicos y raciales, y la relativa apatía de otros grupos, incluidos los italoamericanos y los polacos americanos que podrían haber apoyado la inmigración de los suyos, han sido aspectos cruciales de la historia de la política migratoria.

El "ascenso de los judíos", por utilizar la expresión de Albert Lindemann, ha tenido innegablemente un efecto significativo en las sociedades occidentales contemporáneas. El capítulo anterior ha demostrado que la presencia de altos niveles de inmigración en las sociedades occidentales se corresponde con este supuesto interés judío: hacer que las sociedades sean étnica y culturalmente plurales y no homogéneas. Merece la pena considerar las posibles consecuencias a largo plazo de esta línea política.

En los últimos años, los intelectuales y activistas de las minorías étnicas han expresado un creciente rechazo a la idea del *crisol de razas*, basada en la asimilación entre grupos étnicos. En sus escritos destacan las diferencias étnicas y culturales; ven la asimilación étnica y la homogeneización de forma negativa. El tono de sus escritos recuerda a los intelectuales judíos de finales del siglo XIX y principios del XX que rechazaban el judaísmo reformista y sus consecuencias asimilacionistas, poniéndose del lado del sionismo o de la vuelta al judaísmo conservador u ortodoxo, una forma más extrema de separatismo cultural.

Este movimiento hacia el separatismo étnico tiene un gran interés desde el punto de vista evolutivo. La competencia intergrupal y la vigilancia exogrupal han caracterizado las interacciones entre judíos y gentiles no sólo en Occidente, sino también en las sociedades musulmanas, y los ejemplos de competencia y conflicto intergrupal en otras partes del mundo son demasiado numerosos para mencionarlos. El separatismo étnico ha sido históricamente una fuerza divisoria en las sociedades, como muestra la historia del judaísmo. En varias ocasiones ha provocado estallidos de desconfianza y odio, guerras de base étnica, expulsiones, pogromos e intentos de genocidio. Hay pocas razones para creer que los tiempos que se avecinan serán diferentes. Hoy en día, hay conflictos de base étnica en todos los continentes, y para los judíos que regresan de sus diásporas, la fundación del Estado de Israel no ha extinguido ciertamente los conflictos de base étnica allí.

Mi revisión de los estudios que se han realizado sobre los contactos entre grupos más o menos impermeables en las sociedades históricas sugiere que la competencia intergrupal, y el seguimiento de los éxitos respectivos del grupo interno y del grupo externo, es la norma. Estos resultados corroboran el estudio psicológico de los procesos de identidad social que he realizado en *SAID* (capítulo 1). Desde un punto de vista evolutivo, estos resultados apoyan la idea de que el interés étnico es algo que importa en los asuntos humanos; es evidente que la etnicidad sigue siendo una fuente común de identidad colectiva en el mundo contemporáneo. Está claro que las personas son conscientes de su pertenencia colectiva y, por lo general, tienden a desvalorizar y competir con los exogrupos. Los individuos también son muy conscientes de la posición de su grupo frente a los demás en cuanto al control de los recursos y el éxito reproductivo. También están dispuestos a tomar las medidas más enérgicas para obtener o conservar el poder económico y político en nombre de estos imperativos de grupo.

Dado el separatismo étnico, es útil preguntarse qué circunstancias, desde un punto de vista evolutivo, podrían reducir el nivel de conflicto intergrupal. Los teóricos del pluralismo cultural, como Horace Kallen, prevén una situación en la que los diferentes grupos étnicos conservan sus identidades distintivas en un contexto de completa igualdad política y libertad económica. La dificultad de este escenario, desde una perspectiva evolutiva (o incluso de sentido común), es que no dice nada sobre lo que ocurriría con la competencia por los recursos y el éxito reproductivo en una sociedad así. De hecho, las consecuencias de la batalla étnica ya eran evidentes en la época de Kallen, pero "Kallen, rodeado de una vorágine de conflictos, elevó su mirada a ese reino ideal donde la diversidad y la armonía coexistían" (Higham, *op. cit.* p.209)

En el mejor de los casos, se podría imaginar que los diferentes grupos étnicos practicaran una reciprocidad absoluta entre ellos, de modo que no hubiera diferencias causadas por la explotación de un grupo étnico por el otro. Tampoco habría diferencias relacionadas con los logros, como la pertenencia a una clase social, el papel económico (por ejemplo, productor frente a consumidor, acreedor frente a deudor, jefe frente a trabajador) o las diferencias entre grupos étnicos relacionadas con la fertilidad. Todos los grupos serían más o menos iguales en número y poder político; si hubiera diferencias en número, se tomarían medidas para garantizar que las minorías tuvieran una representación justa en todos los indicadores de éxito reproductivo y social. Tales condiciones minimizarían la hostilidad entre grupos, ya que sería difícil atribuir el estatus de un grupo a las acciones de otro.

Sin embargo, dada la existencia del separatismo étnico, sigue siendo de interés para cada grupo buscar su ventaja a expensas de otros grupos. En igualdad de condiciones, un grupo determinado siempre estará mejor si consigue que otros grupos tengan menos recursos, menor estatus social, menor fertilidad y proporcionalmente menos poder político que él. El hipotético estado estable de igualdad implica, por tanto, un sistema de relaciones de poder antagónicas, que permite a cada parte asegurarse constantemente de que la otra no hace trampas. Cada parte busca constantemente formas de dominar y explotar a la otra; cada parte sólo está dispuesta a comprometerse cuando la otra amenaza con tomar represalias; cada parte sólo está dispuesta a colaborar y hacer sacrificios cuando se ve obligada a hacerlo, por ejemplo, bajo la amenaza de un peligro externo. Está claro que hay que descartar cualquier tipo de cooperación con auténtico altruismo hacia el otro grupo.

En estas condiciones, la situación ideal de igualdad absoluta en la propiedad de los recursos y en el éxito reproductivo requeriría sin duda un nivel de vigilancia muy elevado e implicaría una evidente desconfianza mutua. Sin embargo, en la realidad, es muy poco probable que ese ideal se haga realidad, y es francamente siniestro. En realidad, los grupos étnicos difieren en talento y capacidad; difieren en número, en fecundidad y en la forma en que fomentan las prácticas de crianza que conducen a la adquisición de recursos; también difieren en la cuota de recursos que poseen en un momento dado, y en el poder político. La igualdad, o la equidad proporcional, sería extremadamente difícil de alcanzar o mantener sin niveles de vigilancia sin precedentes y controles sociales extraordinariamente intensos para hacer cumplir las cuotas étnicas en las áreas de adquisición de riqueza, admisión a la universidad, acceso a los puestos más prestigiosos, etc.

Dado que los distintos grupos étnicos tienen diferentes talentos y capacidades, y diferentes tipos de crianza, habrá que adoptar diferentes criterios para conseguir y mantener un trabajo en función de la etnia. Además, lograr la paridad entre los judíos y otros grupos étnicos implicaría un alto nivel de discriminación contra los judíos individuales a las puertas de las universidades o de ciertos puestos de trabajo, e incluso implicaría fuertes impuestos para contrarrestar la posición ventajosa de los judíos en la posesión de la riqueza, ya que los judíos están ahora enormemente sobrerrepresentados entre los ricos y poderosos en los EE.UU. Esto sería especialmente evidente si se distinguiera a los judíos de los blancos como un grupo étnico separado. De hecho, la evolución final de algunos *intelectuales neoyorquinos* desde el estalinismo los convirtió en neoconservadores, muy contrarios a la discriminación positiva y a los mecanismos de cuotas en la asignación de recursos. (H. M. Sachar menciona, entre los opositores a la discriminación positiva, los siguientes nombres: Daniel Bell, Sidney Hook, Irving Howe, Irving Kristol, Nathan Glazer, Charles Krauthammer, Norman Podhoretz y Earl Raab). Organizaciones judías como la ADL, el AJCommittee y el AJCongress adoptaron posiciones similares.

En la década de 1920, cuando Estados Unidos intentaba hacer algo contra la competencia judía en las universidades privadas de prestigio, se propuso que cada grupo étnico recibiera una cuota de plazas en Harvard, de acuerdo con la proporción de los distintos grupos raciales y nacionales en la población estadounidense. Estas políticas -invariablemente denunciadas por las organizaciones judías- se aplicaban al mismo tiempo en Europa Central. Reflejan la importancia de la etnicidad en los asuntos humanos, pero hacen que el nivel de tensión social se mantenga constantemente alto. Además, hay muchas posibilidades de que se produzcan guerras étnicas, incluso cuando se consigue una paridad exacta mediante controles sociales muy fuertes: como hemos indicado, siempre es ventajoso para un grupo étnico conseguir la hegemonía sobre los demás.

Si se adopta un modelo de pluralismo cultural que implica la libre competencia por los recursos y el éxito reproductivo, las diferencias entre los grupos étnicos son inevitables; desde un punto de vista evolutivo, se puede prever que la animosidad por parte de los grupos perdedores se producirá. Tras la emancipación de los judíos en las sociedades occidentales, hubo una fuerte tendencia a la movilidad ascendente, una fuerte sobrerrepresentación en las profesiones y en el comercio, la política y la producción cultural. Al mismo tiempo, se produjeron brotes de antisemitismo, a menudo por parte de grupos que se sentían desplazados en la competencia por los recursos, o que consideraban que la cultura que se estaba creando no era de su interés. Si la historia del judaísmo ofrece una lección, es que el separatismo étnico autoimpuesto tiende a basar la competencia por los recursos en la pertenencia al grupo y, por tanto, tiende a provocar el odio, la expulsión y la persecución. Asumiendo que las etnias difieren en talentos y capacidades, suponer que el separatismo étnico podría conducir a una situación estable sin animosidad étnica requiere o bien que el equilibrio de poder se mantenga mediante estrictos controles sociales, o bien que al menos algunos grupos étnicos no se sientan preocupados por perder la partida.

Creo que esta última posibilidad es insostenible a largo plazo. Que un grupo étnico se despreocupe de ser eclipsado y dominado no es una perspectiva que esperaría un evolucionista ni, por supuesto, un defensor de la justicia social de cualquier ideología. Sin embargo, es la moraleja implícita que algunos historiadores extraen de su crítica a las actitudes españolas hacia los judíos y marranos durante la Inquisición y la Expulsión. Benzion Netanyahu, por ejemplo, en *Los orígenes de la Inquisición en la España del siglo XV* parece a veces despreciar abiertamente la incapacidad española de competir con los "cristianos nuevos" sin recurrir a la violencia de la inquisición. Desde este punto de vista, los españoles deberían haberse dado cuenta de su inferioridad y haber aceptado el dominio económico, social y político de otra etnia. Es poco probable que esa "moral" convenga al grupo que está perdiendo la competencia, y desde un punto de vista evolutivo no es sorprendente. Goldwin Smith lo resumió hace un siglo:

> Una comunidad tiene derecho a defender su territorio y su integridad nacional contra un invasor, cruzando las espadas o llevando a cabo incautaciones. En los territorios de las antiguas repúblicas italianas, los judíos habían comprado tierras y se dedicaban a la agricultura. Pero antes de eso, se habían dedicado al comercio. A finales del Imperio, eran los grandes traficantes de esclavos, que compraban esclavos a los invasores bárbaros y presumiblemente comerciaban con el botín. Entraron en Inglaterra en el equipaje del conquistador normando. No cabe duda de que hubo una lucha constante entre su arte y la fuerza bruta de las poblaciones feudales. Pero, ¿qué privilegio moral tendría su arte frente a la fuerza?
>
> El Sr. Arnold White dice a los rusos que si dieran rienda suelta a la inteligencia judía, los judíos obtendrían en poco tiempo todos los empleos elevados y todos los puestos de poder, con exclusión de los nativos que

ahora los ocupan. Algunos exigen que los rusos cumplan y se alegren, pero estos filósofos no sabrían saborear la bebida si se la llevaran a sus propios labios. La ley de la evolución, dicen, es la supervivencia del más apto. A lo que el patán ruso podría responder que si su fuerza puede superar el exquisito intelecto del judío, sobrevivirá el más apto y se cumplirá la ley de la evolución. Fue la fuerza, y no el intelecto exquisito, lo que decidió en el campo de batalla de Zama que los latinos, y no los semitas, dominarían a los pueblos antiguos y darían forma al mundo moderno. (*Ensayos sobre las cuestiones del día*, p. 261)

Irónicamente, muchos intelectuales que rechazan absolutamente el pensamiento evolutivo y cualquier sugerencia de que el interés genético importa en los asuntos humanos, se pronuncian a favor de líneas políticas claramente interesadas y etnocéntricas. Suelen condenar el comportamiento interesado y etnocéntrico de otros grupos, especialmente cualquier indicio de que la mayoría de descendientes de europeos en Estados Unidos está desarrollando una estrategia de grupo cerrada y con altos niveles de etnocentrismo, como reacción a las estrategias colectivas de otros grupos. La ideología del separatismo étnico de los grupos minoritarios, la legitimación implícita de la competencia intergrupal por los recursos, y la idea más moderna de la pertenencia a un grupo étnico como criterio para la adquisición de recursos, deben tomarse como lo que son: planos de estrategias grupales evolutivas.

La importancia de esta competencia grupal por los recursos no puede ser sobrestimada. Creo que es poco probable que las sociedades occidentales basadas en el individualismo y la democracia puedan sobrevivir durante mucho tiempo a la legitimación de la competencia entre grupos impermeables, donde la pertenencia al grupo está determinada por la etnia. La discusión en *SAID* (capítulos 3 a 5) nos convence de que, en última instancia, sólo una estrategia de grupo puede contrarrestar otra estrategia de grupo, y que tales sociedades tienden a estructurarse en torno a grupos estrechamente unidos y mutuamente excluyentes. De hecho, el reciente movimiento multicultural parece dirigirse hacia una forma de organización social profundamente no occidental, que históricamente ha sido mucho más típica de las sociedades compartimentadas de Oriente Próximo, centradas en grupos distintos y homogéneos. Sin embargo, a diferencia del ideal multicultural, estas sociedades tienen relaciones de dominación y subordinación muy marcadas. Mientras que la democracia parece bastante ajena a estas sociedades compartimentadas, las sociedades occidentales, que en este sentido son únicas en el panorama de las sociedades estratificadas, han desarrollado instituciones políticas individualistas, democráticas y republicanas. También hay que recordar que los mayores ejemplos de colectivismo occidental, incluyendo el nacionalsocialismo alemán y el catolicismo ibérico del periodo de la Inquisición, se caracterizaron por un intenso antisemitismo.

En estas condiciones, existe una posibilidad no despreciable de que las sociedades individualistas no sobrevivan a la competencia intrasocial y grupal que se ha convertido en algo habitual e intelectualmente respetable en Estados Unidos. Creo que Estados Unidos está siguiendo un camino que lleva a una situación explosiva, que conduce a la guerra étnica y al desarrollo de enclaves colectivistas, autoritarios y racialistas. Aunque las creencias y los comportamientos etnocéntricos se consideran moral e intelectualmente legítimos sólo para las minorías étnicas en Estados Unidos, la teoría y los datos presentados en *SAID* indican que el creciente desarrollo del etnocentrismo entre las personas de ascendencia europea es una consecuencia probable de las tendencias actuales.

Segunda parte

Podría decirse que la Escuela de Fráncfort y el psicoanálisis han intentado, con cierto éxito, crear lo que Paul Gottfried y Christopher Lasch han llamado un "estado terapéutico", diseñado para patologizar el etnocentrismo de los descendientes de europeos y su deseo de mantener su dominio cultural y demográfico. Sin embargo, la aparición del etnocentrismo en la población mayoritaria de Estados Unidos, de extracción europea, parece un resultado probable, ya que el paisaje social y político de Estados Unidos se estructura cada vez más en torno a grupos. Esto parece ser así porque los mecanismos evolutivos de los seres humanos funcionan de tal manera que la cuestión de la pertenencia a endogrupos y exogrupos se hace más acuciante en situaciones en las que la competencia por los recursos está basada en el grupo (véase *SAID*, capítulo 1).

Por lo tanto, para contrarrestar estas inclinaciones, las sociedades occidentales deben someterse a una intervención "terapéutica" que combata las manifestaciones etnocéntricas de la mayoría en varios niveles, pero ante todo instituyendo la ideología de que tales manifestaciones son síntomas de psicopatología y motivo de ostracismo, estigmatización, asesoramiento e intervención psiquiátrica. A medida que el conflicto étnico sigue aumentando en Estados Unidos, cabe esperar intentos desesperados de reforzar la ideología del multiculturalismo, mediante sofisticadas teorías que explican la psicopatología del etnocentrismo mayoritario, y mediante dispositivos de estado policial para controlar el pensamiento y el comportamiento no conformistas.

Sospecho que la adopción del multiculturalismo por parte de los grupos raciales y étnicos no judíos se debe en gran medida a su incapacidad para competir en un ámbito económico y cultural individualista. En consecuencia, el multiculturalismo se fusionó con bastante rapidez con la idea de que cada grupo debe recibir su parte de recompensas económicas y culturales en proporción a su tamaño en la población. Como hemos visto, la situación resultante sería muy contraproducente para los intereses judíos. Dada su gran inteligencia y su talento para adquirir recursos, los judíos no se benefician de los planes de discriminación positiva y otros privilegios colectivos que reclaman los grupos minoritarios situados en la parte inferior de la escala social. (Sin embargo, teniendo en cuenta la ventaja competitiva que tienen los judíos dentro del grupo de blancos de ascendencia europea en el que se encuentran ahora, podría considerarse que se benefician de estos dispositivos y privilegios diseñados para disolver el poder del grupo de ascendencia europea en su conjunto, suponiendo que apenas se verían afectados. Y, de hecho, aunque las organizaciones judías se oponen oficialmente a estos privilegios de grupo, se ha comprobado que los votos de los judíos de California en la votación de una ley hostil a la discriminación positiva fueron proporcionalmente muy inferiores a los de otros grupos de extracción europea).

Aunque la ideología multiculturalista fue inventada por los intelectuales judíos para justificar la continuación del separatismo y el etnocentrismo de los grupos minoritarios en el contexto de un Estado occidental moderno, algunas expresiones del multiculturalismo pueden engendrar un monstruo, fatal para el judaísmo. Irving Louis Horowitz registró el crecimiento del antisemitismo en la enseñanza de la sociología, ya que estos departamentos empleaban a personas implicadas en causas etnopolíticas y que veían con malos ojos el dominio judío de la sociología. Existe una fuerte corriente antisemita entre algunos ideólogos multiculturalistas, en particular los afrocéntricos, hasta el punto de que, en palabras de Cohen, "el multiculturalismo actual se identifica a menudo con un segmento de la izquierda que tiene, por decirlo sin rodeos, un problema con los judíos" (*In defence of Shaatnez: A politics for Jews in a multicultural America, Insider/Outsider: American Jews and Multi-Culturalism*, p. 45).

Recientemente, la Nación del Islam, dirigida por Louis Farrakhan, ha adoptado una retórica abiertamente antisemita. El afrocentrismo se asocia a menudo con ideologías racialistas, como la de Molefi Asante, que afirman que la etnia es la base moral adecuada para la identidad personal y la autoestima, y que la cultura está estrechamente vinculada a la etnia. Los ideales occidentales de objetividad, universalismo, individualismo y racionalidad, y con ellos el método científico, son rechazados por motivos étnicos. Asante defiende una ingenua teoría racialista según la cual los africanos (el "pueblo del sol") son superiores a los europeos (el "pueblo del hielo").

Estos movimientos se hacen eco de ideologías judías similares que justifican el celo étnico judío y se esfuerzan por producir sentimientos de superioridad étnica dentro del grupo. Estas ideologías son comunes en la historia judía, encarnadas en el tema de la elección divina de su pueblo y la idea de que son "la luz de las naciones". En el séptimo capítulo de *SAID* dimos pruebas de que los historiadores e intelectuales judíos desde la antigüedad han intentado a menudo demostrar que las influencias culturales no judías tenían precedentes específicamente judíos, o incluso que los filósofos y artistas gentiles eran de hecho judíos. Esta tradición ha sido retomada recientemente por Martín Bernal en *Atenea Negra* (publicado en 1987) y por José Faur en *En las sombras de la historia: judíos y conversos en los albores de la modernidad* (publicado en 1992).

Ciertamente, existe una tendencia general desde la Ilustración en la que los judíos forman la vanguardia de movimientos políticos no religiosos, como el movimiento por el pluralismo cultural, que pretenden servir a los intereses judíos y atraer a ciertos sectores del gentilismo. Pero también hay una tendencia que se traduce en la escisión de estos movimientos, que se deriva del antisemitismo emergente en los sectores del gentilismo a los que las ideologías en cuestión pretendían apelar, de modo que los judíos abandonan estos movimientos y buscan su ventaja por otras vías.

Hemos señalado en este libro que los judíos desempeñaron un papel destacado en la izquierda política del siglo XX. También hemos señalado que, como consecuencia del antisemitismo presente entre los gentiles de izquierdas y en los gobiernos comunistas, los judíos acabaron abandonando la izquierda o desarrollando sus propias variantes de izquierdismo, que intentaban conciliar el universalismo izquierdista con la primacía de la identidad judía y sus intereses. Gore Vidal, un ejemplo típico de intelectual de izquierdas no judío, había sido un crítico declarado de los neoconservadores judíos que promovieron la carrera armamentística durante la década de 1980 y se aliaron con las fuerzas políticas conservadoras para proporcionar ayuda a Israel. Estas acusaciones se han interpretado como antisemitas, por la idea subyacente de que los judíos anteponen los intereses de Israel a los de Estados Unidos. Vidal también sugiere que el neoconservadurismo surge del deseo judío de aliarse con las élites gentiles para protegerse de posibles movimientos antisemitas que surgirían como consecuencia de las crisis económicas.

De hecho, el miedo al antisemitismo de la izquierda fue uno de los principales incentivos para la fundación del movimiento neoconservador, el término ideológico de muchos *intelectuales neoyorquinos* cuya evolución intelectual y política hemos trazado en el capítulo 6. Como señala Gottfried, el efecto acumulativo del neoconservadurismo y su actual hegemonía en el movimiento político conservador de Estados Unidos (que ha logrado en parte gracias a su fuerte influencia en los medios de comunicación y en las fundaciones) ha sido desplazar el movimiento conservador hacia el centro y, en efecto, trazar los límites de la legitimidad conservadora. Sin duda, la legitimidad conservadora se define por su no oposición a los intereses específicamente judíos de una política migratoria mínimamente restrictiva, el apoyo a Israel, el apoyo a la democracia en todas partes, la oposición a las cuotas y a la discriminación positiva, etc.

Sin embargo, como escribió William F. Buckley en *En busca del antisemitismo*, la alianza entre los paleoconservadores no judíos y los neoconservadores judíos es frágil, y los segundos suelen acusar a los primeros de antisemitismo. La mayor parte del problema proviene de la tensión producida por las tendencias nacionalistas de un sector importante del conservadurismo estadounidense, combinada con la opinión de una parte de los conservadores no judíos de que el neoconservadurismo judío no es más que un instrumento para alcanzar objetivos judíos estrechos y sectarios, especialmente en lo que respecta a la cuestión de Israel, la separación de la Iglesia y el Estado, y la acción afirmativa. Además, el compromiso de los neoconservadores con muchas causas sociales conservadoras es, como mínimo, tímido. Y lo que es más importante, los neoconservadores siguen una línea fundamentalmente étnica en materia de inmigración, mientras se oponen a los intereses étnicos de los paleoconservadores que quieren mantener su hegemonía étnica. La directriz étnica del neoconservadurismo se manifiesta también en su defensa de la idea de que Estados Unidos debe llevar a cabo una política exterior altamente intervencionista, teniendo en cuenta el establecimiento de la democracia en todo el mundo y los intereses de Israel, no el interés nacional específico de Estados Unidos. Por último, el neoconservadurismo ha desempeñado su papel en el movimiento conservador estadounidense para contrarrestar la fuerte tendencia judía a apoyar a los candidatos de izquierda y extrema izquierda. Los intereses étnicos judíos están mejor servidos si se influye en los dos partidos principales para lograr un consenso sobre las cuestiones judías y, como hemos visto, el neoconservadurismo ha servido para trazar las líneas de la legitimidad conservadora de acuerdo con los intereses judíos.

A medida que crece el antisemitismo, los judíos abandonan los movimientos a los que dieron el impulso intelectual inicial. Este fenómeno podría repetirse en el caso del multiculturalismo. De hecho, los más destacados opositores al multiculturalismo son los neoconservadores judíos y organizaciones como la *National Association of Scholars* (NAS), que cuenta con un gran número de miembros judíos (la NAS es un grupo de profesores que lucha contra los excesos más visibles del feminismo y el multiculturalismo en la universidad).) En estas condiciones, los intentos de vincular a los judíos con ideologías políticas no religiosas pueden fracasar a largo plazo. B. Ginsberg lo señala cuando apunta que el antisemitismo es cada vez más evidente entre los izquierdistas y conservadores estadounidenses, así como entre los radicales populistas.

El tema del multiculturalismo es una estrategia judía muy problemática. Se podría decir que los judíos quieren tener su pastel y comérselo también: "Los judíos a menudo se encuentran atrapados entre la ferviente defensa y la crítica de la Ilustración. Muchos judíos consideran que la sustitución del ideal universalista de la ilustración por una política diferencialista y una "multicultura" fragmentada puede amenazar su posición establecida. Al mismo tiempo, reconocen que una "monocultura" homogénea pone en peligro la particularidad judía (...) Buscan proteger las virtudes de la ilustración de las réplicas de su propio naufragio y crear un horizonte inclusivo alejado del multiculturalismo, donde reinan la fragmentación y la división" (Biale, Galchinsky & Heschel, Introduction: The Dialectic of Jewish Enlightenment, en *Insider/Outsider: American Jews and Multi-Culturalism*, p. 7). Es poco probable que las sociedades multiculturales, marcadas por la fragmentación y la constante tensión étnica, satisfagan las necesidades de los judíos a largo plazo, aunque subviertan el dominio demográfico y cultural de los pueblos de origen europeo en las tierras que antes dominaban.

Por lo tanto, existe una fricción fundamental e insoluble entre el judaísmo y la estructura política y social prototípica de Occidente. La larguísima historia del antisemitismo en las sociedades occidentales, marcada por tantas reapariciones tras periodos de letargo, apoya ese diagnóstico. La incompatibilidad entre el judaísmo y la cultura occidental se manifiesta también en la tendencia de las sociedades occidentales individualistas a romper la cohesión del grupo judío. Como señaló Arthur Ruppin en 1934, todas las manifestaciones modernas del judaísmo, desde la neo-ortodoxia hasta el sionismo, son respuestas a los efectos corrosivos de la ilustración sobre el judaísmo, es decir, un conjunto de estructuras defensivas erigidas contra "la influencia destructiva de la civilización europea" (*The Jews in the Modern World*, p. 339). Desde un punto de vista teórico, hay buenas razones para creer que el individualismo occidental es incompatible con el principio de conflicto grupal por los recursos, que ha sido la consecuencia sistemática del auge del judaísmo en las sociedades occidentales (cf. *SAID*, capítulos 3-5).

Alan Ryan ha captado esta fricción en su examen de la "contradicción latente" en las líneas políticas defendidas por Richard J. Herrnstein y Charles Murray, autores del bastante controvertido *The Bell Curve: Inteligencia y estructura de clases en la vida americana*. Ryan sostiene que "Herrnstein es un defensor de un mundo en el que los niños judíos superdotados o sus equivalentes, aunque sean de origen humilde, llegan a lo más alto y acaban dirigiendo Goldman Sachs o el departamento de física de Harvard. En cuanto a Murray, es un apóstol del Medio Oeste en el que creció, un mundo en el que el dueño del garaje local nunca se cuestionó si era más o menos inteligente que el profesor del colegio. El problema es que este mundo ha sido tan subvertido por ese mundo que la mera presencia de sus beneficiarios le repugna. (Apocalypse now ? *New York Review of Books* # 41 - 1994, p. 11).

La estructura social que favorecería Murray está marcada por un individualismo moderado, la presencia de la meritocracia y la jerarquía, pero también una cierta cohesión y homogeneidad étnica y cultural. Es una sociedad en la que existe cierta armonía entre las clases sociales y que atempera el individualismo extremo de la élite con controles sociales.

En Occidente, hay una fuerte tendencia a desarrollar este tipo de sociedad, ya en la Edad Media, pero que no está ausente, en mi opinión, de la civilización romana clásica, desde la época de la república. El ideal de la armonía jerárquica es fundamental en la doctrina social de la Iglesia católica, que se desarrolló a finales del Imperio Romano y alcanzó su máximo esplendor en la Alta Edad Media. Este ideal se refleja en una importante tendencia de la historia intelectual alemana, que comenzó con Herder en el siglo XVIII. Uno de los rasgos más fundamentales de esta armonía jerárquica europea prototípica fue la imposición social de la monogamia, una forma de nivelación reproductiva que aflojó los vínculos entre riqueza y éxito reproductivo. Desde una perspectiva evolutiva, las sociedades occidentales pueden lograr la cohesión porque las relaciones sociales jerárquicas están relativamente libres de consecuencias reproductivas.

Un mundo así se ve amenazado desde arriba por el dominio de una élite individualista libre de toda obligación con los individuos de condición inferior, que pueden serlo por su menor capacidad intelectual o riqueza. Está amenazada desde dentro por el desarrollo de una sociedad formada por un conjunto de grupos étnicamente separados, permanentemente competitivos y muy impermeables; el judaísmo proporciona el ejemplo histórico de este tipo de grupo y los defensores del multiculturalismo abogan por este modelo de sociedad. Por último, se ve amenazada desde abajo por una creciente población plebeya con los atributos descritos por Herrnstein y Murray: irresponsables e incompetentes como padres; propensos al comportamiento delictivo, las enfermedades mentales y el abuso de drogas; y predispuestos a una rápida expansión demográfica. Estas personas no son capaces de contribuir económica, social o culturalmente a la sociedad de finales del siglo XX, ni a ninguna civilización humana basada en un grado sustancial de reciprocidad, voluntariedad y democracia.

Dado que la persistencia del judaísmo implica que la sociedad estará compuesta por grupos competidores más o menos impermeables, hay que concluir que la condena neoconservadora del multiculturalismo es intelectualmente inconsistente. Las prescripciones sociales neoconservadoras implican una forma de multiculturalismo en la que la sociedad en su conjunto está culturalmente fracturada y socialmente atomizada. Estas características sociales no sólo permiten la movilidad ascendente de los judíos, sino que también impiden el desarrollo de grupos gentiles antisemitas y muy unidos. También son incompatibles con los privilegios de grupo y los programas de acción afirmativa que necesariamente perjudicarían a los judíos. Como señala Horowitz:

> Los altos niveles de fragmentación social, junto con la libertad religiosa, tienden a producir formas benignas de antisemitismo, junto con una condición judía estable. El brillante intelecto judío que se postula emerge fácilmente en tales condiciones pluralistas, mientras que el intelecto judío se disuelve con igual facilidad en condiciones políticamente monistas o totalitarias. (*La descomposición de la sociología,* p. 86)

Los neoconservadores judíos aceptan de buen grado el principio de una sociedad radicalmente individualista en la que los judíos podrían esperar llegar a ser económica, política y culturalmente dominantes, debiendo sólo una mínima lealtad a las clases sociales inferiores (compuestas principalmente por no judíos). Este tipo de sociedad tiende a producir presiones sociales extremas, ya que los miembros serios y responsables de las clases trabajadoras se encuentran en condiciones económicas y políticas cada vez más precarias. Al igual que la actividad intelectual de la Escuela de Fráncfort, la prescripción neoconservadora judía para la sociedad en su conjunto se opone radicalmente a la estrategia adoptada para el grupo interno. El judaísmo tradicional, y en gran medida el judaísmo contemporáneo, extrajo su fuerza no sólo de sus élites intelectuales y empresariales, sino también de la lealtad inquebrantable de los judíos serios, responsables y trabajadores de menor estatus y talento que formaban su clientela. Y hay que señalar aquí que, históricamente, los movimientos populares que intentaron restaurar este estado de armonía jerárquica típicamente occidental, contra la explotación de las élites individualistas y la naturaleza divisoria del conflicto intergrupal, estuvieron a menudo marcados por un fuerte tinte antisemita.

Además, el *fons y el origo de* las políticas sociales y de los cambios culturales que han provocado el rápido desarrollo de la peligrosa situación en Estados Unidos residen en gran medida en los movimientos intelectuales y políticos dominados por los judíos que hemos descrito en este volumen. He intentado documentar el papel de estos movimientos en el sometimiento de la cultura occidental a la crítica radical, en particular el movimiento intelectual y político de izquierdas de la década de 1960. Sin embargo, es el legado de este movimiento cultural el que ha demostrado su ascendencia, sentando las bases del movimiento multiculturalista y justificando las políticas sociales que inflan las cifras de las clases bajas y la presencia demográfica y cultural de los no europeos en las sociedades occidentales.

Desde la perspectiva de estos críticos de izquierdas, el ideal occidental de armonía jerárquica y asimilación se considera irracional, romántico y místico. El civismo occidental es un fino barniz que enmascara una realidad de explotación y conflicto: "una gran *ecclesia super cloacum* [iglesia construida sobre alcantarillas]" (Cuddihy, *The Ordeal of Civility*, p. 142). En este sentido, es llamativo observar hasta qué punto toda una corriente de la sociología surgida de Marx se ha ocupado de enfatizar el conflicto entre las clases sociales, en lugar de la armonía social. Irving Louis Horowitz, por ejemplo, señala que la sociología estadounidense, bajo la influencia de los intelectuales judíos, cambió a partir de la década de 1930 "el significado de América, que pasó de ser una experiencia consensuada a una serie de definiciones conflictivas", a la que pertenece esta mayor sensibilidad a las cuestiones étnicas (*The Decomposition of Sociology*, p. 75).

Históricamente, este enfoque de la estructura social basado en el conflicto se ha asociado a la idea de que la inevitable lucha entre clases sociales sólo puede resolverse mediante la completa nivelación de los resultados económicos y sociales. Este ideal sólo puede alcanzarse adoptando una visión ecologista radical de los orígenes de las diferencias individuales en los logros económicos y otros logros culturales, y culpando a las desigualdades medioambientales de cada fracaso individual. Dado que este ecologismo radical carece de fundamento científico, las políticas sociales basadas en esta ideología tienden a provocar altos niveles de conflicto social y a aumentar la propagación de la incompetencia intelectual y la patología social.

Hay que reconocer que, desde un punto de vista evolutivo, la organización social occidental prototípica, formada por una combinación de armonía jerárquica e individualismo atenuado, es intrínsecamente inestable. Esta condición ha contribuido, sin duda, al carácter especialmente dinámico de la historia occidental. A menudo se ha comentado que en la historia de China nada ha cambiado realmente. Las distintas dinastías, marcadas por una poligamia intensiva y un despotismo político a veces moderado, a veces extremo, se sucedieron sin cambios sociales fundamentales durante un periodo de tiempo histórico muy largo. Los datos examinados por L. Betzig, en *Despotismo y reproducción diferencial*, muestran que el mismo diagnóstico se aplica a la historia de la organización política de otras sociedades humanas estratificadas.

En Occidente, sin embargo, el estado prototípico de armonía social descrito anteriormente sufre una inestabilidad crónica. Sus singulares condiciones iniciales, que implicaron un alto grado de nivelación reproductiva, dieron lugar a un considerable dinamismo histórico. Lo que más a menudo ponía en peligro la jerarquía armónica era el comportamiento individualista de las élites, una tendencia que no es sorprendente para un evolucionista. Las primeras etapas de la industrialización, por ejemplo, estuvieron marcadas por la desintegración del edificio social, los altos niveles de explotación y el conflicto entre las clases sociales. Por poner otro ejemplo, la esclavitud de los africanos fue, a corto plazo, buena para las élites aristocráticas individualistas del Sur de Estados Unidos, pero fue una calamidad para el conjunto de la sociedad. También hemos observado que las élites occidentales a menudo echaron una mano a los intereses económicos judíos a costa de otros sectores de la población autóctona, y que en varias ocasiones los judíos se convirtieron en vehículos de la orientación individualista de las élites no judías, promoviéndola a su vez.

Por ello, la colaboración entre activistas judíos e industriales no judíos interesados en la perspectiva de mano de obra barata tuvo una importancia considerable en la historia de la inmigración a Estados Unidos, al menos hasta 1924. Recientemente, autores como Peter Brimelow y Paul Gottfried han llamado nuestra atención sobre la aparición de una "nueva clase alta" de internacionalistas, contrarios al Estado-nación de base étnica y firmes partidarios de una inmigración que disminuya la homogeneidad de las sociedades tradicionales. El interés egoísta de los individuos de este grupo es cooperar con sus congéneres de otros países, en lugar de identificarse con los niveles inferiores de su propia sociedad. Aunque este tipo de internacionalismo es muy compatible con el proyecto étnico judío -y los judíos están indudablemente sobrerrepresentados en este grupo- hay que considerar que los miembros no judíos de esta nueva clase persiguen sus propios objetivos estrechamente individualistas.

Sin embargo, no sólo el individualismo de las élites puso en peligro la armonía jerárquica occidental. Como establecimos en SAID, este ideal ha sido desgarrado en períodos históricos decisivos por intensos conflictos de grupo entre el judaísmo y segmentos de la sociedad no judía. Hoy en día, quizás por primera vez en la historia, esta armonía jerárquica se ve amenazada por el desarrollo de una sociedad plebeya, cuyos miembros son desproporcionadamente miembros de minorías raciales y étnicas, situación que provoca un intenso conflicto intergrupal. En particular, es el número desproporcionado de afroamericanos en el subproletariado estadounidense lo que hace problemática cualquier solución política a esta amenaza a la armonía jerárquica.

Otros títulos

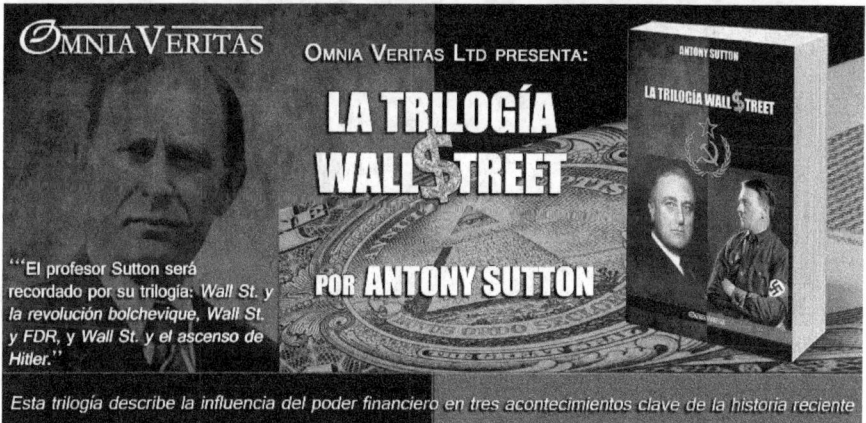

LA CULTURA DE LA CRÍTICA

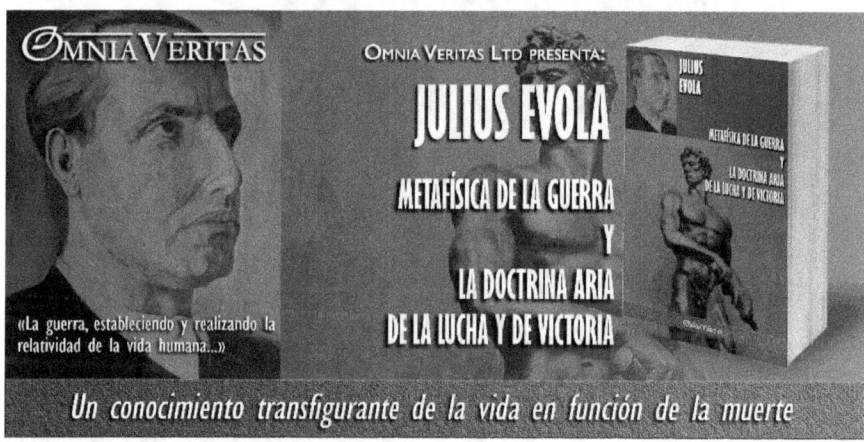

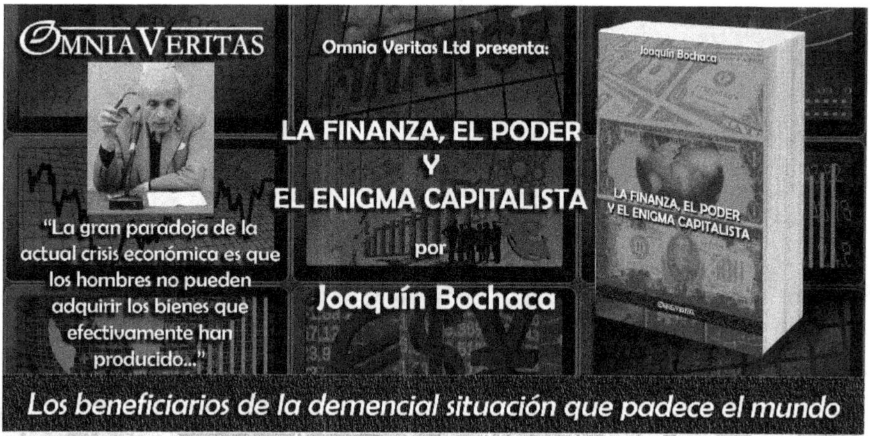
OMNIA VERITAS
Omnia Veritas Ltd presenta:
LA FINANZA, EL PODER
Y
EL ENIGMA CAPITALISTA
por
Joaquín Bochaca
"La gran paradoja de la actual crisis económica es que los hombres no pueden adquirir los bienes que efectivamente han producido..."
Joaquín Bochaca
LA FINANZA, EL PODER Y EL ENIGMA CAPITALISTA
Los beneficiarios de la demencial situación que padece el mundo

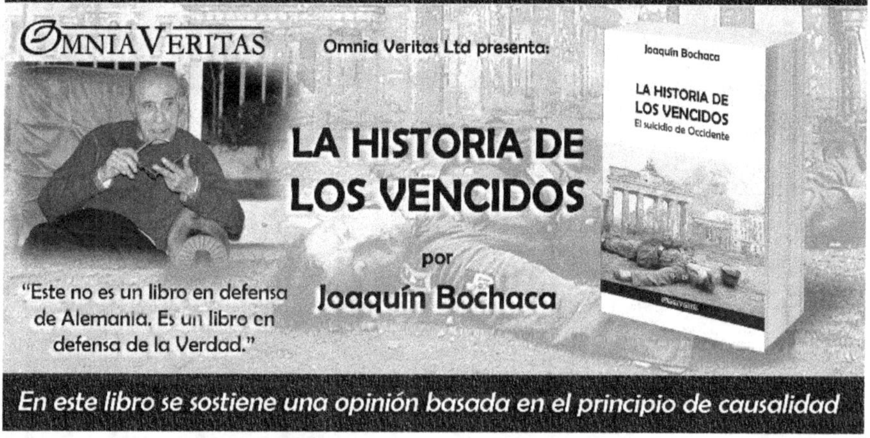
OMNIA VERITAS
Omnia Veritas Ltd presenta:
LA HISTORIA DE
LOS VENCIDOS
por
Joaquín Bochaca
"Este no es un libro en defensa de Alemania. Es un libro en defensa de la Verdad."
Joaquín Bochaca
LA HISTORIA DE LOS VENCIDOS
El suicidio de Occidente
En este libro se sostiene una opinión basada en el principio de causalidad

OMNIA VERITAS
Omnia Veritas Ltd presenta:
LOS CRÍMENES DE
LOS "BUENOS"
por
Joaquín Bochaca
"Pero yo creo, tozudamente, estúpidamente, en la Verdad. Quiero creer en la Verdad."
Joaquín Bochaca
LOS CRÍMENES DE LOS "BUENOS"
Vivimos en plena falsificación histórica

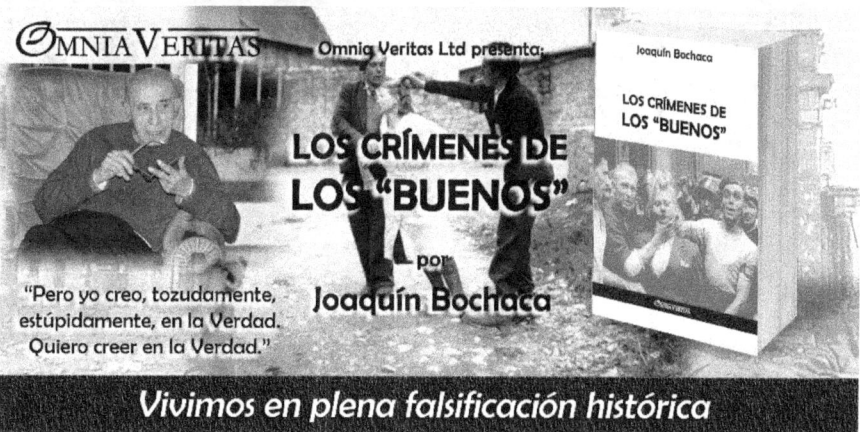

www.ingramcontent.com/pod-product-compliance
Lightning Source LLC
Chambersburg PA
CBHW071940220426
43662CB00009B/935